인의로 천하를 얻다

정사로 읽는 인물 삼국지

인의로 천하를 얻다

정사로 읽는 인물 삼국지

진수 지음 | **진화승** 편저 | **이미영** 옮김

팩컴북스

편저자_ 진화승陳華勝
언론을 전공했으며 특히 역사에 많은 관심을 가지고 있다. 현재 「항주杭州일보」 언론 그룹에서 일하며 뉴스를 전하는 동시에 지난 역사를 알리는 작업을 하고 있다.
지은 책으로는 『독보강동獨步江東－오대제전吳大帝傳』, 『당시 해설〔說唐詩〕』, 『현장의 서유기〔玄奘取經西游記〕』, 『가볍지만은 않은 이야기〔故事幷不輕松〕－제3의 눈으로 본 역사〔第三只眼看歷史〕』 등 10여 권이 있다. 그 중 『삼국기담三國奇談』은 2003년 대만臺灣에서 출판된 후 인터넷서점 www.soidea.com.tw 베스트셀러에 4주 연속 올랐었다.

옮긴이_ 이미영
이화여자대학교 사학과와 동아시아학과를 복수 전공했으며, 이화여자대학교 통역번역대학원을 졸업하고 현재 중화 TV 영상 번역 및 프리랜서로 활동하고 있다. 드라마 「발칙한 4녀女」, 「대기영웅전」, 「못 말리는 가족」, 「마이 러브」, 「별빛 소나타」, 「대풍가」, 「소오강호」, 「진시황의 진용」, 영화 「나에게 표창장을 줘요」, 「미려가원美麗家園」, 그 외 「오락폭풍」, 「금화를 찾아서」 등 다수를 번역했으며, 옮긴 책으로는 『고스트 램프』 2권, 『음모』(근간), 『후한서 인물이야기』(근간) 등이 있다.

정사로 읽는 인물 삼국지
인의로 천하를 얻다

초판 1쇄 인쇄 2011년 8월 5일
초판 1쇄 발행 2011년 8월 10일

지은이 진수 | **편저자** 진화승 | **옮긴이** 이미영
펴낸이 김경수
기획편집 박향미 | **편집진행** 이상연 | **마케팅** 김형열
디자인 김인수(표지) 새일기획(내지) | **제작** (주)성인문화사
펴낸곳 팩컴북스 | **출판등록** 2008년 5월 19일 제381-2005-000074호
주소 463-867 경기도 성남시 분당구 정자동 159-4 젤존타워 2차빌딩 8층
전화 031-726-3666 | **팩스** 031-711-3653 | **홈페이지** www.pacombooks.com

ISBN 978-89-97032-02-0 13910

* 팩컴북스는 팩컴코리아(주)의 출판브랜드입니다.
* 책값은 뒤표지에 있습니다.

중국의 5천 년 역사 속에서 수없이 많은 영웅들과 여걸들이 등장했었다. 또 수없이 많은 문인들과 풍류를 즐기는 모임들이 생겨났으며 수많은 전쟁이 일어났다. 24사史■ 속에는 그들의 업적과 중국의 지나간 세월들이 숨 쉬고 있다. 그것은 별처럼 아득히 먼 곳에 있지만 우리들의 기억과 그리움 속에서 선명하게 반짝이고 있다. 시끄럽고 번잡한 현실 생활 속에서 우연히 책을 펼치고 과거의 시간과 마주하고 있노라면 온몸을 감싸는 감격 속에서 꿈결 같은 깨달음이 다가온다.

이것이 바로 역사이다.

그럼 시간을 거슬러 올라가 역사의 여행을 떠나보는 것은 어떨까? 황제의 전설에서 소용돌이치는 삼국시대까지, 역사는 『사기史記』, 『한서漢書』, 『후한서後漢書』 『삼국지三國志』 속에서 흘러가고 있다. 정사로 읽는 인물 이야기 시리즈도 네 권을 통해 역사를 펼쳐나갈 것이다. 역사는 사람의 이야기이며, 삶은 인간의 일생이다. 따라서 우리는 인물을 통해 역사적 사건을 관찰하며 일목요연하고 간결하게 정리했다. 여기에는 원문의 맛을 살린 사실적 서술과 진리를 찾는 평가가 담겨 있다. 독자들은 어려운 고문을 보지 않고도 원문을 읽는 기쁨과 효과를 얻을 수 있다.

이 책은 『삼국지』 중 50여 명의 유명한 인물을 선별했다. 서진 사람 진수(陳壽, 233~297)가 지은 『삼국지』는 「위서魏書」, 「촉서蜀書」, 「오서吳書」로 나뉘어져 있으며 총 65권으로 이루어져 있다. 원래 간략한 『삼국지』 원문에 남송南宋의 배송지(裵松之, 372~451)가 다양한 사적을 인용해 보충하고 주를 달아 지금 우리가 아는 『삼국지』를 완성했다.

『인의로 천하를 얻다』에는 익숙하지만 낯설기도 한 인물의 이야기가 담겨 있다. 『삼국지연의三國志演義』는 나관중이 허구를 더해 각색한 소설로 역사적 사실이 아니라 이야기에 불과하다. 그에 반해 이 책은 역사적 사실을 재현하고 있다.

역사는 현실을 반영하는 거울이다. 거울을 통해 주위를 둘러본다면 탄식도 나오겠지만 더 많은 깨달음을 얻을 수 있을 것이다.

■ 중국 역대 왕조王朝의 정사正史로 인정되는 24종류의 사서史書. 『신원사新元史』와 『청사고淸史稿』를 더하여 '25사'나 '26사'로 나타내기도 한다.

『삼국지』 하면 떠오르는 대표적인 인물은 조조曹操, 동탁董卓, 여포呂布, 유비劉備, 관우關羽, 장비張飛, 제갈량諸葛亮, 손권孫權 등 몇몇 주인공들뿐이다. 나머지 인물들은 이들을 위한 조연들로 비추어져 왔다. 그러나 이 책에서 그들은 더 이상 조연이 아닌 주인공이다. 이 책은 삼국시대의 인물들 중 주목받지 못한 주변인들을 재조명하고 있다.

『삼국지』는 후한 말기 황건적이 반란을 일으키고 위, 촉, 오 삼국이 정립하게 되는 과정부터 서진이 오를 멸망시키고 중국을 통일하기까지 삼국시대의 역사를 기록한 책이다. 본격적인 삼국시대의 역사는 조비曹丕가 스스로를 황제라 칭하고 연호를 황초로 바꾼 220년을 기점으로 오나라가 망한 280년까지 60년에 불과하다.

『삼국지』를 제대로 이해하기 위해서는 왜 삼국시대가 등장하게 되었는지 후한 말기의 시대상부터 살펴볼 필요가 있다. 우선 시발점이 된 사건인 황건적의 반란이 일어나게 되는 배경부터 알아보자. 후한시대는 호족 세력이 등장하면서 전한

시대에 황제가 농민을 직접 지배하는 이층적 권력 구조에서 황제-호족-농민의 삼층적 권력 구조로 변화한다.

그것은 후한 왕조가 호족 연합 정권이었기 때문이다. 후한 시대에는 효자 가문에서 충신이 배출된다는 믿음으로 관료 선발에 효행이 돈독한 자를 선발했다. 그러다 보니 지방 여론을 좌지우지하는 호족의 자제가 그 우선 대상이 되었다. 그러면서 지방 호족 중 유능한 자는 관료로 발탁되어 중앙 정계에 진출하면서 관료화되고, 중앙 관료는 지방에 대토지를 사유하면서 호족화되면서 서로 밀접한 관계를 맺었다.

후한 말기 중앙에서는 외척과 환관이 치열한 싸움을 벌였는데, 그 중 부패한 일족이 지방관으로 내려오면서 농민은 수탈의 대상이 되었다. 또한 호족의 대토지 사유화로 농민 사회가 피폐해졌고 거기에 천재와 기근까지 겹쳤다. 이런 상황에서 황건군은 농민 반란을 일으키게 된 것이다.

농민반란군을 수습하는 과정에서 지방 호족의 군사력은 자연히 강화되었다. 군 태수가 지방 치안을 책임져야 할 상황이었다. 지방 장관인 주목州牧과 자사刺史, 군의 태수는 지방의 정치, 군사력을 쥐고 무장 집단을 규합해 군웅화했다. 호족 출신으로 지방관에 임명된 자로는 원소袁紹, 원술袁術, 조조, 손견孫堅, 유표劉表 등이 대표적이다. 바로 이런 호족 출신의 인물들이 삼국시대를 여는 주역이다.

여기서 잠깐 각 인물들의 관직을 이해하기 위해서는 후한

시대 지방 행정 제도에 대해 간단히 살펴보고 넘어가자. 후한시대에는 주州, 군郡, 현縣이 기본적인 행정 단위였는데, 그 중 주는 군현을 감독하기 위한 관청으로 주목이나 자사가 파견되었다. 후한시대에는 총 13개의 주가 있었다. 자사는 중앙정부가 군에 파견한 감사를 실시하는 관리로 1인이 9개 정도의 군을 담당했다. 그들은 감찰이 끝나면 어사대부御史大夫에게 보고를 했다. 군의 최고 관리인 태수는 봄, 가을에 현을 순방하며 매년 중앙의 승상에게 부세, 호구, 교육, 치안 등을 보고하고, 지방관을 임명하기도 했다. 태수 밑의 속관으로는 승丞이 있는데 태수를 보좌해 군의 정무를 처리했다. 도위都尉는 군의 병무를 장악하고 사회질서, 치안 유지를 맡았다. 그 밑 하급 관리로는 공조功曹, 독우督郵 등이 있었다. 현의 최고 책임자는 현령 또는 현장이다. 그 밑에는 문서를 관리하고 현정을 살피는 승과 치안을 유지하는 위尉가 있었다.

삼국시대의 위(220~265)는 후한 제국의 기반을 계승하고 선양을 통해 이루어진 것처럼 보이지만 사실 조비가 후한을 찬탈하는 방식으로 세워졌다. 동오와 촉한은 지방 세력을 기반으로 호족 세력의 지지를 얻어 국가를 건설했다. 삼국시대의 정통 왕조는 화북 지역을 차지하고 후한을 계승해 낙양洛陽을 도읍으로 정한 위나라로 본다. 대체로 삼국시대에는 동오와 촉한이 연합해 위나라를 방어하는 형세였다. 후일 위가 촉을 병합(263)하고 위를 찬탈한 서진이 오를 합병(280)하면서 삼국시대가 종식되었다.

참고로 위, 촉, 오 삼국의 황제를 간단히 살펴보자. 위나라에는 문제 조비(220~226), 명제 조예(曹叡, 226~239), 애제 조방(曹芳, 239~254), 폐제廢帝 조모(曹髦, 254~260), 원제元帝 조환(曹奐, 260~265)의 순으로 다섯 황제가 있었다. 촉나라에는 유비(221~223), 유선(劉禪, 223~263)의 두 황제가 있었고, 오나라에는 손권(229~252), 손량(孫亮, 252~258), 손휴(孫休, 258~264), 손호(孫皓, 264~280) 이렇게 네 황제가 있었다.

삼국은 정치, 군사적 불안이 계속되는 상황에서 국력을 배양하고 영토를 개척하는 데 힘을 기울였다. 촉은 운남, 한중 지역을 개발했고, 손 씨 일가가 강동에 진출해 오를 세우면서 호남, 강서, 복건 지역이 본격적으로 개척되었다.

그럼 본격적으로 『삼국지』에 대해서 살펴보자.

『삼국지』는 총 65권으로 「위서」 30권, 「촉서」 15권, 「오서」 20권으로 구성되어 있다. 65권 중 4권이 기紀이고 61권이 전傳으로 이루어져 있다. 진수는 '지志'를 쓰고 있지 않아 삼국시대의 법령 제도에 대해 이해하려면 『진서』를 참고해야 한다. 『삼국지』에서 위나라 군주는 제기帝紀에, 오나라와 촉나라의 군주는 열전에 분류되어 있는데, 이는 저자 진수가 서진 사람이기 때문이다. 서진은 위나라를 대신해 세워진 나라로 서진의 입장에서 볼 때 정통 왕조는 위나라였다. 그러나 동진시대 습착치習鑿齒는 위나라를 정통으로 본 진수에게 이의를 제기하며 『한진춘추漢晉春秋』에서 촉한을 정통으로 보아야 한다고 주장했다.

그럼 『삼국지』의 저자 진수에 대해 간략하게 살펴보자. 진수는 자가 승조承祚로 파서巴西 안한安漢, 지금의 사천성 남윤 북쪽 사람이다. 어릴 적부터 학문을 좋아했던 진수는 『상서相書』, 『춘추春秋』, 『사기』, 『한서』 등 사서에 대해 연구했다. 그는 촉한 정권에서 문서를 관장하는 관각령사觀閣令史를 지냈고 서진시대에 들어서는 저작랑著作郞, 치서시어사治書侍御史 등의 직책을 맡았다. 어떤 사람은 진수가 한때 촉한의 관리였는데도 위나라를 정통으로 본 것에 대해 비판하기도 했다. 서진이 오나라를 멸했을 당시 진수는 마흔여덟 살이었으므로 삼국시대를 직접 겪고 듣고 본 사람이라 할 수 있다.

진수가 『삼국지』를 쓸 당시, 위나라 왕심王沈의 『위서』, 오나라 위소韋紹의 『오서』가 있었고 사찬으로 어환魚豢의『위략魏略』이 현존했었다. 그러나 촉나라 정권은 사관을 두지 않아 진수가 따로 자료 수집을 해야 했다. 그런 이유 때문인지 위, 촉, 오 삼국 중 「촉서」는 15권에 불과하다. 진수는 삼국시대가 얼마 지나지 않아 『삼국지』를 쓰기 시작했기 때문에, 참고할 만한 사료가 충분하지 않았고, 그렇다고 대량의 문헌을 볼 수 있는 처지도 아니었다. 또한 위나라를 대신한 서진 왕조시대에 관료였기 때문에 사마 씨의 입장에서 조심스럽게 저술해야 했다. 따라서 『삼국지』는 남조南朝시대의 사서에 비해 매우 간략하다. 진수의 『삼국지』는 원래 개인이 편찬한 역사서였지만 서진 혜제惠帝 때에 삼국시대 정사로 인정받았다.

후일 남조시대 송宋의 문제文帝가 『삼국지』가 지나치게 간략하다는 이유로 배송지를 시켜 주를 달도록 명한다. 배송지는 『삼국지』의 주석을 위해 삼국시대의 자료 150여 종을 수집하고 다양한 저서의 원문을 인용했다. 그래서 그가 주를 단 『삼국지』는 진수가 쓴 책의 세 배에 달하는 분량을 자랑한다. 그는 사실의 증보와 고증을 위주로 했고 자구 해석이나 출원을 밝히며 빠진 곳을 보충했다.

삼국시대는 중국 역사에서 비교적 짧은 시기였지만, 민간에서는 그 당시 이야기가 많이 전해 내려오고 있었다. 송원宋元시대에는 입으로 전해지던 이야기가 무대 위로 옮겨졌는데, 금金, 원 시대에 삼국지 관련 희곡이 30여 종이 넘었다고 한다. 원말 명초 나관중羅貫中은 민간의 이야기와 희곡, 화본話本, 송대에 생긴 백화白話, 소설, 그리고 진수와 배송지 주의 『삼국지』 등 사료를 종합해 장회章回 소설 『삼국지통속연의三國志通俗演義』, 이른바 『삼국지연의』를 편찬했다.

『삼국지연의』는 후한 말부터 서진시대 초기까지 1백여 년을 배경으로 한 역사 소설이다. 나관중은 삼국 간의 정치, 군사 투쟁을 통해 당시 사회상을 여실하게 보여 주고 있다. 나관중은 『삼국지연의』에서 유비를 옹호하고 조조를 반대하는 관점에서 유비 무리를 중심으로 이야기를 전개해 나가고 있다. 이것은 진수의 『삼국지』와는 또 다른 시각으로, 당시 민간에 내려오는 이야기는 주로 나관중과 같은 입장을 보였다. 따라서 소설 속에서 유비와 제갈량은 현덕하고 고결한 이미지로, 조조는 정치적 야심이 가득한 간웅으로 그려진다.

현대에도 딱딱한 역사서보다 재미있는 소설이 더 인기가 있듯, 정사 『삼국지』는 나관중의 소설 『삼국지연의』보다 폭넓은 영향력을 발휘하지 못했다. 그런 이유 때문인지 대부분 사람들에게 익숙한 삼국시대 인물들의 이미지는 정사보다는 소설에 더 가깝다.

소설과 더불어 사람들에게 『삼국지』와 관련해 많은 영향을 끼친 것은 바로 무대극이었다. 삼국지와 관련된 극의 관객들은 『삼국지연의』의 독자들과 비슷한 태도를 취했다. 사람들은 무대 위 인물과 책 속 인물들의 희로애락을 통해 삶의 카타르시스를 느꼈다. 삼국시대와 관련된 희곡을 만든 사람들은 정사가 아닌 소설을 정수로 받아들였다. 『삼국지연의』의 주제는 정통성, 충의, 난세의 현재賢才 등으로, 소설은 유비를 존경하고 조조를 멸시하는 일관적 태도를 보인다.

사실 이것은 명군과 현신을 갈망하고 충의를 찬송하는 난세 백성들의 마음과도 상통한다. 따라서 나라를 위해 죽을 때까지 온 힘을 바치겠다는 제갈량이 비극적인 영웅으로 떠올랐고, 유비, 관우, 장비가 충의의 모범이 되었다. 반대로 천자를 볼모로 잡고 제후를 부린 조조는 난세의 간웅으로 그려졌다. 이런 백성들의 심리는 경극의 무대에서 그대로 나타난다. 민중들의 오락 활동이었던 무대극은 자연히 관객인 백성들이 존경하는 영웅을 좋게 그릴 수밖에 없다. 반대로 그 영웅을 부각시키기 위해 조조와 같은 인물은 더욱 악하게 그려진다.

『삼국지』는 위와 같이 소설과 무대극에만 영향을 준 것이 아니다. 그밖에 중국어에 '유비가 형주를 빌리다—빌려가고는 갚지 않는다', '장비가 꽃을 수놓다—거친 가운데 세심한 면도 있다', '서서가 조조의 진영에 들어가다—한 마디도 하지 않다'와 같은 헐후어歇後語, 앞에 비유가 나오고 뒤에 그 뜻을 밝히는 형식의 말를 남겼고, 삼고초려, 괄목상대와 같은 유명한 성어도 남겼다. 이처럼 『삼국지』는 사람들에게 많은 영향을 주었다.

그러나 결국 소설은 소설이고 무대극은 무대극일 뿐 그것이 사실이 될 수는 없다. 사실과 허구를 혼동해서는 안 된다. 그렇기 때문에 소설 『삼국지연의』와 관련된 무대극의 정서를 비교할 필요성이 있는 것이다. 정사와의 비교를 통해 지금까지 머릿속에 가지고 있던 편견을 버리고 삼국시대 인물에 대해 다시 한 번 생각해 보아야 한다.

중국을 비롯한 우리나라 사람들이 길지 않았던 삼국의 역사에 지금까지도 열광하고 있는 이유는 아마 혼란했던 삼국시대에 다양한 인간 군상을 보여 주었기 때문일 것이다. 영웅이 난세에 많이 배출되듯 사람의 본성은 난세에 더욱 부각되어 나타난다. 삼국시대가 혼란한 시기였기 때문에 충신과 간신, 현실주의자와 이상주의자 등 다양한 유형의 인간상이 등장할 수 있었다. 이 책의 주인공은 조조나 유비가 아니다. 우리가 잘 주목하지 못했던 수많은 주변 인물들이 각자의 이야기 속 주인공인 것이다.

현대 도시에서는 실제로 전쟁이 일어나고 있지는 않지만, 어떻게 보면 현대인들은 삼국시대보다 더 심한 경쟁이란 전쟁 속에서 살아가고 있을지 모른다. 이런 상황에서 우리는 『삼국지』를 찾게 되고 책을 통해 어떤 모습으로 살아가야 하는지 고민에 빠지게 되는 게 아닐까?

차례

:: 주요 인물

조조

:: 주변 인물

유비, 손권, 순욱, 허소, 원소, 동탁

:: 키워드

눈치 빠르다, 능신, 간웅, 속과 겉이 다르다

:: 주요 사건

관도대전, 적벽대전

:: 고사

관도대전, 적벽대전, 맨발로 허유를 맞다, 천자를 볼모로 제후를 부리다

:: 이야기 출처

『삼국지』「위서」 무제기武帝紀

조조 : 난세의 간웅

1

허소許劭는 어느 초하루 오후에 만났던 한 젊은이의 오만 방자한 웃음소리를 떠올리며 두려움에 떨었다. 후한 말기, 삼국시대에는 사람의 됨됨이를 평가하는 것이 유행했다. 사람의 품행에서부터 재능, 풍채에 이르기까지 여러 가지 면을 평가하곤 했는데, 이런 인물평으로 유명한 사람들을 '금구金口'라고 불렀다.

그 중 여남에 허소란 사람이 '월단평月旦評'이라는 이름으로 가장 명성을 떨쳤다. 그는 매달 초하루에 단 한 번만 인물을 평한다고 해서 '월단평'이라고 불렀다. 허소는 매달 초하루만

빼고 매우 말을 아껴 사람들의 애를 태웠다.

그 당시에는 과거제도가 없었기 때문에 관리가 되려면 '찰거察擧'와 '정벽征辟'이란 과정을 거쳐야 했다. 그것은 지방에서 어진 인물을 추천하면 조정에서 관직을 주는 방식이었다. 그러다 보니 '금구'라고 자부하는 자일수록 사람을 잘못 보는 실수를 피하기 위해 쉽게 남을 칭찬하려고 하지 않았다.

어느 초하루 오후, 허소는 자신을 찾아온 한 젊은이를 보고 뭐라 형용할 수 없는 위압감을 느꼈다. 수도 없이 많은 사람들을 평가해 온 허소로서도 이런 경우는 처음이었다. 허소는 아마도 햇빛이 너무 강렬해 눈이 따가운 탓일 거라고 여겼다.

"선생님이 보시기에 저는 어떤 사람 같습니까?"

젊은이가 기세등등하게 묻자 허소는 차마 입 밖으로 말을 꺼낼 수 없었다. 그러자 젊은이는 전혀 물러날 기색도 없이 그를 다그쳤다.

"제가 어떤 사람 같아 보이는지 말씀해 주십시오."

"치세에는 능신能臣, 난세에는 간웅奸雄이 되겠군."

허소는 용기를 내서 태평성대라면 유능한 신하가 되겠지만, 난세라면 간사한 영웅이 되겠다고 대답했다. 젊은이는 허소의 말을 듣더니 큰 소리로 웃었다. 젊은이의 오만 방자한 웃음소리는 사람의 간담을 서늘하게 만들었다.

덕망이 높고 존경받는 웃어른인 허소가 젊은이 따위를 겁낼 이유는 하나도 없었다. 그럼에도 불구하고 그는 그 젊은이에게서 알 수 없는 두려움을 느꼈다. 그 젊은이의 이름이 바로 조조曹操였다.

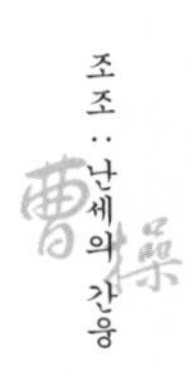

2

조조의 자字는 맹덕孟德이고 어릴 때의 이름은 아만阿瞞이다. 그는 후한 환제桓帝 영수永壽 원년(155)에 패국沛國 초현譙縣, 바로 지금의 안휘성安徽省의 북부 박주시亳州市에서 태어났다.

초현은 오랜 역사를 지닌 땅으로 일찍이 상商나라 탕왕湯王이 수도를 세웠던 곳이다. 『사기』「은본기殷本紀」에는 '탕이 처음 박亳에 머물렀다'고 기록되어 있다. 초현은 동서가 막혀 있고 남북은 수비가 가능하며 회하淮河의 지류인 와하渦河가 성을 가로지르고 있는 지리적 요충지였다. 진승陳勝, 오광吳廣이 난을 일으키고 가장 먼저 점령한 곳도 바로 초현이었다.

역도원酈道元의 『수경주水經注』 등을 보면 조조는 초현성으로부터 남동쪽으로 15킬로미터 떨어진 와하 강변의 사토집沙土集에서 태어났다고 한다. 현재 사토집 서쪽에 있는 의문사義門寺 유적은 조조가 유년 시절에 글을 읽던 곳이라 전해지고 있다.

조조는 스무 살에 효렴孝廉[1]으로 천거되어 성에서 동쪽으로 3킬로미터 떨어진 감가만甘家灣에 집을 짓고 살았다. 뜰이 세 개에 정자와 누각까지 장관을 이루었는데 후에 원元나라의 장유張柔가 헐었다고 한다. 현재 유적지에는 '위魏나라 무황제武皇帝의 고향'이란 표지가 세워져 있는데, 관광객들은 그곳을 방문해 역사를 회상하며 그를 기린다. 유적지에서는 가끔 한나라의 기와 조각이 발굴되기도 했다.

영리한 조조는 어릴 적부터 눈치가 빠르고 권모술수에 능했다. 의협심이 있었지만 품행은 바르지 않았다. 하지만 배우는 것을 매우 즐겨 다양한 종류의 책을 읽었는데 특히 병법을 좋아했다. 열아홉 살 때는 중국 역사상 최초로 『손자병법孫子兵法』에 주해注解를 달 정도였다.

조조의 어린 시절 이야기들은 전설적인 색채가 짙다. 한번은 조조가 와하에서 수영을 하다 악어에게 끈질긴 추격을 당한 적이 있다. 해안으로 도망친 조조는 잽싸게 장검을 빼들고 커다란 악어의 입가에 상처를 냈다. '저파룡猪婆龍'이라 불리는 양자강 악어는 그 지역 사람들에게는 경외의 대상이었고, 물속의 용이란 뜻에서 '교鮫'라고도 불렸다. 당시 사람들은 악어를 신물이라고 생각했기 때문에 건드리지도 않았는데, 조조는 신물에 맞서 싸우기까지 한 것이다.

이처럼 의협심에 사로잡혀 장난이 지나치다고 생각한 조조의 숙부는 종종 그의 아버지를 찾아가 일러바쳤다. 그러자 어린 조조는 한 가지 꾀를 생각해 냈다. 어느 날 그는 멀리서 숙부가 오는 것을 보고 바닥에 쓰러져 입에 거품을 물고 마비가 온 척했다. 이 광경을 보고 놀란 숙부는 황급히 조조의 아버지에게 뛰어가 그 사실을 알렸다. 조조는 부리나케 달려오는 아버지를 보고는 아무 일도 없었던 것처럼 행동했다. 아버지가 어찌된 일이냐고 묻자 조조는 이렇게 답했다.

"저는 아무런 이상이 없는데 숙부님이 저를 싫어해 일부러 꾸며 낸 말입니다."

그 뒤로 조조의 아버지는 숙부의 말을 더 이상 믿지 않게 되었다. 숙부의 손길에서 벗어난 조조의 행동은 더욱 대담해졌다. 그러다 한번은 법을 어겨 엄벌에 처할 처지에 놓였다. 다행히 친척 아우뻘인 하후연夏侯淵이 조조를 대신해 모든 죄와 허물을 뒤집어썼다. 위기에서 벗어난 조조는 재빨리 아는 사람을 통해 하후연을 구해 냈다.

조조는 어릴 적 당대 유명한 관료였던 교현橋玄, 채옹蔡邕, 원소袁紹, 장막張邈 등과 친밀한 관계를 맺고 있었다. 태위 교현은 조조에게 "앞으로 천하가 혼란해진다면 이름난 인재만이 천하를 구할 수 있다. 천하를 안정시킬 수 있는 자는 바로 너다."라고 예언했었다.

조조와 원소와의 관계는 다소 복잡하다. 두 사람은 같이 남의 집 신부를 보쌈하러 갈 정도로 친했다. 그 일화는 두 사람의 성정이 다를 바 없다는 것을 생생하게 보여 준다.

신부를 보쌈하려다 들킨 조조와 원소는 신랑 측 식구들에게 수십 리 밖까지 쫓기게 된다. 도망가던 두 사람은 작은 벽과 맞닥뜨리게 되는데 원소는 이미 기진맥진해서 벽을 넘어갈 힘이 조금도 남아 있지 않았다. 곧 사람들이 밀어닥칠 찰나 조조는 큰 소리로 외쳤다.

"신부를 훔치려고 한 놈이 여기 있소!"

이 말을 듣고 놀란 원소는 어디서 그런 힘이 솟았는지 벽을 훌쩍 뛰어넘었다. 그렇게 해서 두 사람은 위험에서 벗어날 수 있었다.

그렇지만 두 사람이 서로를 싫어했던 때도 있었다. 원소가 모친상을 당하자 수천 명도 넘는 유명 인사들이 속속 조문하러 왔다. 이때 조문을 갔던 조조는 손님들의 위세를 보고 놀라 곁에 있던 친구 왕준王俊에게 이렇게 말했다.

"지금 천하가 혼란한 것은 필시 원 씨 형제들 때문일 거야."

원소도 한때 조조에게 반감을 갖고 자객을 시켜 그를 암살하려 했던 적이 있다.

고관 자제로 방탕한 생활을 해온 조조는 스무 살에 효렴으로 천거되어 황제를 지키는 낭관郎官이 되었다. 그 후에는 낙양洛陽 북부위北部尉에 올랐다.

당시 후한 왕조는 부패가 극에 달해 관리들이 권세를 업고 횡포를 저지르며 법을 무시하고 백성을 핍박하는 일이 빈번

했다. 한창 혈기가 왕성했던 조조는 백성을 해하는 자를 없애고 개혁을 일으켜 이름을 날리겠다고 마음을 먹었다. 낙양 북부위는 치안 사법을 책임지는 자리였다.

조조는 북부위를 맡은 후 사문四門을 수리하고 오색 방망이를 만들어 각 문 옆에 십여 개씩 매달아 두고 법을 어긴 자가 있으면 신분을 가리지 않고 모두 방망이로 때려 주었다. 한번은 영제의 총애를 받던 환관 건석蹇碩의 숙부가 통금령을 어기고 밤에 행차를 하다 조조에게 맞아 죽었다. 그 후로 낙양의 권세가들은 그를 두려워해 함부로 법을 어기지 않았다.

조조는 스물세 살에 조정으로 돌아가 의랑議郎이 된다. 의랑은 실제로 정무를 맡지 않고 황제에게 의견을 올리는 언관이었다. 이 당시의 조조는 '치세의 능신'이 되기를 희망했는지 황제에게 수차례 조정을 개혁해야 한다는 진언을 올렸다. 그가 올린 진언은 집권 세력의 이익까지 위협하는 것이었다. 결국 조조는 권세가들의 배척을 받아 매부가 주살된 사건을 빌미로 파직을 당했다.

젊은 조조가 처음으로 정치적인 좌절을 맛본 것이다. 그는 마음속 깊숙이 포부를 감추고 고향으로 돌아가 마음의 상처를 치료했다. 이후로 조조는 자신의 속내를 감추는 것이 습관이 되었다.

현재 박주성 동쪽에서 25킬로미터 떨어진 초령사樵令寺에는 높이 4미터, 넓이 2천 평방미터의 단壇이 있다. 그곳은 조조가 파직을 당한 뒤 고향에 돌아와 집을 지었던 유적지라고 한다. 후일 위나라 문제文帝가 되는 조조의 아들 조비曹丕가 바로 이곳에서 태어났다.

얼마 뒤 조조는 다시 의랑으로 복직되었다. 조조는 이제 한나라 왕실은 돌이킬 수 없다는 사실을 깨닫고 다시는 진언을 하지 않았다. 한나라는 '치세의 능신' 하나를 잃고 '난세의 간웅'을 만들어 낸 것이다.

3

조조가 서른 살 되던 해에 후한에서는 나라의 근간을 통째로 흔들 만한 동요가 일어났다. 그것은 한제국의 지배층이 민심을 돌보지 않고 방탕과 부패를 일삼아 살기 어려운 백성들의 원성을 산 당연한 결과였다. 사실 심각한 동요가 일어나기 전부터 한나라에는 산발적으로 수차례 민중 봉기가 일어났고 다음과 같은 민요가 유행할 정도였다.

"머리카락은 부추 같아서 잘라내면 다시 나고, 머리는 닭과 같아서 잘라낼 때 소리를 낸다네. 벼슬아치는 두려워할 필요 없소. 보잘것없는 백성이라도 절대 만만하지 않다네."

안타깝게도 황제와 대신들은 이런 백성의 목소리에 귀를 기울이지 않았다. 결국 후한 영제 중평中平 원년(184), 갑자년에 대규모의 봉기가 일어났다. 수십만 명의 농민이 무기를 들었다. 봉기에 참가한 무리는 황색 두건을 두르고 "창천蒼天은 이미 죽었으니 황천黃天을 세우자. 바야흐로 갑자년이니 천하가 대길하리라."는 구호를 외치며, 관아를 공격해 불을 지르고 관리들을 죽이며 천하를 휘젓고 다녔다. 이것이 그 유명한 '황건적의 난'이다.

당시 기도위騎都尉로 임명된 조조는 황보숭皇甫嵩과 주준朱儁을 도와 황건적을 진압했다. 그 공으로 조조는 단시일에 제남상濟南相으로 승격해 십여 개의 현縣을 다스리게 되었다. 당시 제남의 대부분의 관리들은 권세에 빌붙어 뇌물과 위법 행위를 일삼았고, 무지몽매한 백성들은 미신에 빠져 마구잡이로 사당을 짓고 맹목적으로 신앙에 매달렸다.

조조는 제남에 부임을 하자마자 낙양 북부위를 맡았을 때처럼 엄격하고 강력한 조치를 취해 나갔다. 우선 부패한 여덟 명의 관리를 파직시키고 관할 지역 내에 무분별하게 세워진 신묘를 부순 뒤, 사신邪神에게 지내는 제사를 금지해 관민들이 참배하지 못하도록 했다. 그리고 나쁜 짓을 하고 법을 어긴 자는 엄격하게 다스려 제남 지역에서 불량한 자들이 사라졌다.

나중에 후한 영제는 수도를 호위하기 위해 서원西園 팔교위

八校尉를 설치했다. 조조는 재능을 인정받아 전군교위典軍校尉로 승격되어 금군의 한 부대를 통솔하게 되었다. 다시 서울로 돌아오게 된 것이다.

당시 외척과 환관은 타협이 불가능할 정도로 대립하고 있었다. 외척의 대표적인 인물인 대장군 하진何進과 원소는 환관을 주살할 계략을 꾸미고 서량西涼 군벌인 동탁董卓의 힘을 빌리기로 했다.

조조는 예리한 통찰력으로 그 계략이 실패할 것을 감지하고 조용하게 처신했다. 결국 하진은 주살 계획이 들통 나 도리어 환관에게 살해당했다. 동탁은 반란을 평정한다는 명분으로 수도로 쳐들어와 조정을 장악하고 멋대로 황제를 폐했다.

조조는 수단 방법을 가리지 않고 횡포를 일삼는 동탁이 언젠가 패할 것을 알고 그와 거리를 두었다. 수도를 몰래 빠져나온 조조는 진류군陣留郡에서 가산을 떼어내 의용병을 모집하고 천하의 제후들과 연합해 동탁 토벌에 나섰다.

천하 제후들의 군사적 위협에 겁이 난 동탁은 싸움을 피해 수도를 옮겼다. 십여 만의 동탁 토벌 군대는 매일 주연을 벌이며 진격할 생각은 하지 않고 서로 싸우느라 바빴다. 이런 모습에 실망한 조조는 점차 자신만의 강력한 군대를 만들 필요성을 절감하게 되었다.

당시 황건적의 한 무리인 청주青州 황건적이 백만 대군을 자칭하며 연주兗州로 돌진하고 있었다. 연주 자사刺史인 유대劉

岱가 전사하자 뒤를 이어 조조가 그 자리에 부임하게 되었다. 오합지졸에 불과했던 청주 황건적이 용의주도한 조조의 적수가 될 수 있었겠는가! 조조와 황건적의 싸움은 늑대와 양의 대결이었다. 조조는 패주하는 적을 추격해 결국 제북濟北에서 청주 황건적들의 항복을 받아냈다.

황건적과의 전쟁 과정에서 조조는 드디어 자신만의 군대인 청주군을 가지게 된다. 청주군은 투항한 황건적을 재편해 만든 군대였다. 당시 투항한 병사가 삼십만 여 명, 백성이 백만 여 명이라고 한다. 조조는 그 중 정예병만을 골라 청주군을 만들었다. 든든한 정치적 지원군을 갖게 된 조조는 정치 무대에서 야심찬 인물로 떠오른다. 그때 그의 나이 서른여덟이었다.

조조는 자신의 군대로 천하를 제패하기 시작했다. 우선은 연주를 공격해 온 대군벌 원술袁術을 무찔렀다. 하남에서 수차례 원술과 싸워 양주揚州까지 몰아냈다. 그 다음 칼날은 서주徐州에 겨누었다.

서주 공격은 유난히 잔혹했다. 조조의 부친 조숭曹嵩이 혼란을 피해 낭야琅邪에 있다가 연주로 가는 길에 서주에 들렀을 때, 서주 자사 도겸陶謙이 조조에게 잘 보이려고 자신의 병사를 보내 호송하도록 했다. 그런데 뜻밖에도 재물에 욕심이 난 한 호송병이 조숭을 죽이고 재물을 빼앗아 도망쳐 버리는 일이 발생했다.

조조는 그것이 도겸이 꾸민 짓일 거라 여기고 군사를 이끌고 복수를 시작했다. 두 차례의 서주 공격전에서 조조는 처음으로 악랄한 면을 보였다. 『삼국지』의 기록에 따르면 조조의 군대가 '많은 사람을 지나칠 정도로 잔인하게 죽였다'고 한다. 수십만의 무고한 백성이 억울한 죽음을 당한 것이다. 야사에 해당하는 지방지에는 '피가 넘쳐흘러 노를 저을 수 있을 정도였다', '시체로 강을 막을 정도였다' 등 참혹한 내용이 기록되어 있다.

원술, 도겸과의 교전은 청주군의 전투력을 잘 보여 주고 있다. 조조의 군대 지휘 실력 역시 점점 늘었다. 사실 이 시기 조조 군대의 기강은 아직 미흡했다. 당시 조조의 행동은 일반 군벌들과 다를 바가 없었다.

조조는 후한 헌제憲帝 건안建安 원년(196)에 환골탈태했다고 할 수 있다.

4

동탁은 연합군에 의해 제거된 것이 아니라 예상 밖에도 뜻을 함께했던 사도司徒 왕윤王允과 수양아들 여포呂布에게 살해당한다. 동탁이 죽자 수하에 있던 이각李傕과 곽사郭汜가 군사를 일으켜 수도를 혼란에 빠뜨렸다.

후한 헌제는 어쩔 수 없이 도망치는 신세로 전락했다. 조조의 진영에 있던 치중종사治中從事 모개毛玠는 예전에 조조에게 '천자를 받들어 불신不臣하는 자들을 다스리고 경작지를 개간해 군사 밑천을 모으면 패왕의 업적을 이룰 수 있을 것이다'라고 제안한 적이 있다.

책사 동소董昭도 더 분명하게 천자를 잡아 두고 제후를 호령할 것을 조조에게 건의했다. 장기적인 안목을 가진 조조는 이번 행보의 의미를 분명히 알고 있었다. 그는 군사를 이끌고 헌제를 도와 보위에 세우기로 결정한다.

다행히도 조조가 정치 전략적 의의가 있는 첫걸음을 내디뎠을 때 대항할 만한 경쟁 상대가 없었다. 원소같이 실력 있는 대군벌은 '천자'의 가치를 의식하지 못했다. 조조는 양봉楊奉, 한섬韓暹 등 약소 군벌을 격파하고 헌제를 손에 넣었다.

헌제 건안 원년 8월 조조의 군대는 낙양에 입성했고, 9월에는 헌제를 받들고 수도를 허창許昌으로 옮겼다. 허창은 조조의 세력 범위 안에 있는 땅이었다. 이제 허울뿐인 황제는 완벽하게 조조의 수중으로 들어왔다.

조조는 헌제의 이름을 빌어 원소를 태위에, 자신은 대장군에 임명하도록 했다. 그런데 원소는 태위의 직위가 대장군보다 낮다는 이유로 거절했다. 그 일로 거북한 입장에 놓인 조조는 그제야 아직 천하를 자기 마음대로 할 수 없다는 사실을 깨닫고 참기로 했다. 우선은 약소 군벌을 처리한 뒤 원소와 결판을 내야겠다고 생각했다.

그래서 조조는 예상 밖의 결정을 내렸다. 아량을 베풀어 대장군의 직위를 원소에게 양보했던 것이다. 원소는 흔쾌히 대장군직을 받아들이며 조조가 결국은 자신에게 양보했다고 여겼다. 양보의 배후에 숨어 있던 조조의 차가운 시선은 눈치채지 못했던 것이다.

먼저 힘을 비축하기로 결정한 조조는 '나라를 세우는 토대는 강한 군대와 충분한 식량에 있다'라는 사실을 깨닫고 조지棗祗와 한호韓浩의 제안을 받아들여 둔전屯田을 실시했다.

중국은 농업 국가로 예부터 농사를 중요하게 여겼다. 권력을 잡은 자들은 전쟁을 위해 군량 공급이 필수적이란 사실을 다 알고 있었다. 조조는 군대를 일으킨 초기에 수차례 패배를 맛보았는데, 모두 군사와 식량이 부족했기 때문이었다. 군량이 다 떨어져 어쩔 수 없이 퇴각하거나 인육까지 먹어야 할 지경에 이른 적도 있었다. 건안 원년 헌제를 맞이하던 시절까지도 조조의 군사들은 마른 오디를 먹어가며 허기를 채워야 했다. 그래서 조조는 농사와 양식 비축의 중요성을 오래전부터 마음속에 새겨 두고 있었다.

조조가 실시한 둔전은 군전軍田과 민전民田으로 나뉘는데, 모두 군사 조직 편제에 따라 농사를 지었고 군량 공급에 사용되었다. 군사들이 주로 전쟁을 통해 땅을 빼앗는 일을 맡았다면 둔전민들은 개간 경작을 담당했다. 조조는 전란 중에 갈 곳을 잃은 농민들을 둔전민으로 받아들였다. 이 둔전 제도는 천하가 셋으로 나뉜 뒤 오吳나라와 촉蜀나라뿐만 아니라 후대에도 많은 영향을 끼쳤다.

연안延安 시기 모택동毛澤東이 대대적인 생산 운동을 전개했는데, 아마도 조조의 둔전에서 영감을 얻었을 것이다. 둔전은 확실히 굉장한 효과를 냈다. 수도 허창 부근에서 한 해에 '곡식 백만 곡斛'를 얻었다고 한다. 이렇게 조조의 세력은 점차 강대해졌다.

헌제 건안 2년 조조는 천자의 이름으로 제후에 대한 토벌을 시작했다. 그해 정월 완성宛城에서 장수張綉를 공격해 항복을 받아냈고, 9월에는 대역무도하게도 수춘壽春에서 황제로 칭한 원술을 정벌했다. 패배한 원술은 결국 회하를 건너 도망쳤다.

그 다음 해 3월에는 유표劉表와 연합해 다시 공격해 온 장수를 대파했고, 9월에는 여포를 공격해 팽성彭城을 함락시키고 하비下邳를 포위해 백문루白門樓에서 여포를 사로잡아 죽였다. 건안 5년(200)에는 유비를 공격해 그의 처자식을 생포했다. 도망친 유비는 원소에게 의탁했다.

한동안 조조는 혁혁한 전적을 쌓으며 중국 전역에 이름을 날렸지만 사람들에게 자신의 약점을 드러내기도 했다. 쉽게 승리를 거머쥔 조조는 발끈해 종종 도리에 어긋나는 행동을 보인 것이다. 완성을 공격해 장수의 투항을 받은 후, 조조는 장수 숙모의 미모에 반해 후환을 고려하지 않고 빼앗아 첩으로 삼았다. 크나큰 수치를 느낀 장수는 결국 반란을 일으켜 조조를 습격했다. 장수의 반란으로 조조는 비싼 대가를 치러야 했다. 반란으로 인해 군대가 사분오열했고 장자인 조앙曹昂과 조카 조안민曹安民, 아끼는 장수 전위典韋를 잃어야 했다. 하마터면 조조 자신의 목숨까지 잃을 뻔했다.

조조는 이번 참패의 교훈을 정리하며 장수들에게 말했다.

"내가 장수의 투항을 받아들이고 제때 그를 인질로 삼지 못했기 때문에 이런 지경까지 오게 되었다. 나는 이미 실패의 원인을 잘 알고 있다. 모두들 잘 지켜보아라. 앞으로 다시는 전쟁에서 패하지 않을 것이다."

물론 이것은 군대를 위로하기 위한 말이었다. 사실 조조는 패배의 근본 원인이 너무 자만하고 적을 얕잡아 본 자신에게 있다는 사실을 잘 알고 있었다. 하지만 그는 이런 사실을 입 밖에 내고 싶어 하지 않았다. 그래서인지 운명은 그에게 더 큰 실패를 안겨다 주었다.

5

헌제를 허창으로 데리고 오기 전, 조조와 원소는 황하黃河 남북쪽에서 자신의 세력을 키워가며 한때 우호적인 관계를 유지하고 있었다. 그러다 두 사람의 세력이 점차 커지면서 이해가 충돌하는 경우가 잇따라 일어났다. 원소가 직위가 낮다고 태위직을 거절했을 때 조조는 언젠가 그와 결판을 낼 날이 올 것을 예감하고 은밀히 준비를 해왔다.

중원의 제후들을 정복하는 일이 대충 마무리되면서 원소의 세력과 결전을 할 시기가 다가왔다. 점령지, 병사의 수, 군량, 세력 등 객관적 요소를 따져 보면 원소가 조조보다 월등했다. 그렇기 때문에 원소는 먼저 전쟁에 불을 붙였다.

건안 5년 원소는 각 주군州郡에 조조를 토벌한다는 격문檄文을 돌렸다. 격문의 내용은 원소의 주부主簿, 현재의 비서부장에 해당였던 당대의 유명한 문장가 진림陣琳이 썼다. 그는 아주 예리한 문필로 조조와 그의 조상에게 심한 욕을 퍼부었다. 격문을 보고 조조는 소름이 돋고 식은땀까지 흘렸다. 놀라서 순간 두통까지 다 나을 정도였다. 후일 인재를 아끼는 조조는 진림을 자기 수하의 문인으로 받아들인다. 물론 그것은 훗날의 일이다.

건안 5년 2월 원소는 직접 대군을 이끌고 남하한다. 조조는 군대를 배치한 뒤 직접 전쟁에 응했다. 두 사람은 관도官渡, 지금의 하남성 중모 북쪽에서 전쟁을 벌였다.

중국 고대 역사에서 유명한 전쟁이 시작되었다. 관도대전은 조조에게 큰 의미가 있었다. 만일 이 전쟁에서 이긴다면 천자를 볼모로 제후의 자리에 오른다 해도 아무도 반대할 수 없고 이어서 곧 천하 통일을 시도할 수 있었다. 반대로 진다면 지금까지의 노력이 모두 허사로 돌아갈 수 있었다. 그렇기 때문에 이번 전쟁은 조조와 원소에게 생사를 건 도박과 같았다.

원소의 책사 저수沮授는 전쟁하기 전 인력과 물자, 지리적 형세의 장점을 이용해 조조와 지구전을 벌여 군사력을 소모시키자는 전략을 제안했으나 원소에게 거절당했다. 조조는 백마白馬와 연진延津 두 곳에서 벌어진 1차 교전에서 승리한 뒤 원래 계획대로 관도로 돌아가 병력을 집중하고 진지를 쌓고 수비에 힘썼다. 그렇게 하면 적의 포위 공격도 피할 수 있고 군량의 공급 노선을 단축할 수 있으며, 원소 군대와의 거리를 멀리 떨어뜨려 시기를 살펴가며 더 많이 출격할 수 있기 때문이다.

조조는 원소 같은 강적을 감히 얕잡아 볼 수 없었다. 양측의 군사는 관도에서 두 달이 넘게 대치했다. 조조는 수비를 위주로 원소는 공격을 위주로 해 전체적인 국면에는 큰 변화가 없었다. 원소의 진영에서 투항해 조조의 책사가 된 허유許

攸가 조조에게 오소烏巢, 지금의 하남성 연진 남동쪽의 식량 약탈 계획을 올린 뒤에야 전쟁의 결말이 보이기 시작했다.

장수들은 허유를 반신반의했지만 조조는 과감하게 그의 의견을 받아들여 직접 보병과 기병 5천을 이끌고 원소가 곡식을 쌓아 둔 오소로 향했다.

오소의 양곡이 불탔다는 소식이 관도에 전해지자 원소의 군대는 바로 처참히 무너졌다. 원소의 장수 장합張郃과 고현高賢은 군대를 이끌고 조조에게 투항했고 다른 장수들은 원소의 명을 무시하고 달아났다. 3만 명의 조조의 군대가 원소의 십만 대군을 무찌른 것이다. 원 씨 부자는 남아 있는 8백 명의 기병을 이끌고 황하를 건너 기주冀州로 도망쳤다.

원소는 관도대전에서 대부분의 세력을 잃었다. 앞으로 조조가 해야 할 일은 '궁지에 몰린 나머지 적을 모두 소탕하는 것'이었다. 7년간 패주하는 적을 추격한 끝에 조조는 원소의 아들과 군대를 깨끗하게 섬멸했다. 헌제 건안 12년(207) 조조는 드디어 북방을 통일하고 오환烏丸, 흉노까지 영향력을 뻗쳤다.

그 해 말 조조는 사자를 파견해 금은보화를 들여 흉노의 손에 들어간 옛 친구 채옹蔡邕의 딸 채문희蔡文姬를 되찾아왔다.

6

헌제 건안 13년(208) 정월, 정벌전을 끝낸 조조는 자신의 본거지 업성鄴城으로 돌아와 남쪽의 군벌 유표, 유비, 손권을 긴장시킬 만한 일을 벌인다. 그것은 바로 성내 현무원玄武苑에 현무지玄武池를 파고 수군 훈련에 돌입한 것이다.

4월 조조는 서량 군벌 마등馬騰을 수도로 불러 위위衛尉란 명목뿐인 직책에 봉하고 아들 마초馬超를 제외한 가솔들을 업성으로 이주시켰다. 그렇게 하면 당분간 서쪽은 걱정할 염려가 없었기 때문이다.

조조는 6월에 헌제에게 삼공의 직위를 없애고 승상직을 부활할 것을 상주하고 자신이 그 자리에 올라 조정을 장악했다. 이런 행보는 천하 통일에 뜻을 둔 조조가 이미 남쪽을 주시하고 있음을 잘 보여 준다.

7월에 조조는 남쪽 정벌에 나섰다. 남쪽 정벌은 그야말로 '파죽지세'라는 말 그대로였다. 형주荊州를 다스리던 유표는 바로 황천길로 가버렸고 그의 아들 유종劉琮은 아무런 저항도 하지 못하고 투항했다.

이런 상황에서 북에서 남쪽으로 도망친 유비는 강동江東을 차지한 손권과 연맹을 맺었다. 조조는 손권과 유비의 연맹을 대수롭지 않게 여기며 자신만만하게 군사를 이끌고 계속 진군했다. 그런 지나친 자신감은 조조 일생 최대의 패전을 암시하고 있었다.

11월 조조는 형주 강릉군江陵郡에서 장강을 따라 동쪽으로 내려갔다. 조조는 가는 동안 원대한 뜻을 생각하니 흥취가 일었다. 어느 달 밝고 강바람이 살랑살랑 부는 밤, 조조는 중국을 통일하는 대업을 이룰 날을 떠올리며 시를 지었다. 그는 광활한 사방을 둘러보며 바람을 맞으며 격앙되어 시를 읊조렸다.

술을 마시니 절로 노래가 나오네, 인생은 얼마나 될까!
마치 아침 이슬과 같이 짧은데 지난 세월 고생도 많았구나.
노랫소리 격앙되니 근심을 잊기 어렵네.
무엇으로 근심을 풀까? 오로지 술밖에 없구나.
푸른 옷을 입은 학자들이여, 자네들을 아침저녁으로 그리워했다,
자네들 때문에 지금까지 '자금子衿'가를 낮게 읊조려 왔도다.
매매 사슴이 울며 들판의 부평초 찾아 먹고,
난 빈객들을 맞이해 북 치고 생을 불며 대접하리.
밝고 밝은 달은 언제나 그치지 않는구나!
마음에 담았던 울분 밀려들어 끊이지가 않네.
논두렁, 밭두렁 넘어 나를 만나러 왕림하였으니,
서로 오랜만에 만나 연회를 벌이고, 지난날의 정을 이야기해 보세.

달 밝고 별이 빛나는 밤에 까마귀와 까치가 남쪽으로 날아가,
나무를 세 바퀴 도는데 어느 가지가 그들이 머물 곳인가?
산은 높은 것을 마다하지 않고 강은 깊은 것을 싫다 않으니
주공처럼 현재에게 예로써 대해야 천하의 마음이 나에게 향하리.

참으로 뛰어난 고대 악부시樂府詩이다. 감개 속에 처량함이 어우러져 있고 온화함 가운데 호탕함이 드러난다. 조조는 중국 고대 정치가와 군사가들 중 보기 드물게 다재다능한 인물이다. 특히 문학에 대한 조예와 공로는 매우 깊고 크다. 조조와 그의 아들 조비와 조식曹植, 그리고 문하의 문인들은 문학의 새로운 시대를 열었다. 역사에서는 이를 일컬어 '건안풍골建安風骨'이라 한다. 위의 「단가행短歌行」은 조조의 대표적인 시이다.

천하를 얻으려 했던 조조의 바람은 활활 타는 불로 인해 무참히 짓밟혔다. 손권, 유비의 연맹과 조조는 적벽赤壁, 지금의 하북성 무한 적기산에서 맞닥뜨리게 된다. 손권과 유비 연맹의 선봉을 총지휘한 자는 손권 수하의 장수 주유周瑜였다. 이번에는 관도대전과는 반대로 손권, 유비의 연합군이 3만여 명, 조조의 군사가 20만여 명이었다. 지금껏 치러 온 전쟁과 달리 조조는 장강 위에서 싸움을 벌여야 했다.

대부분 북쪽에서 온 병사들은 수전水戰에 익숙하지 않았다. 그래서 조조는 모든 함선의 앞뒤를 밧줄로 연결해 풍랑으로

인한 흔들림과 적국의 습격을 막았다. 이런 조치를 취하고 나서 의기양양해진 조조는 강 위에 위풍당당하게 떠 있는 몽동艨艟, 고대 전함들의 모습을 바라보며 도취해 있었다.

그러나 조조가 자신만만해 하던 이런 계책은 도리어 치명적인 실수가 되어 버렸다. 수군의 기동성을 대폭 떨어뜨렸기 때문이다. 오나라 장수 황개黃蓋는 적진의 동태를 살펴보고 나서 불을 이용한 공격을 제안했다. 주유는 황개의 의견을 받아들여 함께 '위장 투항' 시나리오를 작성했다. 황개는 먼저 조조에게 거짓 투항서를 보냈다. 그리고 투항하기로 약속한 날 조조의 함대에 화염을 선물했다.

순식간에 온 천지가 불길과 연기로 가득 찼다. 화마는 철밧줄로 연결된 조조의 배를 불태우고 강가에 있는 병영까지 손을 뻗쳤다. 조조의 군대는 불바다에 휩싸였다. 혼란 속에서 불에 타 죽거나 익사해 죽은 군사들은 셀 수도 없었다. 손권, 유비의 연합군은 그 틈을 타, 수군을 동원해 뒤를 쫓았다.

그 유명한 적벽대전은 조조의 대패로 끝났다. 적벽대전은 후세 문인들에게 사색하며 회고에 젖게 만드는 가슴 떨리는 최고의 소재거리로 남았지만, 조조가 품었던 이상에는 치명적인 타격을 입혔다. 하지만 조조는 쉽게 승복하려 들지 않았다.

패배했다는 사실을 인정하기 싫었던 조조는 나중에 손권에게 적벽대전 때 마침 질병이 돌았던 탓에 배를 불태우고 퇴각했다는 내용의 편지까지 보냈다. 질병이 돌았다는 말은 사실이었다. 전쟁 전부터 남쪽 기후 환경에 적응하지 못했던 조조의 병사들 사이에 실제로 역병이 돌아 전투력에까지 큰 영향을 미쳤다. 하지만 그보다 가장 큰 패인은 적을 얕잡아 보고 무모하게 공격을 시도한 조조에게 있었다.

장수가 반란을 일으켰을 때와 마찬가지로 조조가 손권에게 편지를 보낸 일은 자신의 과실을 감추기 위해서가 아니라 그저 쓰디쓴 아픔을 혼자 속으로 삭이기 위해서였을 것이다. 그래야 조조다운 것이 아니겠는가.

7

적벽대전에서 참패를 했지만 원소처럼 전멸하지 않았던 것은 조조의 침착성과 기지 덕분이었다. 사실 조조가 남쪽 원정에서 장벽에 부딪히게 되리라고는 예상하지 못했겠지만 사전에 세운 전략을 살펴보면 만약의 경우에도 어느 정도 대비한 듯하다. 조조가 북쪽으로 철군할 때는 이미 측근 장수인 조인曹仁, 장료張遼, 악진樂進이 각각 강릉江陵, 합비合肥, 양양襄陽을 지키며 손권과 주유의 진공을 차단하고 있었다. 이렇게 해서 도미노처럼 진영이 줄줄이 무너지는 것을 막을 수 있었다.

수도로 돌아온 조조는 처리할 일이 많았다. 우선 적벽대전의 교훈을 종합하고 군사들을 위로하며 진영을 재정비해 권토중래를 다짐했다. 적벽대전의 다음 해, 조조는 고향 초현으로 돌아가 경주輕舟, 가볍고 빠른 배를 만들고 수군을 길러 세인들에게 아직 승복하지 않았다는 모습을 보여 주었다. 또 한편으로 조조는 정치적 전략 문제, 곧 한나라 왕실과의 관계에 대해 다시 생각해 보아야 했다.

열여섯 살에 조조에게 볼모로 잡혀 수도로 돌아온 헌제는 꼭두각시 황제나 다름없었다. 만일 적벽대전에서 패하지만 않았더라면 조조는 당연히 한나라를 멸망시키고 스스로 제위에 올랐을 것이다. 하지만 전쟁에 패하면서 모든 상황이 달라졌다.

천하가 혼란해지자 남쪽, 서쪽의 제후들이 호시탐탐 자신을 주시하고 있었고, 조조의 무리 내에서 순욱荀彧, 양수楊修, 최염崔琰 같은 한나라를 옹호하는 무리가 등장했다. 지금 무턱대고 제위에 올랐다가는 천하의 불한당으로 매도될 판이었다. 자신이 동탁처럼 천하의 제후 연합군에게 토벌당할 수도 있었기 때문에 조조는 신중을 기하지 않을 수 없었다.

헌제 건안 15년(210) 12월, 조조는 공개적으로 '양현자명본지령攘縣自明本志令'을 발표했다. 이를 '술지령述志令'이라고도 하는데 상주를 통해 황제가 상으로 내린 양하陽夏, 자현柘縣, 고현苦縣 삼현을 사양하면서 자신이 한나라를 대신할 의사가 없다는 것을 분명히 밝힌 것이다.

'술지령'은 그럴듯한 말로 한나라 왕실에 대한 조조의 충심을 보여 주는 것 같지만 사실은 헌제가 퇴위할 뜻이 있는지를 시험해 보기 위한 상주문이었다. 여기서 세상을 속이는 간웅의 본색이 여실히 드러난다. 그 당시 파군巴郡에 있는 허정許靖이란 자의 평가는 정곡을 찌르고 있다.

"취하고자 하면 먼저 잠시 놓아두고, 빼앗고자 하면 먼저 베풀어야 한다. 아마 이것이 조조의 뜻이 아니겠는가?"

조조는 '술지령'에서 '설사 나라가 없다고 저버린다면 몇 명이나 황제나 왕으로 칭할지 알 수 없다'라고 밝히며 구세주 같은 태도로 자신의 공을 자랑하고 있다. 그리고 후반부에서는 군사와 정치 대권을 영원히 포기하지 않을 것을 암시했다. 권력을 영원히 포기할 수 없다는 말은 헌제가 영원히 꼭두각시로 살아야 하며 죽은 뒤에는 자신의 아들에게 권세를 물려주어 한나라를 대신하겠다는 의미였다.

'술지령'을 발표한 이후 조조는 자신을 주周나라 문왕文王으로 자부하며 '만약 천 명이 나에게 있다면, 내가 주나라 문왕이다'라고 했다. 조조는 자신의 아들이 새로운 왕조를 세운 주나라 무왕武王이 되기를 바랐던 것이다.

이와 더불어 조조는 세상의 인심을 사기 위해 세 차례나 '구현령求賢令'을 반포해 '재주만 있다면 천거하라'고 명했다. '구현령'으로 조조는 현량을 절실히 구한다는 미명을 얻었다.

확실히 조조는 사람을 쓰는 용인用人 방면에 일가견이 있었고 가끔은 자신의 원한까지 버리는 대범한 모습을 보여 주기도 했다.

자신의 아들과 조카를 앗아간 장수를 자신의 수하로 받아들였고 자신에게 심한 욕설을 퍼부었던 진림도 결국은 자신의 문인으로 만들었다. 그리고 항복한 장수와 출신이 미천한 인재라도 대담하게 등용했다. 그 중 우금于禁과 악진은 전쟁터에서, 장료와 서황徐晃은 포로들 중에서 건진 인재였다.

조조는 수하의 잘못도 이해할 줄 아는 자였다. 관도대전이 벌어지기 전, 조조 진영의 많은 병사들이 원소를 두려워해 망설임 끝에 원소와 서신을 주고받았다. 조조는 전쟁에서 승리한 뒤 서신을 찾아냈지만 광무제光武帝의 사례를 모방해 그냥 모두 불태워 버렸다. 그는 어떤 현인군자라도 모든 부하를 언제나 자신에게 충성하게 만들 수 없으며, 많은 사람이 안위에 따라 자신의 거취를 결정한다는 사실을 잘 알고 있었다. 사람들은 윗사람이 성과를 내야 기꺼이 지도자로 받아들이고 열심히 일하는 법이었다.

그밖에 조조는 수하들이 반대 의견을 제시하도록 고무했다. 원소 잔당을 숙청하고 북쪽의 삼군 오환을 정벌하러 가는 것을 많은 장수가 반대했다. 조조는 승리하고 돌아와 자신을 말렸던 장수들에게 벌이 아닌 상을 내리며 직언을 한 것을 칭찬하고 격려했다.

조조의 적절한 인재 등용은 성공의 초석이 되었다. 세 차례의 '구현령'에는 현량에 대한 갈망과 더불어 숨겨진 의도가 있었다. 그것은 천하의 뛰어난 인재들에게 전통적인 충군忠君 도덕관을 포기하고 자신을 위해 일한다면 다른 것은 다 제쳐두고 재능만 보고 천거할 것이나, 그렇게 못한다면 미안하지만 없어져 주어야겠다고 선포한 것이다. 양수와 최염은 잇달아 살해되었고 순욱도 그냥 놔두지 않았다.

순욱은 조조 진영의 수석 책사였다. 조조가 북방을 통일하는 과정에서 순욱은 몇 차례나 기묘한 계책을 제안하고 수많은 인재들을 물색해 주었다. 조조의 문신들 중 순욱의 공로가 가장 크다고 할 수 있다.

그런데 이처럼 조조로부터 깊은 신임을 받고 있던 순욱은 한나라 왕실에 관련된 문제에 있어서는 '보황파保黃派'의 입장을 취했다. 일전에 조조에게 천자를 볼모로 제후를 부릴 것을 권유한 동소는 조조의 뜻을 받들어 조조에게 국공國公의 작위를 주고 구석九錫, 왕권을 대표하는 아홉 가지 기물을 상으로 내려 그의 특별한 공로를 치하하자는 의견을 내놓으려고 했다. 그래서 그 전에 몰래 순욱의 의사를 떠보았는데 그는 반대 의견을 내놓았다.

"조공은 병사를 일으켜 조정을 보좌하고 나라를 안정시키기를 도모하는 충성스런 마음을 품고 있었소. 군자는 남을 아끼고 덕을 행해야 하거늘 우리가 그렇게 해서는 아니 되오."

순욱이 일언지하에 거절했다는 말을 전해들은 조조는 계획을 잠시 보류할 수밖에 없었다. 그 일로 순욱에게 불만을 품은 조조는 걸림돌을 제거하기로 마음먹었다.

얼마 뒤 조조는 손권을 치러 남쪽으로 가면서 순욱을 데려갔다. 군대가 유수濡須에 이르렀을 때 순욱은 병으로 인해 수춘壽春에 머물러야 했다. 어느 날 조조는 사람을 시켜 순욱에게 찬합을 하나 보냈다. 순욱이 뚜껑을 열었을 때 그 안에는 아무것도 없었다. 금세 조조의 의중을 알아챈 순욱은 약을 먹고 자살했다. 『삼국지』「위서」 순욱전에서는 『헌제춘추獻帝春秋』를 인용해 조조가 순욱에게 헌제의 부인인 복후伏后를 죽일 것을 강요했지만 명을 받들 수 없어 자살했다고 적고 있다.

이처럼 두 가지 설이 있지만 어쨌든 조조에게 자살을 강요받아 죽은 것은 둘 다 마찬가지이다. 순욱이 세상을 떠난 뒤 조조는 위공魏公에 봉해졌고 나중에는 위왕魏王이란 작위까지 받았다.

8

조조가 죽은 뒤 모든 것은 그의 계획대로 되었다. 아들 조비가 헌제를 폐하고 새 왕조인 위나라를 세우고 아버지를 위 무제로 추존했다.

시호에 '무武' 자가 붙은 것은 조조가 평생 무력 정벌전을 벌였다는 사실을 설명해 준다. '술지령'과 '구현령' 공포로 내부 정비 작업이 성과를 거두면서 조조의 군대도 적벽대전의 그림자에서 벗어나 점차 흥성할 기미를 보였다. 그렇지만 전쟁은 도처에서 벌어지고 있었다.

적벽대전 이후 삼국정립 국면을 맞았지만, 조조, 손권, 유비 모두 그 사실을 인정할 뜻이 없었다. 그래서 결국 영토 전쟁은 계속되었다.

건안 16년(211) 조조는 종요鍾繇, 하후연 등을 보내 한중漢中, 지금의 사천성 남정의 장로張魯를 공격하도록 했다. 이때 관중關中 군벌 마초, 한수韓遂 등 열 개 군의 군대가 조조에게 반기를 들고 십만 병사를 이끌고 동관潼關을 점거했다. 결국 조조는 어쩔 수 없이 직접 군대를 이끌고 서쪽 정벌에 나서야 했다.

관중 군벌을 격파한 뒤 손권이 합비를 탈취하려고 했다. 건안 18년(213) 조조는 유수구濡須口, 지금의 안휘성 소현 남동쪽까지 진군해 손권의 강서 진영을 격파했다. 양측 군대는 한 달여를 지키다 각자 철수했다.

건안 20년(215) 조조는 친히 군대를 이끌고 한중 공격에 나서 장로를 격파하고 투항을 받아냈다. 건안 22년(217) 조조는 군대를 거소居巢에 주둔시키고 유수구를 공격해 손권을 물리쳤다. 건안 23년(218)에는 사열을 정비하고 유비 정벌에 나섰다. 다음 해에 하우연이 정군산定軍山에서 유비 측에 잡혀 죽자 장안長安에서 사곡斜谷을 지나 한중으로 진격해 유비와 몇 달간 대치를 벌였다. 천하는 안정되지 못했다. 오십이 넘은 조조는 쉬지 않고 계속 갑옷을 걸치고 사방으로 정벌을 나갔다.

조조는 죽기 한 해 전 전쟁에서 놀랄 만한 일을 겪었다. 건안 24년(219) 8월 유비의 장수 관우가 북벌에 나서 번성樊城에 대한 포위 공격에 나섰다. 번성을 지키던 장수 조인曹仁이 다급해져 황급히 그 사실을 보고하자 조조는 우금, 방덕龐德을 구원군으로 보냈다. 그런데 뜻밖에도 한수漢水의 강물이 급격히 불어나는 바람에 일곱 무리의 군대가 익사하고 우금은 투항했고 방덕은 살해되었다. 관우가 뛰어난 무술로 천하를 놀라게 하자 남군南郡의 여러 현이 관우에 동조했다.

조조는 수도까지 옮기며 관우의 칼날을 피할 준비를 했다. 그렇지만 전세는 조조에게 유리한 방향으로 흘러가고 있었다. 손권이 그 기회를 틈 타 관우의 본거지인 형주를 습격한 것이다. 조조의 장수 서황은 번성까지 구원군으로 나가 관우의 공격을 격파했다. 물러날 길이 없었던 관우는 맥성麥城에서 손권에게 잡혀 죽음을 맞이했다. 유비의 복수가 두려웠던 손권은 조조에게 서신을 보내 신하가 될 것을 청했다.

천하는 하늘의 구름처럼 순식간에도 변화하고 조조도 세월이 흐르면서 늙어갔다. 건안 25년(220) 정월 23일, 조조는 예순여섯의 나이로 낙양에서 병사했다. 그는 장병들에게 주둔지를 지키며 진지를 이탈하지 말 것과 순장할 때 금은보화를 넣지 말고 간소하게 할 것을 유언으로 남겼다.

조조의 죽음에 문무백관들이 슬퍼했다. 2월 21일 한 시대의 간웅 조조가 고릉高陵에 묻혔다. 조조를 안장하던 날 낙양 주변에 일흔두 개의 조조 묘가 생겨났는데 그 중 하나만이 진짜 무덤이라고 한다. 하지만 어쩌면 그 중에 진짜는 없을지도 모른다.

● 각주

1 효렴은 한나라 때 관리 선발 제도인 향거리선鄕與異選 과목 중 하나이다. 효렴이란 부모에게 효도하는 몸가짐과 청렴한 자세를 뜻하는 것으로, 주로 유교적 소양을 갖춘 자가 선발되었다. 효렴에 천거된 인물은 바로 관직에 임명되지 않고 낭관郎官을 지내며 조정의 실무를 익히도록 했다.

조조가 헌제를 볼모로 삼은 것처럼 역사상 최초로 천자를 볼모로 잡고 제후를 부린 사람이 바로 제齊나라 환공桓公(?~기원전 643년)이다. 제나라 환공은 춘추시대 제나라의 일국 군주로 관중管仲을 등용하고 개혁을 실시해 나라를 강성하게 만들었다. 그리고 '존왕양이尊王攘夷'를 외치며 주나라 천자를 돕고 권위를 높인다는 명목으로 융戎과 적狄을 공격하고 채蔡나라와 초楚나라로 진격해 춘추시대의 첫 번째 패주가 되었다.

제나라 환공

관중

:: 주요 인물
유비

:: 주변 인물
조조, 여포, 손권

:: 키워드
위선, 인의

:: 주요 사건
이릉 전쟁, 서주를 세 번 사양하다, 적벽대전

:: 고사
이릉 전쟁, 허벅지에 군살만 붙었구나, 적벽대전

:: 이야기 출처
『삼국지』「촉서」 선주전先主傳

유비 : 인의를 가장한 군주

유비劉備에 대한 평가는 크게 두 가지로 나뉜다. 유비를 천고에 보기 드문 군자이자 영민한 주군, 덕과 정의의 화신으로 생각하는 옹호론자들과, 아무런 재주도 없으면서 군자의 모습을 가장해 '눈물로 천하를 얻었다'고 비난하는 비판론자들의 입장이다.

게다가 유비는 '아녀자는 옷과 같다'는 말을 했었는데 이 말은 페미니스트들을 화나게 할 만하다. 하지만 시절도 시절인데다 유비가 전쟁을 하는 과정에서 몇 번이나 아내를 허물 벗듯 그냥 버려두고 갔기 때문에 자신의 행동을 옹호하기 위해 어쩔 수 없이 한 말일 것이다. 유비의 행동을 살펴보면 아내를 버리고 다닌 것 외에는 대체로 여성을 잘 대해 주고 있다.

유비는 스스로 중산정왕中山靖王 유승劉勝의 후예라고 말하고 다녔다. '금루옥의金縷玉衣, 목을 금실을 이용해 꿰어 만든 옷'의 출토로 후세에 널리 알려진 중산정왕에게는 105명이나 되는 아들이 있었다. 그러니 수백 년이 지난 뒤 105명이나 되는 자식들이 얼마나 더 많은 후손을 낳았을지는 아무도 알 수 없는 일이다. 하북성 탁현涿縣 누상촌樓桑村에서 태어난 유비는 거미줄 같은 왕실 귀족 후예의 계보 중 미약한 한 줄기에 불과했다.

역사서에 따르면 유비는 일찍 아버지를 여의고 어머니와 함께 자리를 짜고 짚신을 팔아 살았다고 한다. 어린 유비는 자리를 짜면서도 자신의 본업에 집중하지 못하고 지배 계층의 방탕한 생활과 부귀영화를 동경했다. 어느 날은 수레의 차양처럼 늘어진 큰 뽕나무 아래에서 신경질을 부리며 아이들에게 "반드시 이렇게 늘어진 우보羽葆 수레를 타고 말겠다."고 외친 적도 있다고 한다. 우보 수레란 황제가 타는 것이었다. 이 말을 들은 유비의 숙부는 너무 놀라 그런 쓸데없는 소리를 하면 멸문을 당할 수도 있으니 조심하라고 혼을 냈다.

집안이 가난하기는 했지만 유비의 어머니는 교육을 중요하게 여겼다. 그래서 열심히 학비를 벌어 열다섯 살이 된 유비를 당대 대유학자이자 구강九江 태수太守였던 노식盧植에게 보내 배우도록 했다. 하지만 안타깝게도 유비가 책읽기를 좋아하지 않아 제대로 익히지 못했다.

유비의 생김새는 상당히 특이해서 귀가 크고 어깨는 늘어져 고개를 돌리면 자신의 귀가 보일 정도였고 두 팔은 긴 팔원숭이처럼 무릎까지 내려왔다고 한다. 그리고 희로애락이 얼굴에 나타나지 않아 사람들과 다투어도 얼굴을 붉히는 일이 없었다. 그 당시에는 불교가 중국 땅까지 들어와 있었기 때문에 늘어진 어깨와 큰 귀는 귀상으로 꼽혔다. 그래서 사람들은 기꺼이 유비와 사귀었는데 그 중 공손찬公孫瓚은 훗날 사회에서 그에게 연줄을 터주는 인물이다.

천하를 휩쓴 황건적의 난이 유비의 짚신 장사에 어떤 영향을 미쳤는지는 아무런 기록이 없지만 중산정왕의 후손은 다른 일을 하기로 결정한다. 그때 마침 관우와 장비張飛 두 사람도 운송 일과 음식 장사를 그만두고 조정의 정책에 부응해 군대를 일으켜 황건적과 싸우고자 나섰다.

전쟁에서 공을 세운 유비는 안희위安喜尉란 관직을 얻게 된다. 안희위는 오늘날로 따지자면 일개 하급 관리에 불과했다. 하지만 '천 리 길도 한 걸음부터'라는 이치는 글을 좀 읽은 사람이라면 누구나 알고 있듯 유비도 말단직이지만 자신의 자리를 소중하게 생각했다.

그런데 조정에서 구조 조정 바람이 불어 하직 관리를 재평가해서 필요 없는 관리는 자르기로 했다. 이때 유비의 관직을 심사 맡은 독우督郵 대인은 오만한 자였다. 유비가 수차례 만나기를 청했으나 만나 주지도 않고 밑도 끝도 없이 그에게 관직을 그만두고 집으로 돌아가라는 명을 내렸다.

당시 유비는 관직에 목숨을 걸고 있었는데 독우가 물거품으로 만들자 화가 머리끝까지 치솟았다. 화가 나 이성을 잃은 유비는 끝장을 보겠다는 심산으로 독우가 묵고 있는 관역館驛으로 쳐들어가 그의 머리채를 잡아끌고 나와, 마을 앞 말뚝에 묶은 뒤 채찍으로 때리기 시작했다. 나관중의 『삼국지연의』에서는 이 장면에서 유현덕(유비)이 사람을 때렸다고 적으면 자칫 그의 온화한 이미지를 손상시킬 수 있기 때문에 유비 대신 장비를 등장시키고 있다.

어쨌든 조정에서 임명한 관리를 구타한 것은 대역무도한 죄였다. 다행히 당시 조정은 조정답지 못해 황제도 바꾸려면 바꿀 판이었다. 사고를 친 유비 일행은 안희현에서 도망쳐 친구 공손찬에게 몸을 위탁했다. 운이 좋게도 그는 이 사건으로 수배를 당하거나 쫓기지 않았기 때문에 그 후에도 계속해서 올바른 길을 갈 수 있었던 것이다. 하지만 그 일 이후 몇 년이 지나도록 별 성과를 거두지 못한 유비는 대군벌 원술에게 이런 평가를 받았다.

"내가 태어난 이래 천하 어디에서도 유비란 이름을 들어보지 못했다."

나중에 황건적 잔당에게 포위된 북해상北海相 공융孔融이 태사자太史慈를 보내 유비에게 구원을 청한 적이 있다. 유비는 뜻밖의 요청에 놀랐지만 기쁜 속마음을 억누르며 정색을 하고 물었다.

"북해의 공융은 유비란 이름을 들어본 적 있답니까?"

유비가 천 리 길을 가는 첫걸음은 서주에서 시작되었다. 그가 세인들에게 알려지게 된 사건 역시 도겸이 서주를 세 번 양보하는 이야기 이후이다. 서주목徐州牧 도겸은 교활한 자였다. 조조 부친의 죽음으로 인해 원한을 산 그는 조조에게 쫓겨 막다른 궁지에 몰리자 처치 곤란인 서주 땅을 버리듯 유비에게 맡겨 버렸다. 덕분에 유비는 그럴듯한 근거지를 갖게 되었다.

하지만 서주는 모든 전략가들이 노리던 요충지로 대소 군벌들이 두 눈에 핏대를 올리며 눈독을 들이고 있던 곳이었다. 막 군벌 대열에 들어선 신참 유비의 세력은 미약했기 때문에 서주를 지키기 어려웠다. 얼마 지나지 않아 '난폭하고 외로운 이리' 여포가 서주와 더불어 유비의 부인까지 빼앗아갔다.

유비는 여포에게 사람을 보내 화의를 청한 뒤에야 아내를 찾아올 수 있었다. 생각할수록 화가 치민 유비는 기어코 최고 군벌이었던 조조를 찾아가 자신의 억울함을 호소했다. 여포가 이 소식을 듣고 성이 나 다시 유비를 공격했고 또다시 유비의 부인을 포로로 잡아갔다. 이 지경이 되자 어쩔 수 없이 조조가 직접 나서 백문루에서 여포를 잡아 죽였다. 그제야 유비는 아내를 되찾아올 수 있었다.

조조는 승리를 거둔 뒤 서주를 돌려주지 않고 유비를 수도 허창으로 데려와 좌장군으로 삼자는 상주를 올리며 '출타할 때는 같은 수레를 타고 앉을 때는 동석을 한다'라고 적었다. 그리고 친한 사이인 척하며 호기 넘치는 말투로 유비에게 이런 말을 남겼다.

"천하의 영웅은 자네와 나뿐이네. 본초(원소) 같은 작자는 영웅이라고 할 수 없지."

그렇지만 유비는 그 말에 자신을 경계하고 있다는 뜻이 숨어 있음을 알 수 있었다. 유비는 이 말을 듣고 놀라서 들고 있던 젓가락을 떨어뜨릴 뻔했다.

이제 유비는 돌아갈 본거지도 잃고 남에게 의지해 살며 경계의 대상까지 되어 버렸다. 유비는 원망스런 마음에 비밀리에 조조에게 반기를 드는 음모에 가담했다. 그들의 음모가 발각되기 전, 원술을 공격하라는 조조의 명으로 출정한 유비는 그 기회에 조조가 파견한 서주 자사를 죽이고 서주를 되찾았다. 그리고 조조에게 벗어날 것을 선언하고는 원소에게 의탁했다. 그 결과 조조는 정벌에 나섰고 유비의 아내를 포로로 잡아갔다.

가슴 아픈 일은 거물급 인물 같아 보였던 원소의 군대가 조조의 일격에 관도대전에서 패배하고 말았다는 사실이다. 유비는 어쩔 수 없이 다른 연줄을 찾아야 했다. 결국 형주목인 유표를 찾아가 다시 기반을 잡았다.

유표의 상객이 된 유비는 형주에서 10년을 머물렀다. 큰 뜻을 품었던 유비는 자신의 처지에 상실감을 느꼈다. 한번은 화장실에서 일을 보다 자신의 다리에 군살이 붙은 것을 보고는 흐느끼며 "대장부가 공명도 이루지 못하고 허벅지에 군살만 붙었구나!" 하는 푸념을 늘어놓기도 했다.

그렇다고 형주에 있는 동안 유비가 아무 수확도 거두지 못한 것은 아니었다. 가장 큰 성과라면 후세인들이 신처럼 받드는 군사 책략가 제갈량諸葛亮을 모셔 온 것이다. 유비보다 스무 살이나 어린 젊은이는 집 밖에 나가지도 않고 유비를 위해 천하를 제패할 전략을 세웠다. 나아가 유비를, 이상을 실현할 수 있는 길로 이끌어 주었다.

사실 당시 여러 곳을 전전하며 좌절을 맛본 유비는 '우보수레'를 탈 수 있을지 막막한 상황이었다. 운명은 그가 '화근이 되는 인물'이란 사실을 잔인하게 보여 주고 있었다. 유비가 의탁하는 사람마다 재수가 없었다. 그래서 가끔 유비는 큰 뜻을 접고 혼자 할 일이 없을 때면 남몰래 자리나 짚신을 엮고 모자나 만드는 것을 낙으로 삼았다. 이런 모습을 본 제갈량은 유비를 엄하게 질책을 하며 미래에 대한 자신감을 갖도록 격려해 주었다. 유비는 수양아들에게는 유봉劉封이라는 이름을, 새로 태어난 아들에게는 유선劉禪이라는 이름을 지어 주었다. 유봉과 유선, 즉 '봉선封禪, 제왕이 천지에 제사를 지냄'의 뜻을 살펴보면 유비의 목표를 알 수 있다.

어쨌거나 유비는 사람을 쓰고 사람의 마음을 사는 재주 하나는 타고난 사람이었다. 이것이 유비의 최대 성공 비결이었다. 제갈량, 관우, 장비, 조운趙雲 같은 걸출한 인재들이 그에게 변치 않는 충심을 바쳤고 가장 힘든 때에도 유비와 함께했다. 이런 면에서 본다면 확실히 유비는 제왕의 수레를 탈 운명이었다.

드디어 유비에게 일생일대의 전환기가 찾아왔다. 바로 그 유명한 적벽대전이다. 유표가 죽은 뒤 조조는 형주로 남하했고 유비도 어쩔 수 없이 계속해서 도망을 쳐야 했다. 더 이상 갈 길이 없는 막다른 곳에 몰린 그때 유비는 동오東吳의 손권이라는 구세주를 만나게 된다. 두 사람은 연합해 조조를 막아냈다.

적벽대전의 주력군은 동오였는데 전쟁에서 승리하자 유비가 선수를 쳤다. 먼저 형주의 많은 군현을 점거한 것이다. 손권 입장에서는 당연히 기분이 좋을 리가 없었다. 유비는 손권에게 형주를 잠깐 빌리겠다고 핑계를 대며 서천西川을 얻으면 돌려주겠다고 약속했다. 당시 손권은 여동생을 유비에게 시집보낸 상황이라 매부에게 얼굴을 붉히기도 뭐하고 체면도 있어 뭐라 할 수 없었다. 이때 두 사람이 분명히 결판을 내지 않았기 때문에 결국 형주 문제는 나중에 큰 화근이 되었다. 이로 인해 관우의 목을 내놓아야 했고 더 크게는 유비가 자신의 목숨으로 빚을 갚아야 했다.

유비와 손권의 제휴는 형식적인 연맹이었다. 손권이 유비의 신부로 보낸 여동생은 사실 동오에서 보낸 내부 첩자에 더 가까웠다. 치장보다는 무장을 좋아했던 여걸은 신혼 초야에 시녀 백여 명에게 칼을 들고 지킬 것을 명했다. 유비는 신방에 들어갈 때마다 늑대 소굴로 들어가는 듯한 서늘함을 느껴야 했다. 청淸나라 때 왕사정王士禎은 이 상황을 '칼의 빛은 눈과 같고 신방은 가을이구나, 세상에 이런 근심 가진 남편이 있으랴'라고 시로 읊었다. 결국 유비가 손권의 세력을 벗어나면서 두 사람의 결혼 생활도 끝났다.

일개 짚신 장수로 아무것도 없는 상태에서 천하를 얻게 된 유비는 인의가 뛰어나다는 명성으로 인해 구름처럼 많은 현인들을 모을 수 있었다. 형주에서 강릉까지 조조에게 쫓기면서도 유비는 자진해서 따르는 수십만의 백성을 데려가는 것을 잊지 않았다. 장중한 난민 무리의 행렬은 중국 역사상 전에 없는 행군이었다. 그는 서천을 얻고 싶었지만 도의적인 난제에 부딪혔다. 서천의 통치자 유장劉璋이 한나라 왕실의 종친이었기 때문이다. 항렬을 따르자면 유비와 형제 격인데 어떻게 형제의 땅을 뺏을 수 있었겠는가!

유비가 그 문제로 곤란해 하고 있을 때 유장이 먼저 유비를 서천으로 불렀다. 자신의 기반을 갖지 못한 유비는 천하의 유명한 '고용된 군지도자'였다. 어리석기 짝이 없는 유장은 한중 장로의 공격을 걱정해 유비에게 국방 사무를 부탁한 것이다. 흔쾌히 서천으로 향한 유비는 도리어 유장에게 서천을 빼앗았다. 그제야 유비는 정말로 자신의 안정적인 근거지를 가지게 되었다.

손권은 유비가 서천을 얻었다는 소식을 듣고 형주를 돌려달라고 했으나, 유비는 또 다시 '양주涼州를 얻어야 하는데 형주와 서로 접해 있다'는 구실을 대며 돌려주지 않았다. 그러나 손권은 바보가 아니었다. 화가 난 손권은 병사를 이끌고 전쟁에 나섰다. 매부와 처남 간의 싸움이 벌어질 태세였다. 그때 마침 조조가 한중을 얻었다는 소식을 들은 유비는 서천을 잃을까 두려워 황급히 손권과 '38선'을 긋고 화약을 맺었다. 손권과 형주를 공평하게 나누어 가진 유비는 군사를 이끌고 조조와 한중에서 전쟁을 벌였다.

조조는 당시 한참 혈기왕성했던 유비를 당해 내지 못했다. 그는 정군산 전쟁에서 조조의 장수 하후연을 죽였고 한중도 얻었다. 그리고 유비는 멀리 수도에 있는 헌제에게 왕으로 봉해 달라는 상주문을 작성했다. 물론 상주문을 수도로 보내지는 못했다. 그랬다면 조조에게 잡혀 죽음을 당했을 것이 분명하다.

유비는 면양沔陽이란 곳에 제단을 세우고 군사들과 백성이 지켜보는 가운데 신하의 도움을 받아 의식을 거행했다. 큰 소리로 상주문을 낭독하고 헌제가 들은 것으로 쳤다. 그 다음 유비는 왕관을 쓰고 스스로를 한중왕으로 칭하기 시작했다. 유비는 나중에 조조가 세상을 떠나고 아들 조비가 헌제를 폐하고 제위에 올랐다는 소문을 듣고 헌제의 생사와 상관없이 장사를 지냈다. 그리고 자신이 한나라 왕실을 계승하겠다고 선포하며 제위에 올라 '황제의 수레'를 타는 꿈을 이루었다.

보위에 오르자마자 유비는 곧바로 난제에 부딪혔다. 동오의 손권이 형주를 습격해 친형제처럼 지내던 장수 관우를 살해한 것이다. 그는 제갈량, 조운 등의 반대를 무릅쓰고 관우의 복수를 위해 십만 대군을 동원해 육로와 수로를 통해 동오를 공격했다. 그 해가 서기 222년이었다.

전쟁 초기에는 승승장구하며 동오 경내 5, 6백 리까지 밀고 들어갔다. 그렇지만 불행히도 주유를 이을 만한 뛰어난 인재 육손陸遜을 만나게 된다. 육손이란 자는 주유와 똑같이 불 공격에 강했다. 하나의 불씨로 촉한의 마흔 개가 넘는 군영이 모두 잿더미로 변해 버렸다. 그것은 유비 평생에 가장 기억에 남을 만한 패전이었다. 그 뒤 백제성白帝城까지 퇴각한 유비는 얼마 뒤 세상을 떠났다. 진晉나라 사람 갈홍葛洪이 지은 『신선전神仙傳』에서는 유비가 치욕스럽고 분해서 병사했다고 적고 있다. 유비의 사인을 지나친 슬픔과 치욕스런 마음이라고 본 것이다.

유비의 처세법은 자연히 조조와 대조를 이룬다. 그 중 가식적이거나 위선적이고 간사한 일면도 있지만 전체적으로 볼 때 유비는 인의를 행한 군자이다. 유비의 비극은 바로 개인적인 숭고한 인仁과 신의에 집착해 시대의 변화에 적응하지 못하고 뜻과 의지에 반하는 방향으로 가게 되면서 시작되었다. 유비의 동오 정벌은 홧김에 충동적으로 내린 최후의 결정이 아니라 당당하게 신성한 신의를 지키기 위함이었다. 동오가 일전의 화약을 깨고 관우를 습격한 일은 신의를 저버린 일이었기 때문이다. 유비는 평생 신의를 부르짖으며 천하를 호령했다. 신의를 통해 인재를 모으고 나라를 세웠지만 신의를 지키기 위한 동오 정벌은 오히려 화를 부르고 말았다.

유비는 이중인격을 가진 전형적 인물로 양면성을 적절하게 보여 주고 있다. 후일 노신魯迅은 『삼국지연의』를 평가하며 이러한 양면성이 '유비의 장점인 듯 보이나 가식적이기도 하다'라고 논했다. 유비는 난세에 살면서 발전하려면 권모술수를 이용해야 한다는 사실을 잘 알았다. 그는 임종하기 전 자식들에게 신불해申不害, 전국시대 한나라의 학자, 한비자韓非子, 전국시대 한나라 학자로 법치 주장, 상앙商鞅, 전국시대 진나라 정치가로 법치주의 정치를 함의 책을 많이 읽으라고 당부했다. 유비는 처음에 신의를 내세운 이상 계속해서 받들어야 했다. 제멋대로 행동하는 조조와는 달라야 했다. 이런 헤어날 수 없는 모순은 영웅을 비극으로 이끌었다. 소식蘇軾의 아버지 소순蘇洵은 '현덕은 천하를 취할 도량은 있었지만 천하를 취할 재능은 없었다'고 유비를 평가했다. 진수는 유비가 '권모술수, 재능, 계략 면에서는 위나라 무제만 못하다'라고 평하고 있다.

三國志 들여다보기

그 유명한 '술을 데우며 영웅을 논한다[煮酒論英雄]'라는 이야기는 『삼국지』「촉서」 선주전에 잘 기록되어 있다. 당시 조조는 여유롭게 "지금 천하의 영웅은 당신과 나밖에 없다."라고 말하자 유비가 너무 놀라서 젓가락을 바닥에 떨어뜨렸다. 그렇지만 기지를 발휘해 천둥이 쳐 겁이 많은 토끼처럼 가장하며 "천둥소리가 너무 커서 놀랐습니다."라고 얼버무렸다. 이처럼 유비도 잔머리를 쓸 줄 알았다. 그렇지만 천하를 얻는 일은 잔머리만 가지고 되는 것이 아니었다.

『삼국지연의』에 실린 삽화
'술을 데우며 영웅을 논한다'

:: 주요 인물
손권

:: 주변 인물
장소, 노숙, 주유

:: 키워드
꾹 참고 때를 기다릴 줄 안다, 용인술에 능하다

:: 주요 사건
적벽대전, 이릉 전쟁

:: 고사
적벽대전, 이릉 전쟁

:: 이야기 출처
『삼국지』「오서」 오주손권전吳主孫權傳

孫权

손권 : 강동의 독불장군

1

옛날 사람들은 보지도 못한 한 종류의 새를 새 중의 왕이라며 숭배했다. 그 새의 이름이 바로 봉황鳳凰이다. 사람들은 본 적 없는 것을 직접 보고 싶다는 환상을 가진다. 한나라 영제 광화光和 4년(181) 사람들은 봉황을 보았다고 기록하고 있다.

『후한서』「오행지五行志」의 기록에 따르면 그 해 말 하북성 탁군涿郡 신성현新城縣 상공에 오색 빛의 큰 새가 두 마리 나타나 수많은 새무리를 끌어모았다고 한다. 다른 새들이 두 마리의 큰 새를 에워싸고 춤을 추며 우는 모습을 보고 누군가가 그 일을 알렸다. 사람들은 고개를 들고 살펴보고는 봉황이 출현했다고 여겼다.

"섣달 그믐날이 가까워져 오던 하늘에 한 쌍의 봉황이 날아다녔다."

한 시각을 배회하던 오색 빛의 큰 새 두 마리는 사람들이 주목하는 가운데 한 마리는 서쪽으로 한 마리는 동쪽으로 날아갔다. 공교롭게도 그 무렵에 장차 한 시대에 획을 그을 만한 중요한 두 사람이 태어났다. 봉황에 비견할 만한 그들의 이름은 바로 손권孫權과 제갈량이었다.

물론 같은 해에 유씨 황족의 아이도 태어났다. 유협劉協이란 아이는 나중에 후한의 마지막 황제가 되었지만 후세에 별로 중요한 인물로 기록되지는 않았다.

2

손권의 자는 중모仲謀로 오군吳郡 부춘富春, 지금의 절강성浙江省 항주杭州 부양富陽 사람이다. 그의 고향은 경관이 빼어난 부춘강으로 이름난 곳이다.

손권은 춘추시대 말기, 그 유명한 『손자병법孫子兵法』을 지은 오나라 명장 손무孫武의 후손이라고들 한다. 그렇게 빛나던 가문의 명성도 손권의 조부 손종孫鍾 때에 이르러서는 이미 사라지고 없었다. 손종은 그저 수박을 심는 농부에 불과했다.

하지만 사람의 운명이 변하듯 가문의 명운도 변할 수 있다. 손권의 부친 손견孫堅과 그의 형 손책孫策은 자신들의 능력으로 손 씨 가문의 운명을 바꾸어 놓았다. 후한 말기 난세에 가장 먼저 등장한 영웅은 손권 부자라고 할 수 있다.

손권은 손견이 하비승下邳丞이었을 때 태어났다. 『강표전江表傳』의 기록에 따르면 손권은 태어날 때 사각 턱에 입이 컸으며 태어나자마자 눈빛에 광채가 돌았다고 한다. 『수신기搜神記』의 기록은 더 기이한데, 손권의 어머니 오吳 부인은 손책을 낳을 때 하늘의 달이 가슴으로 들어오는 꿈을 꾸었고, 손권을 낳을 때는 태양이 가슴으로 들어오는 꿈을 꾸었다고 한다.

손권은 열아홉 살 때 한 가문의 중임을 짊어져야 했다. 그의 영웅인 아버지와 형은 맨손으로 용감하게 강동에서 기반을 일군 뒤 차례로 세상을 떠났다. 형 손책은 동생에게 정치적인 유언 한마디를 남겼다.

"내사內事는 장소張昭에게 묻고, 외사外事는 주유에게 물어라."

강동의 제일 원로 장소는 손권을 말에 태운 뒤 직접 고삐를 잡고 삼군三軍을 순찰하도록 도왔다. 그 다음부터 진짜 손권의 이야기가 시작된다.

3

손권이 형을 잃은 슬픔에 잠겨 있을 때 장소는 이런 말을 한 적이 있었다.

"지금이 눈물이나 흘리고 있을 때입니까? 지금 천하는 간신들이 각축을 벌이고 있고 포악한 무리들로 넘쳐납니다. 가족을 애도하고자 모든 예의 절차를 다 갖춘다면 도적놈들에게 절하며 문을 열어 주는 것이나 마찬가지입니다."

몇 년 뒤 손권은 장소가 했던 말을 떠올리며 한기를 느꼈다.

형으로부터 이어받은 정권은 아직 안정적이지 않았다. 외진 지역 사람들은 아직 자신을 따르지 않았다. 강동의 깊은 산골짜기에 흩어져 살고 있는 크고 작은 월족越族 유민들의 마을이 수도 없이 많았는데 그들의 우두머리는 각각 따로 있었다. 오월吳越 지역은 예로부터 구리와 철이 나던 곳으로 산속 주민들도 병기를 주조해 스스로 무장을 했다. 월족은 성격이 날쌔고 용맹하며 호전적이었기 때문에 쉽사리 교화되지 않을 뿐만 아니라 부역도 회피하고 있었다.

'객지에서 기거하는 인사들은 안위에 따라 거취를 정했기 때문에 군신 관계가 아직 견고하지 않았다.' 즉 강동에 사는 인재들에게는 망설이는 마음이 남아 있어 진심으로 손 씨를 받아들일 수 없었다. 그밖에 남방의 권문세가 문제도 있었다.

정권을 차지하기도 쉽지 않았지만 왕 노릇하기는 더 어려웠다. 열아홉 살의 청년은 외세를 몰아내는 것보다 국내 안정이 시급하다는 사실을 잘 알고 있었다. 강동 권문세가의 지지를 얻는 것만이 강을 건너 객지에서 온 정복자 손권이 단단히 뿌리를 내릴 수 있는 유일한 길이었다. 강동 세가들의 지지를 얻으려면 장소와 좋은 관계를 유지하는 일이 중요했다. 장소가 강동 세족을 대표하는 인물이었기 때문이다.

강동의 정권을 이어받은 손권은 사부의 예로 장소를 후대하고 여러 차례 사람들 앞에서 공손하게 '중부仲父님'이라고 불렀다. 그리고 장소의 건의대로 현인을 불러들였다. 수많은 강동의 뛰어난 인사들을 자기 수하로 받아들였다.

그런 후에 무력을 행사했다. 완강하게 교화를 거부하는 월족은 강제 진압하는 수밖에 없었다. 주유, 정보程普, 여범呂范 등 장수를 사용할 때가 온 것이다. 불복하는 자들을 진압하고 민심을 가라앉히자 동요하는 정국도 안정을 찾았다.

그제야 손권은 아버지를 죽인 원수에게 칼날을 겨눌 수 있었다. 바로 형주목 유표와 그의 부하인 강하江夏 태수 황조黃祖였다. 황조를 토벌하기 위해 그는 세 차례나 전쟁을 벌였다. 결국 손권의 부하인 기사騎士 풍칙馮則이 황조의 머리를 잘라냈다.

득의양양해진 손권은 유표를 공격할 준비를 했지만 외부적 압박이란 장애에 부딪힌다. 모든 새가 자유롭게 날 수 있는 것은 아니다. 그것이 설사 봉황이라도 마찬가지다. '포악한 무리가 넘쳐난다'는 장소의 말처럼 세상의 많은 사람이 호시탐탐 강동을 노리고 있었던 것이다.

손권은 자신을 노리고 있는 눈을 보았다. 바로 조조였다. 건안 5년 10월 관도대전을 통해 최대 강적 원소를 무너뜨린 조조는 빠르게 세력을 키우며 건안 12년에는 북쪽 대부분을 통일했다. 천하 통일에 뜻을 둔 조조는 승리의 대군을 이끌고 남쪽으로 내려왔다. 이로 인해 남방의 손권은 일생 최대의 난관에 부딪히게 된다.

4

조조는 남방을 얻고 싶어 했다. 유표의 존재는 동오의 입장에서는 완충 지대와 같았다. 손권은 강하성을 공격했을 때 수만 명의 백성을 포로로 데려갔을 뿐 강하에서는 자진해서 철수했다. 손에 넣은 강하성을 포기하기는 했지만 수만 명의 백성을 데려간 것만으로도 커다란 승리라고 할 수 있었다. 손권이 집권했던 시기에 강동 지역은 인구가 적어 고민이었다. 인구 부족은 만성적인 병력 부족을 초래했기 때문이다.

그렇지만 유표를 완충 지대로 삼으려고 했던 손권의 계산은 물거품이 되었다. 건안 13년(208) 7월 조조는 유표 정벌에 나섰고 8월에 유표는 저세상으로 갔다. 유표의 아들 유종은 아무런 저항도 하지 않고 무리를 이끌고 투항했다. 예부터 전술가들이 노리던 땅인 형주를 조조는 피 한 방울 묻히지 않고 손에 넣은 것이다. 서주에서 패하고 유표에게 의탁했던 군벌 유비는 저항하면서 달아났다.

조조는 호북湖北 강릉에서 장강을 따라 동쪽으로 내려오며 손권과 손잡고 유비를 공격한다는 명목으로 한꺼번에 손권과 유비를 멸하고 천하 통일을 할 작정이었다. 출발하기 전 조조는 손권에게 자신이 넘치는 강경한 입장의 편지를 보냈다. 명목은 초청장이었지만 사실은 선전포고였다.

"얼마전에 죄를 추궁하라는 명을 받들어 깃발을 남쪽으로 향하게 하여 유종의 손을 묶었소이다. 이제 수군 80만을 거느리고 장군과 오나라에서 사냥을 하려고 하오."

손권은 매우 재미있는 사람으로 농담하기를 좋아했다. 그렇지만 '오나라에서 사냥을 하겠다'는 정도의 농담은 할 수 없었다. 고뇌에 싸인 손권은 큰 머리를 받쳐 들고 생각을 정리하려고 애를 썼지만 혼란스럽기만 했다. 문무 대신들은 이미 주전파와 투항파로 양분되었다.

장소를 중심으로 대다수의 문신들과 일부 손 씨 종친들은 투항을 주장했다. 그 중에는 손권의 종형, 조조의 사돈 등이 포함되어 있었다. 예장豫章 태수 손분孫賁은 몰래 아들을 조조에게 인질로 보내 용서를 구하고자 했고, 손분의 형제이자 교주交州 자사인 손보孫輔는 몰래 조조와 내통하기로 약속했다.

그들이 투항을 주장하는 이유는 첫째, 조조가 원소, 유표를 멸한 기세를 타 백만 대군을 데리고 국경까지 밀어닥친 이상 반드시 뜻을 이룰 거라는 것이었다. 현재 동오의 실력으로 변방에 의지해 완강히 대항하는 것은 주제를 모르고 무모하게 덤비는 격이었다. 둘째, 조조가 천자를 볼모로 잡고 제후를 부리니 출병한 명목이 타당한데 강동이 대항하고자 하는 건 조정을 배신하는 천인공노할 죄를 짓는 것과 같았다.

노숙을 비롯한 대신들은 투항에 결사반대했다. 손권을 설득하기 위해 노숙은 유비와 연락을 취해 달변가를 보내 줄 것을 부탁했다. 그 달변가는 유비가 그 즈음 삼고초려三顧草廬[2]를 해서 얻은 군사 책략가 제갈량이었다. 당시 그의 나이 스물여섯으로 손권과 같았다.

제갈량은 『사기』「한장유전韓長孺傳」 중 '강한 활로 쏜 화살이라도 마지막에는 힘이 떨어져 노호魯縞도 뚫을 수 없다'는 누구나 아는 이야기로 조조의 실제 전투력을 평했다. 노호란 노나라에서 나는 얇은 편직물이었다. 이 말은 아무리 강한 활에서 발사된 화살이라도 아주 먼 한계거리를 벗어나면 효력을 잃게 되기 때문에 아주 얇은 천 하나도 뚫지 못한다는 뜻이다. 즉 업성에서 출발한 조조의 대군을 강한 활에서 쏜 힘

떨어진 화살에 비유한 것이다. 또 조조의 수군이 현무호에서 받은 훈련도 애들 장난이라고 비웃었다.

노숙의 주전론은 동오 군대의 실력가인 주유의 지지를 얻었다. 고뇌에 빠진 군주가 어찌 기꺼이 잡히기를 바라겠는가! 손권은 대신회의에서 검을 뽑아 상소문의 한 모서리를 자르며 말했다.

"제군들 중 다시 조조를 맞이하자고 하는 자는 이와 같이 될 것이다."

삼국정립의 기틀을 마련하게 되는 적벽대전은 이렇게 시작되었다. 며칠 동안 손권의 의사당議事堂에는 등불이 밝게 켜져 있었다. 그는 직접 정예병 3만을 편제하고 주유와 정보를 좌우 독督으로 임명했다. 선봉을 맡은 총지휘자는 주유로 유비의 1만 군과 연합해 조조와 최후의 혈전을 벌였다.

하늘에 별빛이 총총했다. 역사적으로 유명한 적벽대전 전야는 뜻밖에도 매우 고요했다.

5

적벽대전에 대해서는 굳이 길게 설명할 필요가 없다. 3, 4만 명의 손권, 유비의 연합군이 20만이 넘는 조조의 군대를 물리쳤다. 적벽대전 이후 손권은 한동안 중원을 다툴 야심을 가지고 있었다. 북쪽으로 통하는 길을 트기 위해 손권은 직접 군사를 이끌고 조조의 군사 중추지인 합비를 포위했다. 손권은 일생 동안 친정을 나간 적이 그리 많지 않았다. 그래서 이 출정의 기세가 가장 드높았다고 할 수 있다.

합비合肥는 여주廬州라고도 부른다. 합비는 지리적으로 회남淮南의 수륙 요충지에 위치해 있어 예부터 '회수 오른쪽의 목구멍이고 강남의 입술과 이'라는 말이 있었다. 동오가 합비를 얻는다면 북쪽의 서주, 수현壽縣으로 갈 수 있어 조조와 중원에서 다툴 수 있었다. 중원에서 합비를 얻는다면 강남의 숨통을 누르고 등을 치는 것과 다름없었다. 그래서 손권이 승리하려면 합비라는 장애물을 걷어내는 데 전념해야 했다.

하지만 손권은 삼국 중 한 나라의 주인으로 머물 운명이었다. 그의 북방 진출 노력은 처참하게 실패했다. 한 달이 넘도록 합비를 얻지 못했는데 북쪽으로 돌아간 조조가 보낸 방대한 원조군까지 밀어닥쳤다. 설상가상으로 강동의 후방에 문제가 생겼다.

적벽대전 이후 강동의 후방에 문제만 없었다면 조조도 편안한 날들을 보내지 못했을 테고 유비도 순조롭게 근거지를 강점하지 못했을 것이다. 도대체 후방에는 무슨 문제가 있었던 것일까?

동오 정권에는 줄곧 많은 문제가 있었다. 그 중 부역 징수가 가장 큰 문제였다. 인구가 많지 않았기 때문에 병력이 부족할 뿐만 아니라 재정적인 어려움도 컸다. 결국 백성들에게 가혹한 세금을 징수할 수밖에 없었다. 심지어 성을 공격하고 병사의 약탈 행위를 방임하는 경우도 있었다. 따라서 일부 지방 백성들은 반란을 일으켜 항쟁을 했다. 그밖에 북쪽에서 온 이방인과 원주민, 원주민과 현지 산사람들(소수민족) 간의 갈등을 조정하지 못해 동오 정권은 종종 불안한 형국에 처했다.

이때 단양丹陽의 흡현歙縣, 이현黟縣 등지에서 조산祖山 등의 사람들이 병사를 일으켜 임력산林歷山을 점거했는데 2만이 넘는 가구가 가담하고 있었다. 또한 구강 당도當塗 일대에도 반대 정서가 나타났다. 여강군의 권세 있는 대부호 뇌서雷緒도 기회를 틈타 수만 명의 사람들을 이끌고 유강구油江口에 있는 유비에게 의탁했다. 이제 유비는 장강 이남의 장사長沙, 계양桂陽, 무릉武陵, 영릉零陵 4군을 점거하게 되었다. 그 중 유강구를 '공안公安'이라 이름 붙이고 자신이 점령한 형주 4군의 치소治所, 지방 고급 관리의 관아가 있던 곳로 삼았다.

이런 상황에서 손권은 비통하게도 조조의 지원군이 도착하기 전 합비에서 철수할 수밖에 없었다. 그 후 손권은 여러 차례 합비를 공격했지만 끝까지 손에 넣지 못했다. 한번은 철군하는 도중에 소요진逍遙津이란 곳에서 조조의 대장수 장료에게 습격을 당해 홀로 말을 타고 다리를 건너 위험에서 벗어난 적도 있었다. 손권은 이런 일생 최대의 비참한 경험을 한 뒤 중원을 얻겠다는 패기를 점점 잃어갔다.

6

그 후 몇 년 동안 손권이 당면한 최대 문제는 동맹자들과 관계를 처리하는 것이었다. 적벽대전이 끝나자마자 동맹군 사이에 문제가 생겼다. 동오는 적벽대전의 주력군이 자기들이라고 생각했다. 어떻게 보면 동오가 궁지에 몰린 유비를 구해 준 셈이었으므로 승리의 성과가 동오에게 돌아가는 게 마땅했다.

하지만 근거지가 없었던 유비로서는 탈취한 형주의 각 군을 쉽게 포기할 수 없었다. 심지어 그는 손권에게 남군南郡까지 빌려 달라고 요구했다. 유표의 옛 부하들이 많은 백성을 이끌고 자신에게 귀순했는데 땅이 너무 좁아 백성들이 편안하게 살 수 없다는 게 이유였다.

유비의 요구를 두고 동오는 또 양분되었다. 주유를 비롯한 사람들은 유비의 요구가 물에 빠진 사람을 살려 주었더니 보따리까지 내놓으라는 심산이라고 여겼다. 주유는 남군을 유비에게 빌려 주는 것을 단호하게 반대하며 아직 기반을 잡지 못했을 때 그가 새로 점령한 4군까지 병합할 것을 제안했다.

"불가하옵니다. 절대로 불가한 일이옵니다."

적벽대전에서 주유와 의견 일치를 보았던 노숙은 이 문제에 대해서는 정반대의 의견을 내놓았다.

"남군을 유비에게 빌려 주어야 한다고 봅니다. 그렇게 한다면 첫째로 유비와의 연맹을 강화할 수 있고 둘째로 유비를 조조와 대치하는 최전선으로 밀어 넣을 수 있을 겁니다. 우리 동오를 위한 보호벽인 셈이지요."

그 후 주유가 병사하면서 조조가 권토중래할까 내심 두려웠던 손권은 결국 노숙의 의견을 받아들이게 된다. 손권은 주유가 생전에 많은 노력을 들여 얻은 형주의 치소 남군을 유비에게 빌려 주었다. 유비는 익주益州를 얻으면 형주를 돌려주겠다고 약속을 했다. 이것이 바로 그 유명한 '형주를 빌린다'라는 말이다.

사실 적벽대전의 최대 수혜자는 유비였다. 그는 형주를 빌려 서쪽을 공격해 익주를 얻으면서 형주와 익주를 넘나드는 큰 세력을 형성했다. 동오가 나라를 세운 기반이었던 천연 요새 장강 상류를 유비가 점령한 것이다. 이로 인해 동맹자 손권은 점차 위협을 느끼게 되었다.

건안 20년(215) 손권은 유비에게 형주를 돌려 달라고 요청했지만 유비는 약속을 지키지 않고 '양주를 점령하면 돌려주겠다'고 둘러댔다. 분개한 손권은 결국 참지 못하고 장수 여몽

呂蒙을 보내 장사, 영릉, 계양 3군을 칠 것을 명했다. 그리고 자신은 주력 부대를 이끌고 익주에서 지원 온 유비의 부대에 맞설 준비를 했다.

동맹군 사이에 전쟁이 벌어지기 일촉즉발의 상황이었다. 이때 하늘은 손권의 편을 도와주었다. 조조가 한중에 출병하자 이제 막 얻은 익주를 잃지 않기 위해 유비가 먼저 손권에게 화해를 청한 것이다. 결국 양측은 상수湘水를 경계로 해서 형주를 평등하게 나누기로 협의했다. 상수의 동쪽 장사, 강하, 계양은 손권에게 서쪽 남군, 영릉, 무릉은 유비에게 돌아갔다.

건안 24년(219) 형주를 지키던 유비의 장수 관우가 조조군에 대항해 대규모의 양양, 번성 전쟁을 벌여 조조의 장수 우금을 포로로 잡고 방덕의 목을 베며 최고의 군사력을 과시했다.

삼국이 정립한 상황에서 한쪽이 너무 강성해지면 다른 양측에 위협이 되게 마련이었다. 게다가 관우는 줄곧 동오에 우호적이지 않았다. 손권은 이해득실을 따져 본 뒤 그의 일생에서 가장 큰 논란거리가 되는 일을 벌인다. 잠시 조조와 연합하고 여몽을 보내 배후에서 형주를 습격해 관우를 죽인 것이다.

이 일로 인해 유비는 복수심에 불타 동오를 공격하는 데 전 군사력을 쏟았다. 손권은 일생일대의 두 번째 고비에 직면하게 된 것이다. 동오의 제왕은 쌍방과 전쟁을 피하기 위해 어쩔 수 없이 몸을 낮추고 조조의 아들 조비에게 신하라 칭하고 오나라 왕이란 작위를 받아들였다.

손권이 복이 있는 사람인 것은 확실하다. 삼국의 제왕들 중 그가 가장 쉽게 강산을 얻었고 매번 위험에 처했을 때마다 곁에 있는 하늘이 주신 뛰어난 장수들이 근심을 해결해 주었다. 적벽대전에는 주유가 도왔고, 이번에는 전설적인 인물 육손이 그랬다. 손책의 사위인 육손은 이릉夷陵 전쟁에서 70리에 달하는 유비의 대군을 죄다 불태워 버렸다.

불의 신 축융祝融은 언제나 동오의 편인 듯하다. 삼국시대의 유명한 세 차례 전쟁, 관도대전, 적벽대전, 이릉대전 중 손권이 참여한 두 차례의 전쟁을 모두 불로 승리할 수 있었다. 더 부러운 점은 손권이 전쟁의 위험을 무릅쓰고 직접 전선까지 뛰어들 필요가 없었다는 사실이다. 후방에서 지시하고 군량과 후속 군대만 보내 주면 빛나는 전과를 얻을 수 있었다. 손권이 태어날 때 '사각 턱에 입이 크고 눈에 광채가 났다'고 하더니 정말 복이 많은 귀인상이 분명했다.

7

손권의 정책은 공격적인 면이 적고 현실성이 강했다. 후대 역사상 남쪽에서 할거한 자들은 종종 이렇게 무기력해 보이기까지 한 정책을 통해 국토를 수호하고 백성을 평안하게 했는데 손권이 그 시초라고 할 수 있다. 이런 정책은 남방의 지리 환경과 인문 정신 때문이다. 물론 통치자의 개인적인 천성도 매우 중요한 역할을 했다.

손권이 강동을 보존할 수 있었던 것은 '성품과 도량이 넓고 명랑하며 인자하고 결단력이 있었던 데다' 용인술도 뛰어났던 이유 외에 은인자중하고 때를 기다릴 줄 알았기 때문이다. 『위략魏略』에 다음과 같은 기록이 있다.

"손권은 위 문제가 선양을 받고 유비가 황제로 칭했다는 말을 듣고 점성가를 찾아가 자신이 땅을 나누는데 있어 별의 형세[星氣]가 어떤지, 제위에 오를 수 있는지 따위를 물었다. 그러자 '지위는 아직 낮지만 백성들을 위협하지 말고 먼저 낮추고 숙여라. 낮추면 명예를 얻을 수 있게 되고 숙인 뒤에는 반드시 토벌을 초래하게 되는데, 그럼 백성이 노할 것이다. 백성이 노하게 되면 스스로 크게 될 것이다.'라는 말을 얻었다."

이 기록은 때를 기다릴 줄 아는 손권의 책략을 잘 설명하고 있다. 조비와 유비가 먼저 황제로 칭했지만 손권은 서둘러 따라하지 않고 먼저 위나라의 신하로 낮추었다. 먼저 낮추고 숙인 것이다. 동오 대신들이 그것을 치욕으로 여기자 다시 위나라에 대한 태도를 바꾸었다. 이것은 위나라의 토벌을 초래하게 될 것이 분명했다. 손권은 위나라 대군이 국경을 압박해 오자 이를 이용해 동오 백성들의 뜻을 합치고 위력을 발휘했다. 드디어 서기 222년 4월 천지에 제사를 지낸 뒤 동오의 '벽안碧眼' 손권은 황제로 등극해 국호를 바꾸고 황룡黃龍 원년이라고 칭했다.

촉한의 사자가 축하 인사를 왔을 때 손권은 형주 쟁탈전으로 깨졌던 촉한과의 연맹 관계를 회복한다. 남쪽 두 나라의 협력으로 강력한 위나라에 대항할 수 있었다. 손권의 행보는 하나하나가 다 믿음직스러웠다.

8

손권이 황제가 된 뒤에는 오히려 말할 만한 것이 별로 없다. 그는 말년이 되면 괴팍하고 비뚤어진 모습을 보인다. 손권은 삼국의 군주 중 가장 오랜 기간 정권을 잡았다. 일흔한 살에 세상을 떠났는데 형 손책의 지위를 물려받고 52년이나 더 살았다. 52년이면 아주 긴 시간으로 영민하던 사람도 우매하게 변하기에 충분한 세월이었다.

손권이 말년이 되었을 때 오나라 내부는 매우 혼란했다. 제나라 환공 시절 내부에서 화가 일어났듯 오나라의 분란 역시 궁중에서 시작되었다. 우선 손권 자신이 먼저 인륜을 거스르는 고약한 선례를 만들었다. 손권의 본처는 사謝 부인이었는데 나중에 서徐 부인까지 들인다. 서 부인은 손권 고모의 손녀(『삼국회요三國會要』 후비권后妃卷 참조)로, 항렬로 따지자면 손권보다 하나 아래였다. 후에 손권의 아들 손휴孫休도 아버지와 마찬가지로 친누이의 딸(대신 주거朱据의 여식)을 부인으로 삼았다.

이처럼 궁 내부는 이미 엉망진창이었고, 후계자를 세우는 일도 큰 문제였다. 처음에는 손등孫登을 태자로 삼았는데 한창 나이에 요절하자 손화孫和를 태자로 세웠다. 그리고 손패孫覇를 노왕魯王으로 높이고 태자와 함께 궁에 머물게 하며 두 아들을 똑같이 대했다. 그러자 두 아들은 균형을 이루지 못하고 각자의 세력을 형성했고 대신들까지 두 파로 나뉘었다. 결국 각자 주인과 빈객을 모시고 양분하는 바람에 전국이 둘로 나뉘는 지경에 이르렀다.

손권은 나중에야 이 문제에 대해 경각심을 가졌지만 시비를 따지지 않고 모두 없애 버리는 방법을 선택했다. 손화는 폐위를 시키고 손패에게는 사약을 내린 후 어린 아들 손량孫亮을 태자로 세웠다. 두 파로 나뉜 대신들도 똑같이 처리했다. 태자의 폐위를 반대한 대신 진정陳正, 주상朱象 일가는 참형을 했고 노왕을 받들던 도당 양축楊竺, 전기全寄, 오안吳安, 손기孫奇 등은 모두 참수를 했다. 이렇게 광범위하게 연루된 사건으로 인해 억울한 일도 많았다. 손권은 후계자를 세우는 데 있어 여러 차례 변덕을 부려 나라를 수습할 수 없을 지경까지 들쑤셔 놓았다.

말년의 손권은 더 이상 도량이 넓은 사람이 아니었다. 이제는 현인과 공신들까지 의심하기 시작했다. 손권은 교사校事 같은 하급 관리에게 특별 임무를 내려 대신들을 감독 조사하도록 했다. 심지어는 '죄를 들어 물고 늘어지며 세세한 것까지 반드시 추궁하는 지경'에까지 이르러 백색 테러 같은 분위기를 조장했다. 승상 고옹顧雍, 대장군 육손, 부마 주거 등이 모함을 당했다. 육손은 동오에서 주유를 잇는 일등 공신이라 할 수 있었지만 주유만큼 운이 좋지 않았다.

손권의 통치 말기에는 삼국의 국경이 대략 확정된 상태였다. 외지를 공격해 빼앗기에는 족하지 않았지만 수비를 하는 데는 모자람이 없었다. 그렇기 때문에 육손의 역할은 그렇게 중요하지 않았다. 후계자 문제에 있어서 육손 등 정직한 대신들은 태자 손화 편에 섰는데 손권은 자기 집안일에 간여하는 대신들을 싫어했다. 손권은 육손의 충언에 귀 기울이지 않고 그의 외손자를 유배 보내고 측근들을 살해했다. 그리고 육손에게 수차례 관리를 보내 힐책하는 바람에 그를 화병으로 죽게 만들었다.

또 대신 장온張溫은 주군州郡에서 명망이 높았는데, 촉한에 사신으로 갔을 때 '촉에서도 그의 재능을 귀하게 여겨' 제갈량과도 금란지교를 맺은 인물이었다. 명성이 자자한 장온이 못마땅했던 손권은 결국 꼬투리를 잡아 저세상으로 보내 버렸다. 진수는 손권을 '시기심이 많고 살육하는 데는 과감했으며 말년에 이르러서는 그런 모습이 더 심해졌다'고 평가했다.

252년 4월 오나라의 제왕이 긴 인생의 여정을 마쳤다. 그해 7월 손권은 남경南京 종산鍾山 북쪽 기슭에 묻혔고 대황제로 추존되었다. 천 년이 흐른 후 명나라 황제 주원장朱元璋은 남경에 수도를 정하고 자신의 능을 만들다가 손권과 그의 비빈, 자식들이 묻힌 풍수지리적 명당을 마음에 들어 했다. 그래서 당시 다른 무덤은 이장하게 했지만 손권의 능묘만은 그대로 놔두었다.

주원장은 '손권도 사내대장부로 대업을 이룬 자이므로 무덤은 옮기지 말고 나의 무덤을 지키도록 남겨 두라'고 명했다. 이런 이유로 현재 명나라 효릉孝陵의 묘소 길은 손권의 능을 피해 매화산梅花山을 에워싸고 초승달 모양을 하고 있다. 손권의 무덤은 아직까지 지상에 어떤 흔적도 남기지 않아 영웅의 업적처럼 이름만 전해지고 있을 뿐이다.

각주

---

2 삼고초려三顧草廬는 인재를 맞아들이기 위해 참을성 있게 노력하는 것을 말한다. 중국 삼국시대에, 촉한의 유비가 난양南陽에 은거하고 있던 제갈량의 초옥으로 세 번이나 찾아갔다는 데서 유래한다.

손권은 성격이 명랑하고 용인술에 능한 사람으로 이 점은 그의 형 손책과 매우 닮았다. 『삼국지』「손책전」을 보면 손책은 '용모가 수려하고 재미있는 이야기를 잘했으며 성격이 활달하고 용인술에 능해 그를 만난 자는 성심을 다했고 기꺼이 목숨까지 바쳤다'고 한다.

무덤을 지키고 있는 손권상

오나라의 초대 황제 손권

:: 주요 인물
조비

:: 주변 인물
등전, 장수, 견 씨

:: 키워드
재예 겸비, 유머 있다, 원한이 있으면 꼭 갚아 주어야 한다

:: 주요 사건
위나라 건국

:: 이야기 출처
『삼국지』「위서」 문제기文帝紀

조비 : 재주는 많으나 덕이 부족한 자

역사상 일어났던 사건 중 확실하게 설명할 수 없는 일들이 많다. 황건적은 난을 일으켜 '창천蒼天은 이미 죽었으니 황천黃天을 세우자'고 외쳤었다. 그러나 결국 장각 형제는 '황천'을 세우지 못했다. 수십 년이 흐른 뒤 조비曹丕가 한나라를 무너뜨리고 연호를 '황초黃初'로 바꾸었고 오나라의 손권은 황제로 칭하며 연호를 '황룡黃龍'이라 지었다. 유 씨의 한나라가 몰락하고 다른 성 씨가 영토의 삼 분의 이를 차지하고 '황黃' 자를 연호로 쓰는 나라를 세웠다.

조비가 헌제를 패하고 스스로 제위에 오른 것은 그의 야심을 건드린 한 예언과 관계가 있다. 예언이란 미신적인 성격을 지닌 것으로 은유적이고 불분명한 말로 미래를 예측한 것이다. 한 왕조가 몰락할 무렵이면 예언 같은 유언비어가 등장하는데 일부 사람들은 그것을 이용해 정치적인 목적을 달성하기도 한다. 여기서 말하는 예언은 후한 말기에 유명했던 '한나라를 대신하는 자는 길에 높이 선 자이다〔代漢者, 當涂高也〕'란 구절이다. 원술도 이 예언을 믿었지만 잘못 이해를 했는지 처참히 패했다. 건안 25년(220) 허지許芝란 태사승太史丞이 조비에게 이 예언을 언급했다.

"길에서 높은 자는 위魏입니다. 상위象魏란 내려다볼 수 있는 두 개의 궐이지요. 길에 높이 선 자라 함은 위이니 위가 한나라를 대신한다는 말입니다."

원래 고대 궁전의 사묘祠廟 앞에는 보통 높은 대臺가 두 개 있었다. 대 위에는 내려다볼 수 있는 망루가 있었고 두 대 사이는 공간이 있었다. 이런 건축물은 궐闕 또는 쌍궐雙闕이라고 한다. 허지가 말한 '길에 높이 선 자'란 바로 쌍궐을 말하는 것으로 '상위象魏'라고도 불렸다. 즉 위나라가 한나라를 대신하는 게 하늘의 뜻임을 말하는 것이다. 그는 『역경』「운기運期」에서 '귀신이 산에 있고 벼와 여자가 따르면 천하의 왕이 된다'란 구절을 운운하며 하늘의 뜻이란 증거로 삼았다.

하늘의 뜻도 사실은 사람의 뜻에 불과하고, 사람의 뜻 역시 군중의 뜻이 아니라 권력자들의 사사로운 뜻일 뿐이다. 종이에 적힌 글은 움직이지 못하나 사람의 입은 살아 움직이기 때문이다. 따라서 문제는 누가 어떻게 해석하느냐 하는 것이다.

조비는 하늘의 뜻을 자기가 해석하기로 결정했다. 아버지 조조도 스스로를 주나라 문왕에 비유하지 않았던가! 상나라를 전복시킨 건 주나라 문왕의 아들 무왕이었다. 그렇다면 조조는 아들 조비가 주나라 무왕이 되기를 바라지 않았을까?

조조가 수십 년간 힘들게 고군분투한 끝에 한나라 왕실의 근간이던 조정 대신들은 점차 조 씨 집안사람들로 채워졌다. 그러니 몇몇 대신들이나 헌제에게 충성을 바치겠는가? 이제 한나라는 유명무실했다. 조비로서는 새 왕조를 세우기 위한 모든 기틀을 마련한 셈이었다.

서기 220년 경오庚午년 조비는 번양繁陽에 제단을 세워 천지에 고하고 32년간 제위에 있었던 헌제의 선양을 선포했다. 한 고조 유방이 나라를 세운 뒤 역대 24대왕을 배출하며 426년을 지배했던 한나라 왕실이 드디어 역사 속으로 사라졌다. 조비는 제단에 올라 보위에 오르며 국호를 '위魏'로 고치고 연호를 황초로 정한 뒤 천하를 대사면하겠다고 선언했다.

보위에서 내려온 헌제는 '순舜, 우禹의 일은 나만이 안다'란 가슴 아픈 한마디를 남겼다. 중국에서는 정통 관념이 강하고 헌제가 충분히 동정을 받을 만한 마지막 황제였기 때문에 조비에 대한 평가는 박하다. 사실 조비는 문무를 모두 겸비한 재능 있는 자였다. 진수도 그를 '재능과 기예를 겸비했다'고 평가했다. 문文 방면에서 조비가 남긴 「연가행燕歌行」은 칠언시의 시조라고 볼 수 있다. 그가 저술한 『전론典論』 「논어論語」

도 문학 비평의 역작이라고 할 수 있다. 무武 방면에서 조비는 어렸을 때부터 말을 타고 활쏘기를 즐겼고 커서는 검술에 정통해 많은 스승에게 가르침을 받고 한 파를 이루기까지 했다.

『전론典論』「자서自序」에서 조비는 "세상이 혼란했으므로 아버지(조조)는 나에게 다섯 살 무렵부터 활쏘기를 배우게 해서 여섯 살 때는 곧잘 하게 되었다. 또한 나에게 말 타기도 가르쳤는데 여덟 살에는 말 타고 활을 쏠 정도가 되었다."라고 적고 있다. 조조는 정벌을 다닐 때 조비를 데리고 다녔다. 완성을 정벌할 때 조조는 장수로 인해 큰 소실을 맛보게 된다. 투항했던 장수가 다시 반란을 일으켜 갑자기 습격을 하는 바람에 장자인 조앙과 조카 조안민을 잃었다. 당시 열 살이었던 조비도 그 자리에 있었는데 다행히 말을 타고 위험에서 벗어날 수 있었다. 천군만마의 포위를 뚫을 수 있었던 것은 하늘이 도와 준 덕분이기도 하지만 그의 뛰어난 기마 실력도 한몫했다.

『전론典論』「자서自序」에는 조비가 분위奮威장군 등전鄧展과 무를 겨루는 이야기도 있다. 등전은 검술에 능한 자로 맨손으로도 시퍼런 칼날을 빼앗을 수 있었다. 조비가 검에 대해 논하다 등전의 검술이 잘못됐다고 지적하자 등전은 시합을 제안했다. 당시 홍건하게 술에 취해 귀까지 벌겋게 달아오른 조비는 사탕수수를 검으로 삼고 어전에서 내려와 등전과 대결을 벌였다. 몇 수를 겨루며 조비가 등전의 어깨를 세 번 명중시키자 좌중들이 크게 웃었다. 등전이 그래도 승복하지 못하고 재대결을 요청하자 조비는 자신이 봐주어 머리를 명중시키지 않은 거라고 말했다. 두 번째 대결에서 조비는 등전의 공격을 유도해 단번에 그의 머리를 명중시켰다.

물론 조비의 인품은 확실히 별로였다. 그는 강한 소유욕 때문에 남을 지나치게 침탈했다. 그로 인해 부인과 형제 그리고 사촌들도 화를 면치 못했다. 업성을 공격한 뒤 조비는 미모로 이름난 원소의 며느리 견甄 씨를 강탈했다. 처음에는 견 씨를 매우 총애했다. 조비는 건안칠자(헌제 건안建安 연간 조조 부자 밑에서 활약한 문학 집단 가운데 특히 뛰어난 7인의 재인) 중의 하나인 유정劉楨이 견 씨를 똑바로 쳐다보는 불경죄를 범했다며 조조에게 고해 유정을 투옥시켜 죽이려고 했다.

그는 아버지가 저세상으로 가면서 남긴 젊은 처첩과 동작대銅雀臺의 기녀들을 전부 이어받았다. 어머니 변卞 씨조차 그런 아들을 '짐승만도 못한 놈'이라며 욕했다. 황제가 된 뒤 조비는 더 넓은 지역에서 더 많은 소실을 들였다. 하지만 그는 금방 질려 하며 새로운 사람을 맞이하곤 했다. 견 씨도 곧 냉궁으로 보낸 다음 자진하라는 명령을 내렸다. 심지어 죽은 견 씨의 얼굴을 머리카락으로 가리고 겨로 입을 틀어막는 잔인한 짓까지 서슴지 않았다.

후계자 계승 문제에 있어서도 조비는 왕위를 얻기 위해 조식과 조창曹彰 등 친형제들을 갖은 수를 써서 단호하게 없애버렸다. 황제가 된 조비는 현저한 무공을 세운 조창을 독살했고 조식의 측근인 정의丁儀 형제 일가를 몰살시켰다.

게다가 조비는 속도 좁은 사람이라 사소한 원한까지 기억했다가 꼭 복수를 했다. 조홍曹洪은 가장 먼저 조조와 함께 가문을 번창시킨 일가 사람이다. 그는 조조 수하의 용맹한 장수로 전쟁터에서 여러 차례 조조의 목숨을 구해 주었다. 조 씨 집안의 원로대신이자 당숙뻘에 해당하는 어른이었다.

조비는 가정 환경은 유복했지만 성품이 인색한 자였다. 조비는 어렸을 때 조홍에게 돈을 빌려 물건을 사려고 했다가 거절을 당한 적이 있었다. 그는 이에 원한을 품고 있다가 황제가 되었을 때 꼬투리를 잡아 조홍을 죽이려고 했다. 군신들이 다 나서서 구하려고 했지만 불가능했다. 결국 조비의 어머니 변 씨가 나서 황후 곽郭 씨에게 이렇게 말했다.

"조홍이 금일 죽는다면 내일 칙명을 내려 황후를 폐하겠다!"

조홍은 황후 곽 씨의 도움으로 목숨을 구할 수 있었지만 전 재산을 몰수당했다. 성정이 옹색했던 조홍에게 그것은 죽음과도 같았다.

장수와 관련된 일화도 있다. 장수가 완성에서 조조에게 참담한 손실을 가져다주었지만 나중에 조조가 원소와 최후의 결전을 벌일 때는 조조의 편에 서서 큰 공을 세웠다. 그리고 조조를 따라 변방까지 가서 원소의 잔당을 소탕했다. 그에 대해 사례하고 달래기 위해 조조는 장수와 사돈을 맺었다. 조비는 당시 오관 중랑장이었다. 장수는 그가 후일에 천하를 얻을 것을 예감하고 몇 번이나 만나 잘 보이려고 했다. 하지만 조비는 "당신이 나의 형제를 죽였는데 어찌 감히 낯짝을 대면하겠는가!"라고 화를 냈다. 결국 장수는 화가 미칠까 두려워 자살했다. 사실 장수가 조조의 장자 조앙을 죽이지 않았다면 조비가 어떻게 천하를 얻을 수 있었겠는가! 이 점은 조비도 잘 알고 있었다. 『위략』에는 다음과 같은 기록이 있다.

"문제(조비)는 종종 형님이 효렴(조앙은 효렴으로 천거된 적이 있었다)이 분에 맞는다는 말을 했었다. 창서蒼舒, 조조가 총애했던 천재 아들 조충曹冲의 자가 있었다면 내가 천하를 얻을 수 없었다."

조비는 유머 있는 성격이었다. 이 점에 있어서는 동오의 주군 손권과 유사하다. 하지만 그의 농담에는 다소 매정한 면이 있다. 건안칠자 중 한 사람인 왕찬王粲은 생전에 당나귀 소리를 듣기 좋아했었다. 왕찬이 죽었다는 말을 듣고 대신들과 조문을 간 조비는 사람들 앞에서 이런 명을 내렸다.

"왕찬이 당나귀 울음소리를 좋아했다니 모두 당나귀 소리로 배웅을 해주세!"

조문온 손님들은 감히 명을 어기지 못하고 모두 진지하게 당나귀 울음소리를 흉내 냈다고 하지만 참으로 난처한 상황이었을 것이다.

또한 장군 왕충王忠은 빈한한 출신으로 사람을 서로 잡아먹던 시기 인육까지 먹은 적이 있다고 한다. 그 이야기를 들은 조비는 순행을 나가면서 왕충에게 말을 타고 길을 열도록 했다. 그리고 특별히 왕충이 탈 말의 목에 해골을 꿰어 걸어 두도록 시켰다. 조비는 왕충에게 "이 해골들은 자네가 먹어치운 사람들의 것인가?"라고 물으며 그를 '식인 장군'으로 봉했다.

이렇게 말하다 보니 조비가 잘한 게 하나도 없는 것 같지만 적어도 나라를 다스리는 능력은 갖추고 있었다. 그는 박장령薄葬令을 내려 순장 풍습이 남긴 지나친 겉치레와 낭비 풍조를 일소했다. 또한 그의 생을 돌아보면 가끔은 선량한 면을 보이기도 했다. 『삼국지』「위서」 명제기明帝紀에는 다음과 같은 이야기가 실려 있다.

조비는 견후甄后가 낳은 장자 조예曹叡를 못마땅하게 생각했다. 그때는 이미 견후가 폐출되어 죽은 뒤였다. 조비는 다른 왕자로 계승할 뜻이 있었지만 오래도록 태자를 세우지 않았다. 한 번은 조예가 부황을 따라 사냥을 갔다가 어미 사슴과 새끼 사슴을 발견하게 되었다. 조비는 어미 사슴을 죽인 뒤 조예에게 어린 사슴을 쏘라고 시켰다. 하지만 조예는 명을 받들지 않았다. 왜 명을 어기냐고 묻자 조예는 울먹이며 이렇게 대답했다

"폐하께서 이미 어미를 죽였는데 제가 어찌 새끼까지 죽일 수 있겠습니까?"

조비는 감동을 받아 활과 화살을 버리고 조예를 태자로 삼기로 결정했다.

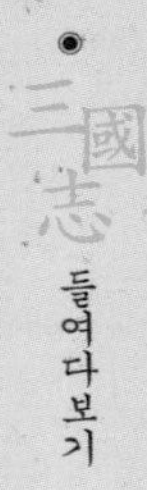

요堯임금이 부락을 연맹했을 때 사악四岳, 관직명이 순舜을 계승자로 천거했다. 요임금은 순을 3년간 시험한 뒤 정치를 보좌하게 했다. 요임금이 세상을 떠난 뒤 순이 보위를 이었고 같은 방법으로 우禹를 시험했다. 고대 부족 연맹 시대 우두머리를 뽑는 제도를 일컬어 '선양禪讓' 이라고 한다.

요임금

우임금

:: 주요 인물
유선

:: 주변 인물
등애, 제갈량, 사마소

:: 키워드
큰 지혜를 가졌으나 어리석어 보인다, 아무런 성과도 내지 못하다

:: 주요 사건
안락해 촉을 그리워하지 않다

:: 이야기 출처
『삼국지』「촉서」 후주전後主傳

유선 : 지혜롭고도 어리석은 자

유비의 부인 감甘 씨는 북두칠성을 삼키는 꿈을 꾸고 임신해서 유선劉禪을 낳고 '아두阿斗'라는 아명을 붙여 주었다고 한다.

삼국시대의 인물 중 유선은 민간에서 상당히 유명했다. 아두 태자는 아이들도 다 알 정도로, 사람들은 그가 머리를 들지 못하는 아두라고 비웃었다. 한마디로 유선은 무능하고 쓸모없는 것을 가리키는 대명사였다. 중국의 역대 황제들 중 사람들에게 보잘 것 없는 취급을 당한 제왕은 유선 한 사람뿐이다. 따라서 삼국시대 인물 중 아두의 이야기를 빼놓을 수가 없다.

사실 정사에는 유선에 대한 이야기가 많지 않다.

『삼국지』「촉서」 후주전을 보면 유선은 건안 12년(207)에 태어났다. 그의 아버지 유비가 형주의 유표에게 망명해 '허벅지살만 늘었구나!' 하고 한탄하던 시절이었다. 그 후 난리를 겪고 유비가 서천을 점거하면서 태자 유선도 태평을 찾았다. 장무章武 3년(223) 열일곱 살의 나이로 유선은 촉한의 황제로 등극했다.

유비는 세상을 떠나기 전 그에게 '악이 작다고 해도 그것을 행하지 말 것이며 선이 작다고 해도 그것을 행하지 않아서는 안 된다'는 말을 남겼다. 그러나 유선은 선이든 악이든 아무것도 행하지 않아 황제로서 거론할 만한 업적을 전혀 남기지 않았다.

제갈량이 정치를 하는 동안 그는 황궁을 한 발짝도 나가지 않았다. 제갈량이 죽고 난 뒤에 '마지막 군주는 전현湔縣에 가서 제방에 올라 문수汶水가 흐르는 것을 바라보며 열흘 뒤에야 성도成都로 돌아왔다'고 한다. 유명한 도강언都江堰 수리 건설을 보고 온 것이다. 염흥炎興 원년(263) 위나라 장수 등애鄧艾가 신병神兵을 이끌고 성도의 아래에 나타나자 유선은 노새가 끄는 수레를 타고 우스운 꼴로 투항해 버렸다. 그는 아무 업적 없이 천자로 41년을 보냈다.

유선의 전기에는 제갈량, 장완蔣琬, 비의, 강유姜維 등의 일만 기록되어 있다. 그와 관련한 기록은 도강언을 시찰한 열일곱 자가 전부이다. 위나라 경원景元 5년(264) 안락현공安樂縣公으로 봉해진 뒤 진晉나라 태시泰始 7년(271)에 결국 세상을 떠났다. 유선은 안락공으로 8년을 산 것이다. 그의 66년 일생은 아버지 유비에 비하면 너무나 평범한 삶이었다.

야사에는 유선에 대한 많은 이야기가 전해진다. 우선 그의 출생에 관해 여러 설이 있다. 『삼국지』에서는 어환魚豢의 『위략』을 인용해 말하기를 조조가 소패小沛를 습격해 얻었을 때 유비가 가솔을 버리고 도망을 쳤다고 한다. 그때 아버지와 헤어진 유선은 서쪽으로 피난 가는 난민들을 따라 한중에 도착했지만 인신 매매범에게 팔려가게 된다. 마침 한중까지 피난을 왔던 풍류객 유괄劉括이 유선을 사게 되었는데, 양가집 자제처럼 생긴 유선을 보고는 하인이나 머슴으로 부리지 않고 양자로 들여 아내까지 얻어 주었다. 그때 얻은 아내 사이에서 유선은 아들을 하나 얻었다.

유비와 헤어졌을 때 유선은 아버지의 자가 현덕이라는 사실을 알고 있었다. 유비가 익주를 얻을 당시 유괄의 이웃인 간簡 씨가 유비의 장수로 있었다. 간 씨가 명을 받고 한중에 와 있을 때 유선은 관역을 찾아가 간 씨에게 자신의 이야기를 들려주었다. 간 장군은 그의 이야기를 듣고 매우 기뻐하며 한중을 점거한 장로에게 그 사실을 전했다. 장로는 유비와 우호를 다지기 위해 유선을 목욕시키고 좋은 수레에 태워 성도까지 데려다 주었다. 유비는 다시 상봉하게 된 아들을 태자로 세웠다.

이 이야기에 대해 배송지裴松之 주注의 『삼국지』에서는 시간이 맞지 않는다며 반박하고 있다. 조조가 소패를 토벌할 무렵에는 유선이 태어나지도 않았기 때문이다. 일설에 따르면 제갈량이 원래는 산을 나올 생각이 없었는데, 어느 날 별자리를 보고 유비가 태자를 낳았다는 사실을 알고 크나큰 복이라 여겨 유선을 위해 나왔다고 한다. 유선은 황제가 되자 가장 먼저 제갈량과 한 가지 약속을 했다. 그것은 "정치는 제갈 씨가 하고 제사는 과인이 지낸다."는 것으로, 이 말이 사실이라면 중국이 대영제국보다 천 년을 앞서서 군주입헌제의 내각책임제를 실시한 셈이다. 물론 근거 없는 말이다.

세상에 널리 퍼지고 큰 영향을 끼친 일화는 유선이 투항한 뒤 일어난 일로 '악불사촉樂不思蜀'이란 성어로까지 만들어졌다. 그 이야기는 습착치習鑿齒의 『한진춘추漢晉春秋』를 인용한 『삼국지』에 나온다. 유선은 투항한 뒤 위나라로 압송된다. 위나라의 실권자 사마소司馬昭는 유선에게 모욕을 주려고 연회에서 촉나라의 전통 공연을 했다. 그것을 본 사람들은 모두 한탄하며 슬퍼했다. 처량한 옛 촉나라의 기생이 위나라 궁 앞에서 춤을 춘 것이다. 나라와 집안이 망하고 고국은 이미 되돌릴 수 없으니 얼마나 슬프겠는가! 그렇지만 유선은 즐겁게 웃으며 태연한 모습을 하고 있었다. 사마소는 감탄을 금치 못하며 그의 측근 가충賈充에게 말했다.

"사람이 무정하다 해도 저런 지경에까지 이르다니! 제갈량이 있었지만 그를 오래 보좌하지 못하였거늘 하물며 강유는 어떻겠는가!"

가충은 감추는 것 없이 솔직하게 답했다.

"그렇지 않았다면 대왕께서 어떻게 그들을 삼킬 수 있었겠습니까?"

며칠이 지난 뒤 사마소는 유선에게 물었다.

"촉나라가 그립지 않습니까?"

유선은 생각하지도 않고 바로 대답했다.

"차간락此間樂, 불사촉不思蜀."

이 말은 '이곳에서 매우 즐거워 촉이 그립지 않다'는 뜻이었다. 유선과 함께 위나라로 호송된 촉한의 대신 각정郤正은 그 이야기를 듣고서 유선을 만나 훈계를 했다.

"나중에 사마소가 이런 질문을 다시 하거든 울면서 '선인의 무덤이 멀리 촉에 있으니 서쪽을 보면 마음이 슬프고 그립지 않은 날이 없다'고 대답을 하십시오. 그리고 비통하게 두 눈을 감으십시오."

정말로 사마소는 나중에 유선에게 똑같은 질문을 해왔다. 이번에 유선은 각정이 알려준 대로 똑같이 대답을 했다. 사마소는 곧 그 사실을 눈치 채고는 이렇게 답했다.

"어찌 각정이 말하는 것 같습니다."

유선은 놀라 사마소를 쳐다보고 고개를 끄덕이며 인정했다.

"당신의 말이 맞소이다."

이 말에 좌중들이 모두 웃었다. 사마소는 유선을 간도 쓸개도 없는 전혀 쓸모없는 멍청이로 여기고 다시는 마음에 두지 않았다.

'좌중들이 모두 웃었다'는 것은 당시 사람들이 유선을 깔보고 익살스런 사람으로 치부했다는 사실을 설명해 주고 있다. 하지만 유선은 그렇게 함으로써 자신의 몸을 온전히 보전할 수 있었다. 『삼국지집해三國志集解』에서는 우신행于愼行, 명나라 학자의 말을 인용해 "유선이 그렇게 사마소에게 응대한 것은 실수가 아니다. 각정이 그런 식으로 가르쳐 주다니 오히려 그의 생각이 얕다. 촉을 그리는 마음이 있다는 말은 사마소가 듣고 싶었던 말이 아니다……. 좌중이 웃은 것은 유선이 죽음을 면하기 위해 그랬다는 것을 모르고 그리했던 것이다."라고 적고 있다.

항복한 뒤 제위에서 물러난 유선은 8년간 안락공으로 지내다 세상을 떠났지만, 동오의 손호孫皓는 사마소의 아들 사마염司馬炎이 내린 '금설주金屑酒'로 독살당했다. 일화 속에 숨은 이치는 이처럼 목숨과 관계있지 않을까?

유비가 유선에게 남긴 유조 중 이런 말이 있다.

"사군射君이 와서 말하기를 승상이 그대의 지량에 탄복하며 훨씬 더 나아졌고 기대를 넘어섰다고 말하더구나. 정말 그렇다면 나에게 무슨 근심이 있겠는가? 분발하라."

여기서 사군이 누구인지는 알 수 없다. 이 말은 제갈량이 사군에게 유선의 지혜를 칭찬했는데, 유비가 그 말을 사군에게 전해 듣고 안도했다는 뜻이다. 제갈량이 아첨하는 무리가 아니라는 점은 유비도 잘 알고 있고 있었다.

이런 것으로 미루어 볼 때 유선은 절대 바보가 아니었다. '낙불사촉'의 모습은 생존의 지혜를 보여 준 것으로 설명할 수 있다. 유선의 식견을 넓혀 주고 치국의 능력을 키우기 위해 제갈량은 일전에 『신자申子』, 『한비자』, 『관자管子』, 『육도六韜』 등을 직접 베껴 써서 배우게 했다. 문을 배운 뒤에는 무술을 익히기도 했다. 『태평환우기太平寰宇記』에는 "활쏘기를 배우는 산으로 곡석산斛石山이 이름났는데 성도현에서 북쪽으로 15리 떨어진 곳에 있었다. 유선은 그곳에서 활쏘기를 배웠다."라는 기록이 있다. 유선의 솜씨에 제갈량은 매우 만족을 하며 여러 차례 '천부적 자질이 있고 자애롭고 민첩하며, 필부를 덕으로 아낄 줄 안다'고 평가했다고 한다. 민첩했다는 것은 유선이 절대 아둔한 사람이 아니란 말이다. 아니면 제갈량이 작정하고 유선을 풍자하려고 했단 말인가!

유선의 재주와 지혜를 보여 주는 한 가지 사건이 더 있다. 하우패가 사마 씨의 정변으로 조상曹爽과 연루될 것이 두려워 촉나라로 도망쳤을 때의 일이다. 그의 아버지 하후연은 한중을 두고 벌어진 쟁탈전에서 유비의 장수 황충에게 정군산에서 목숨을 잃었는데, 유선은 하우패를 만나 그에 관한 이야기를 나누었다.

"경의 아버지가 전쟁 중에 참변을 당했는데 우리 선인의 손에 있던 칼이 아니었다."

몇 마디의 말로 슬그머니 지난 감정을 풀고자 한 것이다. 그리고 이어서 자신의 아들을 가리켰다.

"하후 씨의 손자이다."

하후패의 사촌 여동생이 장비의 아내였고 둘이 나은 여식이 유선의 황후였기 때문에 이런 말을 한 것이다. 그리고 하후패에게 후한 상과 작위를 내리는 등 능숙하게 회유 정책을 사용했다.

유선이 집권하는 동안 아무런 성과도 내지 못했던 것은 아마 너무나 고명했던 승상이 보조했기 때문인 듯하다. 평범한 왕은 보통 현명한 재상에 의해 만들어진다. 앞서 말했듯이 유선은 제갈량이 죽은 뒤에야 도강언을 처음 보았다고 한다. 후세 사람들은 '제갈량이 죽자마자 유선이 관람을 갔지만 감히 말리는 자가 없었다'고 이를 비난했다. 제갈량이 세상에 있는 동안 유선은 감히 나갈 수 없었다. 그 말은 그가 깊은 궁 안에 갇혀 가 보고 싶었던 곳도 못 가고 알아야 할 세상 물정과도 철저히 차단되어 있었다는 뜻이다. 그렇기 때문에 우리는 제갈량의 그림자 속에서 진정한 유선의 모습을 찾기는 어려운 것이다.

배송지 주의 『삼국지』는 '조운이 어린 아이를 안고 있던 덕분에 화를 면했다' 는 「조운전趙雲傳」의 기록에 동의하고 있다. 즉 장판파長坂坡 전투에서 패한 유비가 처자식을 버려두고 도망갔는데 조운이 나이 어린 유선을 안고 있어 다행히 화를 면할 수 있었던 것이다.

장판파에서 유선을 구하는 조운

:: 주요 인물

동탁

:: 주변 인물

한 헌제, 왕윤, 여포, 장온, 하진, 한 소제

:: 키워드

포악하고 오만하다, 교활함, 잔인함

:: 주요 사건

수도로 들어가 황제를 폐하다

:: 이야기 출처

『삼국지』「위서」 동탁전

董卓

동탁 : 서량의 포악한 자

재미없는 착한 사람보다는 익살스런 악당 이야기가 사람들의 흥미를 더 끌게 마련이다. 그가 바로 동탁董卓이다. 동탁이 죽은 뒤 그의 시체는 거리에 널려 있었는데, 기름진 큰 배꼽에 불을 붙여 밝히니 온몸의 비곗덩어리와 지방이 바닥에 흘렀고, 다음날 아침까지 밝히고 그렇게 며칠이나 지났다 한다. 하지만 이렇게 비참하게 죽을 때까지도 동탁은 사람들이 자신을 왜 그렇게 미워하는지 알지 못했다.

동탁은 현재의 감숙성甘肅省에 속한 농서隴西 임조臨洮 사람이다. 그의 아버지는 말직을 지냈다. 어릴 적부터 무술을 좋아하며 의협을 행한 그는 강호의 일에 참견하기를 즐겼다. 한때는 강족 사람들이 모여 사는 곳까지 떠돌며 그곳 수령들과 친구로 지내기도 했다. 나중에 집으로 돌아와 농사를 지을 때도 강족의 수령들이 자주 동탁을 보러 왔는데 그때마다 그들을 따뜻하게 대접하느라 집안 살림이 남아나지 않았다. 심지어는 밭을 가는 소까지 잡아서 손님을 대접했다. 수령들은 이에 감동해 여러 종류의 가축 천여 마리를 모아 동탁에게 선물로 보내곤 했다.

환제桓帝 말년에 육군六郡의 양가집 자제들 중에서 우림랑羽林郎을 모집했는데 그때 동탁도 군에 들어갔다. 힘이 세고 무예가 출중했던 동탁은 말을 타고 달리면서 궁을 걸고 양쪽으로 활을 쏠 수도 있었다. 우림군의 하급 군관이었던 동탁은 나중에 중랑장 장환張奐을 따라 병주幷州로 출정을 나갔다가 공을 세워 낭중郎中으로 승급하고 9천 필의 비단을 상으로 받았다. 동탁은 상으로 받은 9천 필의 비단을 전부 수하 군사들에게 나누어 주고 자신은 하나도 갖지 않았다. 이런 사소한 일에서 우리는 당시 동탁의 수완을 엿볼 수 있다. 그는 계속해 광무廣武 현령에서 촉군蜀郡 북부 도위都尉로 승진했고 중랑장까지 지냈다.

나중에 황건적의 난이 일어나자 동탁은 토벌 명령을 받고 출정했지만 패배하는 바람에 벌을 받았다. 하지만 조정은 황건적을 평정하기도 전에 양주凉州에서 한수가 반란을 일으키자 다시 동탁을 불러들였다. 그는 중랑장의 신분으로 서쪽의 한수를 막았다. 한수의 반란군 중에는 강羌, 호胡 등 소수 민족이 많았다. 그들과 겨루어 본 적 있는 동탁은 능수능란하게 병사를 이끌고 백여 차례 전쟁을 했다.

한번은 동탁의 군대가 원협垣硤의 북쪽이 내려다보이는 곳에서 수만의 강, 호 군대에게 포위되어 식량 부족에 시달렸다. 동탁은 철수하려고 미리 보아 둔 길목에 있는 방죽을 연못 삼아 낚시하는 척하며 물이 수십 리까지 차기를 기다렸다. 그리고 몰래 군대를 이끌고 철수를 하면서 방죽을 터뜨렸다. 강, 호 군대는 나중에 이 사실을 알고 쫓아왔지만 이미 물이 깊어져 건널 수가 없었다. 당시 서쪽 정벌군이 여섯 무리가 있었는데 그 중 다섯 부대가 모두 패했다. 오직 동탁의 군대만이 모두 돌아와 부풍扶風에 주둔했다. 뛰어난 군사적 재능으로 동탁은 조정으로부터 전장군前將軍이란 관직을 받고 후侯로 봉해진다. 그리고 얼마 뒤 병주목을 정벌해 제후가 되었다.

동탁의 오만불손한 본성은 초창기 정치 무대에서 이미 드러난다. 영제 중평 3년(186) 조정에서 사공司空 장온을 보내 기장군騎將軍의 직을 맡고 서부 정벌군을 총감독할 것을 명했다. 장온이 조서를 가지고 동탁을 만나려고 했으나 동탁은 장온을 무시하고 일부러 알현할 시기를 질질 끌었다. 장온이 그를 질책하자 동탁은 오만한 말로 대꾸했다. 당시 그 자리에 있던 참군參軍 손견은 상관인 장온에게 군법에 의거해 동탁을 베어버리자고 귓속말을 했다. 그러나 농과 촉 일대에서 동탁의 명성이 드높았기 때문에 장온은 손견의 제안을 받아들이지 않왔다. 동탁은 이로써 한 차례 재난을 모면한 셈이었다.

동탁이 병주목으로 봉해진 뒤 조정에서는 원래 이끌고 있던 군대를 황보숭에게 보내 통솔하도록 했지만 명을 따르지 않았다. 그는 수하에 있는 병졸들이 오랫동안 함께하며 자신을 돌보아 주어 헤어지기 아쉬우니 기존의 군대를 이끌고 병주로 부임할 수 있도록 해달라고 부탁했다. 당시 조정은 힘이 없었기 때문에 동탁이 멋대로 하게 내버려 두었다. 영제 말년 무렵 동탁은 서량에서 20만 군사를 통솔해 최고의 군웅으로 성장해 있었다.

지방 군벌이 조정에 입성하게 된 것은 무능한 대장군 하진이 기회를 준 덕분이었다. 영제가 붕어하고 소제少帝가 즉위했다. 대장군 하진을 중심으로 한 외척 세력과 십상시十常侍 장양張讓을 중심으로 한 환관 세력이 이권을 놓고 팽팽히 맞서고 있었다. 하진은 사례교위 원소의 부추김으로 환관을 주살할 음모를 세웠지만 이복 여동생인 하 태후의 저지를 받게 된다. 하진은 비밀리에 동탁을 불러 군사를 이끌고 수도로 들어와 태후를 위협하라고 시켰다. 그러나 동탁이 입성하기 전에 하진은 환관들에 의해 살해되었다. 음모에 실패한 원소 형제는 군사를 이끌고 궁으로 들어와 환관들을 모두 죽였다. 수도는 극도로 혼란해졌다. 환관 단규段珪 등은 소제를 데리고 경성을 나와 하상河上까지 도망쳤다. 막다른 길에 몰린 단규 등 환관들은 황하로 뛰어들어 자진했고, 열네 살의 소제와 아홉 살의 진류왕陳留王 유협(후일의 헌제) 형제 둘만 허허벌판에 남게 되었다.

동탁의 대군은 수도로 입성하는 도중에 낙양성 밖의 북망北芒에서 소제 형제를 발견해 궁으로 데리고 돌아갔다. 당시 공경대신들이 그의 입성을 막으려고 군대 철수를 명하는 조서를 내리자 동탁은 우악스럽게 외쳤다.

"국가 대신이라는 자들이 왕실을 바로잡지 못해 나라를 이 지경으로 만들어 놓고서는 군대를 철수하라고 하니 그게 무슨 말이냐?"

그리고 두말 하지 않고 군대를 이끌고 수도로 들어갔다. 대장군 하진과 그의 형제 거기장군車騎將軍 하묘何苗가 죽은 뒤 오갈 곳 없던 수하의 군사들은 동탁에게 몸을 의탁했다. 동탁은 재물을 들여 정원丁原 수하의 용맹한 장수 여포를 회유해 정원을 죽이고 군대를 빼앗도록 시켰다.

이로써 동탁은 수도의 병권을 장악하게 되었다. 동탁은 북서쪽 변방에서 유목민들과 전쟁을 치러 왔기 때문에 유목민의 용맹한 성격에 물들어 있었다. 겉모습은 우악스럽고 미련스러웠지만 자기 나름대로 계략과 속셈은 가진 자였다. 『구주춘추九州春秋』의 기록에 따르면 동탁이 처음 수도에 입성했을 때 군대수가 3천 명에 불과했는데 작은 속임수를 써서 허장성세를 부렸다고 한다. 밤에 3천 명의 군사들이 몰래 성을 빠져나가게 한 뒤, 다음 날 깃발을 들고 북소리를 내며 웅장한 기세로 다시 성으로 들어오도록 하고는 서량의 후속 부대가 도착했다고 떠벌렸다. 내막을 모르는 사람들은 동탁의 군대가 셀 수 없이 많다고 여겼다. 이런 식으로 동탁은 사람들을 속였다.

동탁은 지방 군벌에서 중앙 집권 대신이 되면서 커다란 심경의 변화를 겪었다. 낙후한 북서쪽 변경에서 정치 중심지인 낙양으로 온 일은 『홍루몽紅樓夢』의 유 노파가 대관원大觀園에 들어간 것보다 더 굉장한 것이다. 애초에 동탁은 황제의 위세가 얼마나 대단한지 대신들의 능력이 어떤지도 몰랐고 중앙 군대의 실력이 어느 정도인지는 더더욱 알지 못했다. 일개 무인이었던 동탁은 천자의 머리에 드리운 후광에 경외심을 느꼈을 것이다. 또한 조정의 복잡하고 번거로운 예절과 자신의 비천한 신분에 열등감을 느끼지 않았을 리가 없다.

하지만 모든 것을 지켜보면서 정국을 이해하게 된 동탁은 강대한 제국이 이미 몰락하고 있다는 사실을 간파했다. 그 후 자연스럽게 한나라 왕실의 군신을 썩은 나무와 같이 쓸모없는 재목이라 여기며 '빼앗아 대신할 수 있다'는 반역심을 키웠다. 현대 심리학자들은 잠재의식 속 콤플렉스가 모든 광적인 자만 행위의 원인이라고 한다. 이런 심리학의 관점에서 보면 동탁은 좀 문제가 있었다. 한 개인의 심리적 장애가 사회에 불안과 손실을 초래한 것이다. 이는 역사적 불행이라고 하지 않을 수 없다. 이런 비운이 수천 년의 역사 속에서 반복적으로 재현되었다는 사실은 불행 중 불행이다.

동탁은 어느 정도 심리적인 문제를 안고 있었지만 그것이 완전히 폭발하기 전까지는 정치적 수완을 발휘해 인심을 살 만한 행동을 했었다. 그 한 예로, 동탁은 환관 정치의 어두운 일면을 쇄신했다. 후한 말 환관이 주도한 '당고黨錮의 옥'(관료와 환관이 충돌해 환관 세력이 관료를 금고禁錮에 처한 탄압 사건)으로 인한 국면을 일신하고, 진번陳蕃, 두무竇武의 억울함을 풀어 주었다. 또 채옹, 정태鄭泰, 하옹何顒 등 청류파 인사들을 발탁하고 문무 인사들을 두루 불러들였다. 문신으로 사위 이유李儒를 책사로, 무신으로 수양아들 여포를 수하로 삼았다.

나중에 동탁은 마음의 병이 점점 심각해져서 이성을 잃고 미쳐 날뛰는 행동까지 보인다. 그는 마음대로 소제를 폐위하여 홍농왕弘農王으로 강등시킨 뒤 진류왕 유협을 헌왕으로 보위에 올린다. 얼마 후 폐위된 소제와 그의 모후 하 태후를 죽이고 스스로 상국相國에 올라 각종 특권을 누렸다. 그는 '찬배불명贊拜不名, 검이상전劍履上殿', 즉 조정에 나가 황제를 알현할 때 "신 동탁이 황제를 뵈옵겠습니다. 만세 만만세." 하고 외칠 필요도 없었고 칼을 차고 대전에 올라갈 수 있었으며 신발을 벗을 필요도 없었다.

동탁은 동생을 좌장군으로 조카를 시중중군교위로 봉하고 어머니는 지양군池陽君으로 세웠다. 게다가 아직 성년이 되지 않은 손녀까지도 위양군渭陽君으로 봉했다. 그는 집안 친인척을 조정에 세우고 고관대작으로 삼았다. 조정에서 공경대신들이 동탁을 만나면 수레에서 내려 알현했지만 그는 답례조차 하지 않았다.

동탁의 잔혹성은 정말 무시무시했다. 자신에게 반대하는 자가 있으면 연회 중이라도 그 자리에서 끌어내려 혀를 자르거나 손발을 베거나 눈을 찔러 멀게 했고 심지어 큰 솥에 넣고 삶아 버리기까지 했다. 다른 사람들은 그 광경을 보고 흠칫 놀랐지만 동탁은 평소처럼 똑같이 먹고 마셨다. 그가 전쟁 포로를 처리하는 방식은 남달랐다. 포로의 몸에 돼지 기름을 바른 천을 두르고 불을 붙였다. 물론 당시 동탁은 언젠가 자신의 몸으로 밤을 밝힐 수도 있다는 사실을 알지 못했다.

나중에 이런 난폭한 만행은 공경대신들에게까지 가해져 그에게 이의를 제기한 대신들은 모두 가차 없이 목숨을 잃었다. 동탁을 없애자는 손견의 의견을 따르지 않았던 장온도 동탁의 손아귀를 벗어나지 못했다. 동탁은 장온을 죽일 구실을 만들어 채찍으로 때려 죽였다. 그의 폭정 아래 조정은 백색 공포에 휩싸였고 백성들은 살아갈 수가 없었다. 당시의 역사를 기록한 사서에서는 "법령이 가혹하고 애증으로 인한 부당한 형벌이 가해졌으며 모함을 받아 억울한 죽음을 당한 자가 수천이었다. 백성들은 '아이고' 하며 울며 길에서 사람을 만나도 말은 못하고 눈짓으로만 뜻을 표했다."라고 적고 있다.

동탁의 이런 행동을 보고 후세 사람들은 그가 제위를 찬탈할 마음이 있었다고 판단했다. 소제를 폐하고 헌제를 세운 것 역시 역사가들은 찬위의 과정으로 보았다. 만약 정말 제위를 찬탈해 황제가 되고 싶었다면 마땅히 능력이 떨어지는 꼭두각시를 세우고 정치적인 장애물을 줄여야 했다. 그런데 사실 헌제는 소제보다 나은 인물이었다. 동탁이 자기 마음대로 소제를 폐위시킨 것은 개인적인 권위를 세우기 위함이었지 찬위할 생각까지는 없었던 것 같다.

실제로 동탁은 그렇게 큰 뜻을 갖고 있지 않았다.『삼국지』의 기록에 따르면 동탁은 장안에서 260리 떨어진 지역에 미오郿塢란 성채를 지었다고 한다. 성벽의 규모와 견고함이 장안과 비슷했고 안에는 2, 3만 근의 금과 8, 9만 근의 은자와 30년은 먹을 수 있는 식량을 쌓아 두었다고 한다. 그곳에서 노년을 보낼 준비를 해둔 것이다.

원소와 조조 등 천하의 제후들이 연맹해 동탁을 공격해 왔을 때 동탁은 칼날을 피하기 위해 아예 수도를 미오 부근의 장안으로 옮겨 버렸다. 강제로 수도를 옮기면서 낙양의 궁은 불태워 버렸는데, 그 틈에 동탁의 군사들이 재물을 약탈하고 백성에게 피해를 입히는 바람에 사람들의 원성을 샀다. 동탁은 민심의 향배에 완전히 무감각해져 있었다. 그는 무력과 자신의 권세만 믿었다. 사도 왕윤과 그의 수양아들 여포가 그에 대항하기 위해 연맹을 맺었다는 사실도 몰랐다.

장안으로 수도를 옮긴 뒤 동탁은 아예 조정을 등한시하고 미오에 숨어 향락에 빠져 많은 시간을 보냈다. 왕윤, 여포 등은 모든 준비를 마치고 계획에 착수했다. 헌제 초평 3년(192) 4월 황제의 병이 막 나아 대신들이 미앙전未央殿에 모였다. 미오에 있던 동탁도 경하를 드리기 위해 입궐할 차비를 했다. 그가 조복을 입고 수레를 타고 출발하려는데 수레를 끌던 말이 갑자기 놀라는 바람에 동탁이 진흙바닥으로 떨어졌다. 집에 돌아와 옷을 갈아입고 나가려 하자 불길한 예감이 든 어린 아내가 동탁에게 가지 말라며 길을 막아섰다. 하지만 동탁은 그런 말에 따위는 아랑곳하지 않고 길을 나섰고 결국 여포의 창에 목숨을 잃고 말았다. 동탁이 죽은 뒤 미오는 공격을 받아 가족들의 대부분은 살해당했고 아흔 살의 노모조차 죽음을 면치 못했다.

동탁을 차마 죽이지 못했던 장온은 그에게 죽음을 당했고, 여포를 매수해 정원을 죽이도록 했던 동탁은 결국 자신도 여포의 손에 목숨을 잃었다. 생전에 포로들에게 기름을 뿌려 불을 질러 죽였던 동탁은 죽은 뒤 등불이 되었다. 서로 얽히고설킨 운명 속에서 결국 동탁은 자신이 뿌린 대로 거두었다.

어쨌든 동탁은 그를 잇는 후계자들에게 정치적인 본보기가 되었다는 데 의미가 있다. 그의 사례는 조조에게 많은 교훈을 주었다. 확실히 후세 사람들은 정치적으로 동탁보다 훨씬 성숙한 모습을 보여 주었다.

三國志 들여다보기

동탁이 죽은 뒤, 그의 부하 곽사와 이각이 장안성을 공격했고 여포는 패주했으며 왕윤은 살해되었고 헌제는 도망을 쳤다.

동탁

:: 주요 인물
원소

:: 주변 인물
허유, 전풍, 조조, 저수

:: 키워드
지략에는 능하나 결단성이 없다, 식견이 짧다

:: 주요 사건
관도대전, 동탁 정벌군을 이끌다

:: 이야기 출처
『삼국지』「위서」 원소전

원소 : 지략에는 능하나 결단성이 없는 자

그가 하늘을 보고 땅을 보니
천지간에 수많은 소리로 가득 찬 것 같았다.
일전에,
하늘과 땅은 그의 것이었지만
이제 천지간에는 비웃는 소리만 들린다.
그는 모든 것을 잃었다.
입 한 가득 남은 피만이
가슴에서 입가로 솟아오른다.

원소袁紹는 꿈에서라도 자신이 완전히 패배해 이 지경에까지 이를 줄은 상상도 하지 못했다.

그는 바람을 맞으며 탄식을 통해 자신의 일생을 그 속에 날려 버렸다.

원소는 여남 여양汝陽 사람이다. 그의 집안 7대조 원량袁良은 『역경』을 깊이 연구해 가문을 일으켰고 전한前漢 때에는 태자의 사인舍人까지 맡았던 인물이다. 원량은 학문을 손자 원안袁安에게 전수했다. 그래서 원안은 한대의 명사가 되었지만 젊을 때는 너무 가난해 구걸로 생계를 이었다고 한다.

어느 날 눈이 많이 내려서 1장丈만큼 쌓였다. 낙양의 현령이 관아에서 순시를 나왔다가 집집마다 사람들이 나와 눈을 치우는 모습을 보았다. 그런데 원안의 집 앞만은 지나갈 수가 없었다. 눈이 깊게 쌓였는데도 아무도 쓸지 않았기 때문이다. 현령은 원안이 죽었다고 여기고 사람을 시켜 눈을 치우고 집에 들어가 보라고 했다. 원안은 침대에 빳빳하게 누워 간신히 숨만 내쉬고 있었다. 현령이 "왜 눈을 치우고 집밖을 나오지 않았느냐?" 하고 묻자 원안은 이렇게 대답했다.

"눈이 많이 내리면 사람들이 먹을 것이 없어 배를 곯을 텐데, 제가 구걸해 얻어먹어서야 안 되지요. 괜한 폐만 끼칠 겁니다."

이 말을 듣고 감동한 현령은 그를 효렴으로 천거했다. 원안이 눈 속에서 누워 있었던 이야기는 『여남선현전汝南先賢傳』에 수록되어 있다. 그 후 원안은 입신출세해서 군 태수, 사공, 사도까지 지냈다. 원 씨 집안은 원소의 고조부인 원안이 사도가 된 이후 자손들까지도 모두 한나라의 덕망 높은 신하가 되었다. 4대에 걸쳐 삼공의 지위에 올라 권세를 누렸고 천하에 많은 문하생을 배출했다.

원소는 아버지인 원봉袁逢의 시녀가 낳은 자식으로, 본처가 낳은 원술과는 이복형제 사이였다. 원봉은 사형제 중 셋째였다. 맏형인 원평袁平은 일찍이 요절해 후손을 남기지 않았고 둘째 원성袁成은 좌중랑장左中郎將까지 지냈으나 오래도록 후사가 없었다. 그래서 원봉은 원소를 원성의 아들로 양자를 보냈다. 결국 원소가 원 씨 집안의 장손이 되어 제사를 모시게 된 셈인데 원술은 이 점을 못마땅하게 여겼다. 원술은 사사건건 서출인 형을 깔보는 태도를 보였기 때문에 두 형제는 줄곧 사이가 좋지 않았다.

원소는 젊었을 적 용모가 단정하며 영민하고 용맹한 데다 '고위자제'의 교만함도 갖고 있지 않았다. 또한 맹상군孟嘗君의 유풍을 받들어 현인을 예로서 겸손하게 대했다. 그래서 많은 선비들이 그와 어울리기를 좋아하며 그를 따랐다. 원소는 그때 사귄 많은 친구 중 오늘의 적이 된 조조를 기억하고 있다. 원소에게는 차마 돌아보기 싫은 지난날들이었다.

한때 원소는 조조와 매우 친하게 지냈었다. 두 사람은 소년시절 의협을 행한답시고 가끔 황당무계한 일을 벌이기도 했다. 한 번은 같이 남의 신부를 훔치러 간 적도 있었다. 그러나 신부를 손에 넣지 못하고 사람들에게 들켜서 쫓기는 신세가 되었다.

원소가 낮은 담장 앞에서 숨을 몰아쉬며 더 이상 못 간다고 했을 때 조조는 쫓아오는 사람들에게 "신부를 훔친 놈이 여기 있어요!"라고 외쳤다. 그 덕분에 자신도 모르게 힘을 내서 담장을 넘어 도망칠 수 있었다. 지금 생각하면 지모에 있어서 원소는 조조의 만 분의 일도 미치지 못했다.

그 시절 두 사람은 이상에 대해 이야기를 나누었다. 원소는 남쪽으로 황하를 점거하고 북쪽으로는 연대燕代를 막고 북방의 소수 유목 민족을 통치하며 남쪽으로는 중원을 다투겠다고 말했다. 후일 원소는 정말로 그 꿈을 이루었다.

당시 조조는 '나는 천하의 지력智力이 되겠다. 도로 그것을 다스리면 불가능한 게 없을 것이다'라고 했었다. 지금 생각해 보면 당시 원소의 이상은 조조만 못했던 것 같다.

원소와 조조는 둘 다 관리의 자제라는 뛰어난 출신 배경 덕분에 평탄한 벼슬길을 갈 수 있었다. 당시 조정에서는 서원팔교위를 설치하고 금군을 관리하게 했는데 원소와 조조는 각각 중군교위와 전군교위가 되어 금군을 하나씩 맡아 통솔했다.

대장군 하진이 환관을 모살하고자 했을 때 원소는 용감하게 나서 적극적으로 가담했다. 그렇지만 조조는 더 똑똑하게 처신했다. 그 후의 형국은 조조가 옳았다는 것을 증명해 주었다. 하진은 거사에 실패하고 오히려 환관에게 죽음을 당했다.

원소와 원술은 군사를 이끌고 궁으로 쳐들어와 환관들을 모조리 죽여 버렸다. 심지어는 궁에서 수염이 달리지 않는 자면 그냥 베었다.

결과적으로 그 덕분에 서량 군벌 동탁이 조정을 장악하게 되었고 원소와 조조는 어쩔 수 없이 수도를 떠나게 되었다.

그 후 원소와 조조는 천하의 제후들을 연합했다. 원소에게는 그때가 가장 영광스러웠던 시절이었을 것이다. 모두가 그를 맹주로 받들어 군웅의 우두머리가 되었고 조조까지도 그의 명령을 따랐다.

원소가 득의만만해 하며 천하의 주목을 받고 있을 때 동탁의 대신 오경伍瓊은 그를 못마땅하게 여기며 다음과 같은 말을 남겼다.

"원소는 계략에는 능하지만 결단성이 없어서 근심할 바가 못 된다."

계략에는 능했지만 결단성이 부족한 성격은 원소의 치명적인 약점이었다. 과연 오경의 말대로 원소는 기세등등하게 동탁 토벌에 나섰지만 맹주로서의 능력이 부족해 연맹군의 협력을 이끌어 내지 못했다. 결국 대사는 흐지부지 되고 연맹도 와해되었다. 원소와 조조 두 사람은 각자의 근거지에서 세력을 키워 나가기 시작했다.

원소는 기주목 한복韓馥과 함께 유주목 유우劉虞를 황제로 세우로 동탁과 대등하게 대립하고자 했다. 그러나 유우가 제안을 받아들이지 않았다. 원소는 한복이 북방 군벌 공손찬을 공격하러 나간 틈을 타 한복을 돕는다는 명목으로 기주를 점거하고 기주목이 되었다. 헌제 초평初平 연간, 자가 본초本初인 원소는 연호와 자신의 자가 부합해 반란을 평정하는 일이 모두 순조로울 거라고 여겼다.

그는 기주를 본거지로 해 공손찬, 장연張燕 등 군벌을 소멸하고 점차 기주, 청주, 유주, 병주 네 개 주까지 영역을 확대해 황허 이북에 웅거하는 북방 최대의 군벌이 되었다. 그때 원소는 용맹하고 위풍당당한 군대를 이끌고 호랑이 같은 기세로 만 리를 집어삼켜다. 당시 수하의 문신 저수沮授, 전풍田豊, 곽도郭圖, 봉기逢紀가 책략을 세워 주었고 무신 문축文丑, 안량顔良, 장합, 고람高覽 등이 세력 확장을 도왔다. 『삼국지』의 기록에 따르면 '당시 많은 호협이 원소를 따랐는데 그에게 보답을 바라며 각 주군에서 벌 떼처럼 일어나 그의 이름을 빌렸다'고 한다.

그 무렵이 원소가 가장 잘나갔던 시기였다. 그런 상황에서 원소는 좋은 기회를 놓쳐 버렸다. 그의 책사 저수와 곽도는 천자를 맞이해 세우라고 권한 적이 있었다. 동탁의 잔당들이 혼란한 틈에 도망 나온 헌제를 원소의 근거지인 업성으로 데리고 와 천자를 볼모로 잡고 제후를 부리라는 충고였다. 그렇지만 원소의 정치적인 안목은 영웅다운 겉모습을 따라 주지 못했다. 어쩌면 하북 일대의 패주로 만족했을 수도 있고 황제가 곁에서 거치적거리는 것을 원하지 않았을지도 모른다. 결국 원소는 그 제안을 거절했다.

그때부터 실패는 이미 예고되어 있었다. 나중에 조조가 헌제를 맞이해 허창을 수도로 세우고 제후를 부리는 것을 보고서야 원소는 후회를 했다. 조조에게 수도를 자신의 세력 범위에 가까운 견성鄄城으로 정하라고 하고 싶었지만 조조가 그의 말을 듣겠는가!

조조는 헌제의 연호를 초평에서 건안으로 고쳤다. 원소가 자신의 자와 연호가 부합해 모든 일이 순탄할 거라던 초평 연간은 이제 다시는 되돌아오지 않았다.

처음에는 조조도 원소의 입장을 생각해 체면을 세워 주었다. 조조가 대장군으로 자신이 그보다 낮은 태위로 봉해졌다는 사실을 듣고 원소는 기분이 상해 명을 받아들이지 않았다. 어쩔 수 없이 조조는 대장군이라는 직위를 원소에게 양보했다. 그러면서 조조는 힘을 비축하고 있었다.

원소가 한 어리석은 일 중 하나는 자식들을 각 주에 나누어 봉한 것이다. 장자 원담袁譚은 청주에, 둘째 원희袁熙는 유주에, 생질 고간高干은 병주에 머물게 하고, 가장 아끼던 어린 아들 원상袁尙은 원소가 데리고 있었다.

저수는 자식들을 각 주에 보내면 각자 세력을 키워 반드시 형제간에 분란이 일어나는 결과를 초래할 것이라고 간언했었다. 그러나 원소는 그의 말을 듣지 않고 도리어 저수의 충심을 의심했다. 그래서 안으로는 책사로 밖으로는 군사 감독자로 중요한 역할을 하던 저수의 병권을 약화시켜 버렸다. 저수가 통솔하던 군대를 셋으로 나누어 저수, 곽도, 순우경淳于瓊이 각각 다스리게 했다. 겉으로는 너그러워 보였지만 속으로는 질투하며 충언을 거절했던 원소는 점점 실패의 나락으로 향하고 있었다.

원소는 실패에 대해 의식하지 못하고 혼자 으스대며 만족했다. 건안 4년(199) 원소는 결국 참지 못하고 조조와 결전을 벌였다. 당시 통치 영역, 병사 수, 식량에서 정치적 기반, 세력 관계까지 모든 면에서 원소가 조조보다 우세했다. 원소는 심배審配와 봉기에게 군사를 맡기고 전풍, 순심荀諶, 허유를 책사로, 안량, 문축을 장군으로 삼았다. 그리고 정예군 10만과 철기병 1만을 선발해 수도를 공격할 차비를 했다.

원소는 줄곧 천하를 얻고 싶어 했지만 하나를 얻고 나면 하나를 잃을까 전전긍긍했다. 모든 것을 버리고 앞으로 나아가는 자세가 부족했다.

그가 수도 공격을 준비하고 있을 무렵 조조는 서주의 유비를 정벌하고 있었다. 원래는 유비와 연합해 전후방에서 조조를 협공하라는 전풍의 건의를 받아들이려고 했지만 가장 아끼던 어린 아들이 병이 나는 바람에 마음이 혼란해진 원소는 출병을 거절했다. 결국 가만히 앉아서 좋은 기회를 놓치고 만 것이다. 이에 전풍은 막대기로 땅을 치며 몹시 가슴 아파

했다.

조조가 유비와 천하의 영웅에 대한 이야기를 하며 이런 말을 한 적이 있다.

"원소는 겉모습은 강한데 간이 작고, 계략에는 능한데 결단성이 없다. 큰일을 할 때 몸을 사리며 작은 이익을 두고도 목숨을 건다. 그러므로 영웅이라 할 수 없다."

어릴 적부터 친구로 지낸 조조는 원소를 가장 잘 알고 있었다. 조조는 확실히 사람을 볼 줄 아는 자였다. 원소는 통솔자로서의 실력과 자격, 풍채까지 갖추고 있었지만 통솔자로서의 기개와 책략이 부족했다. 큰 파도에 모래가 씻겨 나가듯 원소도 곧 휩쓸려 사라질 운명이었다.

조조가 이미 유비를 타도한 뒤에도 원소는 수하들을 모아 놓고 출병에 대해 상의하고 있었다. 전풍은 저수의 주장을 거듭 천명하며 경솔한 출병에 반대하고 지구전을 펼칠 것을 주장했다. 원소는 전풍의 의견을 무시하고 군대의 사기를 동요시킨다는 이유로 그를 감옥에 가두어 버렸다.

한 진영 내에서조차 의견 일치를 보지 못하고 책사들끼리도 배척하는 등 많은 문제가 산적한 상황에서 원소는 대군을 이끌고 조조를 공격하기 위해 남하했다. 원소의 군대는 자칭 백만 대군이라 했지만 사실 오합지졸에 불과했다.

건안 5년(200) 정월, 원소는 진림에게 조조를 토벌하는 격문을 초안해 각 주군에 공포할 것을 명했다. 격문의 문장이 얼마나 훌륭했는지 이를 본 조조가 놀라 두통까지 싹 사라졌다고 한다. 그러나 전쟁은 격문으로 하는 게 아니었다. 2월 원소는 직접 대군을 이끌고 업성에서 남하해 여양黎陽에 주둔했다.

원소는 우선 용장 안량을 보내 황하를 건너 백마白馬, 지금의 하남성 활현 동쪽를 공격해 선발대로 주둔할 것을 명했다. 저수는 안량이 용맹하기는 하지만 성격이 조급하고 편협해 혼자 중임을 맡기에는 부족하다고 판단해 이의를 제기했다. 원소는 이번에도 저수의 의견을 묵살했다. 결국 안량은 당시 조조의 진영에 있던 관우에게 죽음을 당했다. 첫 번째 전쟁은 원소 진영의 실패로 돌아갔다.

조조는 백마에서 포위를 벗어난 뒤에도 계속 조심스럽게 전략을 세우며 후퇴했다. 원소는 반대로 대군을 이끌고 계속해서 전진했다. 저수는 다시 한 번 원소에게 경솔하게 나아가서는 안 된다고 간언을 했다. 그러나 원소는 또 듣지 않고 저수가 이끌던 모든 군대를 곽도에게 내주며 모든 병권을 빼앗아 버렸다.

원소의 선봉 부대는 연진에서 멀지 않은 곳에서 조조 군대를 따라잡았다. 조조는 책사 순유荀攸의 건의를 받아들여 일부러 군수품을 길을 따라 떨어뜨려 적병을 유인했다. 원소의 장수 문축은 과연 계책에 걸려들었다. 그들이 앞다투어 군수품을 약탈하는 동안 조조는 쉬면서 힘을 비축해 두었다가 단번에 문축을 공격해 베어 버렸다.

하북에서 이름난 명장 둘의 목을 전쟁 초반에 날려 버리면서 조조군의 사기는 대폭 진작되었다. 반대로 원소의 장수들에게는 심한 충격이었다.

조조는 계획대로 관도지금 하남성 중모 북쪽까지 후퇴해 병력을 집중시키고 보루를 쌓아 견고하게 수비 태세를 갖추었다.

원소는 두 번의 좌절을 맛보았지만 병사의 수적인 우세를 이용해 계속 양무陽武, 지금의 하남성 원양 남동쪽까지 진격해 왔다. 8월 원소가 관도에 막 진입하면서 영웅을 가리는 결전의 시간이 다가왔다.

양측의 대군은 관도에서 대치하며 원소는 공격을, 조조는 수비를 위주로 전쟁을 벌였다. 반년이 넘는 교전에서 원소의 군대는 승리를 얻지 못했고 조조의 군대도 곤경에 처했다. 한때 조조는 관도를 포기하고 수도로 퇴각할 생각까지 했지만, 책사 순욱의 만류로 결국 관도에서 원소와 끝까지 겨루어 보기로 결정을 했다.

원소는 그 당시 승리할 수 있는 기회가 여러 번 있었다. 여남군은 그의 고향으로 원 씨의 문하생들과 관료들이 널리 퍼져 있었다. 그들의 대부분은 무장을 하고 있었기 때문에 기회를 틈타 병사를 일으켜 조조에게 반격한다면 멀리 있는 원소를 지원할 수 있었다. 유비도 다시 여남까지 병사를 이끌고 조조의 후방을 어지럽히고 있었다. 그렇지만 원소는 조조에 대항하는 세력을 하나로 규합해 강력한 공격을 펼치지 못했다. 도리어 전선이 너무 길어 운수 노선에서 약점만 드러내고 말았다.

조조 측 장수 서황, 사환史渙은 장수 한맹韓猛이 압송하던 군량 수레 수천 대를 차단하고 공격해 모두 태워 버렸다. 이성이 있는 사람이라면 이런 상황에서 향후 재난을 대비해 대책을 세웠을 것이다. 저수가 오소지금의 하남성 연진 남동쪽 양식 창고의 수비를 강화할 것을 제안했지만 원소는 그럴 필요가 없다고 생각했다. 역사에서 승패를 결정하는 주사위가 던져졌을 때, 종종 실패자들은 납득할 수 없는 행동을 한다. 원소는 역사에서 선택된 실패자였다.

마지막에 원소는 한 번의 기회를 더 얻게 된다. 책사 허유는 수도가 빈틈을 타 정예 기병을 보내 몰래 습격을 하면 조조가 앞뒤를 돌보지 못해 진퇴양난에 빠질 거라는 계책을 내놓았다. 그러나 원소는 또 의견을 받아들이지 않고 조조의 진영부터 공격하겠다고 우겼다.

그 당시 허유의 가솔들은 업성에서 법을 어겨 치죄를 받고 있던 터였다. 결국 허유는 원소에게 원한을 품고 그의 무능함을 혐오하며 조조에게 귀의했다. 허유는 원소에게 치명적 타격을 주기 위해 오소의 식량을 약탈하는 계책을 조조에게 받쳤다.

조조는 과감하게 허유의 제안을 받아들여 직접 5천 명의 군사를 이끌고 어둠을 틈타 지름길로 가로질러 오소로 향했다. 그날 밤 오소는 불길에 휩싸였다. 원소는 심혈을 기울여 꾸려 온 대업이 불구덩이 속에서 고스란히 날아가 버렸다는 사실을 깨달았다.

오소의 양식이 불탔다는 소식이 관도로 전해지자 원소의 군대는 순식간에 산산이 와해되었다. 역사적으로 유명한 관도대전은 원소 부자가 잔존한 8백 명의 기병을 이끌고 황하를 건너 기주로 패주하는 것으로 끝이 났다.

관도대전으로 원소의 주력 부대는 섬멸을 당했지만 그가 다스리던 네 개 주에서는 여전히 강한 실력을 행사하고 있었다. 원소가 와신상담해 재기를 도모한다면 권토중래할 가능성도 있었다.

그렇지만 원소에게는 그런 능력이나 의지력이 없었다. 업성으로 돌아온 뒤 그가 가장 먼저 한 일은 옥에 갇혀 있던 전풍을 죽인 것이다. 전에 정확한 의견을 제시했던 전풍이 자신을 비웃는 꼴을 보고 싶지 않았기 때문이다. 원소가 자신의 결점을 덮고자 했던 극단적인 행동은 하북 사인들의 마음을 서늘하게 하기 충분했다. 전풍의 죽음은 원소가 자기 자신에게 내린 멸망의 판결문과 같았다.

건안 7년(202) 5월, 한때 천하 호걸들을 이끌었던 원소는 하루 종일 한숨을 쉬며 근심에 싸여 원망만 늘어놓으며 자포자기한 필부처럼 지내다 결국은 비릿하고 뜨거운 선혈을 토해

냈다.

비극은 아직 끝나지 않았다. 원소는 자식들을 각지에 보내는 잘못된 판단을 해 멸문지화에 이르는 대가를 치렀다. 권력과 이익을 두고 벌어진 형제간의 다툼은 조조에게 하북을 병탄할 좋은 기회를 마련해 주었다. 결국 원소의 자식들은 조조의 손에 하나씩 쓰러져 갔다.

기주, 청주, 유주, 병주의 성 머리에 조조의 깃발이 휘날릴 때 원소는 지하에서 피를 토하고 있지 않았을까?

관도대전에서 원소는 조조 진영 외곽에 토대土臺를 쌓고 그곳에 올라가 조조에게 화살을 쏘았다. 이에 대응해 조조는 벽력거霹靂車를 만들어 돌을 발사해 토대를 무너뜨렸다. 벽력거는 고사포高射砲와 비슷한 것이다.

벽력거

원소

:: 주요 인물

원술

:: 주변 인물

동탁, 조조

:: 키워드

교만하고 사치스럽다, 잔인하다

:: 주요 사건

스스로 황제로 칭하다

:: 이야기 출처

『삼국지』「위서」 원술전

원술 : 겉만 번지르르한 자

원술袁術이 할 일도 없고 심심해서 우연히 책을 들추어보다 문득 시야에 들어온 한 행간의 글귀를 보고 멈칫했다. 순간 그의 심장이 빠르게 뛰었다. 그가 보고 있던 책은 도참圖讖과 위서緯書의 내용을 기록한 상서相書였다. 후한시대에는 그런 종류의 책이 유행했었다. 그가 본 것은 '한나라를 대신하는 자는 길涂에서 높은 자이다'라는 문구였다.

옛날에는 '도涂' 자가 가차자로 '길 도途' 자와 통했다. 원술의 '술術' 자는 고대 한어에서 길이란 뜻을 담고 있었다. 게다가 원술의 자는 공로公路였다. 그렇다면 자신이 한나라를 대신해 황제가 된다는 예언이 아닌가! 원 씨는 원래 진陳 씨에서 갈라져 나왔는데 진은 순舜의 후대로 오행五行 배열에서

'흙'의 운運을 가지고 있다. 유 씨 한나라의 경우 '불'의 덕德을 계승했다. 누런 흙이 빨간 불을 대신한다니 상생상극의 '덕운德運' 순리와도 부합했다.

이런 생각을 할수록 원술은 심장박동이 빨라지고 머리가 점점 뜨거워졌다. 이날부터 원술은 사리사욕에 눈이 먼 행보를 하게 된다.

원술은 사공 원봉의 적자로 원소와는 이복형제 사이였다. 원술은 원소보다 어렸지만 『홍루몽』의 가보옥賈寶玉과 가환賈環처럼 적자와 시녀의 몸에서 태어난 서출이란 차이가 있었기 때문에 형을 우습게 여겼다. 원봉이 원소를 원성의 아들로 양자를 보내면서 원소가 원 씨 집안의 제사를 받드는 장손이 되었다. 원술은 이 점을 마음속에 담아 두고 있었다. 원소는 원술보다 좀 더 신중하게 행동했고 맹상군처럼 손님 대접하기를 좋아했기 때문에 당시 많은 관료 호족들이 따랐다. 그에 반해 원술의 주위는 매우 썰렁했다. 화가 난 원술은 "사람들이 왜 나를 따르지 않고 우리 집 종놈을 따르는가?"라고 외쳤다. 한번은 공손찬에게 보내는 편지에서 '원소는 원 씨의 자식이 아니다'라고 욕한 적도 있었다. 어쨌든 두 형제의 사이는 줄곧 좋지 않았다.

『자치통감資治通鑒』에 보면 '부유하게 태어난 자는 거만하고 귀하게 태어난 자는 오만하며, 부유하고 귀하게 태어나 오만방자하지 아니한 자는 없다'라는 말이 있다. 정말로 원술은 교만하고 제멋대로인 성격을 타고난 듯하다. 어릴 적 원술은 사냥을 즐기는 방탕한 도련님이었는데 마음대로 의협을 행하기로도 유명했다. 그렇지만 혁혁한 가문 덕분에 효렴으로 천거되어 낭중을 제수했고 대내외 관직을 역임했다.

원술이 정치 무대에 처음 등장한 것은 대장군 하진과 함께 환관 암살 계획을 세웠을 때이다. 당시 원소와 원술 형제는 하진 수하의 금군에서 군관을 맡고 있었다. 원소는 사례교위, 원술은 호분虎賁중랑장으로 각각 군대를 통솔했다. 환관 주살 계획에 적극 가담한 두 사람은 모처럼 함께 손을 잡게 된 것이다.

그러나 하진의 불찰로 도리어 환관에게 살해당하자 원 씨 형제는 겁 없이 맘대로 날뛰게 된다. 다짜고짜 군대를 이끌고 궁으로 들어가 수염이 없으면 환관이라고 여기고 2천 명이 넘는 사람들을 죽였다. 야만적인 도륙으로 백여 년을 이어온 후한 시대의 환관 세력은 끝장이 났다. 그렇지만 살육으로는 성공도 실패도 아니었고 정치적인 실책은 감출 수 없었다. 그것은 야심만만하고 난폭한 서량 군벌 동탁을 수도로 불러들이는 결과를 낳았기 때문이다.

수도에 입성한 동탁은 원 씨 집안의 지지를 얻기 위해 원술을 후장군으로 임명한다. 조정을 장악한 동탁은 횡포를 일삼으며 마음대로 황제를 세웠다. 그의 진면목을 알아차린 원 씨 형제는 손잡기를 거절하고 차례로 수도를 빠져나온다. 원술은 남양군南陽郡 노양현魯陽縣으로 도망쳤다. 그때는 이미 장사 태수 손견이 남양 태수 장자張咨를 죽인 후였다. 원술은 4대가 삼공을 지낸 명망 높은 가문 출생으로 매우 호소력을 지니고 있었다. 많은 병사가 원술에게 귀의하면서 결국 남양은 원술의 차지가 되었다.

동탁의 횡포가 천인공노할 지경에까지 이르자 천하의 제후들은 병사를 일으켜 동탁 토벌을 외치며 원소를 맹주로 추대했다. 이때 원술도 남양 태수의 자격으로 연합군에 참여했다. 그것이 원 씨 형제의 두 번째 협력이었다. 그러나 동탁 토벌을 외치던 제후들은 각자 사심을 품고 진군하기를 꺼렸다. 기세등등하던 동탁 토벌전은 결국 흐지부지하게 끝났고 후한 말기 군웅의 할거만 초래했다. 지난날의 연합군은 빠르게 분열되었다.

원소는 유주목 유우를 황제로 삼아 정권을 잡고 동탁과 맞서고자 했다. 그보다 더 큰 야심을 품고 있던 원술은 원소의 계획에 반대했다. 이로써 두 형제는 서로 시기하며 원수처럼 돌아서게 된다. 원술은 원소가 원수처럼 여기던 공손찬과 결탁을 하고 원소는 원술의 강력한 맞수 유표와 연합했다. 두 형제가 서로 딴 마음을 품고 가까운 가족을 버리고 다른 사람과 손을 잡은 것이다.

남양은 후한 광무제 유수劉秀가 집안을 일으켰던 곳으로 백여 만의 가호가 살고 있는 재화가 풍족한 지역이었다. 원술이 교만방자하게 사치를 일삼고 터무니없이 무거운 세금을 징수하며 탈취를 일삼아 백성의 원성이 자자했다. 초평 4년(193) 원술은 결국 유표에게 밀려 남양에서 쫓겨나 동쪽의 진류군陳留郡으로 갔다. 그 후 조조와 원소의 협공을 받아 크게 패해 잔류 군대를 이끌고 구강치소는 수춘이었다, 지금의 안휘성 수현으로 도망쳐 양주揚州 자사 진온陳溫을 죽이고 회남을 점거했다.

이 무렵 동탁의 잔당 이각이 장안에 들어와 조정을 통제하고 원술의 지원을 얻기 위해 그를 좌장군으로 임명하고 양적후陽翟侯로 봉했다. 또한 태부太傅 마일제馬日磾에게 황제의 부절符節, 주로 사신들이 가지고 다녔던 신표을 들고 원술의 진영에 가서 조칙을 내리고 상을 내렸다.

그러나 원술은 이미 신하가 될 마음이 없었다. 천자의 부절을 본다는 핑계를 대고 마일제의 손에서 부절을 뺏은 뒤 돌려주지 않았다. 그리고 마일제를 회남에 억류하며 수도로 돌려보내지 않았다. 신하로서 천자의 존엄성을 상징하는 부절을 잃었다는 것은 굉장한 치욕이었다. 당시에는 전한前漢의 선현 소무蘇武가 흉노의 변방에서 19년간 유폐되어 양을 칠 때도 깃털(旌旄)이 다 떨어진 부절을 줄곧 몸에 지니고 있었다는 이야기가 미담처럼 내려오고 있었다. 부절을 속임수로 빼앗기고 억류까지 당한 마일제는 매우 치욕스러움을 느끼다 결국 얼마 후 울분에 차 죽고 말았다.

흥평 2년(195) 이각과 곽사가 내분을 일으켜 수도에서 대대적인 싸움을 벌이자 헌제는 어쩔 수 없이 도망을 쳐야 했다. 원술은 한나라 왕실이 쇠락하는 모습을 보고 새 왕조를 여는 일이 필연적이라 여기며 사람들이 모인 가운데 부하들에게 이렇게 말했다.

"지금 유 씨 황실이 미약해 대륙이 떠들썩하다. 우리 집안은 4대가 공보公輔, 삼공과 사보를 지냈고 백성들이 따르니 하늘과 백성의 뜻을 응하려는데 제군들의 의향은 어떠한가?"

수하들은 이 말을 듣고 놀라서 감히 대꾸할 수가 없었다. 오로지 주부主簿 염상閻象만이 나서 반대의 뜻을 밝혔다.

"한나라 왕실이 약하기는 하나 상商나라 주왕紂王처럼 포악무도하지 않고, 대인의 집안이 혁혁한 것은 사실이나 주 왕실의 조건을 갖추지 못했습니다."

원술은 이 말을 듣고 말없이 불쾌해 했다. 당시 원술은 이미 자신에 대한 마지막 객관성마저 잃어버린 상태였는데 반대 의견이 귀에 들어왔겠는가! 결국은 자신이 황제에 오르기로 결정했다. 건안 2년(197) 하내 장형張炯의 부절을 사용해 자신이 황제임을 선포했다. (정사에는 손견의 옥쇄에 대한 언급이 없지만 『산양공재기山陽公載記』 중에 '원술은 제왕의 존호를 참칭하고자 손견이 옥새를 얻었다는 소문을 듣고 그의 부인을 잡아 옥새를 빼앗았다'는 기록이 있다.) 그리고 국호를 중씨仲氏라고 하고 태자를 세우고 비를 봉하며 공경백관을 설치했다. 또 황제가 타는 수레를 타고 다니며 성 밖 남쪽에서 하늘에 북쪽에서 땅에 제사를 지내며 진짜 황제처럼 행동했다.

원술의 이런 행동은 후한 말 군웅들의 금기를 범한 것이었다. 당시 모두가 황제의 보위를 노리고 있었다고는 하지만 감히 공공연하게 한계선을 반 발짝도 넘어설 수 없었다. 막강한 세력을 가졌던 조조도 천자를 볼모로 잡고 제후를 부렸다. 조조조차 헌제를 꼭두각시로 세워 놓고 더 나아가 한나라를 대신해 보위에 오르지는 못했다. 한번은 조조가 손권에게 차라리 황제로 칭하라는 편지를 받았는데 바로 화로에 던져 버리며 이렇게 말했다고 한다.

"이 놈이 나를 불화로 속에 넣고 구우려고 하는군!"

그러나 세상물정 모르는 원술은 분별없이 천하에서 가장 커다란 죄악을 짓는 지경에까지 이른다. 제위에 손을 댄 것이다. 기존 세력들에게는 대역무도한 자라는 질책을 받았지만 그로써 원술은 천하 군웅보다 높은 지위에 올라 그들에게 모욕감을 주었다. 승복하지 못하는 자는 따라해 봐라!

원술은 여포에게 황제로 칭한다고 통보를 하며 재물을 선물로 준비해 여포의 여식을 며느리로 맞을 준비를 했다. 여포는 왕의 장인이 되고 싶은 마음이 추호도 없었다. 그래서 원술의 사자를 잡아 헌제가 있는 수도로 보내 버렸다. 이에 원술은 매우 노해 장수 장훈張勛과 교유橋蕤를 보내 여포를 공격하게 했지만 대패하고 돌아왔다. 그는 관부의 인수印綬를 새긴 뒤 사람을 강동으로 보내 손책을 관직에 봉했다. 일전에 그의 밑에 있었던 손책도 원술을 인정하지 않고 절교를 선언했다.

이처럼 뭇사람들에게 버림을 받는 상황에서도 원술은 여전히 계속해서 사치스럽고 방탕한 나날을 보냈다. 그의 후궁에는 처첩이 수백이 되었는데 모두 비단을 걸치고 좋은 음식을 먹고 질투하고 다투느라 바빴다. 『삼국지』에서는 『구주춘추』를 인용해 놀랄 만한 후궁의 이야기를 기록하고 있다.

사례司隷라는 지역에 풍馮 씨 성을 가진 한 여자가 있었는데 미모가 매우 빼어났다. 원술은 우연히 지나가다 풍 씨를 보고 반해 궁으로 데리고 돌아와 소실로 삼고 아주 총애했다. 원술의 궁에 있는 다른 소실들은 풍 씨만 총애하는 것을 시샘해 그녀에게 거짓말을 했다. 원술이 지조와 절개 있는 여자를 좋아하니 종종 눈물을 흘리며 근심에 잠겨 슬퍼하는 표정을 지으면 원술이 더 좋아하게 될 거라고 말했다. 소실들은 본래 원술이 질질 짜는 풍 씨를 싫어하기를 바랐는데 공교롭게도 예상과는 달리 정말로 풍 씨를 가련하게 여기며 더 아껴 주었다. 궁궐의 여인들은 계획이 실패로 돌아가자 강제로 모살하는 방법을 택했다. 다 같이 짜고 풍 씨를 교살한 뒤에 악랄하게도 그녀의 시체를 측간 대들보에 걸어 놓았다.

원술은 초지일관 백성을 착취하며 추호의 동정심도 보이지 않았다. 『자치통감』에서는 '원술이 강회江淮에서 부들과 고동까지 착취해 많은 백성이 서로 잡아먹는 지경에까지 이르러

고을이 스산했다'라고 적고 있다. 『삼국지』에서는 '병졸들은 춥고 굶주리고 강회 땅은 텅 비었으며 백성들은 서로 잡아먹었다'라고 한다. 원술은 백성들의 피와 땀을 다 빨아먹고 재화도 모두 탕진해 버려 자립할 수 없었다.

여포에게 패한 뒤 조조에게 또 패하자 어쩔 수 없이 회남을 떠나 북쪽의 잠산灊山으로 가서 부하 뇌박雷薄과 진란陳蘭에게 의탁하려 했지만 그들도 원술을 받아 주지 않았다. 결국 그는 철판을 깔고 제왕이란 칭호를 형 원소에게 양보하고자 했다. 원술은 청주에 있는 원소의 장자 원담에게 의탁하러 가는 도중 하비에서 조조의 습격을 받아 어쩔 수 없이 다시 수춘으로 되돌아가야 했다.

원술의 종말은 매우 불쌍하다. 『삼국지』「오서」에 관련 기록이 있다. 수춘에서 80리 정도 떨어진 강정江亭에 이르렀을 때 원술 무리는 식량이 다 떨어지고 없었다. 원술이 요리사에게 가서 식량이 얼마나 남았냐고 물었더니 보리 부스러기 30곡만 남았다고 대답했다. 마침 한여름을 맞아 원술은 꿀이 먹고 싶었다. 하지만 그 와중에 꿀이 어디 있었겠는가? 몇 달간 중씨 황제 자리에 앉았던 원술은 침대에 앉아 "이 원술이 이 지경까지 이르다니!" 하고 한탄했다. 그러고는 침대에서 거꾸로 곤두박질쳐 외마디 비명 소리와 함께 한 말의 피를 토하며 저세상으로 갔다.

『삼국지연의』에는 원술의 죽음을 더 생생하고 재미있게 묘사하고 있다. 원술은 수춘으로 돌아가려 했지만 도적들의 습격을 받아 강정에 머물러야 했다. 이제 남은 천여 명의 사람들도 다 노약자뿐이었다. 때는 한여름이었는데 양식은 모두 떨어지고 보리 30곡만 남아 있었다. 군사를 보내 살펴보았으나 집안에 양식은 없고 굶어 죽은 사람뿐이었다고 한다. 원술은 거친 밥을 싫어해 목구멍으로 넘길 수가 없었다. 목 막힘을 해결하려고 꿀물을 가져올 것을 명하자 요리사는 이렇게 대답했다.

"핏물은 있어도 꿀물은 없습니다!"

화가 난 원술은 침대에 앉아 소리를 버럭 지르고는 바닥으로 고꾸라지더니 피를 한 말이나 토하고 죽어 버렸다. 때는 건안 4년 6월이었다. 이 이야기의 가장 절묘한 부분은 바로 요리사가 내뱉은 '핏물은 있어도 꿀물은 없습니다!'라는 한마디이다. 그의 대답 속에는 원술을 향한 사람들의 분노와 원망이 들어 있다.

원술이 죽은 뒤 그의 딸은 손권의 후궁으로 들어가 소실이 되었다. 수많은 여인들을 농락했던 원술은 아마 자기 딸이 그렇게 될 줄은 꿈에도 예상하지 못했을 것이다.

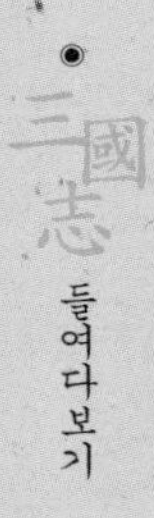

전한 말기 참위讖緯가 유행하다 보니 전문적인 참위학까지 생겨났다. '참' 이란 무당이나 도사가 만든 일종의 은어 또는 예언으로, 길흉의 신표나 징조로 삼았다. '참'은 도참圖讖이라고도 하고, '위'는 '경(사서오경의 경)'인 유가경전을 억지로 가져다 붙여 만든 책이다. 참위의 기원은 오래되었다. 진시황 시절부터 '진을 망하는 자는 호胡다' 등의 참언이 등장했다. 후세에 천하를 얻고자 하는 자들은 종종 도참을 이용해 민심을 조작하여 정당한 근거로 삼기도 했다.

도참에서 유래한 『토정비결』

:: 주요 인물
유표

:: 주변 인물
유비, 손권, 한숭, 조조, 장수

:: 키워드
계략은 있으나 결단성이 없다, 학문이 깊고 점잖다, 의심이 많다

:: 주요 사건
유비를 받아들이다, 형주의 주인이 되다, 장수를 귀의시키다

:: 이야기 출처
『삼국지』「위서」 유표전

유표 : 유명무실

가랑비가 날리던 봄날 유표劉表는 야윈 말을 타고 바쁘게 형주로 향했다. 그는 지금 왕예王叡를 대신해 형주 최고의 행정 관직인 형주 자사로 임명되어 가는 길이었다. 왕예는 이미 그의 수하인 장사 태수 손견에게 살해되었다. 그 해가 헌제 초평 원년(190)이었다.

신임 지방 관리는 기골이 장대하고 듣던 대로 훌륭한 사람처럼 보였다. 그는 관리 사회에서 명성이 높은 인물이었다.

유표의 자는 경승景升으로 한 경제景帝의 아들이자 한 무제의 이복형 노공왕魯公王 유여劉余의 후손이다. 그는 산양山陽 고평군高平郡 사람인데 동향인 장은張隱, 설욱薛郁, 왕방王訪 등 일곱 사람과 함께 '팔준八俊' 또는 '팔고八顧'로 불렸다. 팔준은 여덟 명의 재주가 뛰어난 걸출한 인사를 가리켰다. 그 중 한나라 왕실 종친인 유표는 위험할 정도로 이름이 나 있었다.

초년에 유표는 대권을 장악한 환관들에게 이단아로 보여 지명 수배까지 받았었다. 다행히도 제때 도망을 쳐 위험은 면할 수 있었다. 유표는 당고령黨錮令, 관료가 되는 길을 막는 것이 풀린 뒤 다시 관료 사회로 돌아와 대장군 하진의 하급 관리가 되었다. 관직명은 대장군연大將軍掾, 북군중후北軍中侯였다. 하진이 환관 주살을 모의했을 때 유표는 원 씨 형제처럼 적극 참여하지도 조조처럼 강력히 반대하지도 않았다. 따라서 변고가 일어났을 때 별 영향을 받지 않았다. 하진은 뜻을 이루지도 못하고 도리어 환관에게 희생을 당했고, 원 씨 형제들은 궐에 들어와 마구잡이로 환관들을 쓸어 버렸다. 그 틈에 서량 군벌 동탁이 수도로 들어와 조정을 장악하자 원 씨 형제와 조조는 어쩔 수 없이 도망을 갔다. 동탁이 소제를 폐하고 헌제를 황제로 세웠을 무렵, 유표는 다른 중앙 관리들과 마찬가지로 망망대해에 놓인 한 척의 배처럼 시류에 따라 표류했다.

동탁이 중앙정권을 잡고 있었지만 지방 제후들은 그를 인정하지 않았다. 초평 원년 원소를 수장으로 한 관동의 주군 연합군이 동탁을 벌하려고 했다. 산동의 강한 군대의 칼날을 피하기 위해 동탁은 헌제를 위협해 수도를 장안으로 옮겼다. 이로 인해 중앙 정권의 위엄은 바닥까지 떨어지고 각지에서 군벌 세력이 할거하는 형국이 되었다. 조정에서 파견한 주군의 장관들은 도망가거나 살해를 당하는 경우가 허다했다. 형주의 자사 왕예도 그 중 하나였다.

한나라 왕실에 충성하던 조정 원로대신들은 최대한 유 씨 종친을 기용해 중앙 황권을 강화하려고 했다. 그래서 유표가 왕예를 대신해 형주 자사로 추천된 것이다. 동탁은 유표가 자신을 반대하는 대열에 직접 참여하지도 않았고 대내외적으로 명망 있는 인사라 추천에 동의를 표하며 정식으로 조서를 하달했다.

하지만 유표가 형주 자사를 지내기란 쉬운 일이 아니었다. 부임 당시에도 형주에서 무장을 하고 일어난 군웅들이 비일비재했다. 원소도 형주를 노리며 노양현에 병사를 주둔시키고 부임하러 가지 못하게 길을 막고 있었다. 병사 한 명조차 거느리고 있지 않았던 유표는 평소와 마찬가지로 주의 치소에서 취임을 할 수 없었다. 갖은 고난을 겪으며 혼자 말을 타고 드디어 형주의 남군 의성宜城까지 도착했다.

명망이 있던 자사 유표는 즉시 현지의 몇몇 유명 인사를 초대해 어떻게 관리해야 할지 대책을 논의했다. 그들 중에는 남군 사람인 괴량蒯良, 괴월蒯越 형제와 양양 사람인 채모蔡瑁란 사람이 있었다. 채모는 나중에 유표의 막내 처남이 된다. 괴 씨와 채 씨 두 집안은 형주의 호족들로 유표는 그들을 통해 형주 호족 세력의 힘을 빌리려는 의도였다. 괴량은 유표에게 인의를 먼저 행해야 한다는 도리를 말했고 괴월은 권모술수를 이용해 혼란을 다스려야 한다고 알려 주었다.

결국 유표는 괴월의 계책을 받아들여 먼저 주요 인물들을 잡기로 했다. 무장한 지방 수령 55명을 유인해 목을 베고 그들의 무장 세력을 빼앗았다. 괴월은 양양성을 점거한 강하 도적 장호張虎와 진생陳生을 투항시키고 형주의 대군大郡인 양양에서 유표를 맞이했다. 양양은 중원과 관중, 장강 연안 세 곳을 이어 주는 중국의 심장부 같은 요충지로 '천하의 척추'라고 일컬어지며 예부터 군사 전략가들이 탐내는 곳이었다. 유표는 양양에 입성한 뒤에야 비로소 형주를 확실히 다스릴 수 있었다.

유표는 빈 몸이었지만 인재들과 교류를 통해 계책을 세워 지방 군웅을 수복했고 양양을 중심으로 형주 군사를 정비했다. 남쪽으로는 영릉, 계양을 수복하고 북쪽으로는 한천漢川을 점거해 지방 수천 리를 얻었고 10여 만의 군사를 다스렸다. 명에 복종하지 않거나 원술, 손견 등이 파견했던 군수, 현령들은 유표의 명성을 듣고 하나둘씩 인수印綬를 버리고 가버렸다.

유표의 초창기 업적은 영웅적 기상이 넘친다. 괴 씨 형제와 채모, 황조黃祖 등 형주 문무인사의 보좌 아래 유표는 무시할 수 없는 제후로 성장했다. 조정을 장악한 이각, 곽사 같은 야만적인 군벌이 그와 관계를 맺기 위해 관직을 진남장군, 형주목으로 올려 주고 성무후成武侯란 작위까지 내릴 정도로 위용이 대단했다.

형주는 유표의 치하에서 번영을 구가했다. 당시 낙양, 장안에서는 군벌 간의 혼전이 벌어져 큰 피해를 입은 상태였고 조조가 이전하려던 수도 허창도 아직 완공되지 않았던 때였다. 따라서 중국에서 가장 번화한 도시는 당연히 양양이었다. 양양성의 동북쪽에는 '대제大堤'라는 유명한 곳이 있었다. 옛날에 한수가 자주 범람해서 강가가 아닌 강가에서 좀 떨어진 곳에 제방을 건설했다. 한수 양안에는 성벽과 같은 제방이 있었는데, 제방 일대는 언젠가부터 술집, 기생집이 즐비하게 들어서면서 홍등가를 이루었다. 중국의 남쪽에 미인들이 많다고 하지만 대제의 여인만 못했다. 한나라 때 악곡 중 '대제곡大堤曲'은 당시 대제의 번화한 모습을 기록한 것이다.

유표는 자신이 다스린 곳이 난세에도 무릉도원처럼 노래와 춤이 넘치는 태평성대를 누리자 매우 흡족해 했다. 그의 이상도 그것으로 족했다. 유표는 조정을 바로잡는 데 뜻을 둔 한나라의 충신은 아니었다. 일전에 공융은 '조공을 받치지 않고 분수에 맞지 않는 비정상적인 행위를 많이 하며 심지어는 천자처럼 천지에 제사를 지내고 수레를 타고 순시까지 한다'고 유표를 탄핵하기도 했다.(『후한서』「공융전」)

본질적으로 유표는 좀 어수룩한 유형의 일개 유생에 불과했다. 군웅들이 호시탐탐 형주를 노리고 있었지만 유표는 '학관을 세우고 널리 유가 학문을 구하는 것'에 열중했다. 그의 저택에서는 매일 많은 손님이 모여 태평하게 장황한 의견을 주고받았다. 그리고 당대 대유학자인 송충宋忠을 형주로 초빙해 『오경장구五經章句』를 편찬하게 했다. 이 서적은 지금까지 남아 있으니, 객관적으로 보면 유표는 중국 학술 발전에 기여한 셈이다.

이후에도 유표는 그 지역 백성들이 편안하게 살게 하고, 그 상태를 유지하려는 정책을 펼쳤지만 유순하고 우유부단하며 진취성이 부족하다는 인상을 남겼다. 그는 원소의 지시대로 원술 일당에 속한 손견을 차단 공격했던 것 말고 다른 군벌들에게 죄를 진 적이 없었다. 유일하게 '악인' 역할을 했던 적이 있는데 유표는 나중에 그것을 크게 후회했다. 그것은 현산峴山에 매복해 있다가 용맹하기로 유명한 손견을 무수한 화살을 쏘아 죽였던 것이다.

하지만 유표는 손견이 대단한 아들 손책과 손권을 남겼을 줄은 꿈에도 예상하지 못했다. 유표를 원수로 여기던 두 아들은 강동을 기반으로 해서 수차례 형주의 교두보인 강하군을 침범해 아버지의 원수를 갚으려고 했다. 이는 유표에게 일생을 따라다니는 악몽과도 같았다.

유표는 그 일을 교훈 삼아 다시는 시비를 일으키거나 중원 군벌 간의 분쟁에 개입하지 않았다. 원소와 조조가 관도에서 결전을 벌이기 전, 원소가 동맹을 맺은 벗인 유표에게 도움을 구했지만 그는 입으로만 대답했을 뿐 실제로는 중립을 유지했다. 그러나 중립을 유지하는 바람에 여러 차례 중대한 기회를 놓쳤고 천하의 호걸들에게 멸시를 당하게 된다. 후에 조조는 유표를 두고 '허명무실'이란 평가를 내렸다. 조조의 책사 곽가郭嘉는 유표를 좌담객에 불과하다고 평가했는데 정말 제대로 본 것이라고 할 수 있다.

『후한서』의 기록에 따르면 유표 수하에서 중랑을 맡았던 한숭韓嵩이 유표에게 인상 깊은 충고를 한 적이 있다.

"지금 호걸들이 서도 다투고 두 명의 영웅이 서로 대립하고 있으니 천하가 장군을 중요하게 여길 것입니다. 뭔가를 이루고자 한다면 이 기회를 타는 것이 좋습니다. 만약 그렇지 않더라도 마땅히 따라야 할 바를 선택해야 합니다. 어찌 병사 10만을 거느리고 앉아서 승패만 관망하며 원조를 청해도 돕지 않고 현인을 보고도 따르지 않습니까? 양측에서 반드시 장군을 비난할 터이니 중립을 유지해서는 아니 되옵니다."

한숭과 괴월 등 인사들은 조조가 최후의 승리를 얻을 거라고 판단하고 유표에게 겉만 방대한 옛날의 맹우 원소를 버릴 것을 권했다. 조조가 위급한 상황에 처했을 때 그의 편에 붙는다면 나중에 조조에게 존경받을 수 있었다. 유표는 우물쭈물하고 결정하지 못하고 한숭을 사신으로 파견해 수도로 보내 정황을 알아보라고 했다. 한숭은 떠나기 전 명백하게 자기의 뜻을 밝혔다.

"제가 조조의 행동과 사람됨을 관찰해 보건대 분명 천하에 뜻이 있습니다. 장군이 그를 따르기로 결정했다면 저를 보내 주시면 됩니다. 만약 아직도 망설이는 상태에서 저를 수도로 보내신다면 천자께서 관직을 내릴 경우 사양할 수 없을 겁니다. 그럼 저는 장군의 옛 관리에서 천자의 신하가 될 것입니다. 그렇다면 군주는 군주이니 저는 천자에게 충성하고 다시는 장군을 위해 목숨을 바치지 않을 겁니다. 장군 다시 한 번 심사숙고해 주십시오!"

유표는 한숭이 사자로 가는 게 무서워 그러는 줄 알고 억지로 그를 보냈다. 결국 수도에 도착한 한숭은 헌제에 의해 시중, 영릉 태수로 봉해졌다. 영릉은 형주에 속한 군이었다. 한숭이 그곳 태수로 부임하자 유표는 자신을 배신했다고 대노하며 병사를 배치해 영릉 토벌에 나섰다. 유표는 한숭을 욕하며 죽이려고 했다. 한숭은 자신이 떠나기 전 했던 말로 자신을 변론했다. 유표의 부인 채 씨의 간곡한 부탁 덕에 한숭은 죽음만은 면했지만 결국 감옥에 갇혔다.

조조가 관도대전에서 완승을 한 기세를 틈타 북방을 통일했다. 유표는 그제야 자신이 패를 잘못 두었다는 사실을 깨달았다. 북방을 통일한 조조는 바로 남방의 형주로 시선을 돌렸다.

유표는 조조와의 정면 대결은 생각만 해도 두려웠다. 유표에게 골머리를 앓게 만든 자는 조조뿐이 아니었다. 손견의 아들 손권도 있었다. 강 건너 강동에서는 손권이 시퍼렇게 눈을 부릅뜨고 자신을 주시하고 있었다. 건안 8년(203)부터 손권은 수차례 강하군을 침범해 왔다.

앞으로 삼국을 정립하게 될 두 사람과 적이 된 유표는 매우 곤란한 상황에 처했다. 자신의 조상 한 고조 유방이 「대풍가大風歌」에서 '어디서 용사를 얻어 사방을 지키랴!' 하고 외쳤듯이 유표도 누군가 자신의 용사가 되어 대신 형주를 보호해 주기를 희망했다.

사실 전에는 유표가 일관적인 회유책으로 얻은 '보호막'이 있었다. 건안 원년(196) 동탁의 잔당인 서량 군벌 장제張濟가 관중에서 퇴각하면서 병사를 이끌고 형주로 들어와 양성穰城, 지금의 하남성 등현을 공격해 형주 군민들이 목숨을 걸고 저항한 적이 있었다. 결국 장제는 날아오는 화살에 맞아 죽고 조카 장수가 통솔하던 부대만 남게 되었다. 전쟁에서 승리하자 형주 관원들이 축하를 하러 왔지만 유표는 동곽東郭 선생처럼 인자한 표정을 지으며 두 줄기 눈물을 흘렸다.

"장제가 막다른 길에 몰려 우리 형주까지 오게 되었는데, 주인된 자로 무례하게도 창과 화살로 맞이하다니! 정말 그것은 나의 본심이 아니었다. 장제가 불행히도 난리에 희생되었으니 마땅히 추모를 해야지 내가 어찌 축하를 받겠는가!"

그러고는 사람을 보내 장제의 잔당들을 위로했다. 장수는 그 소문을 듣고 크게 기뻐하며 유표에게 귀의했다. 유표는 장수를 완성지금의 하남성 남양에 주둔시키고 자기 속지의 방패막이로 삼았다.

그러나 장수는 2년 후 조조에게 격파당한 뒤 투항했다 반란을 일으켰다 다시 투항하는 몇 차례의 변덕을 부렸다. 결국은 조조와 사돈을 맺고 함께 원소의 아들을 치러 갔다. 그래서 다시 방패막이로 삼을 만한 인물을 물색해야 했다. 그때 유표의 눈에 들어온 사람은 바로 유비였다. 한나라 경제의 자손인 중산정왕 유승의 후예라고 자부하는 유비는 어떻게 보면 종가 친척인 셈이었다. 몇 년간 천하를 떠돌던 유비에게 견고한 근거지는 없었지만 어느 정도 실력 있는 부대가 있었다. 특히 그 수하의 관우, 장비, 조운 등은 모두 맹장이었다.

유표는 주목 관아에서 유비가 보내온 사자 미축糜竺과 손건孫乾을 접견하며 유비의 정치 망명을 받아들이겠다고 밝혔다. 존중을 표하는 의미에서 유표는 직접 교외까지 나가 유비를 맞이하는 등 귀빈의 예로 대접했다. 또 군사를 보강시켜 주며 신야新野에 주둔하게 했다. 이것은 건안 6년(201) 9월의 일이었다.

유표와 유비의 관계는 친밀했다. 두 사람은 출타할 때는 같은 수레를 타고 동석하며 친구에서 더 나아가 형제처럼 지내며 매우 돈독하게 지냈다. 당시 만약 신문이 있었다면 1면에는 매일 '위대한 장수 유표, 조수 유비와 함께하다'라는 소식이 실렸을 것이다. 그러나 유표에게 곧 고민이 생겼다. 자신의 재능으로는 유비 같은 영웅을 통제할 수 없었다. 유비를 신임한다면 나중에 제어할 수 없을 정도로 커질까 봐 걱정이 되었고 그렇다고 멀리 한다면 유비가 자신에게 충성을 다하지 않을 것 같았다.

형주의 호걸들은 자신들의 주군이 이런 사소한 이해타산이나 따지고 있을 줄은 몰랐다. 겉보기에 유표가 유비와 매우 친해 보였기 때문에 모두가 주군의 친구이자 형제인 유비와 사귀고자 했다. 어느 정도 카리스마를 지닌 유비는 사람들 마음을 사로잡을 수 있었다. 이런 사실이 유표를 더 불안하게 만들었다.

『삼국지』에서는 유표가 '외모는 점잖지만 시샘이 많다'라고 하고 있는데 사실이 그랬다. 유비가 처음 형주에 도착했을 때 북방은 아직 평정을 찾지 못한 상태였다. 조조는 원소의 세력을 소멸하기 위해 직접 군사를 이끌고 변경 지역의 유성柳城까지 정벌을 나갔다. 유비는 조조가 수도에서 멀어진 것을 보고 유표에게 그 틈에 조조를 역습하라는 제안을 했다.

유표는 이 말을 듣고 마음이 동요했지만 곧 다른 생각이 떠올랐다. 유비가 만약 자신의 힘을 이용해 조조를 쓰러뜨린다면 명성이 세상을 뒤덮을 것이고 그럼 유비를 통솔할 수 없게 되지 않겠는가? 더욱이 유표는 줄곧 국경을 지켜서 백성을 편안하게 하려는 마음뿐이었는데 왜 위험을 무릅쓰겠는가! 결국 유표는 유비의 제안을 과감하게 거절했다. 유표는 체면상 유비가 서운하지 않도록 위로할 필요가 있었다. 조조가 승리해 수도로 돌아왔다는 소식을 들은 유표는 아쉬운 척하며 유비에게 이렇게 말했다.

"자네 말을 들어야 했는데. 벌써 기회를 놓쳐 버렸군."

유비 역시 영웅답게 아무런 내색조차 하지 않고 이렇게 답했다.

"지금 천하가 혼란하니 앞으로 그런 기회는 많을 겁니다."

유비는 분명 자신에 대한 유표의 태도가 전과 다르다는 것을 느꼈을 것이다. 두 사람의 관계는 이후에 더 긴장된다. 『세어世語』에는 모해하기 위해 마련된 주연에 관한 기록이 있다. 유표의 심복인 괴월과 채모는 한 연회에서 유비를 없애려고 했다. 유비는 채모가 좀 수상하다는 것을 느끼고 측간을 갔다 오겠다는 핑계를 대며 그 자리를 떠났다. 그가 탄 '적로的盧'란 말이 세 길이나 되는 단계檀溪를 뛰어넘고서야 추격병을 따돌릴 수 있었다.

그러나 유비와 유표는 유비와 유장처럼 마지막에 서로 등을 돌리는 지경까지는 가지 않았다. 당시 유비는 아직 유표의 자리를 뺏을 만큼 실력을 갖추지 못했고 그럴 시간도 없었다.

어느새 건안 13년(208)이 되었다. 이 해에 유표는 상당히 씁쓸하게 인생의 종지부를 찍게 된다. 참으로 다사다난했던 한 해였다. 그 해 봄 강동의 손권이 다시 강하를 공격했다. 동오의 장수 여몽은 강하 태수 황조의 선봉 부대를 괴멸시켰다. 그리고 동오의 장군 능통凌統과 동습董襲은 정예 부대를 이끌고 강하성을 공격했다. 황조는 혼자 도망쳐 나왔지만 결국은 잡혀서 목숨을 잃고 만다. 강동 군대는 강하성에서 피비린내 나는 학살을 자행했다. 그런 와중에 운 좋게 살아남은 수만의 사람들은 강동으로 끌려갔다.

강하성은 아무도 없는 귀신성이 되었다. 유표는 분명 이런 일을 예측하고 있었다. 손견이 황조 부하의 손에 죽었으니 황조가 손권의 아버지를 죽인 원수라고 할 수 있었다. 유표는 줄곧 손권이 황조 때문에 끈질기게 강하를 공격한다고 여겼다. 일전에 누군가 황조를 강하 하구夏口에서 양양으로 불러오자는 제안을 한 적 있었다. 그러나 유표는 그렇게 하면 손권이 양양까지 공격할까 두려워 그 의견을 받아들이지 않았다. 잠재의식 속에는 황조의 목이라도 바쳐서 맹렬한 기세로 달려드는 손권과 화의를 맺고 싶었다. 손권의 노기만 사그라지면, 양양만 지킬 수 있다면, 황조와 강하성을 희생하는 것이 뭐가 대수겠는가! 유표는 이제 늙어서 몸도 마음도 피곤했다. 자신의 예상이 현실로 이루어지자 유표는 슬펐다. 그래도 황조는 자신을 십여 년을 따라온 노장이었다.

강동 군사는 강하성을 함락시킨 뒤 서쪽으로 진격하지 않고 수만의 강하 주민만을 포로로 데리고 돌아갔다. 유표는 그제야 한숨을 돌리며 황조를 희생시킨 효과가 있었다고 여겼다. 양심의 가책을 조금 느끼기는 했지만 자신은 보전할 수 있었다. 혼란한 시대에 많은 사람이 전쟁과 역병으로 목숨을 잃어 어디서나 인구 부족을 걱정했다. 상대방의 백성을 포로로 데려가면 자신의 노동력과 병사를 보충할 수 있었기 때문에 그것이 전쟁을 일으키는 동기가 되기도 했다. 유표는 손권이 자신의 많은 백성을 데리고 가서 마음이 아팠지만 적어도 짧은 시일 내에 다시 서쪽 정벌을 하지 않을 거라 안심했다.

다행히 손권은 공격을 멈추었지만 뜻밖에도 북방의 조조가 움직일 기미를 보였다. 건안 13년 정월 오환 정벌을 시작으로 원소 일당을 휩쓸어 버린 조조는 업성의 현무원에 현무지를 파고 수군 훈련을 시작했다.

4월 조조는 서량 군벌 마등을 수도로 불러 위위라는 명목뿐인 직위에 봉하고 아들 마초를 제외한 가솔들을 업성으로 불러들였다. 그럼 당분간 서쪽은 신경 쓸 필요가 없었다.

6월 조조는 헌제에게 상소를 올려 삼공의 직위를 없애고 다시 승상을 둘 것을 건의했다. 그리고 자신이 승상 자리에 올라 조정을 장악했다. 모든 것이 통일에 뜻을 둔 조조가 남쪽으로 시선을 돌리고 긴박하게 남쪽 정벌할 준비하고 있다는 사실을 설명해 주고 있었다.

이제 형주는 어쩔 수 없이 조조와 대적한 최전선으로 떠올랐다. 이런 이유로 손권은 유표를 그냥 놓아둔 것이었다. 유표가 유비를 이용했던 것처럼 손권도 유표를 방패막이로 삼고자 했다.

건안 13년 7월 조조의 50만 대군은 백만 대군이라 칭하며 천지를 울릴 기세로 형주를 향해 진격했다. 출사할 날은 병오일丙午日로 정해졌다. 조조의 대군이 남하한다는 소식은 양양성의 유표가 감당하기에는 너무나 큰 충격이었다. 유표는 너무 놀랍고 두려웠다. 결국 등에 부스럼이 생겨 저세상으로 가고 말았다.

『수신기』와 『세어』에는 유표의 죽음에 관련된 괴이한 이야기가 실려 있다. 『수신기』에 따르면 당시 화용현華容縣에 살던 한 여인이 갑자기 눈물을 흘리더니 "장차 형주에 큰 초상이 나겠다." 하고 외쳤다고 한다. 현의 관리는 그 여자가 헛소문을 퍼뜨린다며 옥에 가두었다. 한 달이 지나 옥에 갇혀 있던 그 여인이 갑자기 "형주의 유 씨가 오늘 죽는구나!" 하고 통곡을 했다. 화용현은 주의 관아와 수백 리 떨어진 곳에 있었다. 현의 관리는 서둘러 사람을 보내 사실을 확인해 보았다. 유표는 정말 세상을 떠나고 없었다. 『세어』에는 유표가 죽은 지 80여 년이 흐른 진나라 태강太康 연간에 유표의 무덤이 발굴되었다고 한다. 관 속에 든 유표 부부의 시체는 살아 있는 듯했고 수십 리 밖에서도 맡을 수 있는 향기가 났다고 한다.

유표가 세상을 떠난 뒤 두 아들은 형제간 다툼을 벌였다. 평소 유표가 총애하던 작은 아들 유종은 형주의 병권을 장악하고 있던 친 외삼촌 채모와 사촌형 장윤張允의 지지하에 형 유기劉琦의 계승권을 빼앗았다. 그리고 조조에게 투항할 결심을 했다. 결국 조조의 군대는 검을 한 번 휘두르지도 않고 기세등등하게 유표가 수십 년간 다스렸던 형주로 진군할 수 있었다.

"하하하."

조조의 멸시하는 듯한 웃음소리가 유표의 주 관아에 울려 퍼질 때 구천을 떠돌던 유표는 분명 놀라서 살을 떨었을 것이다. 유일하게 위로가 되는 것은 조조가 원소 때처럼 유표의 자식들을 죽이지 않았다는 사실이다. 부친의 성과물을 두 손으로 조조에게 바친 유종은 『삼국지연의』에 적힌 것처럼 청주로 부임하러 가는 도중에 살해되는 것이 아니라 조조에게 후대를 받았다. 나중에는 조조의 제안으로 중앙에서 간의대부諫議大夫를 지내기도 했다.

유표라는 이름은 이미 그의 숙명을 말해 주고 있었다. 그는 표면상으로만 영웅이었던 평범한 사람에 불과했다.

三國志 들여다보기

『삼국지』「위서」 유표전을 보면 유표를 원소와 같은 부류로 묶고 있다. 둘 다 풍채와 위용을 갖추어 권세가로 이름을 날렸지만 인자한 외모와는 달리 시기심이 많았고 계책에는 능했지만 우유부단했으며 인재를 잘 쓸 줄 몰랐고 간언도 잘 듣지 않았다.

유표

:: 주요 인물
손책

:: 주변 인물
우길, 허공, 원술, 손권, 고대

:: 키워드
호전적이고 승부욕이 강하다. 책임감 있고 활달하고 너그럽다. 용인술에 능하다. 재능과 외모를 겸비, 군대를 엄하게 다스리다

:: 주요 사건
강동을 정벌하다. 사냥을 갔다 자객을 만나다

:: 이야기 출처
『삼국지』「오서」 손책전

孫策

손책 : 강동의 영웅

『강표전江表傳』을 보면 오군 태수가 헌제에게 상서를 올려 '손책孫策은 용맹해 항적項籍, 항우에 비길 만하다'라고 평하고 있다. 손책은 후세 소설가들과 독서가들에게 '소패왕'이라는 칭호를 얻게 되었다.

아버지 손견이 형주목 유표의 손에 세상을 떠났을 때 손책은 겨우 열일곱 살이었다. 손견은 후한 말 군웅 중 이름난 사내대장부였다. 천하의 제후들이 병사를 연합해 동탁을 공격하고자 했을 때 장사 태수 손견은 선봉에 나서 호뢰관虎牢關에서 동탁의 장수 화웅華雄의 목을 베었다.(『삼국지연의』에서는 이 공로를 관우에게 돌리고 있다.) 결국 동탁은 그를 피해 장안으로 수도를 옮긴다.

손견이 수여받은 오정후烏程侯라는 작위는 순리대로라면 아버지가 죽은 뒤 손책이 계승받아야 마땅하지만 그는 작위를 동생 손광孫匡에게 양보한다. 그리고 자신은 아버지의 맹주인 원술에게 수천만의 병사를 빌려 강동에서 천하를 개척해 나갔다. 손책은 어릴 적 알게 된 친구 주유와 아버지의 부하 정보程普, 황개 등의 도움으로 군대를 이끌고 강동 정복에 나섰다.

처음에 천여 명의 병사와 수십 필의 말, 자신을 따르는 빈객 수백 명이 전부였던 세력이 역양歷陽, 지금의 안휘성 화현에 이르면 5, 6천만 명으로 급증한다. 그 후에는 육강陸康을 대파하고 엄백호嚴白虎를 쫓아냈고 양주 자사 유요劉繇, 회계會稽 태수 왕랑王朗, 여강廬江 태수 유훈劉勛 등을 격파했다. 스물다섯의 나이에 벌써 강동을 평정하고 후일 손 씨 정권의 기반을 마련했다. 7, 8년이란 짧은 시일 동안 다른 영웅이 평생에 걸쳐 이룰 업적을 쌓은 것이다.

조조는 손책이 강남을 평정했다는 소문을 듣고 감탄하며 그를 '제아猘兒'라고 부르고 '제아는 교전하기 어려운 상대다!'라고 평가했다. '제아'란 미친개라는 뜻으로 조조가 손책을 경계했음을 보여 준다. 그래서 조조는 손책에게 회유 정책을 폈다. 손책을 토역장군討逆將軍으로 삼고 오후吳侯로 봉했다. 또한 자신의 조카딸을 손책의 동생 손광과 맺어 주고 아들 조창을 손책의 종형 손분의 딸과 혼인시켜 사돈 관계를 맺었다. 그리고 손책의 동생 손권을 무재茂才, 수재와 같음로 천거했다.

손책과 그의 아버지 손견은 원래 대군벌 원술의 수하였다. 원술은 손책을 매우 아꼈는데 손책 같은 아들이 없는 것을 탄식하며 "손책과 같은 아들이 있다면 죽어도 여한이 없겠다."라고 자주 말하곤 했다. 이것은 조조가 '자식을 낳는다면 손권과 같아야 하는데'라며 손권을 칭찬하기 15년 전에 한 말이다. 원술은 별로 언급할 만한 것이 없는 자이지만 손책에 대해서만은 혜안을 갖고 있었다. 손책을 한번 보고 특별하게 여기며 손견이 이끌던 군대를 물려주었고 손책에게 '회의교위懷義校尉'란 직위를 내릴 것을 주청하기도 했다. 하지만 원술은 손책이 자기 수하에 오래 있지 못할 것을 알고 있었기 때문에 함부로 근거지를 넘겨줄 수는 없었다. 처음에는 구강만을 넘겨주었다가 결국 여강까지 허락했는데 나중에 후회해 보았자 소용없었다. 손책은 군사를 빌려 강동에 창을 겨누었다. 뜻밖에도 강동 행보가 국면을 타개해 주었다.

건안 2년(197) 봄, 원술은 수춘에서 천자로 참칭하며 사람을 보내 인수를 주며 손책을 정동대장군으로 봉했다. 원술보다 지혜로웠던 손책은 과감하게 그와 관계를 끊고 원술이 보낸 사자를 수도로 호송해 조정에 넘겨 자신의 뜻을 밝혔다. 그렇다고 손책이 한나라 왕실에 충성했다고 여긴다면 오산이다. 당시 조조는 원소와 관도에서 대치하고 있었다. 야심이 컸던 손책은 수도가 빈틈을 타서 병사를 일으켜 헌제를 손에 넣고 제후를 부리는 패주가 되고 싶었다. 그렇지만 운명은 그를 따라 주지 않았다.

조조를 따르던 광릉 태수 진등陳登은 손책을 견제하기 위해 엄백호의 잔당과 손을 잡고 손책의 근거지인 오군 습격을 시도했다. 어쩔 수 없이 회군하게 된 손책은 돌아가는 도중 운송 부대를 기다리기 위해 잠시 단도丹徒에 머무르게 된다. 평소에 사냥을 즐기던 손책은 사람들과 말을 타고 나갔다. 손책이 말을 빨리 달려 수행원들이 그를 따라갈 수가 없었다. 결국 손책 혼자서 세 명의 자객을 맞닥뜨리게 된다. 자객은 전 오군 태수 허공許貢의 밑에 있던 식객들이었다. 그들이 쏜 복수의 화살이 손책의 뺨에 맞았다. 곧 뒤따라온 손책의 수하들이 자객을 모두 처리했지만 손책은 상처가 깊어 며칠 뒤 세상을 떠났다. 그의 나이 겨우 스물여섯이었다.

손책은 외모가 준수했다. 『삼국지』에는 '손책의 용모가 상당히 수려했다'라는 기록이 있다. 손책과 주유는 환성皖城을 격파했을 때 교공橋公의 두 딸을 얻게 된다. 후세 사람들은 두 여인을 대교大喬와 소교小喬라고 불렀다. 당시 손책과 주유는 스물넷이었다. 소교와 대교는 손책과 주유의 정실이 아니었다. 『강표전』에 따르면 손책은 주유에게 조용하게 "교공의 두 딸이 떠돌아다니다 우리 같은 남편을 얻었으니 매우 기뻐할 걸세."라고 농담을 건넸다고 한다.

역사서에는 교공의 이름과 관직에 관한 기록이 없다. 그냥 평범한 백성으로 손 씨와 주 씨와도 교분이 있는 것 같지는 않다. 떠돌아다니다 얻었다고 하는 것을 보면 포로였을지도 모른다. 후한 말에는 가문이 중요했기 때문에 대교, 소교처럼 아무리 미모가 빼어나더라도 기껏해야 첩밖에 될 수 없었다. 어쨌거나 대교, 소교와 손책, 주유가 천상배필임은 확실하다. 중국에서는 '남재여모男才女貌'라 해서 남자는 재주, 여자는 미모라 하지 않았던가! 손책과 주유는 재능만 뛰어났을 뿐 아니라 외모까지 빼어났던 것이다.

손책은 장점이 많은 사람이었다. 그는 군대를 엄격하게 다스리기로 유명했다. 역사서에 따르면 손책의 군대는 '명에 따라 약탈을 하지 않았다. 가축과 채소, 어느 것 하나 건드리지 않았기 때문에 백성들은 기뻐하며 앞다투어 소와 술을 들고 군대를 찾아갔다'고 한다. 그리고 성격도 활달하고 용인술에도 능했다. 태사자 조랑祖郎 등은 손책과 교전을 벌이며 전쟁터에서 직접 필사적으로 싸움까지 벌인 사이였다. 그러나 손책은 지난 원한을 버리고 성실하게 그들을 대접했다.

또한 손책은 장소를 장사長史로 삼고 어머니에게 소개시켜 주고 가족처럼 대하며 함께 어깨를 나란히 했다. 장소의 높은 명망 때문에 북방의 사대부는 장소에게 편지를 보낼 때 손책이 강동을 평정한 공이 다 장소 덕분이라고 적었다. 장소는 그 일이 미안해 이러지도 저러지도 못하고 불안해 했다. 그 사실을 알게 된 손책은 "옛날에 관중管仲이 함께했기에 제나라 환공이 패업을 이룰 수 있었지요. 어르신의 능력이 뛰어나 제가 그것을 이용한 것뿐인데 나쁠 게 뭐가 있습니까?" 하고 웃어 넘겼다고 한다. 그렇기 때문에 손책을 만난 사람들이 그에게 진심을 다하고 기꺼이 목숨까지 바쳤던 것이다.

손책은 효자이자 우애 좋은 형제였다. 그는 어머니 오 부인의 말을 잘 따랐다. 『삼국지』「오서」 비빈전妃嬪傳에서는 『회계전록會稽典錄』을 인용해 다음과 같은 일화를 싣고 있다. 손책은 공조工曹를 맡고 있던 수하 위등魏騰이 자신의 의견에 반대하자 홧김에 죽이려고 했다. 사대부들은 그가 걱정되었지만 별 다른 수가 없었다. 이 사실을 알게 된 오 부인은 우물에 뛰어들려는 척을 하며 손책에게 말했다.

"네가 강남을 평정한 지 얼마 되지 않았으니 현인들을 우대하고 예를 갖추어야 한다. 위 공조가 네 의견을 반대한 일은 자신의 책임을 다하기 위한 것이다. 만약 오늘 네가 그를 죽인다면 훗날 사람들이 너를 배반할 것이다. 어미는 차마 네게 화가 미치는 것을 볼 수 없으니 차라리 미리 우물에 빠져 죽는 게 낫겠다."

이에 손책은 크게 놀라며 황급히 위등을 석방하고 어머니에게 거듭 사죄했다. 손책은 형제 사이에서도 좋은 형님이었다. 앞서 말했듯이 손광에게 작위를 양보한 것도 한 예이다. 손책의 형제애는 형제에 대해 잘 안다는 점에서 발로한다. 이러한 점에서 손책은 사람을 볼 줄 아는 자였다. 손책이 죽기 전 장소 등이 셋째 손익孫翊을 후계자로 추대하려고 했다. 손익의 용맹하고 과단성 있는 성격이 손책과 닮았기 때문이다. 그러나 손책은 이미 성정이 넓고 명랑한 손권을 점찍어 두고 있었다. 평소 빈객들과 만날 때마다 그는 손권에게 "지금 앉아 있는 제군들은 앞으로 네가 거느려야 할 자들이다."라고 말하곤 했다. 임종 전 손책은 동생에게 마음을 쓰며 당부했다.

"강동의 무리를 일으켜 양진 사이에서 적절한 시기에 결정을 내리고 천하와 다투는 데는 네가 나보다 못할 것이다. 그러나 현인을 천거해 능력을 쓰고 그들이 마음을 다해 강동을 지키는 데는 네가 나보다 나을 것이다."

감동적인 형제애를 보여 주는 대목이다.

그러나 손책에게도 치명적인 약점이 있었다. 승부욕과 자부심이 강하며 싸움을 좋아해서 살인을 일삼았다. 많은 사람이 그의 손에 목숨을 잃었다. 조조의 수석 책사였던 곽가는 손책을 일컬어 '영웅호걸을 다 죽이고 목숨을 다하는 자를 얻은 사람'이라고 평가했다. 엄여嚴輿, 고대高岱, 우길于吉 등은 모두 영문도 모르고 손권에게 목숨을 잃었다. 엄여는 엄백호의 동생으로 형의 명을 받고 손책과 화의 담판을 하러 갔다. 손책은 엄여가 용맹한 자라는 말을 듣고 앉아 있는 엄여에게 미늘창을 던졌다. 엄여는 무방비 상태에서 창에 맞아 죽었다. 결국 엄백호와는 불구대천지원수가 되었다.

고대는 오나라 사람으로 여요余姚에 은둔해 있었는데 손책이 그를 불러내고자 했다. 손책은 문득 영감이 떠올랐는지 그와 문학에 대해 논하려고 했다. 『좌전左傳』에 대해 논하기 위해 손책은 사전에 준비를 했다. 그런데 아첨 잘하는 간사한 자가 중간에서 이간질을 하며 손책에게 이런 말을 했다.

"고대란 자는 장군님이 무예만 능할 뿐 문학적인 재능은 없다고 여긴답니다. 장군이 『좌전』에 대해 논하고자 하면 그 자는 장군을 우습게 보고 잘 모르겠다며 답변을 거부할 겁니다."

그리고 고대에게 가서는 이렇게 말했다.

"손 장군의 사람됨을 아는데 지는 것을 싫어하신다네. 자네에게 물을 때마다 반드시 모른다고 대답해야 장군의 뜻을 맞출 수 있을 걸세."

고대가 시키는 대로 하자 손책은 자신을 경시한다고 여기고 대노해 그를 감옥에 가두어 버렸다. 그러자 고대의 친구들과 사대부들이 노천에 정좌하고 고대를 석방할 것을 요구했다. 손책은 누대에 올라 거리 가득 정좌하고 있는 사람들을 보고 고대가 사람들의 인심을 얻었다는 사실에 한 번 더 분노해 그의 목숨을 앗아갔다.

책사 우길도 그를 봐달라는 사람이 너무 많았기 때문에 목숨을 잃었다. '다시는 서로 군신의 예로 마주 볼 수 없을 정도'라 손책은 자존심이 상했다. 하지만 허공을 죽인 데는 그만한 이유가 있었다. 오군 태수 허공은 일찍이 헌제에게 손책을 수도로 불러들여 회유한다면 밖을 혼란하게 만들지 않을 거라는 상소를 올린 적 있었다. 중간에 허공의 상소를 손에 넣게 된 손책은 그를 가만두지 않고 즉시 교사해 버렸다. 뜻밖에 허공에게는 천하의 인재를 가졌던 맹상군처럼 목숨까지 바칠 인재들이 있었다. 결국 허공 문하의 문객 세 명이 손책의 목숨을 가져갔다.

『삼국지』에서는 『오력吳歷』을 인용해 화살에 맞은 손책의 상처는 치료가 가능할 정도였다고 한다. 의원은 손책에게 충분히 몸조리를 하고 백 일간 움직이지 말 것을 당부했다. 평소 외모를 아끼고 자신의 수려한 얼굴을 자랑스럽게 여겼던 손책은 화살에 맞아 망가진 얼굴을 거울에 비추어 보면서 주위 사람들에게 '얼굴이 이 지경이 되었는데 대업을 이룰 수 있겠는가?'라고 탄식했다. 이렇게 말하면서 무척 괴로워 주먹으로 책상을 세게 치는 순간 회복되고 있던 상처가 다시 터져 버렸고, 그날 밤 손책은 숨을 거두었다. 이 일화는 손책의 강한 승부욕과 자부심을 잘 보여 주고 있다.

손책이 죽은 뒤 장사 환왕桓王이라는 시호가 주어졌다. 그의 동생 손권은 손책의 업적을 물려받아 후에 삼국을 정립하는 주인공이 되어 오나라 정권을 세우고 대제라고 칭한다. 대제가 된 손권은 손책의 자식들에게 자비를 베풀지 않고 거리를 두었다. 손권의 자식들은 모두 왕에 봉해졌지만 손책의 외

동아들 손소孫紹는 죽을 때까지 상우후上虞侯란 작위에 머물렀다. 오나라 말기 대장수 육손이 손권의 시기를 받은 것은 그가 손책의 사위인 것과 관계가 있다. 나중에 제위에 오른 손권의 손자 손호孫皓는 더 박정하게 굴었다. 당시 재야에 손책의 손자 손봉孫奉이 제위를 계승해야 한다는 소문이 나돌자 손호는 가차 없이 사촌 형제를 주살했다.

진수의 『삼국지』에서도 손권이 손책의 자손들을 홀대했다고 평가하고 있다. 손권은 그 사실을 잘 알고 양심의 가책을 느꼈을 것이다. 『자치통감』 권74에는 '오나라 왕이 병석에 눕자 태자를 보내 장사 환왕묘에 기도드리게 했다'는 내용이 있다. 손권이 병이 났는데 왜 아버지인 무열武烈 황제 손견에게 기도하지 않고 형에게 기도를 했겠는가? 항상 마음 깊숙한 곳에 창업주인 형에 대한 미안함을 가지고 있었던 손권은 형이 죄를 물을까 두려워 그렇게 한 것이다.

결과적으로 손책의 후예 중에 다시 패왕이 된 자는 없었다.

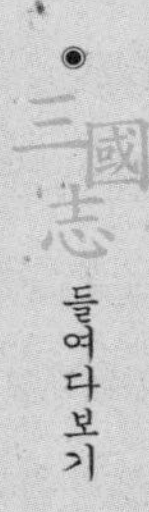

중국 고대 춘추시대부터 문객을 들이는 풍습이 있었다. 가장 유명한 예가 전국시대의 4대 공자이다. 그 중 맹상군 문하에는 인심을 포섭한 풍환馮驩이란 자가 있었는데 실은 보잘것없는 자에 불과했다. 평원군平原君 문하에서 두각을 나타낸 자로는 스스로를 천거한 모수毛遂가 유명하다.

맹상군 기념비

산동성에 있는 맹상군의 묘

:: 주요 인물
도겸

:: 주변 인물
조조, 유비

:: 키워드
권세에 잘 빌붙는다, 큰 뜻을 품었으나 재주가 모자라다

:: 주요 사건
서주를 세 번 양보하다

:: 이야기 출처
『삼국지』「위서」 도겸전

陶謙

도겸 : 교활한 정객

『삼국지연의』를 보면 도겸陶謙에 대해 매우 좋은 인상을 받게 된다. 나관중의 붓끝에서 도겸은 덕망 있고 점잖은 나이 지긋한 사람이다. 백성들에게 인자하고 나라에 충성하며 현인들에게 예를 다하는 유비에 버금가는 인자한 군자이다. 서주를 세 번 양보한 이야기는 능력 있는 자에게 직위를 물려준 미담으로 전해진다. 그러나 사실은 전혀 그렇지 않다!

도겸은 양주 단양군丹楊郡 사람으로 그의 아버지는 여요 현장을 지냈었다. 그러니 말단 관료 집안 출생인 셈이다. 도겸은 어렸을 때 부친을 잃었지만 다른 고아처럼 조숙하고 자립심 있는 아이는 아니었다. 그는 방탕무도하기로 현에서 정평이 나 있었다. 열네 살 때 대여섯 살 된 아이처럼 죽마를 타고 놀며 골목대장 노릇을 했다. 무슨 이유 때문인지 같은 현에 사는 창오蒼梧 태수 감공甘公은 그를 마음에 들어 하며 여식의 배필로 삼고자 했다. 감공의 부인은 이 사실을 알고 여식의 앞날을 그르칠까 염려해 남편에게 따졌다.

"도가네 자식은 장난이 심한 아이인데 왜 딸을 그런 사람과 맺어 주려는 겁니까?"

감공은 관상쟁이라도 된 것인 양 말했다.

"그 아이의 얼굴이 좀 기이한 상이요. 커서 분명 입신출세할 거요."

장모의 태도에 자극을 받았는지 도겸은 철저히 개과천선해 독서에 몰두했다. 열심히 학문을 매진한 도겸은 곧 주에서 모재로 천거 받아 노현盧縣 현령으로 임명되었다. 일설에는 서현舒縣 현령이라고 한다. 도겸의 상관이 마침 부친의 옛 친구라 그를 잘 돌봐 주었다. 도겸의 벼슬길은 순조로웠다. 그는 곧 유주 자사라는 지방 대관원이 되었다. 나중에 황건적의 난이 일어나자 조정에서는 도겸을 황건적이 날뛰던 서주 자사로 파견해 황건적을 진압할 것을 명했다.

역사적으로 도겸은 영락 없는 정객형 군벌로 도덕적인 원칙 따위는 없었다. 권세에 빌붙어 이익을 도모하는 데 능했던 도겸은 자신만의 처세 원칙을 가지고 있었다. 그것은 바로 바람 따라 흔들리는 담장 위의 풀처럼 무조건 세력이 강한 편에 붙는 것이다. 당시 동탁은 천하를 혼란하게 만들며 강제로 천자를 장안으로 이주시켰다. 이에 각 지역 제후들은 동탁에 반대하는 군사를 일으켜 중앙에 대한 공물 상납을 차단했다. 동탁에 대한 경제적인 제제를 가해 동탁이 장악한 중앙정부를 인정하지 않겠다는 표시였다. 하지만 서주 자사였던 도겸은 홀로 계속해서 대량의 공물을 장안으로 운송해 결국 서주목, 안동장군, 율양후溧陽侯 등의 관직과 작위를 수여받았다.(목牧이란 관명은 상고시대 '사악四岳 12목'에서 기원한다. 관할지는 자사와 똑같지만 주州의 최고 장관으로 목이 자사보다는 높았고 더 많은 권력을 가지고 있었다.) 『삼국지연의』에서는 도겸을 동탁을 토벌한 열여덟 곳의 지방 제후로 기술하고 있다.

서주는 중원에서도 자원이 풍부한 곳으로 원래부터 백성의 생활이 풍요로웠기 때문에 각지의 유민들이 목숨을 걸고 서주로 오고 싶어 했다. 도겸이 서주를 다스린 뒤 도의를 저버리고 충직한 사람을 멀리하고 소인배를 가까이해 형벌이 혼란해졌다. 도겸의 수하들은 반란을 일으킨 도적과 결탁해 사방에서 약탈을 일삼았고 선량한 사람들에게 해를 입혔다. 서주는 이렇게 점차 혼란에 빠졌다.

『삼국지연의』에서는 도겸을 상당히 미화하고 있지만 흐릿하게나마 권세에 빌붙는 도겸의 처세술과 그의 치하가 혼란했던 모습을 볼 수 있다. 조조가 산동에서 세력을 키우자 부친을 편안하게 모시기 위해 태산 태수 응소應劭, 당대 대학자로 박학다식해 평생 많은 저작을 남겼다. 지금까지 『풍속연의風俗演義』, 『한관의漢

官儀』 등이 남아 있다를 낭야군에 보내 조조의 부친 조숭 일가를 영접하도록 했다.

조숭 일가가 서주를 지날 때 도겸은 조조에게 아첨할 좋은 기회라고 여기고 조조의 아버지를 후하게 대접하고 병사를 보내 산동까지 호송하게 했다. 앞서 말했듯이 그의 수하 병사들은 도적과 진배없었다. 도겸은 자신이 보낸 병사들이 자기 체면은 생각해 주지 않고 재물에 눈이 멀어 조조의 부친 일가를 모두 없애고 재물을 챙겨 달아날 줄은 꿈에도 상상하지 못했다.

결국 이 어처구니없는 무리에 끼어들게 된 대학자 응소만 괴롭게 되었다. 그는 구사일생으로 목숨은 건졌지만 조조에게 돌아가 그 사실을 보고할 수도 없는 노릇이라 기주의 원소에게 투항했다. 그리고 나중에 업성에서 객사하게 된다. 아첨을 하려다가 결국 조조와 원한만 맺게 된 도겸은 그 후에 세 번이나 서주를 양보하는 연극을 하게 된다.

『삼국지』 정사에는 당시 이 일과 관련된 기록이 없다. 나관중의 저서는 위소韋昭의 『오서吳書』를 근거로 삼고 있다. 『세어』에서는 도겸이 일부러 병사를 보내 조숭을 죽인 것으로 보고 있는데, 이는 당시 위나라의 입장을 반영한 것이다. 도겸은 줄곧 권세 있는 자에게 빌붙는 성격이었다는 것은 『오서』에 근거한 말이다. 서주를 세 번 양보한 일은 표면적으로 보면 인격이 높고 절개가 있는 현인을 구해 자신을 대신하고자 한 것 같지만 사실은 어쩔 수 없어서 취한 방도였다.

조조는 아버지의 복수를 위해 수차례 병사를 일으켜 맹렬한 기세로 서주를 침범해 왔다. 초평 4년(193) 조조의 군대는 서주의 십여 개 성을 공격했다. 팽성 전쟁에서 도겸은 참패를 당했는데, 그때 죽은 자가 만여 명이나 되고 '사수泗水가 시체로 막혀 흐르지 않았다'고 한다. 흥평 원년(194) 조조는 또 다시 쳐들어와 서주의 낭야, 동해東海 등을 점령했다. 도겸은 계속 후퇴했지만 수하에 좋은 책사 하나, 뛰어난 맹장 하나 없었다. 공격을 받을 때마다 놀라서 반쯤 초죽음이 된 도겸은 결국 '현인에게 양보한다'는 묘안을 떠올렸다.

군벌에게 목숨과도 같은 근거지를 수차례나 남에게 양보한다는 것은 군사 실력이 부족해 생각해 낸 자구책이자 정치적인 수완에 불과했다. 조조의 병사가 성 밖까지 임박해 왔을 때 유비가 군사를 이끌고 구원을 요청해 오면서 첫 번째 양보를 하게 된다. 도겸은 그곳에 와준 유비에게 감사를 하며 그의 마음을 한번 떠본다. 물론 진심으로 양보하려는 것은 아니었다. 유비 역시 군웅으로 '큰 것을 탐내려면 반드시 소렴小廉해야 한다. 소렴이란 명목이 이루어진다면 큰 것의 실제가 따라올 것이다'란 도리를 잘 알고 있었다. 그래서 한사코 거절을 했다.

두 번째는 조조의 후방에 문제가 생겨 군대를 이끌고 여포를 몰아낼 때였다. 도겸은 그 기회에 유비의 마음을 얻고자 했고 유비는 사력을 다해 도겸을 도와 서주를 지켜 냈다. 유비는 이미 태도를 밝힌 이상 계속해서 밀고 나가야 했다. 그래서 또 다시 사양을 했다. 사실 도겸은 당시 서주를 받아들이기에 편치 않았던 유비의 심정을 잘 이해했기 때문에 일부러 두 번이나 양보를 했다. 세 번째는 도겸이 저세상으로 가기 전이었다. 당시에는 진심으로 양보하지 않으면 안 되었다. 유비도 굳이 사양할 필요가 없어서 결국 호의를 받아들였다.

도겸이 양보한 서주는 예부터 병법전술가들이 탐내던 곳으로, 당시 뜨거운 감자였다. 만약 도겸이 죽어도 서주를 내주지 않았다면 아마 목숨까지 바쳐야 했을 것이다. 유비는 명분을 얻기 위해서, 또 그 내막을 잘 알고 있었기 때문에 계속해서 사양을 했다. 도겸이 한사코 유비에게 양보하고자 한 데에는 나름대로 고려한 바가 있었다. 유비는 줄곧 연고지가 없었다. 서주 같은 근거지는 유비에게 아주 매력적이었다. 목숨 걸고 위험도 마다하지 않을 자는 오직 유비밖에 없었다.

도겸은 예순세 살까지 살다 저세상으로 떠났다. 그가 남긴 서주는 간수하기가 쉽지 않았다. 유비는 서주를 잠시 거쳐 갔을 뿐, 얼마 뒤 서주는 차례로 여포와 조조의 손에 넘어갔다. 서주를 얻은 뒤 조조가 도겸의 무덤을 파헤쳤는지는 알 수 없다. 후세 사람들이 조조를 적대시했기 때문에 도겸처럼 교활한 소인배가 성인에 가까운 인상을 갖게 되었다니 참으로 한탄할 만한 일이다.

三國志 들여다보기

『삼국지』에서는 도겸을 '세상이 어지러운 가운데 근심하다 죽었다'고 정곡을 찌르고 있다. 젊었을 때 도겸은 포악하고 오만불손했다. 그가 서현 현령을 맡고 있을 때 태수 장반張磐, 도겸 아버지의 친구로 도겸과 친하게 지내며 잘 돌봐 주었다고 한다이 따뜻하게 환대해 주자 오만하고 무례하게 굴어 결국 원한을 사게 되었다고 한다.

도겸

:: 주요 인물

여포

:: 주변 인물

조조, 유비, 동탁, 원소

:: 키워드

용감하나 지략이 부족하다, 변덕스럽다

:: 주요 사건

동탁을 죽이다, 서주를 탈취하다

:: 이야기 출처

『삼국지』「위서」 여포전

呂布

여포 : 용맹하나 지략이 부족한 자

널리 알려진 '봉의정' 이야기는 삼국시대에 가장 낭만적인 색채를 띠는 전설이다. 소설가들은 사도 왕윤과 의붓딸 초선貂嬋의 계략에 빠진 여포呂布가 미색에 미쳐 화가 머리끝까지 나 간신 동탁을 없애게 되었다고 기록하고 있다. 이에 반해 정사의 기록은 아주 무미건조하다.

"동탁이 종종 여포에게 중합中閤, 중간 쪽문을 지키게 했는데, 여포가 동탁의 시녀와 사통하게 되었다. 여포는 이 일이 발각될까 불안해 했다."

정사에는 왕윤의 계략이나 미녀 초선은 등장하지 않는다. 실제는 영원히 소설을 따라가지 못한다. 다채롭던 삼국시대도 역시 그랬다. 그럼 이제 사실적인 여포에 한 발짝 더 다가서 보자.

"사람 중에는 여포라는 자가, 말 중에는 적토마가 있다."

이 구절은 『조만전曹瞞傳』에서 최초로 등장하는데 당시에도 유명했던 말이다. 삼국시대 가장 용맹하고 천하무적이었던 굉장한 인물하면 여포에 비할 자가 없었다. 후세에 만들어진 극 중 여포는 하얀 도포에 은색 갑옷을 입은 잘 생긴 무사로 등장해 수많은 관객들의 우상으로 떠올랐다. 여포에 대한 사람들의 감정은 다소 복잡하다. 여포라는 인물 자체가 모순덩어리이고 강렬한 대비를 이루기 때문이다. 그는 사람을 끄는 매력이 있었지만 천시를 받았고, 불쌍했지만 혐오스럽기도 했다.

여포의 자는 봉선奉先으로 오원군五原郡 구원九原, 이곳 치소는 지금의 내몽골 포두 서쪽에 있다 사람이다. 어떤 사람은 그가 몽골인 혈통이라 자연히 기마와 활쏘기에 능했던 거라고도 한다. 『삼국지』를 보면 여포가 궁술과 기마에 능했고 체력이 남달라 '비장飛將'이라 불렸다고 기록되어 있다. 그는 뛰어난 무술 덕분에 선발되어 병주까지 보내졌다. 여포는 병주에서 자사 겸 기도위인 정원의 수하에서 주부主簿를 맡아 인신印信과 문서를 관리했는데 지금의 비서와 비슷한 역할이다. 이때 정원은 여포에게 '몹시 친하게 대해 주었다'고 한다.

어느 날 정원은 병사를 이끌고 수도로 들어가 대장군 하진과 환관을 주살하는 계획에 참여하게 된다. 그런데 계획이 발각되어 하진은 살해되고 서량 군벌 동탁이 그 기회를 틈타 조정을 장악하게 되었다. 그러자 동탁과 정원 사이에 곧 마찰이 일어났는데 그 과정에서 여포는 영웅의 모습과 전혀 상반된 행동을 보여 준다. 입지가 견고하지 않았던 여포에게는 성격적 결함이 있었는데, 이 때문에 영웅이 되고도 남았을 인물이 나중에 백문루에서 죽음을 당하게 된 것이다.

정원의 부하였던 여포는 동탁에게 매수당해 주인을 살해하고 영달을 선택한다. 그는 정원의 머리를 들고 동탁을 찾아갔다. 동탁은 당연히 용맹한 장수의 귀의를 기뻐하며 즉시 기도위라는 직위를 내주고 자신의 수양아들로 삼았다.

그러나 동탁과 여포가 화목하게 지내던 시간은 그리 길지 않았다. 동탁이란 자는 원래 성격이 좋지 않아서 화만 나면 자초지종도 묻지 않고 일을 벌였다. 한번은 사소한 일 때문에 여포에게 미늘창을 뽑아 던진 적도 있었다. 여포도 조심스런 성격은 아니라 양아버지의 시녀와 몰래 사통하게 되었다. 이것이 앞서 말했던 이야기이다.

입지가 불안정했던 젊은 여포의 일처리는 남달랐다. 아예 사도 왕윤과 손을 잡고 아버지 동탁을 저세상으로 보내 버린 것이다. 객관적으로 볼 때 여포는 한나라 왕실의 간신을 없앤 충신이지만 사실 여포에게 그런 정치적 의식은 없었다. 박정하고 의리 없는 변덕스런 성격 때문에 남에게 이용당했을 뿐이다. 동탁이 죽은 뒤 여포는 온후溫侯로 봉해지고 왕윤과 함께 조정을 장악하며 높은 지위를 누렸다. 그렇지만 여포는 개인적으로 독립된 인격체가 아니라 도구에 불과했다.

동탁이 죽은 후 그의 병사들이 반란을 일으켜 수도로 쳐들어왔다. 왕윤은 그들 손에 죽었고, 여포도 당해 내지 못하고 수백 명의 기병만 이끌고 도망쳤다. 4월 23일 그가 동탁을 죽인 지 두 달도 채 되지 않은 6월 1일에 수도에서 쫓겨난다.

여포는 군벌 원술에게 의탁하려 했으나 원술은 그의 변덕스러운 성격을 혐오해 거절했다. 결국 원술의 이복형제인 원소가 여포를 거두었고 함께 상산常山의 장연을 공격했다.

"여포에게는 적토마란 훌륭한 말이 있었는데 그의 측근 성렴成廉, 위월魏越 등과 함께 선봉에서 장연의 군대를 격파했다."

이것이 『삼국지』에 유일하게 등장하는 말 이름이다. 적토마의 내력에 대해 산서성 사회과학원의 맹번인孟繁仁 연구원은 여포가 산서성 정양定襄, 후한 시기 구원군에 속한다 남동쪽에서 15킬로미터 떨어진 총몽산叢蒙山에 있는 중곽촌中霍村 부근에서 얻은 거라고 고증했다. 여포가 적토마를 제압한 곳에는 두 개의 샘물이 있는데 '여포지呂布池'라고 전해진다. 청대淸代 옹정雍正 연간의 『정양현지定襄縣志』에 따르면 '여포지는 중곽촌 동쪽에 있는데 여포가 용마龍馬를 그곳에서 잡았다 하여 이름 붙었다'고 한다. 적토마는 그 후 사서에서 보이지 않는다. 나관중의 『삼국지연의』는 이렇게 좋은 준마를 버리기 아까워 관우에게 주고 있다.

여포에게는 '감사할 줄을 모른다'는 단점이 있었다. 원소를 도와 장연을 격파한 뒤 여포는 기고만장해져서 교만한 태도로 원소의 부하를 대하고 원소에게 더 많은 군대를 줄 것을 요구하며 병사들의 약탈을 방임했다. 이에 원소는 골치가 아파 사람을 고용해 그를 죽이려고 했다. 결국 여포는 또 다시 오갈 곳 없는 신세가 되었다.

당시 조조의 장수 장막, 진궁陳宮 등은 조조가 서주의 도겸을 치러 간 틈을 타 연주에서 반란을 일으켰다. 진궁은 여포의 무예가 천하무적이라고 여기고 그를 연주의 주인으로 맞이했다. 이렇게 해서 여포도 드디어 자신의 기반을 가지게 되었다. 그러나 조조가 가만히 놔둘 리가 없었다. 조조는 군대를 이끌고 돌아와 2년에 걸쳐 자신의 원래 근거지를 모두 수복했다. 결국 여포는 이제 막 도겸에게 서주를 인도받은 조조의 적수 유비에게 의탁했다.

서주에서 여포는 자신을 받아 준 사람을 또 실망시킨다. 유비가 동쪽의 원술을 공격하러 간 사이에 서주를 빼앗아 주인이 된 것이다. 그래도 이번에는 양심은 좀 있었던 것 같다. 원술이 유비에게 반격을 가하자 여포의 부하들은 "장군께서 유비를 죽이고자 했는데 이제 원술의 손을 빌리게 되었습니다." 라고 축하 인사를 건넸다. 그러나 여포는 이해와 세력 균형을 고려해 유비를 위해 분쟁을 중재하기로 결정했다. 이때 그 유명한 원문轅門에서 화극畵戟, 창을 맞춘 이야기가 등장한다. 여포는 자신이 네모난 판에 그려진 화극의 작은 가지를 화살로 맞춘다면 양측이 전쟁을 멈출 것을 약조로 내걸었다. 여포는 정말로 명중했다. 그가 화극을 맞춘 곳은 지금의 서주 북쪽에서 65킬로미터 떨어진 미산微山 호수가로, 지금까지도 그 뜻을 기념하기 위한 정자가 남아 있다.

그 후 원술은 황제라고 참칭하며 여포와 사돈을 맺어 지원받을 작정이었다. 여포도 처음에는 허락했지만 진규陳珪, 진등陳登 부자의 말을 듣고 마음이 변해 조조에게 귀순하기로 결정했다. 일단 마음이 바뀐 여포는 확실하게 일처리를 했다. 혼약 취소는 물론 원술이 보낸 사자까지도 제거해 버렸다.

건안 3년(198) 여포는 또 마음이 변해 원술과 영합해 당시 조조에게 의탁해 있던 유비를 공격하려고 했다. 자업자득이라고 결국 여포는 조조의 공격을 받게 된다. 원술에게 지원을 요청하려고 했지만 원술은 변덕스러운 여포가 증오스러워 도우려 하지 않았다. 여포는 용맹하기만 할 뿐 계책도 없고 시기심도 많아 자신의 부하들조차 제압하지 못했다. 게다가 호색한이란 본성을 고치지 못해 성이 포위당한 위급한 상황에서도 부하 위속魏續의 아내와 사통을 해 사람들의 분노를 사게 된다. 결국 사람들에게 버림받은 여포는 부하의 손에 잡혀 조조에게 보내진다.

여포는 약간의 학식은 갖춘 자였다. 그가 정원의 비서 격인 주부로 있었다는 사실을 기억할 것이다. 잡혀 온 여포는 조조에게 항복을 받아 달라고 구걸했다. 그는 『좌전』의 한 구절인 '제나라 환공이 화살의 원한을 버렸다'는 이야기를 인용하며 지난 과실을 묻지 않고 한번 살려 달라고 설득했다. 여포는 자신과 조조의 협력 방안까지 미리 다 생각해 놓았다.

"귀공(조조)이 보병을, 제가 기병을 거느린다면 천하를 정립하지 못하겠습니까?"

하지만 여포는 유비가 곁에 있다는 사실을 잊고 있었다. 유비는 조조에게 "정원과 동탁이 어떻게 죽었는지 잊으셨습니까?" 하며 경고했다.

이 한마디는 여포를 보내 버리기에 충분했다. 결국 조조는 백문루에서 천하제일의 용장을 목매달아 죽였다.

변덕스러운 게 여포의 성격적인 결함이라면 용맹할 뿐 계책이 없었던 것은 능력상 약점이라고 할 수 있다. 변덕스런 성격은 좀 그렇지만 대책 없이 용맹한 여포는 매력적이다. 여포는 정치나 권모술수 같은 것을 잘 몰랐고 초인적인 무예로 한때 강인함을 과시했다. 여포가 계략 없이 용맹했기 때문에 수많은 정객과 군벌들은 그와 손을 잡고 그를 이용해 적을 쓰러뜨리고 자신들의 이익을 얻으려고 했다.

여포의 비극은 그의 책사 진궁에게서 비롯된 것이다. 진궁은 조조를 배신하고 여포에게 영합하면 여포의 무예와 자신의 권모술수를 결합해 뭔가 이룰 수 있다고 자신했다. 그러나 예상 밖에도 여포란 자의 머리는 매우 형편없었다. 여포는 한 사람뿐인 책사 진궁을 잘 이용하지 못했고 수하의 장료, 고순 같은 뛰어난 장수를 중용하지도 않았다. 그는 자신의 뛰어난 무예를 지나치게 맹신했다. 그러므로 여포는 좋은 장수이기는 했지만 좋은 우두머리는 될 수 없었다. 그가 일개 장수일 때는 정원, 동탁, 왕윤, 원소 같은 사람들에게 이용을 당했고, 그가 독자적으로 한 지역을 통솔하고자 할 때는 원술, 유비, 조조가 그를 제거하려고 했다. 여포와 함께 목숨을 잃은 불쌍한 진궁은 형 집행 전 여포에게 위로가 될 만한 말을 남겼다.

"여포는 계략은 없지만 조조처럼 교활하거나 간사하지는 않다."

여포는 한 마리 호랑이였다. 많은 사람의 손을 거쳐 가며 여러 번 주인을 물고자 한 굶주린 호랑이였다. 진등과 조조는 재미있는 말을 남겼다. 진등은 여포를 호랑이 기르듯 다루어야 한다며 배부를 때까지 먹이를 주어야지, 그렇지 않으면 사람을 해친다고 했다. 조조는 진등의 말에 반대하며 여포는 매와 같아 배고플 때는 말 잘 듣고 쓸모가 있지만 배가 부르면 날아가 버린다고 했다. 호랑이든 매든 둘 다 기르기 어렵기는 매한가지이다.

수많은 영웅을 배출한 삼국시대에도 여포를 제압할 만한 영웅은 없었다니 어찌 여포의 처지를 탄식하지 않을 수 있을까.

『삼국지』 주注에서는 『헌제춘추』를 인용해 붙잡힌 여포가 조조에게 한 말을 기록하고 있다.
"제나라 환공이 화살의 원한을 잊고 관중을 재상으로 부렸습니다. 지금 나를 수족처럼 부린다면 귀공의 앞날에 좋지 않겠습니까?"
제나라 환공은 나라로 돌아가다가 허리띠 고리에 관중(당시 관중은 환공의 형을 보좌하고 있었다)이 쏜 화살을 맞았다. 제나라 환공은 활에 맞은 척하며 상대방의 경계심을 늦추고 시간을 벌이고 먼저 돌아가 제위에 올랐다. 큰 뜻을 품고 있던 환공은 관중이 인재라는 것을 알아보고 화살을 쏘았던 원한을 잊고 관중을 임용해 춘추시대 최초로 패주가 되었다.

여포

:: 주요 인물
장로

:: 주변 인물
유언, 조조

:: 키워드
술법, 사군師君

:: 주요 사건
'오두미교' 교주

:: 이야기 출처
『삼국지』「위서」 장로전

장로 : 교주에서 군벌로

장로張魯는 익주목 유언劉焉에게 독의督義 사마로 봉해졌을 때 분명 약간의 수치와 분노를 느꼈을 것이다. 모두가 아는 것처럼 사마라는 직위는 미색을 겸비한 어머니가 익주목의 관저로 들어가면서 얻은 것이기 때문이다.

장로는 별부사마 장수張修와 함께 유언의 명으로 한중 태수 소고蘇固를 격파하고 한중지금의 사천성 남정을 점령한 뒤, 바로 내부 분열을 일으켜 장수를 없애 버렸다. 그렇게 한중은 장로의 근거지가 되었다. 그렇지만 유언이 살아 있는 동안 장로는 공공연하게 독립한다는 소리를 할 수 없었다.

유언이 죽고 유약하기로 유명했던 그의 아들 유장이 유주목을 이어받자 장로는 오만불손하게 굴었다. 유장은 아랫사람이 무례하게 굴자 순간 화가나 장로의 어머니와 장씨 친지들을 없애 버렸다. 이로 인해 두 사람은 철저하게 등을 돌리게 되었고 한중의 장로는 유장에게 우환거리로 남았다. 나중에 유장이 스스로 유비를 끌어들인 것은 원래 장로를 대적하기 위해서였다.

그렇다면 장로는 대체 어떤 자일까? 그는 상당히 신비한 분위기를 갖고 있었다.

장로는 패국 풍현豐縣, 지금의 강소성 풍현 사람으로 그의 조부 장릉張陵, 후세인들은 장도릉 또는 장천사라고 부르며 도교의 교조로 삼았다 때부터 사천으로 이주해 살며 곡명산鵠鳴山에서 도를 배웠다. 그 후 장릉은 도교 책을 만들고 종교를 창설했는데, 도를 전수받고 싶어 하는 백성들에게 입회비로 다섯 말의 쌀을 받았다고 해서 '오두미교五斗米教'라고 불렸다. 오두미교는 사실 초기 황건적의 난을 일으킨 장각 형제가 사용했던 '태평도太平道'와 일맥상통한다. 장릉이 죽은 뒤 장로의 아버지 장형張衡이 교주에 올랐고 그 다음에는 장로가 교주 자리를 이어받았다.

장로의 오두미교는 사기를 치지 않는 성실한 종교로 알려졌다. 그가 창시한 '대중적 의료 행위'는 상당히 재미있다. 장로는 병에 걸린 사람을 조용한 방안에 들어가서 반성하게 한 뒤 회개 맹세를 받았다. 그 다음 자신의 이름이 적힌 반성문을 세 부 작성하는데 이를 '삼관수서三官手書'라고 한다. 반성문 세 장 중 한 장은 산에 놓아 하늘에 바치고 한 장은 땅에 묻어 땅의 신에게 바친다. 그리고 나머지 한 장은 물에 넣고 물의 신에게 바친다. 마지막으로 부적 물을 마시고 병을 낫게 해달라고 기도를 한다. 장로는 스스로를 '사군師君'이라고 칭했다.

오두미교 안에는 간령제주奸令祭酒, 귀졸鬼卒 등 노역직이 있었다. 처음 도를 배운 자는 모두 귀졸이라고 불렀다. 제주는 학교 내 학습부장과 비슷한데 신도들에게 『도덕경道德經』 학습을 관장하는 일을 했다.

장로는 제주들에게 교통 요지에 '의사義舍'란 무료 여관을 짓게 했다. 의사에서는 쌀, 고기 등 음식을 마련해 손님들에게 제공했다. 장로는 음식물을 무료로 제공할 경우 발생할 폐단을 알고 있었다. 그는 공공 식당에서 너무 많이 먹는 것을 방지하기 위해 특별한 교칙 한 가지를 규정에 추가했다. 과식하는 자는 귀신이 병에 걸리게 할 것이란 규정이었다. 그 결과 설인귀薛仁貴, 당나라 때 장수처럼 하루에 한 말의 밥을 먹어치우는 사람은 없었고 의사도 다행히 파산하지 않았다.

장로는 한중에 종교적 '왕국'을 세웠다. 그는 직급으로 나뉜 관리를 없애고 제주들이 관리하도록 했다. 나중에 용장 마초가 귀의해 왔을 때 제주라는 직위를 주었는데 그는 그게 무슨 관직인지 알지 못했다고 한다. 일반 백성들은 '무정부주의적인 무릉도원'에서 즐겁게 살아갔다. 한수, 마초가 서북부에서 조조에 대항해 전쟁을 하고 있을 때 수만 호의 관서 백성들이 자오곡子午谷을 경유해 한중까지 피난을 왔다.

민심을 얻은 장로는 파군巴郡과 한중에서 30여 년이란 오랜 기간 동안 웅거할 수 있었다. 후한의 조정도 그를 어떻게 할 방도가 없어 회유 정책을 썼다. 장로를 진민鎭民 중랑장으로 임명하고 한녕漢寧 태수로 제수한 뒤 규정대로 조정에 세금과 공물만 제대로 헌상하면 그대로 놔두었다. 장로는 남들이 왕이라 칭하는 것을 보고 한때 '한녕왕'으로 칭할까도 했으나 그 수하에 있던 공조 염포閻圃가 간언해 말렸다.

건안 20년(215) 조조가 순서대로 각지를 평정한 뒤 드디어 한중에 눈독을 들이기 시작했다. 한중을 얻으면 유비와 사천 쟁탈전에서 우위를 차지할 수 있었다. 조조는 친히 군대를 이끌고 산관散關에서 무도武都로 출발해 기세등등하게 양평관陽平關까지 내려왔다. 장로는 조조와 맞수가 안 된다는 사실을 알고 투항하려고 했지만, 동생 장위張衛가 반대하며 수만 명의 병사를 이끌고 횡산橫山에 10여 리의 성을 쌓고 수비하며 항거했다. 양평관의 지세는 험준해서 조조도 금세 함락시킬 수 없었다. 게다가 군량까지 다 떨어져 가자 퇴각하려고 했다.

그런데 승리의 여신이 제 발로 찾아왔다. 어느 날 밤 수천 마리의 사불상四不像, 사슴과의 포유류이 무엇에 놀라서 그랬는지 모르지만 갑자기 달려들어 관문에 둘러싸여 있던 장위의 진영을 부수어 버렸다. 장위의 군대는 습격을 받았다고 여기고 놀라서 진영을 빠져나왔다.

그때 길을 잃고 헤매던 고조高祚 등 조조의 장수들이 장위의 군대와 만나게 된다. 고조 측에서는 용기를 북돋기 위해 아무렇게나 북을 치고 나팔을 불어 대었는데, 이미 놀란 상태에 있던 장위의 군대는 조조의 대군이 기습해 오고 있다고 여기며 황급히 무기를 버리고 투항했다.

양평관이 함락 당하자 한중은 의지할 곳이 없었다. 유비에게 의탁하라는 권유도 있었지만 장로는 짚신 장사꾼 출신의 유비를 까닭 없이 우습게 여겼다. 장로는 "조조의 노예가 될지언정 유비의 상객은 되고 싶지 않다."고 말했다.

결국 그들은 남산을 떠나 파중巴中으로 갔다. 도망치기 전 수하들이 갖고 가지 못하는 금은보화를 다 불태우려고 했으나 장로가 동의하지 않았다. 그는 나라의 재산이므로 개인이 착복하면 안 된다며 수많은 보물창고를 봉해 두라고 명령했다. 그 직후에 성으로 진격한 조조는 이러한 조치에 만족하며 사람을 보내 투항을 권했다. 장로도 기꺼이 성을 넘겨주었다.

투항한 뒤 장로는 진남장군, 낭중후閬中侯로 봉해졌다. 그의 다섯 아들과 책사 염포도 열후의 작위를 받았다. 조조는 아들 조팽조曹彭祖, 조우曹宇의 자를 장로의 딸과 혼인하게 했다. 이렇게 해서 두 집안은 지난날 전쟁터의 적에서 사돈지간이 되었다. 그러나 다시는 오두미교 교주를 할 수 없었다. 관서인 진수의 『삼국지』에서는 장로를 '군도群盜를 버리고 공신 대열에 들었고 생사존망의 위기에서는 종사를 보존했다'고 평하고 있다.

주나라 이전부터 무락武落 종리산鍾離山, 지금의 호북성 장양 북서부 일대에는 파국巴國이 있었다고 한다. 파국의 우두머리는 늠군이라 하는데 그는 종족들과 영역을 사천 동쪽까지 확대했다. 주나라 무왕이 상商나라를 멸한 뒤 파국을 자국子國으로 삼고 파자국巴子國이라 불렀다. 파국은 기원전 316년 진나라에 의해 멸망해 파군巴郡으로 격하되었다.

늠군의 조상인 태조 복희 씨

:: 주요 인물
조식

:: 주변 인물
조조, 조비, 조창

:: 키워드
넘치는 재능, 제멋대로인 데다 술을 즐기다

:: 주요 사건
사마문, 양양, 번성 포위

:: 고사
재주가 많으면 술이 여덟 말, 일곱 걸음에 시를 짓다, 콩깍지를 태워 콩을 삶다

:: 이야기 출처
『삼국지』「위서」 진사왕식전陳思王植傳

조식 : 제왕의 집안에서 태어난 것을 후회

서기 220년 정월 경자일, 위왕 조조가 향년 예순여섯 살의 나이로 낙양에서 병사하고 조비가 왕위를 계승한다. 조식曹植에게 있어 이 해는 공포로 휩싸인 한 해였다.

조조에게는 스물다섯 명의 아들이 있었는데 그 중 열한 명이 요절했다. 변 씨가 난 적자로는 조비, 조창, 조식, 조웅曹熊 넷이 있었다. 조비는 많은 형제 중에서도 적자인 형제들을 가장 시기했다. 조조는 임종 전 역마를 파견해 급히 황수아黃須兒, 수염이 노란 아이 조창을 불러들였다.

조창은 맨손으로 맹수를 대적한 자로, 팔과 어깨로 호랑이의 꼬리를 감아쥐었더니 호랑이가 움직이지 못했다고 한다. 그는 작은 코끼리를 눌러서 주저앉힐 만큼 힘이 세었다. 조조는 전쟁터에서 용맹한 장수였던 조창을 자랑스럽게 여겼다. 조조가 마초와 전쟁을 벌일 당시, 장수들 중에 마초의 적수가 될 만한 자가 없자 이렇게 한탄을 했다.

"우리 호랑이 같은 자식이 여기에 없어 아쉽구나! 그렇지 않으면 말마초馬超를 가리킴이 저렇게 날뛰지 않을 텐데."

한중에서 유비와 대결을 펼치고 있을 때, 유비는 그의 수양아들 유봉을 보내 거들먹거리며 도전을 했다. 조조는 그 꼴을 봐줄 수가 없어서 욕을 내뱉었다.

"짚신 팔던 놈이 가짜 아들을 데려와서 어르신에게 반항하고 있구나. 내가 우리 황수아를 데려와서 네 얼굴에 따귀를 날려 주마."

결론적으로 조조는 정말로 조창을 총애했다. 그러나 조창이 도착했을 때는 이미 조조가 세상을 떠난 후였다. 장례식에서 조창은 조식에게 몰래 이렇게 말했다.

"선왕이 나를 부른 것은 너를 세우고자 함이다."

이 말을 한 뒤 며칠 지나지 않아 막 서른을 넘긴 조창은 까닭 없이 자신의 집에서 저세상으로 갔다.

『세어』에는 피로 얼룩진 조창의 죽음에 관한 기록이 있다. 조비는 조창을 불러 대추를 먹으면서 바둑을 두었다. 조비는 미리 몇몇 대추의 꼭지에 독을 묻혀 놓고 자신은 독이 없는 대추만 골라 먹었다. 그렇지만 그 사실을 몰랐던 조창은 대추를 먹고 중독이 되었다. 당시 옆에 있던 변 태후가 물을 가져와 조창을 구하려고 했지만, 조비가 이미 측근에게 명을 내려 병과 용기를 못 쓰게 만들어 놓은 상태였다. 태후는 통곡하며 맨발로 우물가까지 뛰쳐나갔지만 물을 퍼올릴 그릇조차 없었다. 얼마 후 조창은 급사했다.

참으로 후세 사람들의 간담까지 서늘하게 만드는 참혹한 일화이다. 그런데 그와 관계있는 사람이라면 어떻겠는가? 예를 들어 조식 같은 사람 말이다. 모든 상황이 다음 대상은 자신임을 분명히 말해 주고 있었다. 그런데 그 사실을 더 확실하게 해주는 사건이 일어났다.

조비가 조식의 측근인 정의 형제 일가를 주살한 것이다. 조식은 황급히 누이인 청하장공주清河長公主를 찾아가 자신을 살려 달라고 대신 사정해 줄 것을 부탁하고 직접 궁으로 가 조비에게 죄를 빌기로 했다. 실제로 죄가 있든 없든 죄를 빌어야 했다. 그러나 궁궐 문은 굳게 닫혀 있었다. 관리가 그를 들어가지 못하도록 막았다. 결국 변 태후가 자살하겠다고 위협을 하고 나서야 조비는 형제를 한번 만나 주기로 했다.

조식은 머리를 풀어헤치고 형구를 짊어지고 맨발로 조비의 궁궐 앞 계단 아래서 뵙기를 청했다. 조비는 여전히 엄숙한 표정을 지은 채 말을 건네지도 의관을 정제하라고 분부하지도 않았다. 조식은 바닥에 엎드린 채 울기만 했다. 그들의 어머니 변 태후는 불쾌해 하며 사람을 보내 조식으로 하여금 의관을 정제하라는 조서를 내렸다. 조비가 조식의 목숨을 살려 둔 것은 모후인 변 씨 때문인 듯하다. 변 태후는 노골적으로 자신의 의사를 분명히 밝혔다고 한다.

"네가 이미 임성왕任城王, 조창을 죽이고도 진류왕까지 죽이려 한다면 나는 더 이상 살고 싶지 않다."

이렇게 조식은 죽을 고비를 넘겼다. 그 후에 조비는 사람을 시켜 '술에 취해 오만불손하게 굴고 사자를 겁주고 위협했다' 따위의 조서를 올리게 한 뒤 조식의 작위를 안향후安鄉侯로 낮추었다. 돌아가는 길에 조식은 형제인 백마왕白馬王 조표曹彪와 같이 동쪽으로 가고 싶어 했지만 조비가 허락하지 않았다. 백마왕 조표는 나중에 영호우令狐愚와 왕릉王凌이 그를 황제로 삼고자 모반을 꾀하는 바람에 반역도당이 되어 자진을 강요받아 죽었다.

막 서른이 된 조식은 그 후 인생의 커다란 전환점을 맞게 된다. 의기양양하던 황실의 자손에서 자포자기하고 실의에 빠져 살얼음판을 걷는 듯한 삶을 사는 시인으로 변신한 것이다.

조식의 자는 자건子建으로 진류왕에 봉해졌다. 이태백의 '장진주將進酒'에서 '진왕이 지난날 평락관에서 연회를 벌이고 말술 수천으로 마음껏 환락을 즐겼다!'라는 구절 속 주인공이 바로 조식이다. 재주가 많으면 술이 여덟 말이란 성어 '재고팔두才高八斗'도 조식과 관계가 있다. 남북조 시기 유송劉宋의 시인 사령운謝靈運은 이런 말을 남겼다.

"천하에 시인의 재주가 모두 한 섬이라면 조자건은 혼자 여덟 말을 차지하고 나는 혼자 한 말을 차지하고 나머지 한 말은 천하의 사람들이 나누어 가지리라."

'재고팔두'는 조식에 대한 호평이라고 볼 수 있다. 조식은 어릴 적부터 머리가 남달리 비상했다. 열 살이 넘었을 때 벌써 『시경詩經』과 『논어論語』를 비롯한 십여만 자가 넘는 각종 사부辭賦를 섭렵했고 글도 잘 지었다고 한다. 조조가 한 번은 그가 쓴 글을 읽고 열 살 넘은 아이의 솜씨라고는 믿기지 않아 나무랐다.

"누가 대신 써준 글이지, 그렇지 않느냐?"

조식을 무릎을 꿇고 대답했다.

"저는 조리 있게 말을 하고 바로 문장을 지을 수 있습니다. 이 자리에서 시험을 하신다면 제가 어찌 남의 손을 빌릴 수 있겠습니까?"

당시 업성의 동작대銅雀臺가 막 완공되었다. 조조는 아들들을 이끌고 동작대에 올라 각자 시를 짓게 했다. 조식은 붓을 쥐고 바로 거침없이 아름다운 글을 완성했다. 조조는 그것을 보고 놀라며 속으로 좋아했다.

조식은 소박한 사람이었다. 화려한 수레나 옷차림을 하지 않았는데 조조는 이 점을 매우 마음에 들어 했다. 또한 매번 질문을 할 때마다 조식은 대답을 술술 잘했다. 건안 16년(211) 조식은 평원후平原侯로 봉해졌고 19년(214)에는 다시 임치후臨菑侯로 봉해졌다. 조조는 손권을 정벌하러 가면서 조식에게 최대 근거지인 업성을 지키게 했다. 그리고 떠나기 전 조조는 이런 당부를 했다.

"내가 돈구頓丘 현령이었을 때가 고작 스물셋이었다. 당시 고군분투했던 생각을 하면 지금까지도 후회가 없다. 올해 마침 네가 스물셋이니 열심히 노력하여라."

이것은 조식을 자신의 후계자로 삼겠다는 암시와 다름없었다. 조조의 많은 아들 중 누군들 후계자가 되고 싶지 않았겠는가! 특히 조식의 형이었던 조비는 적자 중 가장 연장자였다. 문무 재능 역시 뛰어났던 조비가 달갑게 자리를 내줄 리 없었다. 조비는 권모술수에 능한 자로 조조 앞에서는 남달리 뛰어난 척했고 조조의 궁인을 매수해 자기에 대해 잘 말해 줄 것을 부탁하기도 했다. 물론 조조 수하의 일부 올곧은 대신들은 '장자를 세운다'는 전통 관념을 가지고 조조에게 조비를 후계자로 세울 것을 건의했다. 기골이 장대해 조조로 가장해 흉노의 사신을 접견했던 최염崔琰은 명확히 밝혔다.

"춘추시대의 의를 듣자하니 장자를 세운다고 합니다. 오관장五官將, 조비는 당시 오관중랑장을 맡고 있었다이 인효하고 총명하니 정통을 계승하는 데 제격이지요. 신은 죽음으로 이 원칙을 지키겠습니다."

목숨을 걸고서라도 장자인 조비를 후계자로 만들겠다는 말이었다. 모개, 가후賈詡는 좀 더 완곡하게 말했지만 더 큰 효과가 있었다. 그들은 유표와 원소 등이 장자를 폐하고 다른 아들을 세워 혼란을 초래한 이야기로 조조에게 경각심을 일깨워 주었다.

물론 조식에게도 단점이 있었다. 성격이 제멋대로였고 술을 좋아했다. 한번은 조식이 수레를 타고 치도馳道, 천자나 귀인이 거동하는 길를 달리다 순간의 즐거움을 위해 후환은 생각하지도 않고 사마문司馬門을 열고 성을 나가 돌아다녔다. 국법에 따르면 제후는 절대로 사마문으로 통행할 수 없었다. 조식의 경거망동을 듣고 조조는 노발대발하며 결국은 수레를 책임 관리하던 공거公車에게 화풀이를 했다. 불쌍한 공거를 죽여 버리고 제후의 금령을 엄격하게 거듭 천명했다.

조식은 술 때문에 조조 앞에서 자신의 재능을 과시할 좋을 기회를 놓치기도 했다. 관우가 양양, 번성을 포위했을 때 조조는 조식을 구원병으로 보내려고 했다. 그런데 조식이 고주망태가 된 상태라 명을 받들 수 없었다고 한다. 일설에는 조비가 조조의 의도를 간파하고 일부로 조식을 취하게 만들었다는 말도 있다. 어쨌든 술을 좋아했던 것은 분명하다.

몇 가지 사건으로 조조는 마음을 바꿔 조비를 계승자로 결정했다. 그리고 조식의 측근이자 친구이며 유명한 재인이었던 양수를 꼬투리를 잡아 없애 버렸다.

총애를 얻었다 다시 잃은 조식은 불안한 가운데 어쩔 수 없는 운명의 변화를 받아들이며 더욱 두려운 한 해를 맞이했다. 아버지가 세상을 떠나고 지난날 맞수였던 상대가 제위에 오른 것이다.

많은 사람이 알다시피 조식은 문학가이기도 하다. 일곱 걸음에 시를 지었다는 고사는 매우 유명하고, '칠보시七步詩'는 사람들에게 잘 알려져 있다.

"콩깍지를 태워 콩을 삶으니, 가마솥에서 콩이 우는구나. 본디 같은 뿌리에서 나왔는데, 어찌 그리 급히도 삶아 대는가!"

칠보시는 『삼국지』에는 보이지 않고 남북조 시기 유의경劉義慶의 『세설신어世說新語』 「문학」에 최초로 등장한다. 총 네 구절이 아니라 여섯 구절로 기록되어 있다.

"콩을 삶아 죽을 만들고, 메주를 걸러 즙을 내네. 콩깍지를 솥 아래서 태우니, 콩이 솥 안에서 우는구나. 본디 같은 뿌리에서 났거늘, 어찌 그리 급히도 삶아 대는가!"

사실 당시 문단에는 오언절구五言絶句의 형식이 아직 형성되지 않았었다. 이 시는 후세 송대에 가서야 민간에서 유행하기 시작한다. 역사에는 북위北魏의 효문제孝文帝가 원협元勰에게 십보시를 짓게 했다는 기록이 있다. 원협의 시는 다음과 같다.

"소나무 숲에 묻노라, 몇 번의 겨울을 지났는데 산천은 어찌 예와 같고 바람과 구름은 예전과 같은고?"

이 시는 조식의 칠보시와 많은 차이가 있어 별다른 영향을 끼치지 못했다. 십보시에 비해 칠보시는 골육상잔의 피비린내가 난다. 그런 까닭에 효문제는 원협의 십보시를 다 듣고 난 뒤 크게 웃으며 원협의 손을 잡고 이렇게 말했다고 한다.

"조비는 조식의 재주와 명성을 시기했는데, 자네와 과인은 도덕적으로 서로 사이가 좋으니, 이런 연유로 보자면 전대의 현자를 부러워할 게 없다."

사실 조식은 문에도 재주가 많았지만 무예와 식견도 탁월했다. 조조가 손권을 정벌하러 간 동안 조식은 업성을 지키고 있었다. 조인이 관우에게 포위되었다는 소식을 듣고 조조가 조식을 구원병으로 보내려고 한 것을 보면 조식이 용병술을 알았다는 말이다. 조식은 가장 먼저 사마 씨의 전권에 대해 경고한 사람이었다. 그는 위나라 명제明帝가 대권을 잃은 사태에 매우 민감하게 반응하며 상소를 통해 경고했다.

"제齊를 취한 것은 전족田族이었지 여呂 씨 종족이 아니며, 진晉을 분할한 자는 조趙와 위魏 씨이지 희姬 씨가 아닙니다……. 지금 같은 족을 소홀히 하고 다른 성을 가까이 하니 신은 영문을 알 수 없습니다."

조식은 재주가 많았지만 남은 반평생에 공적을 세우고자 해도 그럴 수 없었다. 청대 전의길錢儀吉의 『삼국회요三國會要』에 이런 기록이 있다. 조식이 선왕 조조에게 하상河上에서 제를 드리려고 했지만 조정의 박사博士들이 서자는 종묘에 제를 드릴 수 없다는 이유를 들어 못 가게 했다고 한다. 조식은 조비를 독대하거나 정치를 논하는 것조차 할 수 없었다. 후에 문제 조비가 세상을 떠났을 때 조정에서는 조식을 오지 못하게 했다. 그러나 제문과 추도사는 그에게 쓰게 했다.

조비가 죽은 뒤 명제가 즉위했다. 명제는 조비만큼 조식을 압박하지는 않았지만 여전히 경계를 늦추지 않았다. 그런데 하필이면 그런 때 잘못을 저지르게 된다. 명제 조예는 막 즉위해 자신의 문치와 무치를 과시하고 싶어 했다. 태화 2년(228) 제갈량이 처음으로 기산祁山에서 나와 위나라를 공격했을 때 명제는 친히 정벌을 나갔다. 장안에서 행차해 최전선까지 나가 전쟁을 지휘했다.

어찌된 일인지 모르지만 당시 수도 낙양에는 명제가 전사했다는 소문이 무성했다. 그래서 군신들은 옹구왕雍丘王이던 조식을 황제로 맞고자 논의했다. 그런데 나중에 명제가 무사히 환궁했다. 변 태후는 황제가 화를 낼까 두려워 군신들이 처음 소문을 퍼뜨렸다며 책임을 추궁할 것을 먼저 제안했다. 명제는 '천하의 모든 말에 어찌 책임을 묻겠습니까?'(『삼국지』「명제기」에서 『위략』을 인용)라며 너그럽게 넘어갔다. 책임을 추궁하지는 않았지만 명제의 마음에 응어리가 맺히지 않았다고는 확신할 수 없었다.

태화 11년 조정에서는 조식의 봉지封地를 세 차례나 옮겼는데, 이는 그의 세력이 뿌리내리는 것을 막기 위함이었다. 또 그에게 보낸 관리들은 모두 상인, 내시 등 하찮은 인재들뿐이었다. 본래 봉건시대의 제후와 왕은 이름뿐 유명무실했다. 병사들은 병들고 늙은 사람뿐이고 그 수도 2백여 명에 불과했다. 다시 조식은 전처럼 할 일이 절반으로 줄었다. 조정에서는 사냥을 할 때도 자신의 영지 30리를 벗어나면 안 되며 인근의 종친과 만나서는 안 된다는 명을 내렸다. 또한 나라 일하는 관원을 곁에 두고 감시하게 했다. 조식은 몇 차례나 동오와 촉한을 정벌해 나라를 위해 목숨을 바치겠다고 상소를 올렸지만 조정에서 무시했다. 『삼국지』에서는 『원자袁子』를 인용해 조식이 '왕후의 호칭을 가졌지만 필부와 다름없다'고 적고 있다.

조식은 '황초육년령黃初六年令'에서 '이 몸은 기러기의 털보다 가볍고 비방하는 말은 태산보다도 무겁다'라고 적고 있다. 그것이 자신의 처지였다.

마흔한 살의 조식은 울적하게 저세상으로 떠났다.

진수는 『삼국지』「무문세왕공전武文世王公傳」에서 '위의 왕공은 겨우 국토의 이름만 있을 뿐 사직의 실질은 없었고, 막혀서 단절되어 지냈으니 감옥에 있는 것과 같았다. 위호位號도 함부로 정해지고 세월마다 바뀌었고 골육의 은혜가 어긋나고 형제의 의도 쓸모가 없었다. 법의 폐단이 이 지경이겠는가!'라고 평가하고 있다. 『원자』에서는 조식이 억울함을 당했다고 여기며 위나라 왕실의 작태가 '제후국과 변방 지역의 의를 저버리고 친척 골육의 은혜를 배신했다'고 적고 있다.

1400년 이후 명나라 마지막 황제 숭정제崇禎帝가 자살을 하기 전 친딸인 장평長平 공주의 팔을 자르며 이런 유명한 말을 남겼다.

"너는 어찌해 제왕의 집안에 태어났단 말이냐?"

이것은 조식에게도 해당되는 말이었다.

三國志 들여다보기

망국의 군주는 새 왕조에서 더 비참한 말로를 맞는다. 남북조 시대 송나라의 황제 순제順帝가 제나라 고제高帝 소도성蕭道成에게 억지로 양위할 때 너무 놀라 숨어서 울먹였다.

"다음 생에는 제왕의 집안에서 태어나지 않기를 바랄 뿐이다!"

이 말은 모든 망국의 군주의 공통된 심정이 아닐까?

제나라 고제 소도성

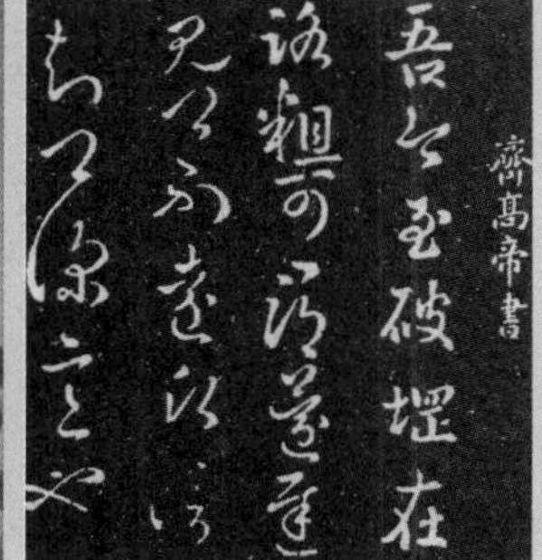

제나라 고제의 글

:: 주요 인물
제갈량

:: 주변 인물
유비, 손권

:: 키워드
지혜, 충성, 인의, 담박, 조용함

:: 주요 사건
촉국을 다스리다, 남정북벌, 손권과 연합해 조조에 대항, 적벽대전, 융중대, 군민 대철수

:: 고사
눈물을 흘리며 마속을 참수하다, 나라를 위해 온 힘을 바쳐 죽을 때까지 그치지 않았다, 목우유마, 맹획을 일곱 번 잡고 일곱 번 놓아주다, 삼고초려, 물 만난 고기

:: 이야기 출처
『삼국지』「촉서」 제갈량전

諸葛亮

제갈량 : 두 왕을 보좌한 치세의 수재

1

제갈량諸葛亮이 태어난 해는 9월이 두 번 있는 윤년이었는데, 첫 번째 9월 초하루에는 일식이 있었다. 이날 낭야군 양도현陽都縣, 지금의 산동성 기남현에서는 제갈 집안의 차남이 태어났다. 일식은 앞으로 어두운 시대가 다가올 것을 암시하고 있었기 때문에 아이의 이름을 '밝을 량亮' 자로 지어 세인에게 광명을 가져오길 바라는 희망을 담았다.

그 해는 영제 광화 4년(181)으로 후한 왕조는 확실히 암흑과 부패에 빠져 있었다. 응소의 『풍속통의風俗通義』 기록에 따르면 제갈량의 조상은 진秦나라 말기 농민 기의를 일으킨 지도자 진섭陳涉 수하의 장수 갈영葛嬰이라고 한다. 갈영은 공을 세웠는데도 살해를 당했는데 한나라 문제文帝가 그 공을 소추해 갈영의 손자를 제현후諸縣侯에 봉했다. 그들의 조상은 낭야 제현諸縣, 지금의 산동성 제성에 정착했다. 후에 그의 가족들은 양도陽都로 이주했다. 당시 양도에도 이미 갈葛 씨 성을 가진 사람들이 살고 있었기 때문에 새로 이주해 온 갈 씨를 일컬어 '제갈諸葛'이라고 불렀다. 그래서 제갈이 그들의 성이 되었다.

제갈규諸葛珪는 태산군승泰山郡丞으로 말직 관리였는데 슬하에 3남 2녀의 자식이 있었다. 그는 부인 장章 씨가 일찍 세상을 떠나자 아이들을 위해 계모를 들였다. 제갈규는 자식이 세인들에게 광명을 가져다주는 모습을 보지 못하고 먼저 세상을 떠났다. 그는 꿈같은 소망만 남겨 두고 세상을 떠난 것이다. 제갈 집안의 아이들은 그들의 숙부 제갈현諸葛玄의 밑에서 자랐다.

어린 시절 제갈량은 사방에서 전쟁이 끊이지 않는 불안한 상황 속에서 지냈다. 그가 열세 살 때 양주 군벌 원술은 제갈현을 예장군豫章郡, 지금의 강서성 남창 태수로 임명했다. 제갈현은 제갈량과 그의 남동생 제갈균諸葛均, 여동생 둘을 데리고 예장으로 남하했다. 제갈량보다 일곱 살 많았던 형 제갈근諸葛瑾은 계모와 양도현에 남아 집안을 돌보았다.

그런데 제갈현은 예장군 태수로 부임하기도 전에 부임지를 다른 군벌에게 빼앗기게 된다. 결국 제갈현은 아이들을 데리고 양양으로 가서 옛 친구인 형주 군벌 유표에게 의탁한다. 제갈현 일행이 고향을 떠난 지 일 년 후 낭야 일대가 조조 군대의 공격을 받게 되자, 제갈근은 계모와 함께 강동으로 피난을 간다. 그리고 나중에 손권 수하의 관리가 된다.

형주에서 제갈량의 두 누이는 면남沔南 명사인 방덕공龐德公의 아들 방산민龐山民, 방통의 사촌형과 중려中廬의 명문인 괴기蒯祺에게 시집을 갔다. 제갈량은 열일곱 살 때 명사인 황승언黃承彦의 여식을 아내로 맞이했다. 황승언은 평생 관직에 오르지 않았지만 양양 명문인 채풍蔡諷, 채모의 아버지의 큰사위였다. 형주목인 유표가 채풍의 둘째 사위였다. 제갈량은 형주에서 편안한 나날을 보냈다.

제갈량은 '어려서 재주가 뛰어나고 재기가 남다른 인재'였다. 제부에게 의지해 살고 싶지 않았던 제갈량은 동생을 데리고 양양성 서쪽에서 20리 떨어진 남양 등현鄧縣, 지금의 호북성 양양, 번성 서쪽의 융중 융중산으로 들어가 초막을 세우고 농사를 짓고 살았다. 그곳에서 그는 서서徐庶, 석도石韜, 맹건孟建 같은 친구들을 만나 학문을 논하며 책을 두루 읽었다.

팔 척 장신에 재능까지 뛰어났던 제갈공명은 깊은 산속에 살았지만 가슴속에는 큰 뜻을 품고 '양보음梁父吟'[3]을 암송하는 것을 제일 좋아했다. 자신을 지난날의 대신 관중, 악의樂毅, 전국시대 뛰어난 군사전략가에 비견하며 그들처럼 나라를 안정시키고 천하를 바로잡기를 희망했다. 당시 사람들은 그가 큰소리친다고 여겼지만 서서 같은 친구들은 그렇게 되리라고 믿으며 칩거하고 있는 용이라는 뜻의 '와룡臥龍'이란 아호를 붙여 주었다.

2

융중산 초막에서 은사隱士처럼 10년을 지낸 제갈량은 이미 스물일곱 살 청년이었다. 당시 한나라 경제의 자손인 중산정왕 유승의 후예라고 자칭하던 유비는 조조에게 쫓겨 형주의 유표에게 의탁하고 있었다. 유비는 기회를 틈타 재기하기 위해 현인을 구하고 있었다. 수경水鏡 선생 사마덕조司馬德操, 사마휘의 자와 서서의 강력한 추천으로 유비는 융중에 있는 제갈량을 찾아갔다. 삼고초려 끝에 드디어 제갈량을 만난 유비는 간곡하게 계책을 청했다.

당시 유비는 마흔일곱으로 제갈량보다 무려 스무 살이나 위였다. 유비가 형주에 온 지 5, 6년 되었기 때문에 제갈량도 그에 대해 들은 바가 있었다. 천하 영웅이 몸을 낮추고 삼고초려를 하며 성심을 다해 가르침을 청하자 제갈량은 감동하지 않을 수 없었다. 결국 제갈량은 천하의 형세를 거침없이 분석하며 천하를 얻고 다스릴 계책을 밝혔다.

그는 우선 유비에게 지략을 발휘해 유약함을 버리고 강인하게 변신해 형주와 익주를 선점하고 서남 백성들을 위로할 것을 제안했다. 그 다음 손권과 연합하고 내정을 정비한 뒤 다시 기회를 봐서 군대를 둘로 나누어 중원으로 진격해 천하를 통일하고 한나라 황실을 부흥시킬 것을 권했다. 이것이 유명한 '융중대隆中對'이다.

눈앞의 젊은이가 당당하고 차분하게 하는 말을 듣고 있자니 유비는 패주가 되고자 하는 원대한 꿈이 점차 현실이 되는 듯한 기분이 들어 감격에 벅차올랐다. 그 젊은이가 보기 드문 인재라는 사실을 깨달은 유비는 산을 나와 자신이 대업을 이룰 수 있게 도와줄 것을 간곡하게 부탁했다.

제갈량은 유비가 정통성을 갖춘 한나라 황실의 후예로 영웅다운 인물이라 여기고 그의 웅대한 뜻과 진심에 감동해 흔쾌히 허락을 했다. 그 후 융중산을 떠난 제갈량은 재량을 펼칠 기회를 만나지 못했던 망명한 장군 유비의 책사가 되어 급변하는 정세 속에서 정치 생애를 시작했다. 제갈량을 얻게 된 유비는 매우 기뻐하며 '나에게 제갈공명이 있으니 물 만난 고기와 같다'는 비유를 했다.

그렇지만 유비의 기반은 너무나 미약했다. 초막을 나온 제갈량이 당면한 문제는 심각했다. 나중에 제갈량은 그 유명한 「출사표出師表」에서 '패군敗軍 지경에 처한 상황에서 임명되었고 위급한 시기에 명을 받았다'고 그 당시 일을 회고했다. 그것은 확실한 사실이었다.

제갈량이 산을 나와 유비를 보좌할 무렵 유비의 강적 조조는 이미 북방을 통일하고 남쪽의 형주를 눈독 들이고 있었다. 유표가 두려움 속에서 세상을 떠나자 그의 아들 유종은 무리를 이끌고 투항해 버렸다.

신야와 번성을 지키고 있던 유비가 유종이 투항했다는 소식을 들었을 무렵, 조조의 대군은 벌써 완성지금의 하남성 남양까지 와 있었다. 그것은 더 이상 형주에서 머무를 수 없다는 뜻이었다. 유비는 어쩔 수 없이 계속해서 망명하는 수밖에 없었다.

책사인 제갈량은 유비를 위해 방대한 규모의 철군 대열을 조직했다. 그는 십만의 형주 백성을 이끌고 강릉을 향해 남쪽으로 내려갔다. 유비는 이전에 여러 차례 패해 망명한 경험이 있었지만 백성들을 이끌고 피난을 간 적은 없었다. 역사상 전에 없는 대규모의 피난 무리를 조직한 것은 모두 책사인 제갈량의 생각이었다. 외형상 유비의 만여 명의 병사들은 늙고 나약한 난민 대열에 파묻힐 수 있었다. 그들은 행군하는 군대라기보다는 전에 없는 방대한 규모의 피난 대열에 더 가까웠다.

조조의 대군은 십만여 명의 일반 백성들 속에서 유비의 전투 부대를 쉽게 찾을 수 없었다. 이렇게 유비는 백성들 속에 숨어서 예정된 목적지까지 도망갈 수 있었다. 더 중요한 것은 이런 유비의 행보가 당시 다른 군벌들과는 확연히 다른 차이를 보이고 있다는 점이다. 이 일로 유비는 '인의 군자'란 명성을 얻게 되는데 이 역시 제갈량이 만들어 준 무형의 자본이었다.

피난 부대가 당양 장판파長阪坡까지 퇴각했을 때 조조의 철병 기마대가 따라잡았다. 유비는 그곳에서 대패해 패잔병들을 이끌고 동쪽으로 돌려 한수를 지나 하구夏口, 무한의 한구까지 도망쳤다. 당시 세력이 미약했던 유비는 더 이상 의지할 곳도 없어 멸망할 지경이었다. 이런 생사존망의 순간에 제갈량은 일생 중 가장 중요한 전략을 실행에 옮긴다. 그것은 바로 손권과 연합해 조조에 맞서는 것이다.

강동 손권의 지지를 얻기 위해 제갈량은 혼자 강을 건너 시상柴桑으로 갔다. 그는 유비와 연합해 조조에 대항하자고 손권을 설득했다. 제갈량은 우선 '자극 요법'을 써서 손권에게 관망하는 태도를 버리라고 말한 뒤 객관적으로 형세를 분석하며 '강한 활로 쏜 화살이라도 마지막에는 힘이 떨어져 노호魯縞도 뚫을 수 없다'는 이야기를 들어 승리에 대한 믿음을 주었다.

제갈량의 예리한 분석과 전쟁 결과에 대한 낙관적 전망은 손권을 자극했다. 게다가 손권 진영의 주유와 노숙까지 가세해 설득하자 손권은 결국 연합하기로 결정했다. 손권은 3만 군의 정예병을 뽑아 주유와 정보에게 통솔하게 하고 유비의 만여 명의 군대와 함께 조조에 대항해 싸웠다.

건안 13년(208) 11월, 양측 군대는 적벽지금의 호북성 포기 북서쪽에서 40킬로미터과 오림烏林, 지금의 호북성 홍호 동북쪽 오림촌 일대 연안에서 전쟁을 벌였다. 손권과 유비의 연합군은 불을 이용한 기만술로 조조 군대를 크게 이겼다. 결국 조조는 군대를 이끌고 북으로 돌아갔고 그 후 남쪽을 돌아볼 여력이 없었다.

시상까지 가서 형세를 정확하게 분석하고 손권을 설득해 유비와의 연합을 달성한 제갈량은 적벽대전의 일등공신이었다. 그는 유비를 보좌한 뒤 적벽대전에서 처음으로 자신의 범상치 않은 재능을 과시했다. 전쟁 후 세 세력이 정립될 거라는 예견은 제갈량의 예리한 안목과 선견지명을 보여 주었다.

적벽대전이 끝난 뒤 유비는 형주의 네 개 군을 얻게 되었다. 그리고 제갈량을 군사중랑장으로 임명해 영릉, 계양, 장사 삼군을 다스리고 세금을 거두어 군대의 무기와 군량 등 군수품을 충당하는 중임을 맡겼다. 이것은 옛날 전한의 고조가 천하를 두고 다툴 때 소하蕭何, 전한 고조 때의 재상가 했던 역할과 같다. 나중에 뛰어난 치세술을 발휘하는 제갈량에게 삼군을 다스리는 일은 작은 시험 같은 것이었다.

제갈량은 임치臨菑, 지금의 호남성 형양에 있는 일 년 동안 많은 성과를 남겼는데, 후세 사람들은 그를 기념하기 위해 무후사武侯祠를 지었다. 임치에서 제갈량은 '봉추鳳雛'라 불리는 양양에서 사귄 친구 방통을 만났다. 당시 와룡과 봉추는 모두 중요한 인물로 평가받았다. 전국시대 서로 경쟁했던 방연龐涓과 손빈孫臏과는 다르게 마음씨가 넓은 제갈량은 나라를 위하는 마음으로 유비에게 방통을 강력하게 추천했다. 그렇게 해서 방통도 그와 같은 군사중랑장이 되었다.

제갈량은 '융중대'에서 유비에게 '형주와 익주를 선점하는' 전략을 이미 밝혔었다. 유비는 형주에서 입지를 확고히 한 뒤 건안 16년(211) 군대를 이끌고 사천에 입성했다. 2년 뒤 제갈량은 장비, 조운 등과 함께 촉을 공격했다. 드디어 건안 19년(214) 유비와 제갈량의 두 군대가 만나 성도를 포위하고 유장의 투항을 받아 냈다.

유비는 성도를 점령한 뒤 제갈량을 군사장군으로 삼고 좌장군부사에 배치해 자신을 대신해 일상 정무를 봐줄 것을 부탁했다. 유비가 형주에서 한중을 공격하는 동안 제갈량은 성도에 주둔해 지키고 있었다.

그 후 제갈량은 촉지를 다스리게 된다. 촉지를 다스리게 된 제갈량을 보고 삼국시대 위나라의 가후는 '제갈량은 치국에 능하다'고 평가했다.

제갈량은 생산을 발전시키기 위한 선결 조건이 안정된 형국과 깨끗하고 바른 정치라는 사실을 알고 있었다. 전 익주목인 유언, 유장 부자는 무능해 덕정은 고사하고 촉지를 혼란하게 만들어 놓았다. 제갈량은 법제를 바로 세우고 관리의 치적을 바로잡는 일을 우선 과제로 삼았다. 그는 법정法正, 이엄李嚴, 유파劉巴, 이적伊籍 등과 법률 조문인 '촉과蜀科'를 만드는 일을 직접 주도해 완전한 법전을 만들어 백성들에게 공포했다. 이로써 촉지는 위에서 아래까지 근거로 삼을 만한 법을 갖게 되었다. 또한 신하들을 훈계하고 격려하는 법률 조항을 특별히 제정해 법에 의거해 공평타당하게 공을 따지고 죄를 결정하도록 했다.

제갈량이 엄격하게 법으로 다스리고 관리를 바로잡자 익주의 세력가들은 불만을 품고 원망했다. 촉군의 태수 법정은 한 고조의 '약법삼장約法三章'을 선례로 들면서 제갈량에게 은혜를 베풀고 토착 지주의 이익을 살펴 달라고 건의했다. 이에 제갈량은 법정에게 하나는 알고 둘은 모르는 소리라며 유방이 함양咸陽에 입성했을 때와 유비가 성도를 얻었을 때의 역사적 환경이 완전히 다르다고 밝혔다.

진나라 때는 법이 가혹해 백성의 원성이 자자했기 때문에 유방은 그것을 바로잡고자 관용을 베풀었지만, 지금은 유장의 나약함으로 인해 법제가 느슨해진 것이므로 반드시 법으로 질서를 세우고 관용과 위엄을 동시에 써야 한다고 반박했다. 오늘날 성도 무후사에는 유명한 대련이 하나 있다.

"마음을 공격하면 반란이 저절로 사그라지고, 예부터 전쟁을 잘 아는 자는 전쟁을 좋아하지 않았다. 정세를 잘 알지 못하면 관용과 엄격함을 혼동하게 되니, 촉을 다스릴 때는 심사숙고해야 한다."

청대 조번趙藩이 지은 글로 제갈량의 시세를 잘 살핀 치세를 평가하고 있다. 제갈량은 공명정대한 정치와 더불어 백성을 기르고 생산을 회복하고 발전시키는 일을 중시했다.

도강언은 전국시대 진秦나라의 촉군蜀郡 태수 이빙李冰 부자가 건조한 수리 공정으로 성도 평야의 오곡 풍작을 보증하고 있었다. 제갈량은 제방이 농사의 근본이자 나라의 자산이란 사실을 깨닫고 전담 언관堰官을 설치하고 수리 전문 조직을 구성해 도강언 보호와 수리에 힘썼다. 나중에 몇 차례 북벌을 나갔지만 제갈량은 그때도 '1천 2백 명의 장정을 징집해 그것을 보호하게 했다'(『수경주』)고 한다. 제갈량이 중요하게 챙긴 덕분에 도강언은 관개 역할을 충분히 발휘했고 서촉은 농업에서도 좋은 결실을 거둘 수 있었다.

익주는 소금과 철이 생산되는 곳으로 진나라 때부터 '염철시관鹽鐵市官'이 있었다. 제갈량은 부국강병을 위해 소금과 철 채굴권과 경영권을 관부 소유로 소속시켰고 염부교위와 사금司金중랑장 등 전담직을 설치해 염철 생산을 관리했다. 사천에는 제갈량이 우물을 뚫고 소금을 구웠던 곳과 광산, 철을 제련하던 유적이 여러 곳에 남아 있다. 봉절현奉節縣에는 제갈량이 만든 염정鹽井 14개가 있다. 비현郫縣 철침산은 '무후제갈량가 이곳에서 철침鐵砧을 주조해 무기를 만들었다고 해서 붙인 이름'이라고 한다. 인수현仁壽縣에는 '철산이 있었는데 제갈량이 검을 취했다'고 한다.

촉금蜀錦, 비단은 사천의 특산품이었다. 『후한서』에는 조조가 비단을 사러 촉지로 사람을 보냈다는 기록이 있다. 당시 촉금이 상당히 값이 나가는 물건이었음을 알 수 있다. 끊이지 않는 전쟁 때문에 다량의 물자와 재원이 소모되어 국고를 계속해서 채워 가야 했다. 제갈량은 '지금 백성이 궁핍하고 나라가 텅 비었으니 적과 승패를 결정짓는 자원은 오로지 촉금뿐이다'라고 여겼다. 그는 촉금의 생산을 촉진하기 위해 직면 공장을 한곳에 모아 놓고 성을 쌓고 병사를 보내 지키게 했으며 성내에는 '금관錦官'을 설치했다. 그 후 성도는 점차 '금관성錦官城'이란 아명을 얻게 된다.

제갈량이 전력을 다해 치세에 힘쓰자 촉지의 경제는 빠르게 나아졌다. 식량과 병사도 충분해 정벌에 나간 유비에게 군수품과 병사를 지원하는 데 부족함이 없었다. 성도 평야가 비옥해지고 천연자원이 풍부한 지역이 된 것은 다 제갈량이 이때 치세에 힘쓴 덕분이었다.

221년 4월 드디어 유비는 제위에 올라 국호를 한漢이라고 했는데, 사서에서는 촉한이라 한다. 제갈량은 승상의 지위에 올라 조정을 총괄했다. 제갈량은 융중에서 나와 15년간 어렵고 힘든 정벌전을 벌였다. 그의 도움으로 남에게 얹혀살던 망명 장군 유비는 한 시대를 제패하는 패주가 될 수 있었다.

3

이처럼 성과를 이룬 반면 위기도 만난다. 유비가 제위에 올랐을 무렵 제갈량이 주도했던 손권과의 연합이 심각한 와해 상태에 처해 있었다. 손권이 형주를 습격해 유비가 수족처럼 여기던 관우를 살해한 사건이 시발점이 되었다. 유비는 제위에 오른 지 얼마 되지 않아 전 병력을 동오 정벌에 쏟았다. 사료에는 제갈량이 동오 정벌을 단호하게 반대했다는 기록은 없다. 『삼국지』「선주전」과 「제갈량전」에도 관련 기록은 보이지 않는다.

제갈량은 조운과 진복秦宓처럼 정벌을 강력히 저지하지 않았다. 그는 어쩌면 유비가 이번에 형주를 되찾아 오기를 내심 기대했을지도 모른다. 형주를 잃는다면 당초 '융중대'에서 정했던 전략이 순식간에 꼬이기 때문이다. 익주의 일부 지역만 가지고 있던 촉한은 동오에 의해 중원으로 나가는 동쪽 입구가 막혀 있었다. 천하를 얻고자 하면 서쪽 출로인 진천秦川에 의지하는 수밖에 없었다. 촉한은 익주를 사수하고 있었다. 익주라는 보호벽이 갑자기 사라진다면 출입문에 구멍이 뚫린 격이 되고, 만약 위나라와 동오가 침범해 오기라도 한다면 계란을 쌓아올린 듯 아슬아슬한 처지로 전락하게 된다.

촉한 장무 2년(222) 2월 유비는 오나라 땅 이릉夷陵 효정猇亭, 지금의 호북성 지강枝江까지 쳐들어갔다가 동오 군대에게 불 공격을 받고 수만의 군대를 잃었다. 대패하고 백제성白帝城, 지금의 사천성 봉절현까지 퇴각한 유비는 병으로 앓아누워 다시는 일어나지 못했다. 이듬해 봄 유비는 병세가 악화되자 성도를 지키고 있던 제갈량을 백제성으로 불러 후사를 부탁했다. 유비는 임종 전 제갈량에게 유조를 남겼다.

"자네의 재능은 조비의 열 배에 이르니 나라를 편안하게 하고 대업을 마칠 수 있을 것이네. 만약 후계자가 미약한 점이 있다면 도와주게. 만약 자식이 재능이 없다면 자네가 스스로 찾아 주게."

이 말을 들은 제갈량을 눈물을 흘리며 대답을 했다.

"신이 혼신을 다하고 충성을 다 바쳐 죽을 때까지 그러겠습니다."

제갈량은 촉한 정권을 위해 지혜를 다해 죽을 때까지 충심을 바치겠다는 뜻을 밝혔다. 유비는 유선 형제에게 칙명을 내려 '승상과 함께 일을 하고 제갈량을 아비와 같이 섬길 것'을 당부했다.

유비의 유조대로 제갈량은 정사를 보좌했다. 유비와 제갈량은 서로 진심을 터놓고 지내는 마음이 잘 맞는 사이였는데, 후세 사람들은 두 사람을 신뢰 깊은 모범적인 군신 관계로 보았다. 『삼국지』의 저자 진수는 두 사람을 일컬어 '실로 공정한 군신 관계로 고금에서 보기 드문 본보기이다'라고 평했다.

유비가 백제성에서 세상을 떠난 뒤 제갈량은 영구를 성도로 호송해 갔다. 그 해 5월 유선이 즉위해 제갈량을 무향후武鄕侯로 봉하고 익주목에 임명했다. 그 후 촉한의 대소사는 모두 제갈량이 결정했다. 그는 유비의 유조를 저버리지 않고 「출사표」에서 말했던 것처럼 '나라를 위해 온힘을 바쳐 죽을 때까지 그치지 않았다'고 한다.

유비의 죽음으로 일어날 수 있는 정치적 불안을 대비해 제갈량은 조용하게 일을 처리했다. 국내적으로는 '농사에 힘쓰고 곡식을 심고 관문을 닫고 백성을 편안하게 하고' 계속해서 경제 발전에 힘썼다. 대외적으로는 큰일을 위해 치욕을 참고 손권과의 연맹을 회복해 강적 조 씨 위나라에 맞섰다.

제갈량은 등지鄧芝를 사신으로 동오에 보내 연맹에 대한 촉한의 입장을 분명히 천명하며 손권이 위나라와 관계를 끊도록 했다. 손권은 그에 대한 답례로 장온을 성도로 보냈다. 제갈량은 촉한을 방문한 장온을 환대하며 의형제까지 맺었다. 이로써 손권에게 자신이 동오와 촉한의 연맹을 매우 중시한다는 뜻을 전달했다. 사실이 정말 그랬다. 그 후 제갈량은 양국의 우호 관계를 다지는 데 치중했다.

222년 손권이 정식으로 제위에 오르자 한나라 왕실을 계승한 정통임을 자부하던 촉한 조정 내에는 주제 넘는 행동을 한 손권을 질책하며 관계를 끊을 것을 주장하는 자들이 생겨났다. 그렇지만 제갈량은 지혜로운 정치가로 이성적이고 실용적인 선택을 했다. 그는 '절맹호의絶盟好議'란 글을 작성해 동오와 연맹한 정책을 설명하고 위위 진진陳震을 친선 사자로 동오에 보내 축하하며 우호 관계를 거듭 확인했다.

제갈량은 동오와 우호 관계를 다지는 한편 현인들을 선발했다. 인재들을 선발해 임용하는 것은 제갈량이 중요하게 여기는 치세 정책이었다. 『태평환우기太平寰宇記』에 따르면 제갈량이 재상에 올랐을 때 성도 남쪽에 초현대招賢臺를 짓고 사방에서 현사를 기다렸다고 한다. 장완, 비의, 강유 같은 인재는 모두 그가 발탁해 등용한 자들이다.

인재 등용에 있어 제갈량은 사사로운 정에 치중하지 않고 능력만 있으면 발탁했다. 이엄은 유비가 죽을 때 제갈량과 함께 유조를 받든 중신으로 촉한의 이인자라고 할 수 있었다. 나중에 이엄은 법을 어기게 되는데, 그때 제갈량은 망설임 없이 그를 평민으로 강등시키고 재동梓潼으로 이주를 시켰다. 또한 요립廖立이란 자가 재능을 믿고 남을 깔보며 불손한 언행을 일삼고 조정을 비난하자 결국 파직을 시키고 문산汶山으로 쫓아냈다. 그런데도 이들은 제갈량이 병사했다는 소식을 듣고 다시는 자신들을 등용해 줄 자가 없겠다고 대성통곡했다고 한다. 두 사람은 처벌을 받고도 원망 한마디 하지 않고 오히려 그에게 희망을 걸고 있었다. 제갈량만이 법대로 공평하게 일을 처리할 수 있다고 믿었기 때문이다.

공정하게 법을 집행한 다른 예로는 '눈물을 흘리며 마속馬謖을 참수한 이야기'가 있다. 마속은 제갈량이 아끼는 인재로 개인적으로도 사이가 매우 좋았다고 한다. 그런데 마속이 가정街亭을 잃어 첫 번째 북벌전을 모두 물거품으로 만들어 버렸다. 이는 죽음으로 묻기에 충분한 죄였다. 제갈량은 절대 사사로운 정에 기울지 않고 죄를 물었다. 그리고 이 일에 대해 상소를 올려 자신을 '3등 강등시켜 줄 것'을 자청했다. 자신에게까지 엄정하게 책임을 묻는 정신은 보기 드문 귀중한 것이다.

4

제갈량은 일련의 조치를 통해 유비의 임종으로 인한 수동적인 국면을 전환하고 남정과 북벌에 나서기 시작했다.

남정은 결국 북벌을 위한 것으로, 북벌을 할 때 있을 수 있는 후환을 제거하려는 것이다. 촉한 남부의 일부 군에는 소수민족과 한족이 어울려 살고 있었는데, 유비가 병사할 무렵 남중南中 제군諸郡에서 반란이 있어 후방이 편안하지 못했다.

제갈량은 국상을 당해 민심이 불안해질 것을 염려해 그들을 무력으로 진압하지 않았다. 일 년이 넘게 관문을 닫고 농사에 전념한 후 드디어 남쪽 정벌을 하기로 결정했다. 이번 남쪽 정벌에서 제갈량은 '심리전으로 기를 꺾는 상책'을 사용했다. 5월 노수瀘水를 건너 깊숙한 불모지까지 들어가서, 반군의 수령 맹획孟獲을 일곱 번 잡았다 일곱 번 놓아 주는 방법을 썼다. 결국 맹획은 제갈량의 '심리전'에 완전히 승복했다.

남쪽 정벌에서 제갈량이 가장 염두에 둔 것은 민족 간 화합이었다. 그 방법의 하나로 내지의 선진적인 생산 기술과 생산 방식을 낙후한 지역에 전해 주었다. 남서부 각 부족 사람들은 천여 년의 세월이 지난 지금까지도 제갈량을 기리고 있고, 곳곳에서 그에 관련된 미담이 전해져 온다. 경파족景頗族은 지금도 그를 '제갈 나리'라고 부르며 제사 지낼 때 먼저 그의 이름을 부르고 절을 한다고 한다.

남쪽을 평정한 뒤 제갈량은 군대를 이끌고 북상해 한중에 진주하고 위나라를 상대로 한 전쟁을 시작한다. 출정 때 제갈량은 유선에게 유명한 「출사표」를 올려, 유선이 함부로 자신을 낮추거나 멸시하고 천시하지 말고, 언로를 널리 열어 충신의 신임을 얻고 법 집행을 공정하게 해서 하루 빨리 한나라 왕실을 부흥시키도록 권하고 있다. 또한 부흥이란 대업을 위해 '나라를 위해 온 힘을 바쳐 죽을 때까지 그치지 않겠다'는 자신의 의지와 결심을 밝혔다.

제갈량은 지금의 섬서성陝西省과 감숙성 일대에서 위나라

군대와 여섯 차례 교전을 벌였다. 그 중 다섯 번은 진공전을, 한 번은 방어전을 펼쳤다 해서 '육출기산六出祁山'이라 한다. 육출기산은 촉한 건흥 6년(228) 봄부터 제갈량이 오장원五丈原, 지금의 섬서성 기산 남쪽 전선에서 병사하는 건흥 12년(234)까지 계속됐다.

여섯 차례의 북벌은 매번 서광이 막 비추려고 할 무렵 실패하고 만다. 후세에 가장 주목받은 전쟁은 첫 번째 북벌전이다. 출사 전 대장군 위연魏延이 자오곡子午谷[4]에서 출정해 장안을 기습하는 계획을 제안했다. 위연이 5천 명의 정예병을 이끌고 포중褒中에서 출발해 진령을 돌아 자오곡으로 나와 십일 안에 장안을 습격한 뒤, 사곡에서 들어온 제갈량의 대군과 만나 동관을 압박한다는 계획이었다.

그의 전술은 위나라의 주력 부대가 완성 일선에 분포되어 있기 때문에 관중까지 지원을 하려면 적어도 스무 날은 걸린다는 사실을 염두에 둔 것이었다. 장안을 지키고 있던 위나라 장수 하후무夏侯楙는 하후연의 아들이자 조조의 딸 청하 공주의 부군이었다. 부잣집 자제였던 그는 겁이 많고 지략 같은 것은 없었다. 아무런 준비도 없는 상황에서 습격을 받는다면 분명 지원병이 올 때까지 수비를 하지 못하고 장안을 버리고 도망갈 게 틀림없었다. 그렇다면 '한 번에 함양 이서以西를 얻는 것은 확실한 일'이었다.(『위략』 인용)

제갈량은 위연의 제안이 너무 위험하고 불완전한 계책이라며 받아들이지 않았다. 그 후 제갈량은 기산을 나가 첫 북벌전을 벌였다가 가정을 잃고 한중으로 돌아오게 된다. 그때까지도 위연은 승복하지 못하고 '제갈량이 겁이 많다고 하더니 나의 재주를 다 쓰지 않은 것이 한탄스럽다'고 탄식했다. 『삼국지』의 저자 진수는 이를 보고 제갈량에게 '기묘한 계책이 부족했다'며 용병의 지략은 그의 장기가 아니라는 평가를 내렸다.

사실 제갈량은 더 깊이 있게 북벌에 대해 생각하고 있었다. 위연이 군사전략가의 시선으로 책략을 내놓았다면 제갈량은 전략가보다는 정치가의 입장에서 모든 상황을 고려해 결정해야 했다. 오늘날 사람들은 '제갈량은 평생 신중했다'고 말하는데, 사실 촉한의 국력을 생각하면 한 치도 소홀하거나 위험을 무릅쓸 수 없는 입장이었다.

제갈량도 전술적으로는 위연의 기책이 쓸 만하다는 사실을 잘 알고 있었다. 어쩌면 정말로 장안을 얻었을지도 모른다. 그러나 전략적으로 볼 때는 얻는 것보다 잃는 것이 더 많았다. 삼국시대 촉한의 군사는 10만 명에 불과했다. 제갈량이 북벌할 때마다 '병사 5만이 되지 않았고' 많아야 8만이었다고 한다. 이에 반해 동오의 군사력은 23만 정도였고 위나라는 50만 대군을 보유하고 있었다. 위나라의 군대는 동오에 대응하기 위해 중점 배치되어 있었다. 만약 위연의 계획대로 한다면 위나라의 군사가 촉으로 향할 텐데 장안을 얻는다 한들 어떻게 계속 지킬 수 있겠는가!

촉한이 동오와 연맹을 맺었다고는 하지만 결국은 각각의 군주가 따로 있는 다른 나라였기 때문에 실패를 남에게 전가할 수도 없었다. 제가 제 무덤을 파는 식의 공격은 현명한 선택이 아니었다. 아군이 자오곡에서 관중을 습격할 수 있다면 적국 50만 대군도 자오곡에서 한중을 역습할 수 있었다. 제갈량은 적에게 그 방법을 일깨워 주고 싶지 않았다.

제갈량은 융중에서 삼국의 형세를 예측했었지만 '중원을 통일하고 한나라를 부흥시키는 것'은 그와 유비가 내세운 구호에 불과했다. 정세를 잘 판단해야 했다. 제갈량은 촉한 정권의 기반을 좀 더 안정적으로 다지고 국력을 키우기를 원했다. 천하 통일의 꿈은 천지인의 변화에 달린 것으로 후대에게 맡겨야 했다.

따라서 제갈량의 여섯 차례 북벌은 관중을 겨냥한 것이 아니라 농서에 초점을 맞춘 것이었다. 행동이 목적과 좀 맞지 않는 것 같지만 사실상 그도 나름대로 고충이 있었다. 북벌에 나설 무렵은 이미 형주를 잃은 뒤였다. '융중대'에서 제시한 대로 군대를 둘로 나누어 진격하는 방안은 이제 실현 불가능했다. 촉한 정권은 사실상 한 주에 국한되어 있었다. 제갈량이 북벌을 하려는 목적은 중원 통일이라기보다는 현재 처한 상황을 변화시키는 것이었다. 그는 「후출사표後出師表」에서 '적을 토벌하지 못하고 왕업이 망하거늘 어찌 적을 치지 않고 앉아서 죽기를 기다린단 말입니까?'라며 자신의 본심을 밝히고 있다. 그의 군사적인 목적은 농서를 얻는 것이지 장안을 얻어 위나라 군대를 자극하는 게 아니었다. 제갈량은 단지 위나라의 땅을 잠식해 촉한의 국력을 키워 가려고 했을 뿐이다.

제갈량이 위연의 계획을 받아들이지 않은 이유는 그가 평생 신중했기 때문도 아니었고 위연을 질투해서 그런 것은 더더욱 아니었다. 계획에 성공하더라도 감당하기 어려울 것을 알았기 때문인데 그의 많은 고충을 누가 알 수 있으랴! 왕부지王夫之는 『독통감론讀通鑑論』에서 '제갈량은 어쩌면 부득이함을 일일이 위연 등에게 말할 수 없었을 것이다'라고 적고 있다. 재주 있는 자의 뜻을 필부는 헤아릴 수 없었던 것이다. 그렇기 때문에 제갈량은 「출사표」를 올리기 직전에 눈물을 보여야 했다.

물론 제갈량의 군사적 재능을 승패만 놓고서 논할 수는 없는 일이다. 전쟁에서 그가 만든 '팔진도八陣圖'와 목우유마木牛流馬, 목제 운수용 수레, 화살을 동시에 열 개를 쏠 수 있는 연노連弩는 후세 사람들에게 칭송을 받았다. 제갈량이 죽은 뒤 촉나라 군대는 오장원 진영에서 철수했다. 적수였던 사마의司馬懿는 촉군의 견고하고 흔들림 없는 진영과 질서정연한 진지를 보고서는 '천하의 기재이다!'라고 제갈량을 칭찬했다고 한다.

일부에서는 제갈량이 기산을 나와 여섯 번이나 전쟁을 벌인 일은 촉나라의 경제 능력을 고려하지 않은 무모한 판단이었다고 한다. 그에 대해 제갈량은 「후출사표」에서 '왕업이 촉나라 수도에 모두 편중되어서는 안 된다'라고 답하고 있다. 물론 북벌을 계획할 때 '아군이 약하고 적군이 강하다'라는 사실은 알고 있었지만, '적을 토벌하지 못하면 왕업이 망하거늘 어찌 적을 치지 않고 앉아서 죽기를 기다린단 말입니까!'라고 했다. 오늘날의 시각에서 보면 제갈량의 북벌은 최선의 수비였던 셈이다. '천하에는 해서 안 되는 것을 알면서도 해야 하는 경우'가 있으니 참으로 슬픈 일이다!

제갈량은 가을바람이 부는 처량한 날에 낙엽이 지듯이 생을 마감했다. 그의 나이 쉰네 살이었다. 가을바람은 오장원에 따라다니는 영원한 수식어가 되었다.

제갈량의 유언에 따라 그는 한중 정군산에 묻혔다. 그곳에서는 자신의 후계자들이 자신의 족적을 따라 계속해 중원을 북벌하는 비장한 모습을 볼 수 있었다. 천하에는 해서 안 되는 것을 알면서는 해야만 하는 일들이 있는 법이다.

그는 촉한의 옛 승상이었지만 묘에는 어떤 부장품도 넣지 않았다. 13년간 승상을 지낸 제갈량은 자신의 자손들에게 8백 그루의 뽕나무와 15경頃의 메마른 땅만을 남겼다. 『계자서誡子書』에서 제갈량은 아들에게 이렇게 훈계를 했다.

"부군夫君이 행해야 할 일은 조용히 수신하고 검소하게 덕을 기르는 것이다. 공명에 무심하지 못하면 뜻을 밝힐 수가 없고 마음이 평온하지 못하면 멀리 도달하지 못할 것이다."

이 말은 후세 사람들에게 널리 인용되고 있지만, 진정으로 실천할 수 있는 자는 오직 제갈량 한 사람뿐이지 않을까?

각주

3 양보음梁父吟 : 계략을 써서 세 호걸을 죽인 안자晏子를 노래했다.

4 자오곡子午谷 : 장안 자오진에서 진령을 넘어 한중까지 가는 길은 옛날 관중에서 한중까지 가는 남북 곡도谷道였다.

평생 나라와 백성을 염려했던 두보杜甫가 가장 존경한 인물은 바로 제갈량이었다. 역대 영웅이 서로를 아끼는 마음은 예부터 한탄하는 마음으로 나타난다. 두보가 쓴 '촉상蜀相' 이란 시가 그것을 잘 보여 준다.

승상의 사당은 어디에서 찾으랴?
금관성 밖에 측백나무 무성한 곳에 있네.
섬돌에 비춘 초록 풀이 봄을 알리고,
나뭇잎 사이로 노란 꾀꼬리가 곱게 우네.
삼고초려하여 천하 대계를 논하였고
두 조정을 열고 보좌한 늙은 신하는 충심을 다하였지.
출사하여 이기지 못하고 먼저 목숨을 잃나니,
영웅들로 하여금 눈물로 옷섶을 가득 적시게 하는구나.

제갈량

제갈량의 묘

제갈량을 모신 무후사

:: 주요 인물
관우

:: 주변 인물
유비, 장비, 조조, 손권

:: 키워드
충의, 용감무쌍, 자부심이 강하다

:: 주요 사건
형주를 수비하다, 형주를 잃다, 백마를 포위하다

:: 고사
부주의로 형주를 잃다, 형주를 빌리다, 뼈를 깎아 상처를 치료하다

:: 이야기 출처
『삼국지』「촉서」 관우전

關羽

관우 : 충의에 일생을 바친 자

관장생은 예상 밖에도

막 열아홉이 되던 그 해에

사람을 죽이고 타향으로 망명하게 된다.

한나라 중평 원년, 즉 184년 2월이었다.

황건적 무리가 난을 일으키니 천하가 혼란에 휩싸였다.

관장생은 당시 천하를 떠돌아다닌 지 다섯 해가 되었다.

그가 이미 이름을 관우關羽, 관운장으로 바꾼 뒤였다.

뜻밖에도 한 차례의 동란이

그의 반평생의 이야기를 바꾸어 놓았다.

그는 청룡언월도青龍偃月刀를 휘둘렀다. 도刀는 칼의 왕으로 좋은 도를 가지는 것이 그의 평생 꿈이었다. 만약 그가 전부터 청룡언월도를 가지고 있었다면 그 손에 죽은 자는 아마 마을에서 횡포를 부린 악질 토호 한 명이 아니었을 것이다.

지금 그는 의형제 유비, 장비와 함께 황건적과 싸우려고 한다. 의형제를 맺은 것도, 군대를 끌어 모은 것도, 병기를 만든 것도 얼마 전의 일이었다. '도원결의'는 전설과도 같았다. 같은 해, 같은 날에 태어나지는 않았지만 같은 해, 같은 날에 죽겠다는 맹세는 하나의 신념이었다. 맹세와 신념을 위해 관우는 자신의 평생을 바쳤다. 비천해진데도 변하지 않았고 부귀 앞에 현혹되지도 않았으며 위협과 무력에도 굴복하지 않았다. 예부터 이런 영웅이 얼마나 될까?

황건적과의 전투에서 관우의 형님 유비는 안희위安喜尉에서 하밀승下密丞, 고당령高唐令, 평원상平原相까지 계속해서 지위가 격상된다. 관우와 장비 두 사람은 피곤함도 잊은 채 종일 유비 곁을 지키며 조금도 게으름을 피우지 않았다. 또한 깊은 밤이 되어서야 같이 잠자리에 들며 유비를 수족처럼 따랐다. 천하에 유비란 이름이 알려지면서 유비 곁에 있던 관우와 장비도 알려지기 시작했다.

각 지방 호걸의 공격으로 황건적의 난은 곧 진압되어 갔다. 그렇지만 한 제국은 뿌리째 흔들어놓은 동란을 겪으면서 중앙 조정의 통제력을 잃고 멸망 지경에 놓인다. 유명무실해진 한나라의 땅에서는 군웅 간의 정권 다툼과 약육강식의 피비린내 나는 싸움이 벌어지고 있었다.

당시 유비는 매우 작은 피라미에 불과했다. 자신의 기반도 가지지 못한 유비가 잡아먹히지 않으려면 다른 사람에게 의탁하는 수밖에 없었다. 다른 사람의 그늘 아래서 발전을 모색해야 했다. 그런 상황이었지만 관우와 장비는 충심어린 마음으로 그를 따르고 있었다.

그들이 어렵게 도겸의 손에서 서주를 건네받았지만 결국 군벌 여포에게 쫓겨나야 했다. 그들은 조조에게 의탁한 뒤 병사를 이끌고 다시 서주를 점령했다. 그러나 조조는 서주를 자신의 수하인 차주車胄에게 주었다. 어쩔 수 없이 유비 일행은 차주를 죽이고 서주를 되찾지만 또 다시 조조 대군의 공격을 받고 서주를 내주어야 했다.

그것은 건안 5년(200)의 일이었다. 관우는 당시 일을 똑똑하게 기억하고 있었다. 그가 조조에게 포로로 잡혀 처음으로 형님 유비와 헤어졌기 때문이다. 불행 중 다행이라고 포로로 잡혀 있을 당시 한창 혈기왕성한 관우는 자신의 무예와 사람됨을 충분히 과시할 수 있었다는 것이다.

관우의 절세 무공은 순전히 그의 능력이었다. 칼 한 자루와 창 하나로 혈전을 벌이면서 구사일생으로 세상을 떠돌며 물건을 운송하던 마부에서 천하의 제후들이 이름을 듣고 경외시하는 '만인적萬人敵, 혼자 많은 적을 대항할 수 있는 자'이 되었다.

관우를 포로로 얻게 된 조조는 그의 재능을 아껴 잘 베풀고 구슬려서 자신의 사람으로 쓰고 싶어 했다. 그래서 조정의 명으로 그에게 편장군偏將軍이란 직위까지 주었다. 관우는 조조를 따라 원소와의 백마 전투에 출정해 하늘이 내린 듯한 뛰어난 무예를 과시한다. 말을 타고 적진으로 돌진해 일만 대군 속에서도 아무도 없는 듯 원소의 장수 안량顔良의 목을 베었다. 원소의 장수들 중에는 관우와 대적할 자가 없었다. 그렇게 백마를 둘러싼 포위망을 벗어날 수 있었다.

사실 관우는 처음부터 천자를 볼모로 잡고 제후를 부리는 간사하고 포악한 조조가 마음에 들지 않았다. 더욱이 조조에게 은혜를 입었다고 해서 자신을 오른팔처럼 여기는 유비를 배신하고 싶지는 않았다. 관우는 은혜를 입었으므로 보답한다는 생각으로 조조를 대한 것뿐이었다. 조조가 백마성의 포위에서 벗어나도록 도왔으니 도의적으로 관우는 은혜를 갚은 셈이었다. 이제 서로에게 빚진 것이 없는 관우는 형님 유비를 찾아가야 했다.

관우의 인생 원칙은 '충의' 두 자였다. 충은 한나라의 신하로 황실에 대한 충성심이었다. 명목상으로 유비가 한나라의 황숙이었기 때문에 유비에 대한 충성이 곧 왕실에 대한 충성이었다. 의는 동고동락하며 생사를 같이하는 형제간의 의리였다. 유비, 장비와 함께 창업을 하고 맨손으로 천하를 얻기로 의를 맺었다. 당시 관우는 몸은 조조 진영에 있었지만 마음은 한나라에 가 있었다. 그는 한순간도 유비의 행방을 수소문하고 찾는 일을 포기하지 않았다.

우여곡절 끝에 관우는 드디어 유비의 행방을 알아냈다. 참 얄궂게도 형님 유비는 조조의 적이었던 원소에게 가 있었다. 조조는 관우의 사람됨을 잘 알고 있었다. 관우가 오래 머물지 못할 것을 알고 장료를 보내 구슬리고 나중에는 후한 은혜까지 베풀어 그를 붙잡으려 했다. 그래서 상소를 올려 관우를 한수정후漢壽亭侯로 봉하고 상까지 내렸다. 그럼에도 관우의 유비에 대한 충성은 무쇠처럼 변함없었다. 그는 자신이 상으로 받았던 재물을 조조에게 돌려주고 서신으로 작별을 고한 뒤 원소 진영에 있는 유비를 찾아갔다.

또 다시 유랑이 시작되었다. 유비가 의탁하고 있던 원소는 조조의 손에 처참하게 패배를 당했다. 삼형제는 또 정처 없이 떠돌다 이번에는 유비의 종친인 남방 형주목 유표에게 의탁했다. 유랑하는 가운데 기쁘게도 지혜로운 인물이 그들 대열에 합류해 책사를 맡아 주었다. 그가 바로 '와룡'이라 불리던 제갈량이었다.

관우는 영웅다운 면모를 가지고 태어났다. 구척장신에 수염이 두 척이나 길었고 눈은 봉안鳳眼에 누에 모양의 짙고 굵은 눈썹을 가졌으며 얼굴빛은 홍갈색으로 위풍당당하고 늠름한 모습이었다. 한나라 헌제는 그를 마음에 들어 하며 '미염공美髯公'이라고 불렀다고 한다. 제갈량도 관우에게 편지를 보낸 때 그를 '염髯, 수염'이라고 칭했다.

관우가 유비의 곁으로 돌아온 지 얼마 지나지 않아 조조의 공격을 받았다. 그러나 유비 일행은 점차 운이 트이기 시작한다. 강동 손권과 연합해 적벽대전에서 자신들보다 열 배가 많은 강적을 쓰러뜨리고 드디어 형주의 몇 개 군을 근거지로 얻게 된 것이다.

유비가 제갈량의 제안을 받아들여 군대를 이끌고 익주를 얻으러 갔을 무렵, 관우는 양양 태수, 탕구蕩寇 장군으로 임명되어 장강 이북의 형주 몇 개 군을 지키고 있었다.

관우의 생사는 형주와 밀접한 관계가 있다. 오늘날 우리가 잘 아는 '부주의로 형주를 잃다'란 고사는 관우의 이야기이다. 그럼 이쯤에서 조금 상세하게 이야기의 전말을 살펴보자.

형주는 지금으로 말하자면 큰 행정 구역의 개념으로 그 밑에는 남양, 남군, 강하, 무릉, 장사, 계양, 영릉 일곱 개 군이 있었다. 적벽대전 이후 손권, 유비 연합군은 장강을 거슬러 조조에게 반격을 가해 손권이 강하 남부를 차지하게 되었고 주유가 강릉남군의 수부, 관아가 있는 곳을 공격해 남군을 장악했다. 유비는 그 기회를 틈타 무릉, 장사, 영릉, 계양 네 개 군을 얻었다. 조조는 여전히 남양과 강하 북부를 가지고 있었다. 형주를 손권, 유비, 조조가 나누어 가지고 있던 셈이다.

형주는 동쪽으로 심양潯陽, 구강의 옛 이름과 접해 있고 남쪽으로 오령五嶺과 이어지며 서쪽으로 삼협三峽과 북쪽으로는 한수와 접해 있는데 지금의 호남, 호북 두 성에 해당한다. 이 지역은 중국 중부 지방으로, 위, 촉, 오가 천하를 셋으로 나눈 지점이기도 했다. 따라서 한쪽이 천하를 통일하려면 우선 형주 오지를 장악해야 했다. 반대로 누군가 할거하며 통일을 바라지 않는다면 반드시 이곳의 일부를 점령하고 있어야 했다.

건안 15년(210) 12월 유비는 손권에게 남군을 빌려 달라고 요청한다. 유표의 옛 장수가 많은 사람들과 함께 자신에게 귀의했는데 자신의 근거지가 너무 좁아 백성들을 편안하게 할 수 없다는 것이 이유였다. 손권은 유비와 연합해 조조에 대항한 일을 생각해 노숙의 의견에 따라 유비의 요청을 허락했다. 이것이 그 유명한 '형주를 빌린 일'인데, 사실 '남군을 빌리다'가 더 정확한 표현이다. 당시 유비는 익주만 얻는다면 형주의 전부를 동오에게 돌려준다고 약속했었다.

몇 년 뒤 유비는 드디어 익주를 얻었다. 손권은 사람을 보내 빌려 준 땅을 돌려줄 것을 요구했지만 유비는 양주를 얻은 뒤 돌려주겠다는 핑계를 댔다. 손권은 시치미 떼는 유비의 태도에 불만을 품고 관리를 파견해 장사, 계양, 영릉 세 군을 관할하게 했다. 그런데 그곳은 관우가 버티고 있었으니 어찌 뜻대로 쉽게 되었겠는가? 손권이 보낸 관리들은 모두 관우에게 쫓겨나고 말았다.

이에 크게 화가 난 손권은 대노해 여몽에게 2만 병사를 내주고 세 개 군을 찾아오라고 시켰다. 유비도 직접 익주에서 5만 병사를 이끌고 달려가며 관우에게 3만 군대를 이끌고 여몽과 세 개 군을 두고 전쟁을 벌이도록 했다. 손권도 절대로 물러서지 않고 직접 출병했다. 양측은 일촉즉발의 긴박한 상황에 처했다.

손권과 유비의 연합에 힘쓰고 유비에게 형주를 빌려 줄 것을 지지했던 동오의 대신 노숙은 혼자 강을 건너 관우의 진영에 도착해 논쟁을 벌였다. 관우는 자부심이 강하고 지기 싫어하는 성격이었지만 충분히 그럴 만하다고 생각했기에 노숙의 변론에 더 이상 할 말이 없었다. 관우는 도리에 밝은 자로 강하게 나오면 반발하지만 말로 설명하면 받아들일 줄 알았다.

『삼국지연의』에서는 관우의 용맹함을 부각시키기 위해 관우가 칼 한 자루를 차고 적장의 초대에 응하는 이야기로 바꾸어 기록하고 있다. 사실 용장이라 해도 도리가 뭔 줄은 알았다. 그것이 관우의 장점이기도 했다.

마침 그때 조조가 한중의 장로를 토벌하고 나서 유비가 막 손에 넣은 익주를 위협하고 있었다. 어쩔 수 없이 유비는 먼저 화의를 청했다. 손권과 유비는 다시 협의를 맺고 상수湘水를 경계로 해서 강하, 장사, 계양은 손권이, 남군, 무릉, 영릉은 유비가 갖기로 했다.

적벽대전 이후 유비는 형주의 대부분을 먼저 점령했었다. 그러나 익주를 얻은 뒤에는 시선을 서쪽으로 돌렸고, 결국 손권이 형주에서 우위를 차지하게 된다. 그런데도 손권은 여전히 유비가 약속을 저버린 일을 마음에 담고 있었다. 적벽대전에서 동오가 큰 힘을 써서 막다른 길에 몰린 유비를 구해 주었으니 형주의 전리품은 동오에 귀속되어야 마땅하다고 생각한 것이다. 이런 이유로 219년 손권은 협의를 저버리고 관우를 급습하게 된다.

형주의 귀속 문제를 두고 양자 간의 동맹은 줄곧 마찰을 빚고 있었다. 첨예한 대립의 중심에 있던 관우는 손권에게 큰 반감을 가지고 있었다. 하지만 관우는 손권과 연합해 조조에 대항하자는 책사 제갈량의 대원칙에 따라 적극적으로 동오와 충돌을 도모하지는 않았다.

건안 24년(219) 유비는 성도에서 한중왕이라 칭하며 관우를 전장군에 봉하고 절부월節斧鉞[5]을 수여해 자주적으로 정벌에 나설 수 있게 했다. 이 해에 관우는 주둔하고 있던 형주를 떠나 조조에 대한 북벌을 시작한다. 이로써 그는 일생 최대의 휘황찬란한 전적을 쌓는 한편 비극도 초래하게 된다.

8월 관우는 군대를 이끌고 번성을 지키고 있던 조조의 장수 조인을 공격했다. 조인은 조조 진영에서 용감한 장수로 유명했지만 관우 앞에서는 성문을 굳게 닫고 나오지 않았다. 조조는 황급히 조인의 구원병으로 우금과 방덕을 보냈다. 관우는 장대같은 비가 쏟아져 물이 불어나고 한수가 범람한 틈을 이용해 하구를 파서 조조의 군대를 쓸어 버렸다. 일곱 개의 군대가 물에 잠기고 우금을 생포했으며 방덕은 참수했다.

천하가 진동했다. 이제까지 득의만만해 하던 조조는 어쩔 수 없이 칼날을 피해 수도를 옮겨야 할지를 고민해야 했다. 관우는 중국 전역에서 명성을 날렸다. 관 장군하면 사람마다 대장부라며 칭송을 했다. 관우가 북벌을 시작하자 허창 이남에서 그에 동조해 병사를 일으키는 자들도 있었다.

대장부의 기개와 경골한의 풍모는 관우만이 가진 전형적인 모습이었다. 그 역시 이런 기개와 모습을 추구했다. 관우가 번성을 공격하다 오른쪽 팔에 화살을 맞은 적이 있었다. 그런데 그 상처가 깊어져 흐리고 비만 오면 뼈가 욱신대고 쑤셨다. 의원은 팔에 맞은 화살의 독이 뼈까지 침투해 들어갔다며 상처가 난 자리를 잘라내고 뼈를 깎아 독을 제거해야 한다고 말했다. 관우는 조금도 주저하지 않고 팔을 내밀어 독을 제거하도록 했다. 피가 대야에 가득 차는 동안 그는 장군들과 고기를 구워 먹고 술을 마시며 태연하게 웃었다. 그 일로 관우는 '천신天神' 이란 이름을 얻게 되었다.

관우는 사내대장부다운 기개와 풍모에 대한 추구가 지나친 나머지 자만한 사람으로 변했다. 아마도 삼국에서 관우가 가장 자긍심이 강한 자였을 것이다. 유비가 익주를 평정하고 마초가 투항을 했다는 소식을 들은 관우는 편지로 제갈량에게 물었다.

"마초란 자는 어떻습니까? 어떤 자와 비할 수 있겠습니까?"

제갈량은 관우의 성격을 잘 알고 있었기 때문에 이렇게 답했다.

"마초는 문무를 겸비했고 기백이 남다르지만 익덕과 어깨를 나란히 할 수는 있어도 미염공의 재주에는 아직 미치지 못합니다."

관우는 매우 기뻐하며 빈객들에게 이 편지를 보여 주었다고 한다. 관우가 물론 자긍심을 가질 만한 재주를 지니고 있었지만 그것이 결국은 치명적인 오점이 되었다.

지나친 자만으로 동맹인 손권을 우습게 여겼고 오나라 사람들을 '오구吳狗, 개'라고 모욕하기까지 했다. 손권이 사람을 보내 자신의 아들을 관우의 딸과 정혼시키려고 했지만 손권의 사자를 문전박대하며 모욕을 주었다. 관우의 적대적인 태도는 손권을 맞서게 만들었다.

관우는 사병들을 잘 대해 주었지만 자만심 때문에 평범한 관리 사대부를 우습게 보았다. 또한 남달리 강직한 성격으로 인해 강릉과 공안의 수비장인 미방糜芳, 부사인傅士仁에게 미움을 샀다.

결국 관우는 '소인들'의 습격을 받게 되었다. 문제는 형주에서 발생했다. 관우가 조조의 군대 앞에서 위풍을 과시하려고 할 무렵, 촉한의 세력이 지나치게 강대해져 삼국정립의 형세가 깨어지고 자신에게 불리한 상황이 될 것을 염려한 손권이 먼저 조조에게 원조를 자청하여 여몽을 보내 형주를 습격한 것이다.

당초 유비가 약속대로 형주를 돌려주지 않은 것은 잘못이지만 상수를 경계로 협의한 손권이 형주를 습격한 것은 신의를 저버린 일이었다.

초반에 관우는 동오의 습격을 경계하고 있었다. 그런데 동오가 그를 현혹시키기 위해 속임수를 썼다. 당시 무명이었던 육손이 여몽을 대신해 맞은편 기슭의 육구陸口를 지키고 있었다. 관우는 자만심에 빠져 경계를 늦추고 형주 대부분의 수비군을 양양, 번성 전선으로 이동시켰다.

동오가 공격해 왔을 때 미방과 부사인은 즉시 투항했다. 형세가 빠르게 변하고 있었다. 관우의 후방에 불이 났을 때 북벌의 전쟁터에서는 조조의 장수 서황이 부대를 이끌고 번성에 도착해 조인과 함께 전쟁을 벌이고 있었다. 관우는 맹렬한 공세를 퍼부었지만 무정하게도 장애물에 부딪혔다.

앞뒤에서 적의 공격을 받는 상황에서 관우는 북벌이라는 절호의 기회를 포기하고 형주로 철군해야 했다. 그러나 이미 돌아갈 곳이 없어진 관우는 결국 맥성지금의 호북성 당양 남동쪽에서 50리까지 패주했다.

관우는 최후의 순간에도 손권의 투항 권고를 받아들이지 않고 아들 관평關平과 함께 살신성인했다. 목숨과 피로 '충의' 두 자를 받들며 병사를 일으켰을 때의 맹세와 신념을 지켰다.

3년 뒤 촉한 장무 2년(222), 관우의 의형제 유비와 장비는 모든 것을 걸고 동오에 대한 복수전을 벌였다. 그리고 둘 다 전쟁에서 목숨을 잃고 관우의 뒤를 따라갔다. 한 날 한 시에 태어나지는 않았지만 한 날 한 시에 죽은 것이다. 지금까지도 칭송되고 있는 '도원결의'는 참으로 감동적인 이야기이다.

『삼국지』는 『촉기』의 기록을 인용해 촉한을 멸할 때 방덕의 아들 방회龐會가 종회鍾會와 등애를 따라 촉나라로 들어와 아버지의 복수를 위해 관우의 후예를 모두 죽였다고 적고 있다. 한 시대의 영웅이 대가 끊기는 결말을 맞은 것이다.

그렇지만 관우는 후세에 전에 없는 명성을 얻었다. 촉한 정권은 관우를 '장무후壯繆侯'라고 추존했다. 수隋나라 문제 개황 12년(592)에 민간에 '관공의 신령이 나타났다'란 소문을 듣고 조정에서는 옥천사玉泉寺를 지어 관우에게 제사를 지내기 시작했다. 송원宋元대에는 관우를 신단에 모셔 '관성關聖', '관제關帝'로 섬겼다. 관우는 '문성인文聖人' 공자와 대비되는 '무성인武聖人'의 반열에 올랐다.

명청明清 시대부터 무성인은 점점 여러 방면에서 중국 민족을 보호해 주는 수호신, 신앙신으로 변했다. 관우의 사당이 여기저기 세워졌고 향불도 끊이지 않았다. 수많은 관우의 초상과 그림 중 가장 흔히 볼 수 있는 것은 관우가 촛불을 들고 『춘추』를 읽고 있는 모습인데, 이것이 그를 형상화한 대표적인 모습이다. 중국 사람들에게 있어 『춘추』는 난신적자들이 두려워하는 정의의 책이다. 『춘추』를 읽는 관우는 중국인의 마음 속에 정의의 화신인 셈이다.

사람들은 관우의 인의, 충성심, 용기를 숭배했다. 어떻게 보면 관우가 중국인의 완벽한 미덕을 실현하고 있다고 볼 수 있다. 우우임于右任 선생은 관제묘의 대련[6]에 그에 대해 잘 설명하고 있다.

"'충의'란 두 글자는 중화 민족을 단결시켜 주었고, 『춘추』란 책은 민족 정신을 대표하고 있다."

● **각주**

5 절부월節斧鉞 : 황제가 지방 관원이나 장수에게 권력을 부여하는 것이다.

6 대련對聯 : 중국에서 문짝이나 기둥 같은 곳에 붙이는 대구이다.

三國志 들여다보기

관우의 의로운 사적은 민간에 널리 전해지고 있다. 대대로 사당을 만들어 직위를 부여하고 '관제', '무재신武財神'으로 모시고 있다. 특히 상인들은 그의 충심을 우러르며 '관제'로 삼고 제사를 드린다. 또 다른 무재신으로는 조공명趙公明이 있는데 도교에서 존경받는 재물신이다.

관우

관우상

관우와 적토마

:: 주요 인물

장비

:: 주변 인물

유비, 관우, 조조

:: 키워드

용맹, 우악스러움

:: 주요 사건

의를 보고 엄안을 놓아주다, 장판파에서 조조의 병사를 물리치다

:: 고사

의를 보고 엄안을 놓아주다

:: 이야기 출처

『삼국지』「촉서」 장비전

張飛

장비 : 순진한 영웅

늘어진 범의 수염
부릅뜬 고리 눈
넓적한 손에는 장팔사모丈八蛇矛
말을 타고 다리 위에서 외쳤다.
"연나라 사람 장익덕張益德이 여기 있다!"

팔척장신에 표범 머리에 고리 눈, 제비턱에 호랑이 수염, 천둥 같은 목소리하면 누가 있겠는가! 묘사만 보아도 누군지 알 수가 있다. 이런 표현들은 이제 장비張飛의 전용 수식어가 되었다.

장비와 관련된 이야기는 『삼국지연의』와 일부 전통 희곡戲

曲에 남아 있다. 수백 자에 불과한 『삼국지』의 장비전은 장비의 열혈 팬들에게는 너무나 부족한 분량이다.

역사서의 기록에 따르면 장비는 유비와 동향으로 하북 탁군涿郡 사람이라고 한다. 젊었을 때부터 관우와 같이 유비를 모셨다. 「관우전」에서는 '관우가 두 사람과 잘 때에는 같은 침대를 썼고 형제처럼 아꼈다'고 적고 있다. 「장비전」에 따르면 '관우가 장비보다 나이가 몇 살이 많아 그를 형님으로 섬기게 되었다'고 한다. 『삼국지연의』 속 도원결의가 이루어진 것이다.

도원결의는 좀 고상하게 말하면 금란지교를 맺은 것이고 통속적으로 말하면 의형제를 맺은 것이다. 중국인들은 이런 계약과 같은 감정 교류를 좋아했다. 중국의 봉건 세력은 매우 뿌리 깊고 강대했으며 상대적으로 일반 백성들은 너무 무능하고 미약했다. 한 개인의 힘은 너무도 미약했기 때문에 개인의 해방을 외치거나 혼자 고군분투하기란 어려웠다. 그래서 생각해 낸 것이 도원결의와 같이 몇 사람의 힘을 하나로 합치는 것이다.

목적은 봉건 세력(나중에 자신이 두각을 나타내면 봉건 세력이 될 수도 있었다)을 뒤엎으려는 게 아니라 그저 서로의 힘을 모아 돌보아 주고 목숨을 바쳐 도움을 주고자 한 것이다. 한 울타리에 세 개의 말뚝이 필요하듯 사내대장부 한 사람에게는 세 무리가 필요했다. 이는 중국인의 이상주의였고 장비는 이런 이상주의의 창시자이자 수호자였다.

유비, 관우, 장비 세 사람이 처음 만났을 때 도원결의로 의형제를 맺자고 한 것은 장비였다. 그는 자신의 재산으로 '혁명'의 자본을 마련했다. 유비, 관우, 장비가 모두 맹세를 소중하게 여기기는 했지만 도원결의를 수호한 사람은 장비였다. 「고성회古城會」란 희곡은 관우가 어쩔 수 없이 조조에게 투항한 뒤 유비의 소식을 수소문해 유비, 장비를 찾아 홀로 천 리 길을 말을 달려 고성에서 장비를 만나는 이야기이다. 그런데 장비는 관우를 보자 뜻밖에도 장팔사모를 휘두르며 큰소리로 외쳤다.

"형님은 의리를 저버리고 무슨 낯짝으로 나를 만나러 왔습니까?"

장비는 도원결의가 없었더라면 관우가 조조에게 투항한 뒤 보신을 했을 거라고 여겼다. 일단 도원결의의 맹세를 저버린 관우는 죽어 마땅하다고 생각한 것이다. 이처럼 장비는 솔직하고 맹세에 집착하는 인물이었다. 나중에 관우가 동오의 습격을 받아 죽었을 때 역시 장비는 물불을 가리지 않고 유비에게 관우를 대신해 복수를 하겠다고 말한다.

"남들이 모두 부귀에 즐거워한들 어찌 옛날의 맹세를 잊겠습니까? 폐하가 가지 않으시면 신이 둘째 형님 대신 복수를 하겠습니다. 만약 복수를 하지 못한다면 신은 죽어서도 폐하를 뵙지 않겠습니다."

장비에게서 백성들이 그리는 이상주의의 희망이 보인다. 『삼국지』에는 장비와 관련된 서너 가지 일이 기록되어 있다. 가장 용맹함을 과시한 사건은 당연히 장판파에서 조조의 병사를 물리친 일이다. 이것은 적벽대전 전에 발생한 사건이었다. 조조가 형주를 되찾기 위해 남하하자 유비는 도망쳤다. 조조는 하루 밤낮을 추격한 끝에 당양 장판파까지 쫓아왔다. 유비는 조조의 병사가 오고 있다는 말을 듣고 아내까지 버리고 도망치며 장비에게 스무 명의 기병을 이끌고 가서 후방을 엄호하도록 명했다. 다리를 끊어 버린 장비는 말을 타고 강가에 서서 눈을 부라리고 장팔사모를 휘두르며 외쳤다.

"장익덕이 여기 있다, 누가 결사전을 벌일 테냐?"

그의 위용 있는 모습에 겁먹은 적군이 감히 다가오지 못하는 바람에 모두가 무사히 도망칠 수 있었다. 위나라의 책사 정욱程昱은 관우와 장비 두 사람을 만인을 대적할 만한 장수라며 '만인적'이라고 불렀다. '만인적'이란 칭호는 후세까지도 전해지고 있다.

장비와 관련된 또 다른 일화로 '의로 엄안嚴顔을 놓아준 이야기'가 있다. 유비가 서천을 얻고 유장을 공격했을 때 장비와 제갈량은 지원군인 제2부대가 되어 강을 거슬러 올라가 성을 공격해 빼앗았다. 강주江州에 도착했을 때 병사들이 유장 수하의 파군 태수 엄안을 생포하게 되었다. 장비는 엄안에게 왜 진작 투항하지 않았냐고 호통을 쳤다. 죽음을 두려워하지 않던 사내대장부였던 엄안은 정색을 하며 대답했다.

"이곳에는 목을 바치는 장군은 있어도 투항하는 장군은 없다."

장비는 크게 화를 내며 엄안을 데려가 참수하도록 명했다. 뜻밖에도 엄안은 안색 하나 변하지 않고 침착한 모습을 보이며 오히려 장비를 꾸짖었다.

"목을 자르려거든 자르지 왜 화를 내고 그러느냐?"

장비는 엄안의 장렬한 기개에 감탄하며 그를 놓아주고 빈객으로 대접했다. 장비의 성격은 관우와 달랐다. 관우가 자만하며 '병사들에게는 잘 대하면서도 사대부에게 교만하게 굴었다'면 장비는 거친 사람으로 군자는 존경하고 소인을 돌보지 않았다. 그가 엄안을 놓아준 것도 군자를 존경했기 때문이었다. 그리고 장비의 죽음은 순전히 소인을 돌보지 않은 결과였다.

유비가 스스로를 황제로 칭한 뒤 장비는 두 딸을 태자인 유선에게 시집보냈다. 두 딸 모두 차례로 황후까지 지냈다. 장비도 거기장군, 사례교위직에 오르고 서향후西鄕侯에 봉해졌다. 유비는 장비의 단점을 잘 알고 자주 훈계를 했다.

"자네는 많은 사람을 죽이고도 매일 군사들에게 채찍질까지 하였네. 형벌을 받은 자들이 자네 곁에 있으니 후일 화를 초래할까 걱정이네."

그래도 장비는 자신의 버릇을 고치지 못했다. 유비가 관우의 복수전을 위해 동오로 향했을 때, 장비도 군사 1만 명을 이끌고 낭중閬中에서 출발해 유비의 대군과 강주에서 회합할 계획이었다. 그런데 출발하기도 전에 부하인 장달張達과 범강范强이 장비를 죽인 뒤 목을 베어 가지고 손권에게 투항해 버렸다. 장비 군영의 도독이 상주문을 올렸을 때 유비는 도독 명의로 왔다는 소리를 듣고 탄식했다.

"장비가 분명 해를 당했구나!"

그것은 사실이었다. 용맹하게 살았던 장비는 후세에 환후桓侯로 추존되었다. 장비의 사당은 원래 삼협 상류에 있었는데 지금은 옮겨졌다.

장비는 거친 성격 탓에 여러 가지 사소한 일화들이 전해지고 있다. 예를 들어 미인도를 그린 일이나 사천 거현渠縣의 석벽에 장팔사모로 말을 타고 글을 새긴 일이나, 부릉涪陵의 조두刁斗, 군대에서 취사와 징 겸용으로 쓰던 도구에 훌륭한 글씨를 남긴 일 등 다양하다. 결론적으로 장비는 자신의 생각대로 가식 없이 행동하며 계교를 부릴 줄 모르는 사람이었다.

후세 소설에 등장하는 이규李逵, 노지심魯智心, 정교금程咬金, 설당說唐, 우고牛皐는 모두 장비의 모습을 형상화한 것이다. 이런 부류의 인물들은 고전 통속 소설에서 빠져서는 안 될 생동감을 불어넣는 캐릭터이다.

이런 인물이 등장한 데에는 중국의 특수한 역사적 원인이 있다. 중국인들은 역대로 모략을 중시했다. 『전국책』에서부터 풍몽룡馮夢龍, 명나라 말기의 문장가의 『지낭智囊』까지 사람들은 머릿속을 매우 복잡하게 만들며, 지모를 지나치게 남발하며 쓰지 않아도 될 일에서까지 암투를 벌였다. 따라서 백성들의 잠재의식 속에 있던 소박한 진실로 회귀하고자 하는 갈망이 장비처럼 솔직한 성격의 새로운 인물을 만들어 낸 것이다. 사람들은 장비에게 이상을 부여했다.

장비는 백성들의 대변자 역할을 확실히 했다. 『삼국지연의』의 초반 첫 번째 재미있는 에피소드는 독우를 때려 주는 이야기이다. 역사에 따르면 원래는 유비가 한 일이다. 『삼국지』「선주전」에는 '독우가 공무로 현에 도착했는데 선주(유비)가 뵙기를 청했지만 허락하지 않자 바로 들어가 독우를 묶고 장 2백 대를 때린 뒤 목에 끈을 맨 뒤 말뚝에 묶어 두었다. 그리고 관직을 버리고 망명했다'라고 적고 있다.

소설에서는 이 일을 장비의 역할로 돌리고 있는데 사람들에게 더 많은 설득력을 얻었다. 독우는 높은 관직이 아니라 주 자사가 각 현에 지방 관원을 시찰하러 보낸 감사 관리에 불과했다. 그런데도 독우는 호가호위[7]하며 소인배 같은 품성을 드러낸 것이다. 중국 백성들에게 황제나 극악무도한 구제도를 증오하라고 한다면 그렇게 하지 않을 것이다. 질박한 백성들은 직관적인 것에 감정을 폭발한다. 따라서 가장 증오하는 대상은 독우처럼 권세를 등에 업고 위세를 부리는 자였다. 그렇기 때문에 장비가 독우를 혼내 준 일은 백성들을 통쾌하게 했다. 자신을 대신해 화풀이를 한 듯해 만족감을 주는 것이다.

장비가 한 행위는 백성들의 이상이었다. 그는 철두철미한 평범한 백성들의 영웅이었다.

● 각주

7 호가호위狐假虎威 : 남의 권세를 빌려 위세를 부린다. 『전국책』의 「초책」에 나오는 말로 여우가 호랑이의 위세를 빌려 호기를 부린다는 데에서 유래했다.

三國志 들여다보기

삼십육계 중에는 '나무에 꽃이 피다' 라는 뜻의 '수상개화계 樹上開花計' 가 있다. 그 뜻은 나무에 꽃이 피지 않았는데 가짜 꽃을 나무에 붙여서 진위를 구별하기 어렵게 한다는 것이다. 장비가 장판파에서 사병들을 데리고 말을 타고 숲으로 들어가 먼지를 일으키며 장팔사모를 들고 큰소리를 쳐서 적에게 복병이 있다고 믿도록 해 접근하지 못하게 한 것이 바로 '수상개화계' 이다.

장판파에서 조조대군과 맞선 장비

:: 주요 인물

조운

:: 주변 인물

공손찬, 유비

:: 키워드

지혜와 용기를 겸비, 외로운 영웅

:: 주요 사건

강을 막아 유선(아두)을 빼앗다, 장판파에서 어린 태자를 구하다

:: 고사

강을 막아 유선(아두)을 빼앗다, 장판파에서 어린 태자를 구하다

:: 이야기 출처

『삼국지』 「촉서」 조운전

조운 : 지혜와 용기를 겸비한 진짜 장수

조운趙雲은 상산 진정眞定, 하북성 정정正定 사람으로 후세에는 상산 조자룡趙子龍이라고 불렸다. '자룡'은 조운의 자이다. 한 초에는 진정 조 씨가 현지의 대호족이었지만 조운 대에는 이미 몰락해 있었다.

조운은 팔척장신으로 외모가 훤칠했다. 젊었을 때 지방에서 천거되어 의용군을 이끌고 유주의 공손찬에게 귀의했다. 당시 원소가 기주목을 맡고 있었는데 공손찬은 북방 백성들이 자신보다 훨씬 명성이 높은 원소에게 귀의할까 봐 근심에 싸여 있었다. 공손찬은 조운이 자신에게 와준 것이 내심 기뻤지만 겉으로는 희롱조로 말했다.

"그곳의 사람들은 원소에게 귀의하길 바란다는데 자네는

어째 혼자 다르게 행동했는가?"

조운은 조금도 거만하거나 비굴하지 않은 태도로 말했다.

"천하가 떠들썩하고 위기로 혼란한 형국이라 백성들이 극도의 고통에 시달리고 있습니다. 우리 주의 사람들은 인정을 펼치는 장관을 따를 뿐 원소나 장군의 명성에 치우치지 않습니다."

공손찬의 진영에서 군관이 된 조운은 공손찬을 따라 정벌전에 참여했다. 공손찬은 조운을 특별히 총애하지도 그렇다고 홀대하지도 않았다. 조운도 공손찬에게 특별한 감정이 없었다.

어느 날 공손찬의 진영에 손님이 찾아왔다. 바로 대유학자 노식 선생의 문하에서 같이 수학했던 유비였다. 유비는 조운을 보자 일찍 만나지 못한 것을 한탄했다. 조운은 공손찬의 밑에 있으면서 자신의 재능을 알아주지 않는다는 느낌을 받았는데 유비는 공손찬보다는 더 믿고 기댈 만한 사람 같았다. 그 후 조운은 형이 세상을 떠나자 공손찬에게 고향에 갔다 와야겠다는 보고를 한다. 유비는 조운이 이번에 가면 돌아오지 않을 수도 있다는 사실을 눈치 채고 깊은 정을 담아 손을 꼭 잡으며 작별을 고했다. 조운은 여전히 담담한 태도로 "결코 덕을 저버리지 않겠다."는 말을 남겼다. 유비에게 의탁할지는 모르겠지만 앞으로 덕 있는 자를 따를 거라는 뜻이었다.

관도대전이 벌어지기 전 유비는 원소에게로 갔다. 조운은 주의 깊게 유비의 사람됨을 주시한 뒤 유비를 따르기로 결정하고 업성으로 달려왔다. 당시 관우, 장비와 뿔뿔이 흩어져 혼자가 된 유비는 마침 조운이 자신을 따르자 매우 기뻐했다. 친밀함을 나타내기 위해 관우와 장비처럼 조운과도 같은 침대에서 눈을 붙였다. 이는 후대 소설가나 독서가들이 조운에게 '사제'란 이름을 붙이는 근거가 된다. 조운은 유비로부터 비밀 부대를 조직하라는 명령을 받고 수백 명의 건장한 사내들을 모집해 '유 좌장군(당시 유비는 좌장군이었다) 수하 부대'라고 불렀다. 원소는 줄곧 이 사실을 모르고 있었다.

원소가 조조에게 격파 당한 뒤 조운은 유비를 따라 남쪽의 형주목 유표에게 간다. 그 후 참으로 힘든 시간을 보내게 된다. 영웅은 역경 속에서 이름을 날린다고 했듯이 이때 그 유명한 장판파 사건이 일어났다. 조조가 남정해 형주를 함락시키고 유비를 쫓아 당양 장판파지금의 호북성 당양 북동쪽까지 온다. 유비는 처자식을 돌볼 겨를이 없었다. 위기의 순간 조운은 강보에 싸인 유비의 어린 아들, 즉 후일 황제가 되는 유선을 품에 안고 유선의 생모 감 씨를 보호하며 만군의 포위를 빠져나와 안전하게 유비 곁까지 데려온다. 당시 조운이 조조에게 투항하러 갔다고 유비에게 말한 자가 있었다. 그러나 유비는 그의 사람됨을 잘 알았기 때문에 화를 내며 손에 가지고 있던 미늘창을 그 자에게 들이댔다.

"조자룡은 나를 버리고 갈 자가 아니다."

과연 조운은 감 부인과 아들을 데리고 유비 곁으로 돌아왔다. 사람들은 감탄을 하며 그를 호담虎膽 장군, 호위虎威 장군이라고 불렀다.

조운은 용맹할 뿐만 아니라 성격도 듬직하고 신중했으며 담력과 지모도 갖춘 데다 사리사욕도 없었다. 유비와 제갈량은 그를 믿고 일을 맡길 수 있었다. 적벽대전이 끝난 뒤 조운은 승세를 타서 계양군을 함락했다. 투항한 전 계양 태수 조범趙范이 절세미인인 미망인 형수를 바쳤지만 조운은 완곡하게 사양을 했다.

"서로 성도 같은데 자네의 형님이면 나의 형님도 되거늘 어찌 형님의 홀로 된 처를 취할 수 있겠는가?"

당시 그냥 받아들이라는 사람도 있었지만 조운은 분명하게 말했다.

"조범은 어쩔 수 없이 투항한 자로, 그의 마음은 예측할 수가 없다. 천하의 여인이 많고 많은데 하필 조범과 관련된 자와 있을 필요가 있겠는가!"

나중에 조범은 정말 모반을 꾀하고 도망을 쳤다. 다행히도 조운은 연루되는 일을 피할 수 있었다. 조운의 진중하고 믿음직한 모습을 보여 주는 또 다른 일화로 강을 막아 손 부인으로부터 유선을 빼앗은 이야기가 있다. 『삼국지』에서는 「조운별전」을 인용해 그 일화를 적고 있다. 유비가 군사를 이끌고 촉으로 가고 조운은 제갈량, 장비와 함께 형주를 지키고 있었다.

당시 유비의 손 부인은 자신이 손권의 여동생이라는 신분을 믿고 사치를 일삼으며 교만하게 굴었다. 손 부인 수하의 사람들은 모두 시집올 때 동오에서 데려온 병사들이었는데 불법 행위를 일삼아 문제가 되었다. 손 부인 때문에 골머리를 앓던 유비는 조운이 신중한 사람임을 알고 내사를 관리하며 손 부인을 맡아 달라고 부탁했다.

그런데 유비가 서쪽 정벌을 떠나자 손권은 여동생을 데려오기 위해 배를 보냈다. 손 부인은 유비의 아들 유선아명이 아두을 데리고 동오로 가려 했다. 조운은 이 사실을 알고 놀랐다. 그것은 손권에게 인질을 보내는 것과 마찬가지이기 때문이다. 그는 장비와 함께 강을 막아 손 부인의 책망이나 위엄을 무시하고 억지로 아두를 빼앗아 데리고 돌아왔다.

나중에 서정을 나간 유비가 구원을 요청하자 조운, 제갈량, 장비 등은 군대를 이끌고 형주에서 강을 거슬러 올라가면서 강기슭의 군현을 평정하며 마지막으로 유비의 대군과 성도에서 만났다. 근거지를 탈취한 뒤 조운은 정국에 대한 인식과 정치 의식을 더 많이 드러냈다. 사천을 막 얻은 유비가 성도 성내의 거처와 성 밖의 땅을 장수들에게 나누어 주려고 하자 조운은 반대 의견을 내놓았다.

“익주를 평정한 지 얼마 되지 않아 백성들의 인심이 아직 안정되지 않았습니다. 전쟁으로 얻은 전답과 집은 당연히 백성에게 모두 돌려주어 편안하게 생업에 종사하게 해서 민심을 얻어야 합니다. 그래야 오랫동안 치안을 유지할 수 있을 것입니다."

조운은 '흉노를 아직 멸하지 않았는데 어찌 저택을 받겠습니까?'라고 말한 곽거병霍去病, 전한 무제 때의 명장의 예를 들어 자신의 뜻을 전했다. 조운의 말에 일리가 있다고 생각한 유비는 그의 제안에 따랐다.

조운은 성격이 담담하고 담박한 데다 유비와는 정치적 견해가 달라 그의 환심을 얻을 수는 없었다. 조운은 용맹하고 충성스럽고 재주도 크게 살 만했지만, 촉한에서의 정치적 지위는 『삼국지연의』에 나온 것에 크게 미치지 못했다. 그 사실을 잘 설명해 주는 예가 있다.

유비가 성도에서 한중왕漢中王이라고 칭했을 때 군신들이 한 헌제에게 올린 상소의 명단 첫 번째에는 평서장군 도정후 마초가 있었고 그 뒤를 이어 제갈량, 관우, 황충, 법정, 이엄 등이 있었다. 조운의 이름은 그 다음 120명 안에 들어 있었다. 유비는 관우, 장비, 마초, 황충을 전후좌우 사장군(삼품)으로 제수했지만 조운만은 오품 익군장군翊軍將軍에 봉했다. 익군장군은 오늘날로 말하자면 일개 장군에 불과했다. 유비에게 황제로 등극하도록 권하는 상소에 조운의 이름이 없었던 탓이다.

황제가 된 후 유비는 관우의 복수를 위해 동오 정벌을 서둘렸지만 이번에도 조운은 '나라의 역적은 조조이지 손권이 아니다'라고 말리며 유비의 뜻을 거슬렀다. 유비는 장비를 거기장군, 서향후로, 마초를 표기장군, 태향후斄鄕侯로 봉했다. 그에 반해 조운은 여전히 익군장군이었다.

유선이 즉위하고 관우, 장비, 마초, 황충이 다 죽고서야 조운은 정서장군(사품), 영창후永昌侯로 봉해진 뒤 나중에 진동鎭東장군으로 승격되었다. 조운은 줄곧 관우, 장비, 마초, 황충과는 어깨를 나란히 하지 못했던 것이다. 하지만 진수의 『삼국지』에서는 조운을 '오호상장五虎上將'에 집어넣어 그의 공을 높이 평가하고 있다.

촉한을 세운 뒤 조운은 제갈량의 북벌 전쟁 중 두 차례에 걸쳐 참여하게 된다. 첫 번째 북벌에서 촉한의 북벌군은 가정을 잃은 뒤 대패해 대오조차 이루지 못하는 참담한 손실을 입었다. 그러나 조운만은 후방을 호위하면서 자신의 군졸을 한 명도 잃지 않고 통솔 군대와 물자를 무사히 데리고 돌아왔다. 제갈량은 조운에게 후한 상을 내리고자 했지만 조운은 거절했다. 군대가 참패한 마당에 상을 받는다면 상벌이 불분명해진다는 것이 이유였다.

건흥 7년(229), 조운은 오호상장 중 가장 마지막으로 병사했다. 조운은 죽은 후에도 불공평한 대우를 받았다. 「조운전」에 따르면 유선 시절에 제갈량에서 관우, 장비, 마초, 방통, 황충까지 모두 추존되지만 조운만 그러지 못했다. 나중에 조정과 세간에서 조운에 대한 불공평한 처사에 대해 의론이 분분해 대장군 강유 등이 토론한 끝에 조운을 순평후順平侯로 추존한다. 그가 추존된 때는 경요景耀 4년(261) 유선이 친정한 지 15년이나 지난 뒤였다. 촉한의 멸망까지 3년밖에 남지 않은 시점이었다.

백성들은 조운에 대해 높이 평가하고 충성스럽고 용맹한 그를 '사장군'이라 부르며 그리워했다. 오늘날 대읍현大邑縣성 동문을 나가면 북쪽에 각기 크기가 다른 보루처럼 생긴 언덕 아홉 개가 20여 리에 걸쳐 일렬로 늘어서 있다. 현지 사람들은 그것을 일컬어 '구채연영九寨連營'이라고 한다. 아홉 개의 산봉우리는 푸른 평지에 가로누워 있는데 그 모양이 마치 아름다운 병풍 같아 옛 사람들은 '금병산錦屛山'이라 부르기도 했다. 그들은 아주 자랑스럽게 그곳을 가리켜 "여기에는 역사적으로 가장 용맹한 장군, 조운이 묻혀 있다."고 말할 것이다.

三國志 들여다보기

대읍현 동문 밖에는 자룡묘子龍廟가 있는데 중화인민공화국 건국 전까지 매년 2, 3월이면 자룡묘에서 잔치를 베풀고 한 달간 공연을 열었다고 한다. 성대한 잔치에 드는 돈은 중국 지주 중 한 사람인 유문채劉文彩가 지불했다. 조운이 유선을 보호해 유 씨의 후대를 보존하게 해주었기 때문이다.

조자룡

:: 주요 인물
주유

:: 주변 인물
손책, 원술, 손권

:: 키워드
사람을 관대하게 대하다, 늠름하고 재기 있다, 고아하고 재주가 뛰어나다

:: 주요 사건
적벽대전

:: 고사
적벽대전, 노래에 잘못이 있으면 주유가 살핀다, 일시유량

:: 이야기 출처
『삼국지』「오서」 주유전

주유 : 늠름하고 재기 있는 강동의 외로운 영웅

주유周瑜는 후한 영제 희평熹平 4년(175)에 태어났다. 그 해에 영제는 대학자 채옹(채문희의 아버지) 등에게 동관東觀에서 오경 문자를 전면적으로 대조하고 정리해 잘못을 바로잡으라고 명하고 서책을 비석에 새겨 태학 앞에 세워 놓고 사회에 본보기로 삼았다. 이것이 유명한 '희평석경熹平石經'이다. 비석이 세워지자 그것을 보러 오는 천여 개의 수레가 거리와 골목을 가득 메웠다. 이처럼 고상한 멋을 숭상하는 시대에 역사적으로 유명하고 고상한 장수가 태어났다.

주유는 여강 서성舒城, 지금의 안휘성 여강 사람으로 그의 선조 중에는 태위를 지낸 사람이 둘이나 있었다. 그의 아버지 주이周異는 수도 낙양에서 현령을 지냈었다. 주유는 외모가 훤칠하고 성품이 맑고 우아한 멋을 지닌 인재로, 역사서에도 그의 외모에 대해 '늠름하면서 용모가 빼어났다'고 기록할 정도다. 게다가 주유는 다재다능했는데 특히 음률에 정통했다. 심지어는 술을 마신 뒤에도 금을 켜는 자가 음을 잘못 연주하면 즉시 알아채고 바르게 고쳐 주기까지 했다. 당시 사람들 사이에 떠돌던 민요 중에는 '노래가 잘못되면 주유가 살핀다'는 노래까지 있었다. 오늘날 음률에 정통한 자를 가리키는 '고곡주랑顧曲周郎'이란 말도 이런 고사에서 나온 것이다.

음률의 천재는 나중에 친구의 부름을 받아 전쟁 대열에 참여하게 된다. 주유는 동오의 개국 군주인 손책의 어릴 적 동무였다. 손책의 아버지 손견이 동탁을 토벌하기 위해 집을 서성으로 옮겼을 때 손책이 태어났다. 같은 해에 태어난 두 사람은 사이가 매우 좋아 주유가 자신의 도남道南 대저택에 손책의 가족들을 머물게 할 정도로 허물없이 한 식구처럼 친하게 지냈다.

나중에 손견이 세상을 떠나자 손책은 아버지의 대업을 잇기 위해 군벌 원술에게 병사를 빌려 강동 정복을 준비했다. 그때 손책은 가장 먼저 주유를 떠올리고 서신을 보내 도움을 청했다. 주유도 서슴지 않고 곧바로 병사를 모아 손책을 보좌했다. 손책은 주유를 보고 너무 기뻐서 "자네의 도움을 얻었으니 만사가 다 준비되었네!" 하고 외쳤다고 한다. 두 젊은 장군은 손을 잡고 강동 정벌전을 벌였다.

그들은 말릉秣陵, 호숙湖孰, 강승江乘, 곡아曲阿 등지를 정복했다. 이때까지도 두 사람은 명목상 원술의 부하였다. 손책의 부대는 곧 수만 명으로 늘어났다. 손책은 군대를 이끌고 계속해서 오군吳郡, 회계를 공격했고 주유는 회군해 단양군丹楊郡을 지켰다.

주유가 단양군에 주둔하고 얼마 지나지 않아, 이름뿐인 상관 원술이 단양 태수를 파견하며 주유에게 원술의 주둔지인 수춘壽春으로 돌아올 것을 명한다. 원술은 주유를 매우 마음에 들어 하며 그를 장군으로 삼으려고 했다. 그러나 원술이 큰일을 할 사람은 아니라고 판단한 주유는 그의 무리에 들어가고 싶지 않았다.

결국 주유는 원술 밑에서 거소居巢 현장을 맡을 뜻이 있는 것처럼 꾸미고 기회를 틈타 동쪽 오군에 있는 손책을 찾아갔다. 그 해가 헌제 건안 3년(198)이었다. 손책은 직접 주유를 맞이하며 관사도 지어 주고 후한 상을 내렸다. 또한 건위 중랑장이란 관직을 내리고 보병 2천과 기병 5천을 주어 통솔하게 했다. 당시 주유는 겨우 스물넷이었다. 젊고 유망하고 혈기왕성한 젊은이는 오중吳中 일대 관민들에게 '주랑周郎'이라고 불렸다. 이 고아한 호칭은 평생 그를 따라다녔다.

주유의 풍류를 보여 주는 일례로 하늘이 맺어 준 인연 소교와의 결혼이 있다. 주유와 천하절색이었던 소교는 선남선녀로 세간 사람들의 부러움을 산 한 쌍이었다. 당대唐代 두목杜牧

의 시 중 '동풍이 주유를 도와주지 않았다면, 동작대銅雀臺에 봄이 깊었을 때 이교二喬, 대교와 소교를 가두었을 텐데'란 구절은 후세에 유명해진 전쟁에 낭만적인 색채를 더하며 이교의 미모에 신비함을 가미했다. 역사적으로 살펴보면 소교와 대교 자매는 사실 손책과 주유가 환성을 격파했을 때 얻게 된 포로였다. 손책은 대교를 주유는 소교를 취했는데 모두 본처가 아니라 첩실에 불과했다.

주유와 손책은 몇 년간의 정벌전을 통해 강동에 천하를 이루었지만 손책에게는 누릴 복이 없었다. 건안 5년(200) 주유의 죽마고우이자 동서 사이였던 '소패왕' 손책은 불행히도 자객을 만나 목숨을 잃었다. 결국 그의 동생 손권이 뒤를 이어 강동을 다스렸다. 주유는 상을 치르러 오군으로 군사를 이끌고 와 오중에 머무르며 중호군의 신분으로 장사 장소와 함께 손권을 보좌했다. 손책은 임종할 때 손권에게 '내사는 장소에게 묻고 외사는 주유에게 물어라'라는 정치적 유언을 남겼다. 손권의 어머니도 손권에게 이렇게 말했다.

"공근公瑾, 주유과 백부伯符, 손책의 자는 같은 해에 한 달 차이를 두고 태어났다. 나도 그를 아들처럼 여기니 너도 형처럼 섬기어라."

손권에게 주유를 형님처럼 대하라고 당부한 것이다. 주유는 손책의 당부를 저버리지 않았다. 건안 13년(208) 조조의 대군이 변경을 압박해 왔을 때 동오에서는 화의를 청하고 투항하자는 여론으로 들끓었는데, 오직 주유와 노숙 등 몇몇 대신만 항전을 주장했다. 주유는 적군와 아군의 상황을 자세하게 분석하며 유비와 연합해 조조에게 맞서라고 손권을 설득했다. 이렇게 해서 그 유명한 적벽대전의 서막이 시작된 것이다.

주유의 명성은 적벽대전에서 공을 세우면서 알려졌다. 그는 소수로 다수를 대적하는 전쟁을 지휘했다. 2만 명의 군대로 열 배나 많은 적군을 격파하며 천하를 셋으로 나눈 것이다. 유명한 적벽대전에서 주유는 부하 황개가 제안한 투항 유인 작전을 받아들여 불 공격을 통해 조조의 수군과 강기슭의 진영을 불바다로 만들어 버렸다. 연기와 화염이 하늘을 뒤덮고 수많은 사람과 말이 불타거나 익사했다. 조조는 화용도華容道로 패주하며 황급히 북으로 돌아갔다. 당시 주유는 서른넷에 불과했다.

오늘날 소설이나 연극에서 주유는 속 좁은 사람으로 그려지지만 역사서의 기록은 정반대이다. 주유는 '성격과 도량이 넓어 많은 사람을 얻었다'고 한다. 동오의 노장 정보는 나이를 들먹이며 거만하게 굴었는데 여러 번 주유를 괴롭히고 경멸하기도 했다. 그러나 주유는 자신을 낮추며 그를 용서하고 문제 삼지 않았다. 결국 정보도 나중에는 그에게 탄복하며 만나는 사람들에게 이렇게 말했다.

"주유와 사귀어 보면 참 매력이 있는 사람이다. 잘 만든 진하고 순수한 술을 마시는 듯 자신도 모르게 취하게 된다."

소설이나 연극에서 주유를 속 좁은 사람으로 비방한 주요 원인은 제갈량 때문이다. 솔직히 주유와 제갈량 모두 당대의 뛰어난 인재였다. 오늘날 두 사람의 재주가 막상막하란 뜻의 성어 '일시유량一時瑜亮'에서도 주유와 제갈량을 같이 언급하고 있다. 소설 『삼국지연의』의 적벽대전을 묘사한 장에서는 제갈량과 그림자처럼 붙어 다니는 인물이 있는데 그가 바로 주유이다. 작가는 촉한이 조조와 손권을 제압한다는 정통 사상의 영향을 받아 제갈량의 이미지를 위해 주유의 모습을 퇴색시키고 있다.

소설에서는 주유는 몇 차례나 제갈량을 죽이려고 하고 있는데 역사적으로 본다면 그것은 터무니없는 이야기이다. 각자의 군주를 모시며 국가의 안위를 위해 몸을 바친 현명하고 능력 있는 인재를 질투나 하는 속이 좁은 인물이라고 단순하게 결론지을 수는 없다. 주유와 제갈량 사이의 논쟁은 결국 동오와 촉한 양국 간의 형주 쟁탈전을 반영하고 있다.

적벽대전에서 조조에 대항한 주력군은 동오였다. 주유가 승세를 타 조조의 부하 조인을 치고 마지막으로 강릉성을 수복했을 때 유비 진영은 그 틈에 무릉, 장사, 영릉, 계양 등 형주 4군까지 근거지를 확장하고 있었다. 그것은 주유의 입장에서 볼 때 신의를 저버린 행위였다. 따라서 손권에게 유비를 강동으로 불러와 음탕한 생활로 그의 눈과 귀를 즐겁게 해서 투지를 꺾고 유비의 용맹한 장수 관우, 장비와 서로 격리한 뒤, 유비를 인질로 삼아 전쟁을 벌여 형주의 땅을 되찾자는 제안을 했다. 그렇지만 손권은 북방에서 조조가 호심탐탐 노리고 있고 단기간에 유비를 제압할 수 없기 때문에 주유의 권유를 받아들이지 않았다. 형주 문제는 결국 주유가 평생 해결하지 못한 한으로 남았다.

주유의 명성이 점점 널리 알려지면서 유비와 조조는 각자의 이익을 위해 주유를 헐뜯고 손권과의 군신 관계를 이간질하려고 했다. 「강표전」에 따르면 비운호飛雲號에서 유비가 손권과 독대했을 때 진심어린 어조로 탄식했다고 한다.

"주유는 문무를 겸비한 만인의 뛰어난 인재입니다. 그의 기량이 점점 커진다면 신하로 얼마 있지 못할까 걱정됩니다."

사료에 손권이 그의 말을 믿었다는 직접적인 설명은 없지만 손권이 그의 말을 믿지 않았다는 역사적 증거도 없다. 손권은 의심이 많은 군주였다. 진수의 『삼국지』에서도 그가 '시기심이 많은 성격이다'라고 평가하고 있다.

똑똑한 주유는 그 점을 인식을 했는지 나중에 손권에게 사천 촉지를 취하라고 권유할 때 손권의 사촌 동생인 분위장군 손유와 동행한다는 점을 특히 강조했다. 손유가 함락된 촉지를 지킬 거란 사실을 미리 밝힘으로써 자신이 촉지에 들어가 독자적으로 나라를 세울 염려가 없다는 것을 보여 주었다.

손권은 흔쾌히 승낙하자 주유는 강릉으로 돌아가 서진할 준비를 하려고 했다. 그렇지만 촉지는 동오의 손에 들어갈 운명이 아니었던 것 같다. 하늘이 뛰어난 인재를 질투했는지 주유는 천수를 누리지도 못하고 강릉으로 돌아가기 전 파구巴丘에서 병에 걸려 다시는 일어나지 못했다. 그의 나이 서른여섯이었다. 웅대한 포부와 뜻을 품은 그의 죽음에 후세 사람들은 동정과 아쉬움을 표했다.

손권은 후일 주유를 높이 평가했다. 그는 황제로 등극한 뒤 "나는 주유가 아니었으면 황제가 되지 못했다."라고 말했다. 또 육손, 주유, 노숙, 여몽에 대해 논할 때 손권은 주유를 최고로 꼽았다. 물론 모두 주유가 세상을 떠난 후 내린 평가로 오늘날 추모식의 추도사처럼 좋은 말만 골라한 것인 모양이다. 실제로 손권의 행동을 보면 옛정을 그리워하지 않는 듯하다. 주유가 죽은 지 얼마 지나지 않아 아들 주윤周胤은 죄를 물어 서인으로 강등시켰고 게다가 여릉군廬陵郡에서 귀양살이를 하게 한다. 또한 주유의 3천 명 사가 군대도 그가 죽은 뒤 얼마 후 해체시켰다. 소탈하고 풍류를 아는 영웅은 처량한 결말을 맞게 된 것이다.

三國志 들여다보기

적벽은 지금의 호북성 무창현 서쪽 적기산에 있다. 산이 붉은 색을 띠어 적벽이라 한다. 적벽대전은 후한 말기 가장 유명한 전투로 위, 촉, 오 삼국이 정립하는 계기가 되었다. 그로 인해 적벽은 유명한 유적지가 되었다.

적벽의 입구

적벽을 바라보는 주유상

:: 주요 인물

사마의

:: 주변 인물

조조

:: 키워드

권모술수, 간교함, 잔인함

:: 주요 사건

승상부에서 '문학연'을 지내다, 제갈량의 북벌에 대항전을 핑계로 조상을 주살하다

:: 고사

죽은 제갈량은 사마의도 놀라 도망가게 한다

:: 이야기 출처

『삼국지』「촉서」 조상전, 『진서』「선제기」

司馬懿

사마의 : 잔인한 야심가

사마의司馬懿는 삼국시대 말기 위나라에서 중요한 인물이다. 그는 촉한의 제갈량과 재기를 겨룰 만한 최고의 책략가이자 정치가이다. 이렇게 중요한 인물인데도 『삼국지』에서는 사마의 전을 찾아볼 수가 없다. 그의 사적은 『삼국지』 내 다른 사람들의 전기에 산재해 있기 때문에 찾는 데도 시간이 많이 걸린다.

『진서晉書』에는 그에 관한 기록이 '전傳'이 아니라 황제에 관한 기록인 '기紀'로 분류되고 있다. 그의 자손이 위나라를 대신한 진晉나라 황제가 되었기 때문이다. 그는 진나라 황제의 고조로 『진서』의 첫 머리 1편 「선제기宣帝紀」에 놓여 있다. '선제'는 사마의의 후손들이 황제가 된 뒤 추존한 호칭이다.

사마의는 후세에 음모가라는 인상을 남겼다. 그의 평생 행적을 보면 조조와 매우 유사하다. 그러나 조조처럼 성격이 매력적이지는 않았다. 사마의는 음험하고 교활하며 무정하고 잔인한 사람이었다. 그는 평생 권모술수를 부렸는데, 제갈량이 지혜로운 책략가였다면 사마의는 권모술수의 대가라고 할 수 있다.

사마의의 자는 중달仲達이며 하내河內, 지금의 하남성 온현溫縣 사람으로 중원의 고위 호족 집안에서 태어났다. 그의 조부는 영천潁川 태수를 지냈고 부친 사마방司馬防은 낙양령, 경조윤京兆尹을 지냈다. 조조가 낙양 북부위였을 때 사마방은 조조의 상관이었다. 사마의는 팔형제 중 둘째였다.

그는 장차 맞수가 될 제갈량보다 두 살이 많았는데 젊었을 때부터 사해에 이름을 날렸다. 조조 수하의 대신 최염이 그를 '총명하고 사리에 밝고 강단 있는 데다 영특하다'고 칭찬을 하자 인재를 아끼던 조조는 사마의를 자신의 수하로 부리고 싶어 했다. 그렇지만 사마의는 가문을 중요하게 생각했기 때문에 '환관'의 후예인 조조를 우습게 여겼다. 결국 거듭 사양을 하며 자신이 중풍에 걸려서 정상적인 거동도 할 수 없다고 거짓말을 했다. 병을 핑계 삼아 거절하는 방식은 사마의가 자주 써먹는 권모술수였다. 후세에 원세개袁世凱 같은 모략가들은 그를 따라했다. 병을 핑계 삼는 것은 중국식 권모술수의 한 방법이 되었다.

조조는 쉽게 남을 믿는 사람이 아니었기 때문에 사람을 보내 사마의의 병세를 몰래 살펴보라고 시켰다. 사마의는 그럴듯하게 침대에 누워 일어나지 않았다. 이는 건안 6년(201)에 있던 일이었다. 당시 조조는 관도대전을 마치고 창정倉亭에서 원소를 격파한 뒤 군사를 이끌고 여남에 가서 유비를 토벌하는 중이었다. 유비는 남쪽의 형주 유표에게 의탁해 있었고 조조는 한창 전성기를 구가하고 있었다.

사마의는 몇 년간 병을 핑계 삼다 건안 13년(208)에는 어쩔 수 없이 나와 조조의 승상부에서 '문학연文學掾'이란 속관이 되었다. 그가 꾀병이었다는 사실이 드러났기 때문이다.

어느 날 사마의는 날이 좋으니 장서에 햇빛을 쐬라고 시켰는데 갑자기 큰 비가 쏟아졌다. 당시 곁에 아무도 없는 것을 본 사마의는 책이 비에 맞아 상할 것을 염려해 중풍에 걸린 체하는 것도 잊고 황급히 서적을 거두어들였다. 지모에 능했던 사마의도 그때까지는 진실한 성정을 가지고 있었던 것이다. 만약 시간이 더 흐른 뒤였다면 몇 권의 책 때문에 자신이 꾀병이었다는 사실을 들키지 않았을 것이다. 사마의의 부인도 독한 사람이었다. 사마의의 부인은 이 일을 알게 된 하녀 하나를 이미 비밀리에 없애 버렸다고 남편에게 말했다.

그렇지만 사마의는 부인에게 잔인하다고 나무라지 않았다. 악랄한 면에서 부부는 똑같았다. 그렇지 않다면 사마사司馬師, 사마소司馬昭 같이 독한 두 아들을 낳을 수 없었을 것이다. 그래도 사마의는 안심이 되지 않았다. 한 사람이 보았다면 다른 사람이 알 수도 있는 일, 만약 조조가 안다면 어떡한단 말인가? 조조의 악랄함은 사마의에 뒤지지 않았다. 조조는 승상에 오른 뒤 사람을 보내 사마의를 불러오라고 하면서 만약 응하지 않는다면 없애 버리라는 명을 내렸다.

결국 사마의는 병이 다 나았다며 승상부로 들어갔다. 당시 그의 나이 서른이었다. 사마의가 조조와 상극인 운명인지 그가 조조의 곁으로 온 그 해에 조조는 적벽대전에서 참패를 맛본다. 물론 조조도 그런 생각까지는 하지 못했을 것이다. 하지만 간사한 조조는 나중에 교활하기로는 자신을 능가하는 사마의에 대해 경계하게 된다.

조조는 사마의가 기의한 상이란 소문을 들었다. 사마의가 '낭고상狼顧相'이라 몸은 앞으로 향한 채 머리를 180도 돌려 뒤를 볼 수 있다는 것이다. 이런 괴상한 사람이 실제로 있는지 없는지는 알 수 없지만 조조가 사마의를 시험해 보았더니 정말 그래서 매우 놀랐다고 전한다. 조조의 측근 화흠華歆은 조조에게 이런 말은 한 적이 있다.

"사마의는 매처럼 노려보고 이리처럼 돌아보는 자라 병권을 주어서는 안 됩니다. 그럼 국가에 큰 화가 될 것입니다."

한번은 조조가 서너 마리의 말이 여물통에서 풀을 먹는 꿈을 꾸었다. 여물통을 의미하는 '조槽' 자가 '조曹'와 같은 음이라 조조는 매우 불쾌한 데다 어렴풋이 불길한 느낌까지 받았다. 조조는 꿈속의 말 서너 필이 사마의司馬懿 부자 셋이 아닌지 의심하기 시작했다. 그래서 꼬투리를 잡아 그들을 죽이려고 했지만 교활한 사마의는 조비를 방패막이로 삼았다. 사마의는 갖은 수를 써서 조비와 교분을 쌓았다. 조조가 매번 손을 쓰려고 할 때마다 조비가 나서 그를 보호했다.

조조의 모든 좌절을 사마의의 탓으로 돌리는 데에 모든 사람이 동의할 수는 없을 것이다. 사실 사마의는 조조 밑에 있을 때 비범한 전략적 재능을 보여 주었기 때문이다. 조조가 장로를 투항시키고 처음 한중을 평정했을 무렵, 사마의는 조조에게 유비가 촉지에서 아직 자리를 잡지 못한 틈을 타 단숨에 해치우고 서촉을 평정하라고 제안했다. 당시 사마의를 별로 개의치 않았던 조조는 '욕망에는 끝이 없다'면서 지나친 욕심이라고 그를 비웃었다.

나중에 유비가 성도에서 한중왕으로 칭하자 조조는 대노하며 전 병력을 다 쏟아 토벌하려고 했다. 그때 사마의는 냉정하게 오촉 연맹의 허점을 분석하며 두 나라의 관계를 이간질해 유비를 양측에서 공격한다면 한중, 서천을 쉽게 얻을 수 있다고 제안했다. 조조는 그의 계책대로 해서 한중을 얻지는 못했지만 유비에게 형주를 잃고 군영이 불에 타는 참패를 안겨 주었다.

조비가 한나라를 찬탈하고 제위에 오르자 사마의는 그와의 교분 덕분에 순탄한 길을 갔다. 결론적으로 말하자면 조조, 조비의 시대에 사마의는 칩거하고 있는 이리와 같았다.

사마의의 군사적 재능은 제갈량과의 대항전에서 집중적으로 드러난다. 당시는 이미 조비의 아들 명제明帝 시기였다. 제갈량은 기산에서 북벌을 시도했지만 아무런 성과를 얻지 못하고 돌아갔다. 당시 위나라는 사마의가 주도하고 있었다. 제갈량은 군사 전략 면에서 사마의를 능가하지 못했다. 이점은 제갈량 본인도 인정했다.

"내가 걱정하는 자는 오직 사마의 한 사람뿐이다."

결국 마지막 교전에서 제갈량은 군사를 오장원에 주둔시키고 사마의와 위남渭南에서 전쟁을 벌였다. 원정을 나온 제갈량은 매번 군량 보급을 걱정했다. 사마의는 이 점을 알고 장기전이 자신에게 유리하다는 사실을 깨달았다. 그래서 제갈량이 싸움을 걸고 자극을 해도, 심지어 여자의 옷을 보내 치욕을 주어도 사마의는 냉정하게 철저히 수비만 하고 싸움을 하지 않는 전략을 고수했다. 결국 아무런 대책이 없던 제갈량은 전선에서 병으로 세상을 떠났다.

만일 제갈량과 사마의가 동급의 인물이라면 다른 이류, 삼류 인물은 자연히 자세히 거론할 필요가 없다. 재기와 무예 모두 뛰어나 조비의 칭찬을 받았던 장수 맹달孟達은 병사를 일으켜 제갈량에게 대응하려고 하다가 사마의 수하의 병사들에게 목숨을 빼앗겼다. 요동의 공손연公孫淵이 왕으로 칭했지만 한 번의 전쟁으로 사마의에게 평정을 당한다.

토사구팽, 쓸모가 다하면 버림을 받는다. 강력한 맞수가 사라진 뒤 사마의는 위나라 정권에서 필요가 없게 되었다. 사마의와 조상曹爽은 위나라 명제로부터 임종할 때 자식을 부탁받은 대신들이었다. 제왕齊王 조방曹芳이 제위에 올랐지만 대권은 위나라 종실의 조상 수중에 떨어졌다. 조상은 처음에는 사마의를 존중했지만 아랫사람의 부추김에 넘어가 곧 사마의에게 칼날을 겨눌 태세를 취했다. 사마의는 다시 병이 든 척했다. 그것은 위험을 피하기 위해서라기보다 기회를 기다렸다가 치명적인 반격을 가하기 위해서였다.

당시 사마의의 사실적인 꾀병 연기는 최고조에 이르렀다. 조상의 측근 이승李勝이 형주 자사로 임명되어 작별 인사를 빌미로 방문했는데, 사마의는 중풍에 걸려 정신을 놓은 척하며 말도 횡설수설하고 노망이 난 척했다. 옷 한 벌도 제대로 들지 못하고 죽도 옷섶에 다 흘리는 모습이 염라대왕이 부를 날만을 기다리는 정신 나간 사람 같았다. 결국 이승은 사마의가 진짜로 병에 걸렸다고 믿었다. 그는 그 사실을 고하며 사마의가 안쓰러워서 눈물까지 흘렸다고 한다.

조상이 경계심을 늦추고 수도를 떠나 고평릉高平陵에 가서 조상들에게 제를 올릴 때 사마의는 병상에서 일어나 '있는 힘을 다해 병사를 거느리고 낙수洛水에 놓인 부교浮橋까지 가서' 성공적으로 조상의 정권을 뒤엎었다. 위나라의 대권은 이렇게 사마 씨 일족에게 돌아갔다. 조조가 예전부터 걱정하던 일이 현실로 나타난 것이다.

사마의는 이번 꾀병으로 절치부심한 끝에 조상을 제거하고 대권을 빼앗을 수 있었다. 그는 매우 은밀하게 일을 도모했는데 사마사만을 거사에 참여시켰다.

"선제가 장차 조상을 주살할 것이란 말을 듣고 매우 비밀리에 모사를 꾀했다. 혼자 제왕(사마사)과 몰래 계획을 꾸몄는데 문제文帝, 사마소도 그 사실을 몰랐다."(『진서』「경제기景帝紀」)

사마사는 부친을 도와 대권을 장악하기 위해 목숨을 버릴 각오가 된 군사 3천을 양성했다. 민간에 풀어놓았다가 아침에만 모여서 사람들은 어디서 왔는지 알 수 없었다고 한다.(『진서』「경제기)」) 정변을 일으키기 전날 밤이 되어서야 사마의는 차남 사마소에게 알렸다. 그날 밤 사마의는 수중 드는 시종에게 명했다.

"자식들이 몸이 안 좋은데 어떻게 자고 있는지 살펴보고 오너라!"

곧 시종이 돌아왔다.

"큰 도련님은 달게 곤히 주무시고 있고, 둘째 도련님은 무슨 마음에 걸리는 일이라도 있는지 뒤척이며 못 주무셨습니다."

모략가로 사마의는 교활할 뿐 아니라 잔인하기까지 했다. 그는 요동의 공손연을 정벌할 때 공손연이 스스로 상대가 되지 않음을 깨닫고 먼저 왕호를 버리고 투항하려고 했지만 거절했다. 사마의는 양평襄平을 함락시킨 뒤 성 안의 15세 이상의 남자는 모두 참수했는데 그 수가 7천여 명에 달했다. 공손연 수하의 문무 관원에게도 관용을 베풀지 않고 2천 명이 넘는 사람들을 다 없애 버렸다. 사마의는 일벌백계一罰百戒함으로써 자신의 위엄을 세우려고 했다.

사마의는 처음에 대권을 잃은 조상에게 부잣집 늙은이처럼 편안하게 지내게 해주겠다고 약속했지만 결국은 나중에 죄명을 붙여 조상은 물론 삼족까지 멸했다. 심지어 막 태어난 어린아이, 시집간 여동생, 누이, 조카딸 등 아녀자까지도 봐주지 않고 모조리 없애 버렸다.

『진서』「원제기元帝紀」의 기록에 따르면 사마의가 대권을 얻은 뒤 다른 사람이 자신의 권세를 탐할까 두려워했다고 한다. 그는 『현석도玄石圖』라는 위서緯書에서 소가 말의 뒤를 잇는다는 뜻의 '우계마후牛繼馬後'란 구절을 보고, 장수 우금牛金이 사마 씨를 대신할 거라고 여겨 우금을 죽이기로 마음먹었다고 한다. 우금은 원래 조인 수하의 장수로 사마의를 따라 제갈량의 북벌에 대항한 적이 있었으니 사마의의 부하나 마찬가지였다. 어쨌든 사마의는 우금의 꼬투리를 잡으려 했지만 찾지 못했다. 그래서 결국 사람을 시켜 두 종류의 술을 함께 담을 수 있는 특별한 술주전자를 만들게 했다. 사마의는 우금을 주연에 초대했다. 먼저 자신이 독이 없는 술을 마신 뒤 몰래 주전자를 건드려 독이 든 술을 우금에게 따랐다. 우금은 어찌된 영문인지 알지도 못하고 집으로 돌아가서 세상을 떴다.

사마의는 조상이 위나라 황제 조방과 함께 고평릉으로 제사를 지내러 간 틈에 대권을 탈취했다. 그렇기 때문에 자신의 자손들이 능을 방문했을 때 비슷한 일을 당할 것을 염려해 죽기 전 능을 방문하지 말라는 명을 내리고 능묘에 고분을 만들거나 나무를 심지 말 것, 나중에 죽은 가족을 합장하지 말 것을 당부한다. 사마의의 자손들은 그의 유조를 철저하게 따랐다. 따라서 진나라 황제의 능묘는 지금까지 발견되지 않아 고고학의 수수께끼로 남아 있다.

중국 문화의 단결력은 조상에 대한 존경과 가문에 대한 존중 관념에서 나온다. 사마의는 이런 단결력을 깨트렸다. 그의 자손들은 조상을 조상 같이, 자식을 자식 같이, 손자를 손자 같이 여기지 않았다. 진나라는 중국 역사상 가장 혼란한 시대였다. 사마의의 사람됨은 그의 후손들마저 부끄러워했다. 서진(西晉, 265~316)이 멸망한 뒤 사마의의 현손인 사마소司馬紹가 동진東晉의 명제로 즉위했다. 명제는 승상 왕도王導에게 선조의 역사에 대해 물었다. 이야기를 다 듣고 난 명제는 얼굴을 요에 묻고서는 수치스러워했다.

"그렇다면 우리 진나라의 국운이 어찌 오래 갈 수 있겠습니까!"

三國志 들여다보기

어렸을 때 남달리 영민했던 사마소는 즉위한 뒤 성공적으로 왕돈王敦의 반란을 평정했다. 그는 왕돈 군영의 상황을 파악하기 위해 변복을 하고 대낮에 몇 명의 수하만을 데리고 대범하게 왕돈의 군영으로 들어간다. 사마소는 상황을 살핀 뒤 아무렇지도 않은 듯 군영을 나와 말을 타고 떠났다. 돌아가던 도중에 그는 일곱 개의 보석이 박힌 말채찍을 한 할머니에게 주면서 뒤따라오는 추격병에게 보여 줄 것을 부탁했다. 따라온 병사들은 귀한 말채찍을 구경하느라 일을 그르치게 된다. 결국 사마소는 순조롭게 도망칠 수 있었다.

사마소

:: 주요 인물

노숙

:: 주변 인물

주유, 손권

:: 키워드

사태에 밝다, 원대한 식견

:: 주요 사건

무리를 이끌고 남쪽으로 이동하다, 적벽대전, 연합을 수호하다

:: 이야기 출처

『삼국지』「오서」 노숙전

노숙 : 대단히 큰 인물

2세기 어느 날 장강 나루터로 통하는 먼지가 날리는 길, 고향을 등지고 노인과 아이를 데리고 떠나는 백성들이 짐을 들고 힘들게 앞으로 가고 있었다. 대략 2백여 명쯤 되는 사람들은 중원의 끊임없는 전란을 피해 장강을 건너 비옥한 땅 강동에서 살려고 가는 길이었다.

갑자기 어수선한 말발굽 소리가 폭우가 내리듯 뒤쪽에서 들려왔다. 멀리서 살기가 느껴지던 소리가 점점 가까워졌다. 피난가던 사람들은 순간 당황하기 시작했다.

"병사들이 쫓아온다!"

그들의 얼굴에는 금세 공포의 그림자가 드리워졌다. 후한 말기 전란이 잇따르면서 각 주군의 인구수가 급격히 줄어들었다. 그로 인해 전역에서 만성적인 군사력 부족에 시달렸기 때문에 주군의 관리들로서는 이처럼 조직적인 대규모의 이동을 그냥 놔둘 수 없었다.

관병이 추격해 올 무렵 백성들의 무리에서 말을 탄 한 사람이 나섰다. 체격이 늠름한 사나이는 추격 병들에게 큰소리로 외쳤다.

"너희들이 사내대장부라면 운명이라는 것을 이해할 것이다. 오늘날 천하가 전쟁으로 혼란해 우리는 그것을 피해 먼 타향까지 가고 있다. 그런데 너희는 어찌하여 우리를 핍박하는 것이냐!"

말을 마친 사내는 방패를 땅에 내려놓더니 화살을 몇 발 쏴 방패에 구멍을 냈다. 추격 병사들은 사내의 말이 일리가 있는 데다 무공이 강한 자일까 겁이 나기도 해서 더 이상 쫓아가지 않고 돌아갔다.

이 일화 속의 사내가 삼국시대 동오의 영웅들 중 누구인지 맞혀 보시라! 아마도 노숙魯肅일 거라고는 전혀 예상하지 못했을 것이다.

『삼국지연의』나 「군영회群英會」 같은 삼국지 경극에서 노숙은 착실하고 심지어는 좀 어수룩한 문인의 모습으로 등장하기 때문에 사람들은 노숙을 그런 사람으로 생각한다. 그러나 실제 역사 속 노숙의 모습은 다르다. 앞서 말한 이야기는 『삼국지』「오서」에 기록된 것인데, 이처럼 진짜 노숙은 영웅적 기개가 있는 인물이었다.

노숙은 임회臨淮 동성東城 사람으로 자는 자경子敬이다. 그는 태어나자마자 아버지를 잃고 조모를 의지하며 살았다. 그렇지만 대부분의 가혹한 운명을 가지고 태어난 고아들과는 다르게 집안 환경이 풍족했다.

젊었을 때 노숙은 원대한 뜻을 품은 호탕하고 의협심 있는 사람이었다. 천하가 혼란에 휩싸이자 노숙은 열심히 검술이나 기마술 같은 무예를 배우더니 몇몇 젊은이들을 모아 산에서 같이 먹고 자고 생활하며 무술을 연마하며 지냈다. 일종의 변형적인 군대 양성인 셈이었다.

노숙의 이런 행동을 보고 소심하고 겁이 많은 마을 사람들은 탄식을 했다.

"노 씨 집안에서 저렇게 망나니 같은 자식이 태어나다니!"

노숙은 베풀기를 좋아하고 집안의 경제 사정 따위는 고려하지 않는 성격이라 재물을 아끼지 않고 물 쓰듯 썼다. 그러면서 사방의 건장한 청년들과 교분을 맺었다.

당시 주유는 원술 수하에서 거소居巢 현장으로 부임하기 위해 수백 명의 군대를 이끌고 가다 노숙의 마을을 지나게 되었다. 주유는 노숙의 명성을 듣고 찾아가 군량을 빌려 줄 것을 요청했다. 노숙의 집에는 쌀 곳간이 두 개 있었는데 각각 3천 곡斛의 쌀이 쌓여 있었다. 노숙은 망설임 없이 주유에게 곳간 하나를 내주었다. 주유는 대범한 그의 행동에 놀라며 노숙과 막역지우가 되었다.

원술도 노숙의 명성을 듣고 그를 동성현의 현장으로 임명하려고 했다. 하지만 노숙은 원술이 무질서하게 다스리는 것을 보고 크게 될 인물이 아니라고 판단해 명을 받들지 않았다. 그리고 마을 사람들에게 이렇게 말했다.

"중국이 질서를 잃어 오랑캐와 도적이 횡행하고 있고, 또 회하淮河, 사泗 일대는 농사지을 곳이 못 됩니다. 제가 듣건대 강동에는 비옥한 땅이 만 리에 펼쳐져 있어 백성들이 부유하고 병사도 강하다고 하니 재난을 피할 수 있을 겁니다. 차라리 모두 좋은 땅으로 옮겨가서 시세를 관망하는 것이 어떻습니까?"

백성들은 노숙의 말을 듣고 그를 따라가기로 했다. 그렇게 해서 전에 없는 대이동이 시작된 것이다. 노숙과 백성들은 남쪽으로 내려가 거소의 주유에게 의탁했다. 당시 주유는 손권의 요청으로 강동 개척을 준비하고 있었다. 그때 노숙도 동행하게 되었다. 그런데 가는 길에 노숙은 의지하고 살던 조모가 돌아가셨다는 소식을 듣고 어쩔 수 없이 되돌아간다. 노숙은 영구를 동성으로 모셔와 조모의 장래를 치르고 3년간 효를 다했다.

한번은 유자양劉子揚이란 자가 노숙에게 편지를 보내 소호巢湖 지역에 만여 명을 거느린 토호 정보鄭寶에게 의탁할 것을 제안한다. 노숙은 주유에게 편지를 보내 상의를 했다. 당시 손책은 자객을 만나 세상을 떠나고 손권이 강동을 다스리고 있었다. 주유는 후한의 개국 공신 마원馬援이 광무제에게 답한 말을 인용해 노숙에게 충고한다.

"지금 천하는 군주가 신하를 고를 수 있을 뿐 아니라 신하도 군주를 고를 수 있다."

주유는 손권을 만나 보라며 특별히 추천서까지 써준다. 그래서 노숙은 손권 밑으로 들어가게 되었다.

노숙은 무예가 뛰어났을 뿐만 아니라 당시에 벌어지고 있는 전체적인 형국에 대해 폭넓은 식견도 지닌 인물이었다. 그는 처음 손권을 만났을 때 이런 말을 했다.

"조조는 항우項羽와 같은 인물입니다. 항우가 초楚나라 왕으로 추대되었지만 허울에 불과했지요. 조조도 진정으로 한나라 왕실을 부흥시키지는 못할 겁니다. 한나라 왕실을 재건하는 것은 불가능하다고 생각합니다. 그렇지만 조조를 짧은 시간 내에 제거할 수는 없을 겁니다. 장군을 위한 계책을 말하자면 오직 강동에서 자리를 잡아야 합니다. 먼저 황조를 제거하고 다시 형주 유표를 함락시킨 뒤 장강을 요새로 삼는다면 제왕의 기반을 마련할 수 있을 겁니다."

이 말을 듣고 손권은 가슴이 요동쳤다. 그는 노숙을 신임하며 의복과 휘장을 상으로 내리고 거주지와 살림살이 등 필요한 물건을 하사해 고향에 있을 때처럼 풍족하게 살 수 있도록 해주었다.

조조가 형주를 치자 노숙은 장기적인 안목을 발휘해 유비와 연합해 조조에 대항할 계책을 내놓고 둘 사이를 왕래하며 연합을 성사시킨다. 배송지 주의 『삼국지』에서는 '유비와 손권이 힘을 합쳐 같이 조조에 대항한 것은 모두 노숙이 내놓은 계책이다'라고 보고 있다.

조조의 대군이 변경을 압박하고 전쟁의 그림자가 드리우자 대부분의 강동 문무 대신들은 투항할 것을 권했다. 그러나 노숙만이 꿋꿋하게 전쟁을 주장했다. 『자치통감』에는 첨예하게 대립한 조마조마한 순간이 기록되어 있다. 화해를 주장하는 세력이 너무 강하자 노숙은 일부러 손권이 측간에 가려고 자리를 떠났을 때 따라 나와 진언을 올렸다. 노숙은 이해득실에 대해 사실적으로 분석했다.

"방금 대신들의 의견을 들었는데 그 자들은 장군을 해하고자 함이니 함께 대사를 도모하기에 적합하지 않습니다. 제가 조조에게 투항하러 갈 수는 있겠지만 장군이 그러시면 안 됩니다. 그 연유가 뭐냐고요? 이 노숙이 조조에게 투항하면 고작해야 주군의 일급 관리 하나를 잃는 것이겠지만 장군이 그렇게 하신다면 결과가 어떻게 될까요? 그러니 장군은 서둘러 싸울 계획을 세우십시오. 대신들의 의견은 들을 것이 없사옵니다."

손권은 노숙의 말을 듣고 감탄했다.

"그 자들은 나를 매우 실망시켰네. 지금 자네가 큰 계획을 세우라 하니 내 뜻과 일치하는구나. 하늘이 자네를 보내 준 것은 나에게는 큰 복이네."

이어지는 유명한 적벽대전에서 노숙은 찬군贊軍교위의 신분으로 전선에서 주유를 도와 계책을 세우며 무시할 수 없는 공을 세운다. 조조가 패주한 뒤 노숙이 먼저 전선에서 돌아오자 손권은 문무 대신을 데리고 직접 말을 타고 마중을 나온다. 힘들게 위험한 국면을 타계한 공에 대한 표창이었다. 이때 군신 간의 대화 속에서 노숙의 원대한 뜻을 볼 수가 있다. 손권이 노숙을 맞이하며 물었다.

"내가 직접 말을 타고 자네를 맞이하니 영광스러운가?"

"그렇지 않습니다."

주위 사람들이 노숙의 대답을 듣고 매우 놀랐다. 노숙은 천천히 자리에 앉으며 계속 말을 이었다.

"주공主公이 천하를 다스리는 황제의 대업을 이루는 날 수레를 보내 저를 불러 주신다면 그제야 영광스럽다고 느낄 겁니다."

노숙은 오늘날 사람들에게 '착실하지만 좀 어수룩한' 인상을 준다. 노숙이 최선을 다해 손권, 유비 연맹을 고수해 동오의 이해에까지 영향을 주었기 때문이다. 아마도 그가 형주를 유비에게 빌려 주기를 강력히 주장했기 때문에 자신을 굽히며 보전하려고 하는 느낌을 주었을 것이다. 손권은 나중에 육손 앞에서 그것이 노숙의 유일한 오점이었다고 평가한다.

물론 겉으로 나타난 상황으로 볼 때는 노숙이 유비에게 형주를 빌려 주자고 주장한 것이 동오에 손해를 끼친 것 같지만 사실은 더 큰 이익을 얻기 위해서였다. 그것은 유비와의 연맹을 굳게 다지는 한편 형주를 방패막이 삼아 유비를 조조와 대항하는 최전선에 밀어 넣은 것이다. 조조가 권토중래해 동오를 위협하는 것을 막기 위해서였다.

적벽대전 이후 유비는 형주의 장사, 계양 등 네 개 군을 점령했다. 손권은 전쟁 전에 곤란에 빠져 의기투합을 요청한 유비가 전쟁 중에 별다른 힘을 쓰지 않았는데 승리의 전리품을 차지하고 있는 게 불쾌했다. 손권은 조조에 대항한 주력 부대는 동오였다고 생각했다. 주유와 여범 등은 승세를 타서 유비를 경구京口로 불러와 연금할 것을 주장했다.

그런데 유비가 정말로 왔다. 그는 한술 더 떠 최근 자신에게 귀의한 백성들이 많아 형주 네 개 군으로는 안민하기 어려우니 형주의 치소가 있는 남군을 빌려 달라고 손권에게 요청하는 게 아닌가. 동오의 문무 대신들이 보기에 이것은 과분한 요구였다. 많은 사람이 유비를 억류할 것을 주장했다. 그렇지만 노숙은 단호하게 반대하며 남군을 유비에게 빌려 주고 세력을 기르도록 해서 조조에게 강적을 하나 더 만들어 주자고 주장했다.

이 소문을 들은 조조는 놀라서 잡고 있던 붓을 바닥에 떨어뜨렸다고 한다. 그런 조치는 조조가 전혀 예상하지 못했던 일로 훗날 골칫거리가 될 게 뻔했다. 후일의 사실이 말해 주듯 만일 삼국 중 촉한이 없고 동오의 손권만 있었다면 조조의 북방 대군을 막아내지 못했을 것이다. 형주를 빌려 준 계책은 노숙의 뛰어난 지략이었다. 노숙은 주유보다 더 넓은 식견을 가지고 있었던 것이다.

손권과 유비 진영에서 자신을 굽혀 대세를 따를 수 있는 자는 노숙과 제갈량 두 사람뿐이었다. 노숙은 적벽대전에서 누구의 공이 크든, 누구의 이익이 많든 상관없이 형주를 유비에게 빌려 줄 것을 주장했다. 제갈량은 이릉대전에서의 원한을 버리고 의연히 동오와 다시 우호 관계를 다졌다. 이런 면에서 두 사람의 높고 심원한 뜻을 볼 수 있다. 나중에 노숙과 제갈량은 좋은 친구가 되었다.

주유도 속으로는 노숙의 뛰어난 점을 깨달았는지 '노숙의 지략이면 동오를 맡기기에 충분하다'란 말로 죽기 전 자신의 자리에 노숙을 추천했다. 노숙은 그의 믿음을 저버리지 않고 빠르게 동오의 정국을 안정시켰다. 『삼국지』에서는 노숙이 육구를 지키며 '위엄과 은혜를 크게 행해 백성 만여 명이 늘었다'고 전하고 있다.

물론 형주를 빌려 준 우환은 여전히 존재하고 있었다. 유비는 노숙에게 익주를 얻으면 형주를 모두 동오에 돌려주겠다고 말했었다. 그러나 유비가 서천을 얻고서도 형주를 돌려줄 생각을 하지 않자 손권은 제갈량의 형 제갈근을 보내 유비에게 빌려 준 땅을 돌려 달라고 했지만 유비는 다시 양주를 얻은 뒤 돌려주겠다는 핑계만 댔다.

화가 난 손권은 장사, 계양, 영릉 3군에 관리를 파견해 다스리려고 했지만 관우 때문에 그럴 수 없었다. 그러자 다시 여몽에게 2만 군대를 주고 세 개 군을 뺏어 오라고 했다. 이에 유비는 직접 익주에서 병사 5만을 이끌고 출정하며 관우에게 3만 군대를 이끌고 여몽과 쟁탈전을 벌이라고 명했다. 손권도 직접 싸움에 나갔다. 결국 양측이 팽팽하게 맞서며 일촉즉발의 상황까지 벌어졌다.

당시 노숙은 익양益陽에 주둔하며 관우와 대치하고 있었다. 노숙은 관우에게 만나자는 요청을 했다. 『삼국지연의』에서는 이쯤에서 '관우가 단도를 들고 연회에 참석하는 이야기'가 나온다. 그런데 소설가들은 여기서 두 사람의 역할을 바꾸어 묘사하고 있다.

『삼국지』「오서」의 기록에 따르면 단도를 차고 연회에 가는 사람은 바로 노숙이다. 노숙은 위험을 무릅쓰고 혼자서 관우 군영으로 가서 논리정연하게 관우와 언쟁을 펼쳤다. 노숙이 질책을 퍼부었지만 관우는 대꾸할 말이 없었다. 노숙과 관우는 서로 논쟁을 자제하고 옳고 그름을 따져 결국은 협의의 형식으로 해결을 보았다. 215년 손권과 유비는 상수를 경계로 형주를 나누기로 약속하고 강하, 장사, 계양 3군은 손권이, 남군, 무릉, 영릉 3군은 유비가 갖기로 했다.

건안 22년(217) 마흔여섯 살의 노숙은 젊은 나이에 세상을 떠났다. 손권은 직접 그의 장례식에 참석했다. 제갈량도 촉지에서 노숙을 위해 애도를 표했다. 손권은 제위에 올랐을 때 노숙이 예전에 했던 말을 잊지 않고 고위 대신들을 돌아보며 말했다.

"옛날 노숙이 나에게 오늘의 일을 이야기한 적 있었는데 정말 사정에 밝은 자로다!"

중요한 것은 손권과 유비의 연맹이 노숙이 죽기 전까지 깨진 적이 없다는 사실이다. 그것은 전체적인 정세를 살필 줄 알았던 노숙과 관계가 있다. 노숙이 죽고 2년 후인 건안 24년(219), 동오의 장군 여몽은 관우가 양양, 번성을 토벌하러 나간 틈을 타 형주를 습격했다. 앞뒤로 공격을 받은 관우가 목숨을 잃으면서 손권과 유비의 연맹이 깨지게 된다. 그 다음 해 유비는 대대적인 동오 정벌전을 벌였다.

만약 노숙이 살아 있었다면 절대로 습격 따위의 극단적인 행동으로 연맹을 깨지는 않았을 것이다. 사실 연맹이 깨진 뒤 동오는 한동안 풍전등화의 처지에 놓인다. 유비의 대군이 파죽지세로 진격하며 동오 경내 5,6백 리까지 쳐들어왔다. 설상가상으로 위나라의 책사 유엽劉曄은 조비에게 이 기회에 동오를 공격할 것을 제안한다. 이때 조비가 유엽의 건의를 받아들였다면 동오는 살아남을 희망이 없었을 것이다. 이런 이유 때문에 노숙은 최선을 다해 유비와의 연맹을 지키려고 했던 것이다. 안타깝게도 손권을 포함한 당시 사람들은 그의 이런 마음을 알아주지 못했다.

『삼국지』「오서」는 노숙을 다음과 같이 평하고 있다.

"바르고 치밀하며 놀고 꾸미는 데는 인색했고 안팎으로 절약했으며 속된 것을 좇지 않았다. 군사를 바르게 다스리고 금령은 반드시 지켰고 군영에서조차 책을 손에서 놓지 않았다. 또한 언변도 능하고 문사도 뛰어났으며 사고의 폭이 넓고 원대하며 남달리 사리에 밝았다. 주유의 뒤를 이어 노숙이 그 자리에 올랐다."

노숙

:: 주요 인물
육손

:: 주변 인물
손권, 관우

:: 키워드
지혜롭고 계책이 많다, 청렴하고 정직하다, 흉금이 넓다, 어릴 적부터 유망하다

:: 주요 사건
형주 습격, 이릉 전쟁, 석정 전쟁

:: 고사
백의도강白衣渡江

:: 이야기 출처
『삼국지』「오서」 육손전

육손 : 동오의 기둥

양양, 번성 전선에 있던 관우는 동오의 장수 여몽이 중병에 걸리자 손권이 여몽 대신 젊고 무명인 육손陸遜을 보내 형주의 맞은편인 육구를 지키게 했다는 소식을 듣고 별일 아닐 거라고 여겼다.

관우는 동오의 관리들에게 "중모(손권의 자)의 식견이 낮은 모양이오. 어린아이를 장수로 쓰다니!"라고 비아냥거리며 형주에 대한 방어를 대수롭지 않게 여기고 형주에 있는 대부분의 군대를 번성으로 이동시켰다.

역사적 사실이 증명해 주듯 관우는 육손이 '어린아이'라고 절대로 무시해서는 안 되었다. 결국 관우는 그 대가로 목숨을 내놓아야 했다.

『삼국지연의』에서 육손은 형주를 습격하는 부분에 이르러서야 풋내기 장수로 처음 등장한다. 역사서에서 육손은 주유, 여몽 등보다 조금 늦게 나온다. 손권이 형님의 대업을 물려받고 한나라 황실로부터 토로討虜 장군으로 봉해졌을 때 스물한 살의 육손은 손권의 수하로 들어가 참모로 활약한다. 그 후에는 해창海昌 둔전 도위 등 지방관을 지냈다. 육손은 출사 초반에 동오 경내에서 산월을 토벌하고 도적을 평정하는 업적을 이루었다. 그런 이유로 외지에서는 그에 대해 잘 몰랐다. 손권은 이 젊은이를 매우 신임해 직접 친형 손책의 딸과 맺어주었다. 혼인에는 육손의 재능뿐 아니라 그가 강남의 4대 명문인 고顧, 육陸, 장張, 주朱 씨에 속한다는 사실도 작용을 했다. 다시 말해 외지에서 온 손 씨 가문이 강동의 호족과 관계를 맺는다는 의미였다.

육손은 본명이 육의陸議, 자가 백언伯言으로 오군吳郡 오현吳縣, 지금의 강소성 소주 사람이다. 그는 강동의 호족 집안에서 태어났으나 어릴 때 부모를 잃어 조부인 여강 태수 육강陸康 밑에서 자랐다. 군벌이 혼전을 펼치던 시기, 육손은 정처 없이 떠돌아야 했다. 대군벌 원술이 육강에게 원한을 품고 여강을 공격해 와서 육손은 더 이상 그곳에 머무를 수 없었다. 육강은 육손과 친척들을 데리고 오군으로 갔다. 육손은 육강의 아들 육적陸績보다 나이가 많았다. 따라서 육손이 육씨 가문을 짊어져야 했다.

육손은 지방에 부임해 도적을 소탕하고 산월의 반란을 평정한 뒤 창고를 열어 곡식을 나누어 주며 빈민 구휼에 힘쓰고 농업을 장려해 민심을 얻을 수 있었다. 그의 기개와 아량은 백성들로부터 칭송을 받았다. 육손은 자신을 탄핵했던 회계 태수 순우식淳于式에게 원한을 품지 않고 오히려 손권에게 상소를 올려 좋은 관리라고 추천했다. 이에 손권은 육손을 덕망 있는 자라고 칭찬했다.

혼란한 삼국시대에는 싸움을 통해 재능을 발휘해야 이름을 알릴 수 있었다. 육손이 이름을 알리게 된 사건은 형주를 습격한 일이었다. 동오는 줄곧 적벽대전에서 조조를 공격한 주력 부대였으므로 적벽대전의 전리품인 형주도 당연히 동오가 소유해야 한다고 보았다. 그러나 사실상 촉한이 형주의 대부분을 장악하고 있었다. 형주의 치소인 강릉도 촉한의 장수인 관우의 손아귀에 있었다. 형주를 되찾는 일은 줄곧 동오의 숙원이었다. 결국 동오는 관우가 대군을 이끌고 위나라를 공격한 틈을 타 후방을 공격해 형주를 탈취했다.

흰 옷을 입고 강을 건너 형주를 습격한 사건은 육손이 여몽과 함께 지휘했던 것이다. 여몽이 병에 걸렸다고 관우에게 굽실거리며 기분을 맞추는 편지를 보낸 일은 육손이 관우를 안심시키기 위해 내놓은 계책이었다. 그 사건 이후 육손은 제후와 장수로 봉해지며 동오 정치계와 군사계의 샛별로 떠오르게 된다. 형주를 습격한 공로를 여몽에게 돌린다면 그 후 형주를 안정시킨 공은 육손에게 있다.

동오 황무 원년(222), 촉한 황제 유비는 관우의 복수를 위해 전 국력을 모아 대군을 이끌고 동오 정벌에 나선다. 유비는 지나는 곳마다 초토화시키며 천하무적임을 과시했다. 동오는 적벽대전 이후 중대한 위기를 맞았다. 위급한 상황에 처한 손권은 과감하게 소장파少壯派를 기용했다. 육손을 대도독으로 임명해 부절을 주며 순시를 보내고 주연朱然, 반장潘璋, 송겸宋謙, 한당韓當, 서성徐盛, 선우단鮮于丹, 손환 등에게 5만 명 군사를 통솔해 유비와 대항하도록 했다.

유비와의 전쟁에서 육손은 주유를 잇는 동오의 뛰어난 통솔자로 등장한다. 육손은 주유와 공통점이 많았다. 두 사람 모두 소탈하고 호방하며 풍류를 아는 선비와 같은 장군이었고, 젊었을 때부터 명망이 있었으며 지모에도 능했다. 또한 위험한 시국에 명을 받들어 초반에 동오의 노장, 원로, 종실 친척들의 경시와 반대에 부딪혔다. 그렇지만 결국 두 사람 모두 휘황찬란한 업적을 이루어 냈다. 주유는 화공으로 교활하고 능글맞은 조조를 패배시켰고 육손도 화공으로 용의주도한 유비를 물리쳤다.

당시 촉한의 군대가 무협巫峽, 건평建平을 지나 이릉에 주둔했는데 군영이 수십 리에 달할 정도로 기세가 대단했다. 육손은 처음에는 인내 전략으로 계속해서 교전을 피했다. 심지어는 손권의 조카인 손환이 촉군에게 포위되었을 때도 구원병을 보내지 않았다. 육손은 유비의 군대가 태만해지기를 기다렸다가 촉군이 주둔한 군영지의 약점을 파악한 뒤 화공으로 대파했다. 동오는 촉군의 배와 무기, 수군과 보병의 군수품을 모두 탈취했다. 촉군의 도독 풍습馮習과 선봉장 장남張南 등은 참수되었고 사십여 리의 진영이 무너졌으며 사상자가 수십만에 달해 떠다니는 시체로 강이 막혔다고 한다. 유비는 마안산馬鞍山에 포위되어 있다가 밤을 틈타 백제성으로 패주했다. 그 후에 병에 걸려 다시는 일어나지 못했다.

이릉 전투가 끝난 뒤, 육손은 보국 장군, 형주 목에 올랐고 이어서 강릉후江陵侯에 봉해졌다. 당시 서성, 반장, 송겸 등 동오의 장수들은 유비가 백제성에 머물고 있다는 사실을 알아내자 승세를 몰아 백제성을 공격해 유비를 생포할 것을 제안했다. 그러나 육손은 장기적인 관점에서 동오와 촉한의 공통 적은 위나라 정권이라며 양국의 관계가 더 악화되는 것을 막았다. 이는 나중에 제갈량이 오촉 연맹을 다시 제안했을 때 순조롭게 이루어질 수 있는 기반이 되었다. 동오와 촉한의 관계가 개선된 후 중대한 결정은 모두 제갈량과 육손이 상의해 결정했다.

후일 육손은 오랫동안 무창에 주둔하며 동오의 장강 상류 입구를 지켰다. 손권은 특별히 인장을 새겨 그에게 맡기고 자신의 명의로 촉한 유선과 제갈량에게 외교 문서를 발송하도록 했다. 또한 서신을 보낼 때 종종 육손에게 보인 뒤 경중을 조율하고 대조 수정을 거쳤다.

촉한의 이릉 전쟁에 이어 동오 황무 7년(228) 육손은 또 한 번 위나라와 벌인 석정石亭 전투를 성공적으로 지휘했다. 적을 깊숙한 곳으로 유인하는 전술을 이용해 안휘성 경내에서 조조가 '우리 집의 천리마'라고 불렀던 위나라 종친 대장군 조휴曹休를 대파하고 만여 명을 참수하고 포획했다. 조휴는 패배를 수치스럽게 여기며 울분에 참다가 결국 등에 종기가 돋아 병사했다. 육손이 군대를 이끌고 무창으로 개선했을 때 손권은 자신의 어개御蓋, 왕이 사용하던 해나 비를 막는 황색 우산를 내려 사용하도록 했다. 실로 무한한 영광이 아닐 수 없다.

『삼국지연의』에서는 제99회 '조방曹魴의 머리를 깎아 욕을 보이다'라는 사건 이후 육손은 소리 소문 없이 무대에서 사라진다. 사실 육손은 동오 군대에서 주유, 노숙, 여몽을 잇는 뛰어난 통솔자로 동오 중반기 정치 무대에서 매우 중요한 인물이었다. 『삼국지』에서는 육손이 '몸은 밖에 있어도 마음은 나라에 가 있었다'며 변경을 지키는 장수였으나 조정에 중요한 역할을 하고 있었음을 설명해 주고 있다. 그는 촉한의 제갈량에 비할 만큼 핵심 인물이었다. 육손은 제갈량보다 10여 년을 더 산다.

동오 황룡 원년, 손권은 제위에 올라 육손을 상대上大장군, 우도호右都護로 임명해 군사를 다스리고 태자를 보좌하도록 한다. 직무에 충실한 대신이었던 육손은 측근이든 적이든 따지지 않고 직언을 했다. 손권의 차남인 건창후建昌侯 손려孫慮가 집 앞에 집오리 싸움장을 만들고 사람들을 불러 오리 싸움을 즐기자 육손은 정색을 하며 비난했다. 결국 손려는 오리 싸움장을 없애야 했다. 동오의 종친이자 사성射聲교위였던 손송孫松은 손권의 아들들 중 육손과 가장 사이가 좋았다. 그렇지만 군대를 엄하게 다스리지 못해 육손이 일벌백계로 손송 수하의 책임 관리를 엄격하게 벌하며 머리를 밀어 버렸다. 그 후로 육손은 여러 차례 손권의 노여움을 샀다.

손권은 좌우익을 파견해 이주夷洲, 지금의 대만를 취하고 요동 공손연을 토벌하려고 했지만 육손은 상소를 올려 말렸다. 육손은 그 일이 수고만 할 뿐 성과가 없는 일이라 이익보다는 손실이 더 많을 거라고 판단했다. 손권이 말년에 신임을 하던 중서전교中書典校 여일呂壹 등은 권력과 권세를 남용해 함부로 대신들을 모함했다. 당시 육손은 손권에게 소인배를 멀리할 것을 진언하며 흥분해 눈물까지 보였다.

육손의 충심은 도리어 손권의 의심을 받았다. 적오赤烏 7년, 승상 고옹顧雍이 세상을 뜨자 손권은 그 기회를 이용해 육손의 병권을 빼앗고 조정으로 불러 허수아비 승상으로 세웠다. 불행하게도 육손은 태자와 노왕의 정치적 암투에 연루되어 목숨을 잃었다.

동오의 첫 번째 태자 손등이 요절하자 손권은 차남인 손화를 태자로 세우고 동시에 총애하는 황자 손패를 노왕으로 봉한 뒤 두 사람을 똑같이 대우했다. 이로 인해 대신들은 자연스레 두 파로 나뉘었다. 육손을 대표로 한 정직한 대신들은 정통 관념에 입각해 태자를 받들었고, 전종全琮, 전기全寄 부자를 비롯한 기회주의자들은 노왕을 추대하며 태자를 비방했다. 육손은 태자의 지위를 반석처럼 굳건히 할 것을 요구하는 상소를 세 차례나 올렸다. 그러나 손권은 그의 청을 들어주지 않고 태자에 빌붙었다는 죄명을 씌워 육손의 생질 고담顧譚, 고승顧承, 요신姚信을 유배 보내 버렸다. 또한 육손과 수차례 서신 왕래를 했던 태자태부太傅 오찬吳粲을 사형에 처하고 여러 차례 궁중 내감內監, 환관을 보내 육손을 문책했다. 결국 육손은 울분을 참지 못하고 예순셋의 나이로 세상을 떠나게 된다.

육손이 죽은 뒤 집안의 가산은 얼마 남아 있지 않았다. 동오 대신 중에서 특히 강동 출신 호족 중에서 그런 경우는 드물었다. 그가 반평생 지키던 장강 상류 방어선은 그의 아들 육항陸抗이 아버지의 대를 이어 방어했다. 육항은 후일 동오의 명장이 되었다. 그가 살아 있는 동안 진晉나라 군대는 감히 남침을 하지 못했다. 육항이 죽은 후 동오는 '투항의 깃발을 석두에 내걸고' 멸망의 길에 들어섰다.

육손의 손자 중에 뛰어난 인재가 둘 있었다. 진나라 때 유명한 문학가였던 육기陸機와 육운陸雲 형제는 육항의 아들이었다. 육손의 자식들은 하나같이 다 재주가 뛰어났다.

三國志 들여다보기

문학 역사상 '반강육해潘江陸海' 란 말이 유명했는데남조南朝 양종영梁鍾嶸의 『시품詩品』 권 상 서진의 반악潘岳과 육기의 재능이 뛰어남을 칭찬한 것이다. 즉 '반악의 재능은 강과 같고 육기의 재능은 바다와 같다' 라는 뜻이다.

아래의 『평복첩平復帖』은 육기가 친구들에게 안부를 전하는 서신을 묶은 것으로 현존하는 범첩 중 대표 작품의 하나이다.

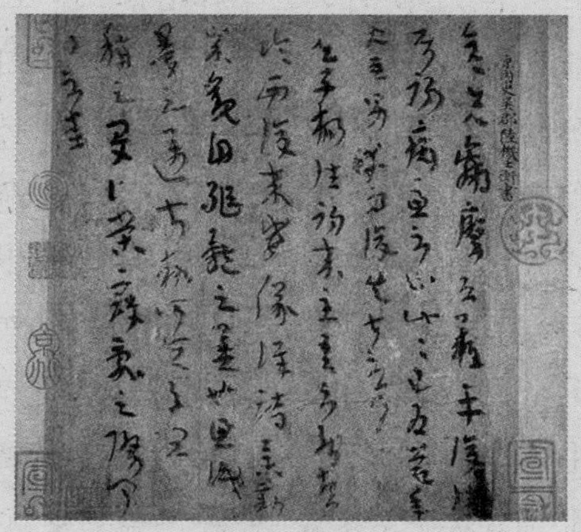

육기의 『평복첩』

:: 주요 인물

순욱

:: 주변 인물

조조

:: 키워드

학식이 있고 점잖고 준수하다, 왕을 보좌하는 신하, 담박하고 검소하다

:: 주요 사건

연주를 지키다, 승상이 찬합을 내리다, 천자를 맞이할 것을 권하다

:: 이야기 출처

『삼국지』「위서」 순욱전

荀彧

순욱 : 한나라 왕실에 충실한 대신

순욱荀彧이 찬합을 열었을 때 어떤 심정이었을지는 짐작할 수 없다. 답답하고 억울했을까? 원망스럽고 실망스러웠을까? 아니면 처량하고 침울했을까? 마지막까지 마음을 진정할 수 없었던 이유는 아마도 세상에게 버림받았으니 자신도 세상을 버릴 수밖에 없다는 절망감 때문이었을 것이다.

찬합은 멀리 유수 전선에 있는 조조가 인편에 보내온 것이었다. 원래 순욱은 유수로 가서 동오와의 전쟁에 참여하려고 했지만 병이 나는 바람에 수춘에 머무를 수밖에 없었다. 오래전부터 조조와 많은 문제를 두고 의견 대립이 있었지만 자신이 수십 년간 모셔 온 조 승상이 이렇게까지 매정할 줄은 몰랐다. 찬합이라면 당연히 음식이 들어 있어야 했다. 더욱이 찬합을 들고 온 자는 조 승상이 병문안 대신 보내온 선물이라고 말했다. 그런데 순욱이 찬합을 열었을 때 안은 텅 비어 있었다. '혹시 뭔가 잘못된 것이 아닐까?' 하는 생각으로 사자를 바라보았으나 그의 눈빛에서는 결코 호의적이지 않은 교활함이 묻어났다. 순욱은 그제야 무슨 뜻인지 알았다.

순욱은 조조의 진영에서 나이를 먹을 만큼 먹었다. 그는 젊음, 지혜, 노력을 천하를 구할 별이라고 여겨 왔던 조 승상을 위해 모든 것을 바쳐 왔다. 순욱은 이제 쉬어야 할 때라고 생각하니 갑자기 피로가 몰려왔다. 그날 밤 그는 약을 먹었다. 그것은 병을 치료하는 약이 아니라 그를 평온한 세상으로 데려다 주는 약이었다. 순욱은 죽기 전 자신이 가지고 있던 서책을 모조리 태워 버렸다. 그로써 그의 머릿속에 든 기묘한 비책들도 사라져 버렸다. 그때가 그의 나이 쉰이었다.

21년 전, 준수한 외모에 학식까지 겸비한 젊은이 순욱은 원소가 다스리고 있던 기주를 떠나 연주의 동군東郡으로 갔다. 당시 실력과 명성 면에서 원소보다 못한 조조에게 귀의한 것이다. 조조는 순욱을 얻고 너무 기뻐서 그의 손을 잡고 주위 사람들에게 종종 이런 말을 했다.

"이 사람이 나의 장자방張子房이라네!"

조조에게 장자방장량張良, 한고조 유방의 책사이라고 칭찬 받던 젊은이는 영천군穎川郡의 매우 명망 있는 집안에서 태어났다. 그의 조부에게는 아들이 여덟 명 있었는데 당대의 세인들에게 '팔룡八龍'이라고 불렀다. 순욱의 형제와 조카들도 당대 유명 인사였다. 남양의 명사 하옹은 순욱을 매우 격찬하며 '왕을 보좌할 인재'라고 했다. 후한 헌제 영한永漢 원년(189), 순욱은 효렴으로 천거되어 수궁령守宮令에 임명되면서 벼슬길에 올랐다. 동탁이 조정을 어지럽히자 순욱은 그를 피해 외지 파견을 요청한다. 항보亢父에서 현령을 지내던 순욱은 곧 관직을 버리고 고향으로 돌아와 고향 어르신에게 제안을 했다.

"영천은 전략가들이 탐내는 땅입니다. 천하에 변고가 있으면 이곳 역시 전쟁이 벌어질 테니 하루 빨리 떠나야 합니다. 여기는 오래 머물 곳이 아닙니다."

마을 사람들은 오랫동안 살아온 곳이라 쉽게 떠날 결심을 하지 못하고 망설였다. 그때 마침 영천의 웃어른으로 기주목에 임명된 한복이 기병을 보내 고향 사람들을 맞이하고 싶어 했다. 순욱은 종친들을 이끌고 기주로 갔다.

그 후 동탁의 수하인 이각이 관동에서 출발해 영천, 진류 일대까지 와서 약탈을 일삼았는데, 그때 영천에 남아 있던 사람들이 해를 당했다. 그 일로 인해 사람들은 순욱의 장기적인 안목에 감탄했다.

순욱이 기주에 머문 지 얼마 되지 않아 한복은 근거지를 원소에게 빼앗겼다. 원소는 오래전부터 명성을 들어왔던 순욱을 상객의 예로 우대했다. 당시 순욱의 동생 순심荀諶과 동향이었던 신평辛評, 곽도郭圖 모두 원소에게 의탁하고 있었다. 그러나 순욱은 원소가 큰 일을 할 재목이 아니라고 판단하고 기주를 떠나기로 결심했다. 당시 조조는 비무備武장군으로 연주 동군에 주둔하고 있었다. 순욱은 조조의 밑으로 들어가 흔쾌히 사마라는 직무를 받아들였다. 나중에 조조가 연주목, 진동장군으로 승급할 때까지도 순욱은 사마로 그를 따랐다.

순욱은 조조보다 아홉 살이 어렸다. 조조가 순욱을 '자신의 장자방'이라고 칭했지만, 사실 순욱의 역할은 양식과 군병 확보에 힘썼던 소하蕭何에 더 가까웠다. 순욱이 한번은 조조에게 이런 말을 했다.

"옛날 고조가 관중을 지키고 광무제가 하내를 점거하고 기초를 단단히 닦아 천하를 제압하였습니다. 포위되기도 하고 실패도 겪었지만 나아가서는 적을 이기고 물러나서는 수비를 견고히 하여 결국 대업을 이루었지요."

초기에 순욱이 했던 역할은 조조를 도와 후방을 단단히 지키며 군량 공급을 충실히 하는 일이었다. 또한 조조를 위해 인재를 천거하는 일에도 최선을 다했다. 조조 진영의 유명한 책사 곽가, 종요, 사마의는 모두 순욱이 추천한 인재들이다.

흥평 원년(194), 조조가 서주의 도겸을 격파하러 간 틈에 옛 친구였던 장막, 진궁이 몰래 여포를 불러들여 그의 유일한 근거지 연주를 탈취했다. 여포의 대군이 변경을 압박하고 있을 때 장막은 사람을 보내 여포가 조조를 도와 도겸을 치러 온 것이라고 거짓말을 하며 순욱에게 군량 공급을 요구했다. 그러나 순욱은 금세 장막의 변심을 눈치 채고 병사를 동원해 여포를 막을 태세를 갖추었다. 그리고 급히 동군 태수 하후돈에게 도움을 요청했다.

당시 조조가 전력을 동원해 도겸을 공격하러 갔기 때문에 연주는 빈 상태였다. 연주 관할 하의 관리들은 여포의 맹렬한 기세를 보고 놀라 투항했다. 연주의 대부분의 관리들은 장막, 진궁과 내통하고 있었다. 하후돈이 도착한 날 저녁, 순욱은 즉시 모반에 가담한 수십 명의 관리를 죽이고 민심과 최전방을 안정시킬 것을 명했다. 또한 정욱에게 범현范縣, 동아현東阿縣을 무슨 수를 쓰든 보전해 견성과 함께 세 곳에서 항전하라는 계책을 내놓았다. 이렇게 해서 조조의 근거지인 연주를 완전히 잃지 않고 세 개 현성이라도 지킬 수 있었다. 조조는 돌아와 여포를 격파하고 연주를 재탈환했다.

이 사건에서 순욱의 놀랄 만한 위기 대처 능력과 통찰력, 담량과 지략을 엿볼 수 있다. 여포의 대군이 경계지를 압박하고 있을 때 예주豫州 자사 곽공郭貢은 어느 편이든 발을 걸쳐야 했다. 곽공은 수만 군대를 이끌고 여포보다 먼저 성 아래까지 도착해 순욱에게 대화를 요구하며 자신의 군영에서 만날 것을 요청했다. 연주 관리들은 곽공이 여포와 한 패거리라고 생각하며 두려워했다. 하후돈은 순욱이 성 밖에서 곽공을 만나는 것에 반대했다.

"선생은 한 주의 책임자인데 혼자 간다면 분명 위험에 처할 겁니다. 절대로 가서는 안 됩니다!"

순욱은 미소를 지으며 사람들을 안심시켰다.

"곽공은 장막 무리와 전혀 교분이 없습니다. 지금 이렇게 신속하게 먼저 달려온 것은 아직 결정을 내리지 못했기 때문일 겁니다. 그가 머뭇거리는 틈에 설득을 해야 합니다. 그 자가 제 말을 듣지 않더라고 중립을 고수할 수는 있을 겁니다. 만약 곽공이 우리가 의심한다는 사실을 안다면 도리어 화가 나서 장막과 여포를 따를 수도 있어요."

결국 순욱은 혼자 성 밖을 나와 곽공의 군영으로 갔다. 곽공은 추호의 두려움도 없는 순욱의 모습을 보고 견성이 쉽게 무너지지 않을 거라고 판단하고 병사를 이끌고 퇴각했다.

순욱은 조조의 책사 중 전체적인 정세를 가장 잘 파악한 자였다. 그는 천하의 형국을 예리하게 분석하고 장기적인 시각에서 계책을 내놓았다. 도겸이 세상을 떠난 뒤 조조는 승세를 이어 먼저 서주를 얻은 뒤 여포에 대항하려고 했다. 이때 순욱은 이의를 제기했다.

"서주는 쉽게 탈취할 수 있는 지역이 아니옵니다. 지난 실패 경험을 교훈 삼아 볼 때 반드시 여러 측과 연맹해 서로 밀접하게 움직여야 합니다. 지금 동쪽은 한창 보리 수확 철이라 분명 단단히 방어하며 곡물을 감추고 장군을 기다릴 테니 공격해 얻지 못한다면 아무런 성과도 기대할 수 없을 겁니다. 출정한 지 열흘도 안 되어 십만 병사들은 제대로 전쟁도 못해 보고 제풀에 지치겠지요. 장군의 근거지가 되는 연주는 전란을 겪어서 다소 폐허가 되었지만, 여전히 한 고조의 관중, 광무제의 하내처럼 대업을 이룰 기반이기 때문에 우선 안정이 필요하옵니다. 군대를 나누어 동쪽의 진궁을 공격한다면 그자는 서쪽을 돌볼 수 없을 겁니다. 그 동안이면 우리도 여물은 보리를 수확할 수 있지요. 군량이 충족해지면 여포를 단숨에 격파하는 것입니다. 그런 후에 남쪽의 양주와 결탁해 원술을 토벌한다면 우리는 세력을 회하, 사수泗水 일대까지 확장할 수 있을 겁니다. 만약 지금 여포를 남겨 두고 서주를 탈취하러 간다면 연주에 많은 병력을 남겨 두어야 해서 서주를 공격하기에는 부족하게 될 겁니다. 연주의 수비병이 적을 경우 여포가 그 틈을 타 공격해 온다면 대적하기가 어렵지요. 만약 연주를 잃고 지난번처럼 세 개 현만을 지킨다면 장군은 위험해질 것입니다."

조조는 순욱의 일장 연설을 듣고서야 상황을 분명하게 깨달았다. 결국 순욱의 계획대로 하나씩 실행해 예상했던 성과를 얻을 수 있었다.

건안 원년(196), 불쌍한 후한의 마지막 황제 헌제는 동탁의 잔당 이각과 곽사가 일으킨 난으로 인해 난민처럼 수도에서 도망쳐 한섬, 양봉에게 보호를 요청한다. 딱한 처지에 몰려 폐허가 된 낙양으로 돌아온 황제는 늙은 신하들의 도움으로 겨우 조정을 세웠다. 황제 주변에는 야비하고 무례한 군벌들로 가득했다. 이각과 곽사, 한섬과 양봉은 언제든지 황제를 처리하고 대신들의 권력을 마음대로 할 수 있었다. 조조 수하의 동소 등 책사들은 조조에게 기회를 틈타 황제를 허창으로 모셔 올 것을 권했다. 당시 조조는 자신의 세력이 아직 미약해 한섬, 양봉 등을 제압하지 못할까 봐 망설이고 있었다. 순욱은 황제를 모셔 와야 한다는 제안을 적극 지지하며 조조에게 이렇게 말했다.

"진晉나라 문공文公은 주나라 양왕襄王을 받아들였기 때문에 천하의 제후들이 그림자처럼 따랐습니다. 한 고조가 항우를 정벌할 때도 의제義帝를 위해 복수를 한다는 기치를 내걸었기 때문에 천하의 민심을 얻을 수 있었지요."

순욱의 격려로 조조는 결국 낙양으로 가서 한섬과 양봉의 손에서 헌제를 빼내 허창으로 데리고 왔다. 그리고 허창을 수도로 삼고 허도許都라고 붙였다. 한 헌제는 조조를 대장군으로 순욱을 시중, 상서령尙書令으로 삼았다. 순욱과 조조는 새로운 조정에서 각각 문무의 수장 역할을 했다. 순욱은 상서령을 맡았기 때문에 후세 사람들은 그를 일컬어 '순령군荀令君'이라 불렀다.

여기서 분명히 밝혀 둘 점은 순욱이 유가 전통 사상의 깊은 영향을 받아 아직도 한나라 충신이라고 생각하고 있었다는 것이다. 그가 조조를 도운 것은 조조만이 난세를 평정하고 왕실을 바로잡을 인물이라고 믿었기 때문이었다. 순욱이 헌제를 모시자고 한 이유는 조조에게 '천자를 볼모로 제후를 부리라'고 했던 동소 무리와는 달랐다. 그 후 순욱과 조조의 대립이 점차 가속화되면서 심지어는 자살을 강요하는 지경에 이르게 된 것이다. 죽음의 결정적인 요인은 두 사람이 헌제를 대하는 태도가 확연히 달랐기 때문이었다. 처음에 조조는 동탁과 같은 태도를 드러내지 않았다. 오히려 자신과 순욱의 주종 관계를 겸허하게 동료 관계라고 말하며 똑같이 한나라 왕실을 보좌하는 신하라고 밝혔다.

헌제를 모셔 온 뒤 상서령이 된 순욱은 후방에서 방치된 나라를 재건하기 위해 힘쓰면서 서신을 통해 멀리 있는 조조에게 책략을 바쳤다. 조조는 결정을 할 때 순욱의 지혜를 매우 신임했다. 조조 진영의 중요한 책사였던 곽가가 병사한 이후에 전선에 있던 조조는 거의 매일 후방에 있는 순욱과 서신을 교류했다.

헌제를 허창에 모셔 온 뒤 조조와 원소의 갈등은 점점 심해졌다. 당시 조조의 진영에는 원소를 두려워하는 정서가 만연해 있었다. 대부분 사람들은 조조가 강대한 원소의 적수가 못 된다고 생각했다. 사실 두 사람이 관도에서 대치하고 있을 때 조조 진영의 사람들은 몰래 원소 측과 서신을 교류하며 자신의 후일을 도모했다.

그러나 순욱만은 꿋꿋하게 조조에게 자신감을 심어 주며 진지하게 적군과 아군의 형세를 분석했다. 그는 형세를 전환하면 조조가 원소를 분명히 이길 수 있다며 장수와 여포 등의 군벌 문제를 먼저 해결하고 자신의 세력을 키운 뒤 원소와 결판을 벌일 것을 제안했다. 또한 원소 진영의 각 문무 대신들의 특징과 장단점을 분석하며 어떤 결말을 맺을지도 예언했다. 순욱의 예언은 무서울 정도로 정확해 탄식이 나올 정도였다. 그러나 그렇게 예리한 혜안을 가지고 있던 순욱도 자신의 숙명만은 예측하지 못했다.

원소와 조조의 대결에서 순욱은 조조의 가장 확실한 지지자였다. 관도에서 반년을 넘게 대치를 벌이면서 군량이 점점 부족해지자 조조는 퇴각하고 싶은 마음이 생겨 순욱에게 편지를 써서 의견을 구했다. 순욱은 곧바로 절대적인 반대를 표시하는 답장을 보냈다. 그는 초한전 이야기를 들어 조조를 설득했다.

"유방과 항우가 서로 대치하고 있을 때 유방은 지금의 우리처럼 열세에 처해 있었습니다. 유방과 항우 모두 서로 한 치의 양보도 하지 않았는데 그것은 먼저 물러나는 자가 굴복하는 것이기 때문이지요. 지금 장군은 적의 십 분의 일밖에 되지 않는 병력으로 요충지를 지켜 냈지만, 적은 반년이 지나도록 아무런 진전도 이루지 못했습니다. 이는 적의 세력이 이미 제압되었다는 말입니다. 이제 기책을 써서 승리를 얻을 수도 있는데 어찌 중간에 그만둔단 말입니까?"

조조는 순욱의 의견을 받아들였고 결국 승리의 여신은 조조에게 기울어졌다. 관도대전은 조조의 완벽한 승리로 끝났다. 공을 세운 순욱은 만세정후萬歲亭侯로 봉해지고 조조의 딸 후일의 안양공주安陽公主을 장자 순운荀惲의 배필로 맞이하게 된다.

순욱은 담백한 성격으로, 역사서에서는 '겸허하고 검소하다'라고 적고 있다. 그는 상으로 받은 물건을 모두 종친이나 친구들에게 나누어 주어 집안에는 남아 있는 재산이 없었다. 이러한 순욱을 조조도 신임하며 황제에게 직접 '순욱을 봉하는 상소'를 여러 차례 올렸지만 순욱은 매번 겸손하게 사양했다. 조조가 황제에게 상소를 올려 순욱을 삼공으로 삼고자 했다. 그러나 순욱이 열 차례나 거절을 하자 조조도 더 이상은 강요하지 않았다.

조조는 순욱처럼 인격이 높고 절개가 곧지 않았다. 순욱의 모든 행위의 최종적인 목표는 한나라 왕실을 바로 세우기 위해서였다. 자연히 순욱은 조조와의 갈등을 피할 수 없었다. 조조가 최고의 권력을 누리며 호시탐탐 사방을 노리고 있을 때, 책사 동소 등 측근들은 기회를 틈타 조조에게 '국공'이란 작위를 내리고 '구석九錫'을 하사할 것을 요청했다. 당시 순욱이 높은 지위에 있었기 때문에 조조는 동소를 시켜 먼저 순욱의 의견이 어떤지 알아보도록 했다. 뜻밖에도 순욱은 단호하게 반대를 하며 조조가 신하로서의 도리를 지켜야 한다고 밝혔다.

그 말을 전해들은 조조는 이제부터 한 왕실에 충성한 순욱이 자신의 대업에 걸림돌이 될 거란 사실을 분명하게 깨달았다. 진수는 『삼국지』에서 '태조는 그 때문에 마음이 편치 않았다'고 적고 있다. 그 결과 바로 순욱을 없앴던 것이다.

진대晉代 사람인 진수는 위나라를 정통으로 보고 있기 때문에 『삼국지』 중 조조에 불리한 기록은 수록하지 않고 있다. 순욱의 죽음에 대해서도 '대관이 훙거薨去, 제후나 대관의 죽음했다'고 모호하게 적고 있다. 『위씨춘추魏氏春秋』에서는 앞서 말한 이야기가 기록되어 있고, 『헌제춘추』에서는 '조조가 순욱에게 헌제의 부인 복후를 죽이라고 했지만 명을 받들 수 없어 자살을 했다'라고 더 명확하게 기록되어 있다.

순욱이 세상을 떠난 다음 해에 조조는 위공에 올랐고, 8년 뒤에는 헌제가 제위를 조조의 아들 조비에게 양위했다. 그로써 426년간 존재했던 한나라 왕실은 역사 속으로 사라졌다.

三國志 들여다보기

군주 밑에서 주군을 도와 정무를 처리하던 최고 관직으로는 하은시대에는 무사巫史가, 서주西周 춘추시대에는 공경公卿이, 전국시대 이후에는 재상이 있었다. 진나라가 천하를 통일한 뒤 재상의 정식 관직명은 '승상丞相'이 되었다. 좌우 승상이 있는 경우도 있었는데 그 중 우승상이 더 높았다. 즉 우승상의 권력이 좌승상보다 컸다. 한나라 초기에는 진나라의 제도를 따랐지만 한 무제 이후 재상의 권한은 점차 상서대尙書臺 장관인 상서尙書로 이동했다. 후한 말년 동탁과 조조가 하승상夏丞相이나 상국相國 같은 관직을 부활시켰는데 실질적인 권한은 황제를 초월했다.

상서령을 지낸 순욱

:: 주요 인물
곽가

:: 주변 인물
여포, 유비, 원소, 조조

:: 키워드
안목이 넓고 예리하다, 기묘한 계책을 내놓았다

:: 주요 사건
계책을 바치다

:: 이야기 출처
『삼국지』「위서」 곽가전

곽가 : 하늘도 시기한 영재

세상에 천재가 존재한다는 사실을 인정하지 않을 수가 없다. 천재는 천상에서 인간 세상으로 쫓겨난 선인으로 조물주의 걸작이다. 지천명知天命, 50세이 된 공자조차도 천재 제자를 문병 갔을 때 천재가 이 세상에 오래 머물지 않는다는 사실에 한탄할 수밖에 없었다.

"이런 자가 이런 병에 걸리다니!"

세간에는 '하늘도 질투한 영재'라는 말이 있다. 천재는 본래 하늘에 속한 사람이란 것을 누군들 모르겠는가!

천재적인 인물은 유성처럼 나타나 세상을 순간 찬란하게 비추며 놀라게 한다. 영웅이 배출되던 삼국시대에도 천재적인 인물이 많았다. 『삼국지』의 저자 진수가 천재로 인정한 인물은 바로 희지재戲志才와 주불의周不疑였다. 희지재는 조조의 책사였고 주불의는 신동으로 조조의 작은 아들 조충의 친구였다. 두 명의 천재들은 번개처럼 나타났다가 구름처럼 사라졌다. 진수도 그들의 이름만 기록하고 있을 뿐, 그 이상의 기록은 남기지 않았다. 오래전 이야기라 확인할 길은 없다. 독자적인 시각으로 삼국시대를 연구했던 진수처럼 개인적인 의견을 덧붙이자면 그 당시 천재라고 할 만한 인물로는 곽봉효郭奉孝, 즉 곽가郭嘉를 꼽을 수 있다.

곽가는 영천 양적陽翟 사람이다. 그는 하늘에서 떨어진 것처럼 갑작스럽게 나타나는데 사람들의 생각처럼 천재다운 등장이었다. 그가 언제 태어나 어떤 집안에서 살았는지 아는 사람은 아무도 없다. 정사인 진수의 『삼국지』에서도 그 문제를 지나치고 있다. 배송지 주의 『삼국지』에서는 지나치기 미안했는지 특별히 『부자傅子』를 인용해 미흡한 점을 보충하고 있다.

"곽가는 어렸을 때부터 연약해 어른이 되어서도 유명한 공적을 감추었고 비밀리에 재능이 출중한 자들과 교분을 맺고 세상과 접촉하지 않았다. 따라서 당시 사람들은 그가 기이한 달인이란 사실만 알 뿐 다른 것은 알지 못했다."

조조 진영의 많은 인재들과 마찬가지로 곽가는 원래 원소 진영에 있었다. 그는 원소 진영에 온 지 얼마 안 되어 원소가 괜히 명성만 높을 뿐 큰일을 이룰 만한 사람이 아니라는 사실을 깨달았다. 곽가는 원소의 책사 신평과 곽도에게 이런 평을 남겼다.

"원 장군은 현인을 예와 겸손으로 대하는 고대 주공을 따라 하고 있을 뿐 사람을 부리는 법을 모른다. 장군은 주견도 부족하고 우유부단해서 함께 나라를 위기에서 구하고 패업을 이루기가 어려울 것 같다!"

이 말을 마친 곽가는 바로 원소를 떠났다. 신평과 곽도가 이 말을 듣고 어떤 반응을 보였는지에 관한 기록이 남아 있지는 않지만 두 사람에게는 곽가만큼 예리한 안목이 없었던 게 분명하다. 결국 그들은 원소 무리의 순장품이 되어 버렸다.

당시 조조는 수석 책사인 희지재를 저세상으로 보내고 양팔을 잃은 것처럼 비통해 하며 순욱에게 대신할 인재를 찾아보라고 명했다. 이때 순욱이 추천한 자가 바로 곽가였다. 조조는 곽가를 만나 천하의 대소사에 대해 이야기를 나눈 뒤 감탄했다.

"내가 대업을 이룰 수 있도록 도울 자는 바로 이 사람이다!"

곽가도 기뻐하며 이런 말을 했다고 한다.

"조조는 운명이 정해 준 주인이다!"

두 사람은 단번에 마음이 맞았다. 곽가는 바로 '사공군제주司空軍祭酒'에 올라 조조 진영에서 가장 젊고 특별한 책사가 되었다. 그때 곽가의 나이가 스물일곱이었다.

곽가는 11년 동안 조조를 따라다니며 여러 전쟁에서 수많은 중요한 비책을 바쳤다. 곽가는 결정적 의미가 있는 문제를 논의할 때 급소를 찌르는 역할을 했다. 그는 순유, 정욱, 가후, 유엽 등의 책사들과는 달랐다. 곽가가 전술 전략을 적극적으로 내놓은 적은 없지만 조조 진영에서 가장 넓은 안목을 가진 것만은 틀림없었다. 그는 계책을 결정할 무렵에서야 신중하게 발언을 하곤 했다.

조조가 여포를 공격해 3전 3승을 거두자 여포는 퇴각해 굳게 수비를 하고 있었다. 당시 조조는 대군들이 피로에 지쳐 있어 적당한 시기를 봐서 물러나 개선할 생각이었다. 그렇지만 곽가의 의견은 달랐다. 그는 '마땅히 남은 용기로 궁지에 몰린 적을 추격해야지 명예를 탐냈던 패왕을 본받아서는 안 된다'며 서초 패왕의 예를 들어 조조를 설득했다. 호랑이 같은 경우 애초에 건들이지 말거나 잡기로 마음 먹은 이상 잡아서 죽여야 한다는 논리였다. 결국 여포는 백문루에서 최후를 맞이하게 된다.

관도대전에서 대패한 원소는 얼마 후 피를 토하며 죽었다. 원소의 두 아들 원담과 원상은 서로 다툼을 벌이다 모두 조조에게 격파당했다.

조조가 잔당을 모조리 소탕하려고 했을 때 곽가는 좀 쉬면서 '고양이 쥐잡기 놀이'를 즐겨 보라고 권했다.

"두 형제에게 외부적 압박을 가한다면 단결할지 모르지만 그렇지 않다면 집안싸움을 벌일 겁니다. 우선은 서로 죽자

사자 싸우게 내버려 두었다가 우리는 어부지리만 얻으면 됩니다."

정말 곽가의 말대로 되었다. 조조는 손쉽게 원 씨 무리의 본거지인 업성에 입성했다. 이런 때 보면 곽가는 기회주의자 같았다. 그러나 몸이 약해 바람이 불면 곧 쓰러질 것 같이 보이는 젊은이는 놀랄 만한 담력을 가지고 있었다. 그가 제시한 모략의 대부분은 모험을 동반했다. 그가 바친 계책은 언제나 예상 밖이었고 굉장한 위험을 동반했지만 최대의 이익을 얻을 수 있었다. 곽가를 천재라고 하는 이유는 그의 모험이 백이면 백 다 큰 성공을 거두었기 때문이다. 당대의 같은 진영에 있던 책사들은 그의 비범한 통찰력과 결단력을 보며 그를 따라잡을 수 없다는 무기력감을 느꼈을 것이다.

조조와 원소가 관도에서 대치하고 있을 때 남방의 손책이 그 틈을 타 활개를 치며 강동 지역을 수복하고 어부지리 격으로 수도 허장까지 탈취할 야심을 드러냈다. 조조의 수하들은 이 소식을 듣고 두려움에 떨었다. 실력 차이가 많이 나는 원소와 관도에서 무리하게 대치하고 있는 상황에서 쌍방의 공격을 받는다면 어떻게 당해 낼 수 있겠는가! 당시 조조가 가진 유일한 패라면 볼모로 잡고 있었던 천자뿐이었다. 수도인 허창을 잃는다면 황제를 빼앗기게 되고 그러면 조조 진영은 바로 와해될 수 있었다. 조조는 이 소식을 듣고 두통이 재발할 만큼 고민했지만 병약한 곽가는 도리어 긍정적이었다. 그는 조조에게 걱정하지 말라고 했다.

"지금 일부 병사를 보내 수도를 지킬 필요는 없습니다. 손책은 쳐들어오지 못할 겁니다. 그 자는 강동을 손에 넣으면서 수많은 영웅호걸을 주살하였지요. 개중에는 춘신군春申君, 전국시대 초나라 재상, 맹상군처럼 인재 양성에 능해 목숨까지 바칠 수 있는 빈객들을 길러 낸 자들이 많습니다. 복수를 위해서 죽음까지 불사하는 무사들이 강동 각지에 잠복하고 있다는 말이지요. 손책은 자부심이 강한 자라 신변이 위험하다는 소문을 들은 척, 만 척할 겁니다. 그에게 백만 강병이 있다 해도 혈혈단신과 마찬가지입니다. 독단적으로 행동하겠지요. 제가 보기에 손책은 분명 자객의 손에 목숨을 잃을 겁니다."

그것은 정말 황당무계한 의견이었다. 조조가 천하의 인심을 얻어 이루고자 한 위업과 수십만 대군의 생사를 언제 어디서 나타날지, 게다가 성공할지 말지 전혀 모르는 자객에게 맡겨야 한단 말인가! 그의 말을 따르기에는 너무 무모하고 경솔해 보였다. 오직 조조만이 천재 젊은이의 의견을 받아들일 수 있었다. 두 천재의 직감은 이런 면에서 잘 맞았다. 놀랍게도 손책은 곽가의 예언대로 허공 밑에 있던 문객 셋의 손에 목숨을 잃었다.

원소, 원담 부자가 연이어 세상을 떠난 뒤, 원소의 막내아들 원상은 삼군三郡 오환의 소수민족 부락과 손잡고 변방에서 완강하게 저항했다. 조조는 지금의 승세를 타고 일격을 가하려고 했다. 그러나 원정을 나온 수하들은 그 틈에 남방의 유비가 허창을 습격할까 봐 걱정했다. 그런 이유로 망설이고 있을 때 곽가가 결정적인 한마디를 던졌다.

"유비는 현재 형주의 유표에게 의탁하고 있습니다. 그 자가 허창을 공격하고자 한다고 해도 유표가 말릴 겁니다."

이어서 곽가는 다음과 같은 분석을 내놓았다.

"유표라는 자는 좌담객에 불과합니다. 그 자신도 유비를 통솔할 능력이 없다는 사실을 잘 알고 있기 때문에, 유비에게 중임을 맡긴다면 통제하지 못할 것을, 한직을 내리면 거절당할 것을 우려하고 있습니다. 그러므로 나라를 비우고 원정을 나와 있다 해도 걱정하실 필요가 없습니다."

곽가는 조조가 병력을 총동원해 출정해서 수도를 비운다고 해도 걱정할 필요가 없다고 자신감 있게 말했다. 원정을 가는 도중 곽가는 조조에게 군수품을 버리고 병사를 가볍게 무장해 아무런 준비도 하지 않은 것처럼 꾸미라고 했다. 조조는 곽가의 말을 그대로 따랐다. 결국 노룡새盧龍塞에서 출발한 군대는 흉노의 세력을 공격하고 원상의 군대를 대파했으며 오환의 선우單于, 왕 답돈蹋頓도 참수했다. 원상과 원희 형제는 요동까지 도망갔지만 이듬해에 완전히 소멸되었다.

곽가는 안목이 넓고 예리해서 그가 바친 계책은 모두 조조의 마음에 들었다. 조조가 '곽가만이 내 뜻을 안다'고 말할 정도로 두 사람은 서로 잘 맞았다. 조조는 젊었을 때 의협심을 행한다며 제멋대로 굴어 품행이 단정하지 못했었다. 조조 수하에서 기율 감찰을 맡고 있던 대신 진군陳群은 곽가가 신중하게 행동하지 않는다며 조조에게 수차례에 걸쳐 보고한 적이 있었다. 조조는 그런 진군을 격려하면서 곽가에게는 관용을 베풀었다. 곽가에게서 젊었을 때 자신의 모습을 보았는지도 모르겠다.

공적으로 두 사람은 상호 보완해 주는 관계였다. 곽가가 기책을 내놓으면 조조는 과감하게 실행해 중원의 북방을 통일했다. 두 사람은 나이 차이가 많이 났다. 곽가가 한창 젊은 나이였다면 조조는 이미 중년에 접어들었다. 심지어 조조는 후사를 부탁할 뜻도 보였다. 여기서 후사란 곽가에게 자신의 직위를 내어 준다는 것이 아니라 자신의 후예를 잘 보좌해 달라는 의미였다. 곽가가 오래 살았다면 사마의가 설 자리가 없었을지도 모르겠다.

사마의가 역사에 등장할 운명이었는지, 서른여덟 살의 곽가는 오환으로 원정을 가는 도중 중병에 걸렸다. 당시 원정길은 매우 험난했고 2백 리나 되는 길은 건조해 물도 얻기 힘들었다. 30길이 넘게 땅을 파야 물을 구할 수 있었다. 군수품까지 버렸기 때문에 군량도 곧 바닥이 났다. 조조의 군대는 말을 도살해 허기를 채워야 했다. 이렇게 험한 환경에서 행군을 하다 보니 원래부터 몸이 허약했던 곽가는 병에 걸려 유성柳城에서 먼저 돌아갈 수밖에 없었다. 조조는 군대를 이끌고 오지로 가면서도 계속해서 사람을 보내 곽가의 병세를 물었다. 그러나 결국 곽가는 유성처럼 사라지고 말았다.

조조는 다시는 얻기 힘든 인재의 죽음에 막연한 슬픔을 느꼈다. 그는 순유 등 수하들에게 탄식을 늘어놓았다.

"제군들은 나와 나이가 비슷하지만 곽가는 아직 젊은 사람이라네. 후사를 부탁할 생각이었는데 어린 나이에 세상을 떠나다니, 이런 것이 운명이란 말이냐?"

당시 조조가 순욱에게 보낸 몇 통의 서신에는 비통함이 넘쳐흐르고 있다.

"곽가를 생각하면 애석한 마음이 사라지지 않는구나! 형세와 군사에 대해서는 남달리 뛰어난 자였는데……, 어떻게 그를 잊겠는가!"

곽가가 세상을 떠난 건안 12년(207)에 와룡 선생 제갈량이 유비의 삼고초려로 융중을 나온다. 아쉽게도 성격이 판이한 두 명의 천재가 역사 무대에서 지략을 겨루며 각축을 벌이는 모습을 볼 수 없게 되었다. 조조는 이를 매우 애석하게 생각했다.

적벽에서 패한 뒤 조조는 책사들을 모아놓고 한탄을 했다.

"곽가가 살아 있었더라면 내가 이 지경까지 되지는 않았을 텐데!"

사실 곽가가 살아 있는 동안 조조는 순조롭게 단숨에 북방을 평정했다. 그렇지만 곽가가 죽은 뒤 조조의 대업은 지지부

진했다. 이런 말을 들은 조조 진영의 책사들은 분명 부끄러워했을 것이다. 그러나 조조는 그들 체면을 봐주지 않는 인물은 아니었다. 그 역시 천재였기 때문이다. 천재만이 천재를 알아주지 않을까!

三國志 들여다보기

후한시대에는 태위太尉, 사도司徒, 사공司空을 일컬어 삼공三公이라 불렀다. 삼공은 명목상 재상이었지만 실권은 없었다. 사공은 주로 죄수들을 관리하는 관직이었다. 『삼국지』에서는 서진西晉 경제景帝, 사마사의 이름을 휘諱하기 위해 군사제주軍師祭酒를 군제주로 기록했다. 군사제주는 위나라 때 5품 무관직이었다.

사공군제주를 지낸 곽가

:: 주요 인물

강유

:: 주변 인물

종회, 등애, 제갈량, 유선

:: 키워드

충직, 대담하고 의로움

:: 주요 사건

중원을 아홉 번 토벌 나가다, 단곡에서 대패하다

:: 이야기 출처

『삼국지』「촉서」 강유전

姜維

강유 : 마지막 승부사

강유姜維는 천수관天水關에서 제갈량에게 항복했는데, 그해 그의 나이 스물일곱으로 제갈량이 초려에서 나온 나이와 똑같았다.

강유는 위나라에 속한 천수 기현冀縣 사람으로 자는 백약伯約이다. 그의 아버지는 지방의 장군이었는데 강유가 어렸을 때 강족羌族 등 소수 민족의 반란을 평정하러 나갔다가 전쟁터에서 목숨을 잃었다. 아버지를 잃은 강유는 어머니를 의지해 살아갔다. '열사'의 자식이었던 강유는 성년이 되었을 때 중랑이라는 관직을 수여받고 살고 있던 군郡의 군사에 참여했다. 강유는 어릴 적부터 공명심에 불타 몰래 수많은 강호의 무사들과 사귀며 일반 백성들과 다르게 행동했다. 그는 남몰래 자신의 밑천을 쌓고 있던 셈이다.

건흥 6년(228), 촉한 승상 제갈량이 위나라 정벌에 나섰을 때 강유는 직속상관인 천수 태수 마준馬遵을 따라 출정에 나갔다. 도중에 촉한 대군이 국경을 위협하자 모든 현이 촉군에 투항했다는 소문을 듣고 마준은 매우 심란해 하며 강유도 변심했을까 봐 걱정했다. 결국 마준은 강유를 비롯한 부하들을 버리고 밤새 하규下邽로 도망을 갔다. 아침에 일어났을 때 태수가 보이지 않자 수하들은 황급히 그의 행방을 물어물어 하규성 아래까지 쫓아왔다. 수비군은 그들이 촉한에 투항했다고 의심하며 성문을 굳게 닫고 못 들어오게 했다. 어쩔 수 없이 강유를 비롯한 수하들은 고향 기현으로 돌아갔지만 그곳에서도 그들을 받아 주지 않았다. 막다른 길에 몰린 이들은 제갈량 진영에 투항하는 수밖에 없었다.

그것은 분명 도박과도 같은 행위였다. 제갈량은 투항한 장수를 절대로 죽이지 않는다고는 했지만 강유를 비롯한 사람들은 위나라 지방의 말직 군관에 불과했다. 제갈량의 눈에 들지 안 들지는 미지수였다.

강유는 게임에서 이긴 셈이었다. 사람을 볼 줄 아는 제갈량은 강유를 얻고 매우 기뻐하며 '양주凉州 상사上士, 현자'라고 불렀다. 또한 직접 그를 군사 방면의 후계자로 정하고 5, 6천 명으로 이루어진 정예병 중호中虎 보병을 훈련시키도록 했다. 또한 촉한 대신 장예張裔와 장완蔣琬에게 이런 서신까지 보냈다.

"강유는 군사에 뛰어난 자입니다. 담량도 있고 용병의 깊은 뜻도 잘 이해하고 있지요. 한나라에 마음을 두고 두루 재주를 겸비한 자입니다. 군사를 다 가르친다면 궁으로 보내 황제를 알현하도록 하겠습니다."

즉시 강유를 황제 유선에게 보이기로 결정한 것이다. 유선도 특별히 마음에 들어 하며 천수의 말단 군관이었던 강유를 단숨에 중감군中監軍, 정서征西 장군으로 승격시켰다.

강유는 한결같이 촉한에 충성했다. 손성孫盛의 『잡기雜記』에는 다음과 같은 일화가 실려 있다. 아직 위나라에 살고 있던 강유의 어머니가 그에게 '마땅히 돌아와야 한다〔當歸〕'는 내용의 편지를 보냈다. 위나라로 돌아오라는 어머니의 편지에 강유는 답장을 썼다.

"좋은 밭 천 경頃은 한 무畝에 달린 게 아닙니다. 원대한 뜻〔遠志〕이 있으니 돌아갈 수가〔當歸〕 없습니다."

흥미로운 점은 강유가 답장에 '원지遠志'와 '당귀當歸'란 약초의 이름을 썼다는 것이다. 이처럼 강유는 문장에도 다소 재주가 있었다.

강유는 제갈량 곁에서 6년을 일하며 그로부터 유익한 가르침을 많이 얻었다. 제갈량이 세상을 떠났을 때 강유는 그의 영구를 성도로 모셔 왔다. 그 후 우감군右監軍, 보한輔漢 장군에 올라 군사를 통솔했고 또 평양후平襄侯란 작위까지 받았다. 강유는 제갈량의 북벌 사업을 이어받아 몇 차례나 전쟁을 벌였다. 그 때문에 사람들은 '제갈량이 여섯 번 기산에서 출병했다면 강유는 아홉 번 중원 토벌에 나섰다'고 말하곤 했다.

『삼국지연의』에서는 제갈량이 오장원에서 병사한 뒤 강유의 세상이 된다. 그러나 실제 역사에서 강유는 스승만큼 순조롭게 풀리지 않았다. 제갈량이 눈을 감은 뒤 촉한의 군권과 정권은 모두 장완에게 돌아갔고 그 후에는 다시 비의費禕와 동윤董允이 이어받는다. 촉한 사람들은 제갈량, 장완, 비의, 동윤을 일컬어 '사상四相'이라고 불렀다.

그동안 강유는 군사 대권을 장악하지 못해서 일부 군사만을 이끌고 서쪽 정벌을 몇 차례 나갔을 뿐이다. 그가 병사를 이끌고 출정을 나갈 때마다 실권을 장악한 비의가 여러 방면으로 제약을 가했다. 강유는 북서쪽 출생이었기 때문에 북서부의 풍습과 사정에 매우 밝았고 재능과 무예도 겸비하고 있었다. 그는 북서부 변경 지역의 강羌, 호胡 제 부족을 우익羽翼으로 삼아 농서를 정벌하겠다는 격문을 띄웠다. 그렇지만 '크게 병사를 일으키고자 할 때마다 비의가 제지하고 따르지 않아' 그는 결국 만 명에 불과한 병사밖에 얻을 수 없었다. 비의는 다음과 같은 이유를 내세웠다.

"우리는 승상에 훨씬 미치지 못합니다. 승상이 중하中夏를 평정하지 못했는데 하물며 우리는 어떻겠습니까! 차라리 보국안민하고 사직을 지키며 그와 같은 공적을 위해 능력 있는 자를 기다리는 것이 낫습니다. 일거에 승패를 결정하는 요행을 바라지는 않습니다. 만일 뜻을 이루지 못하고 나중에 후회한다 해도 소용없겠지요."

비의의 말은 한 고조 때 재상인 소하가 만든 법규를 조참曹參이 그대로 이어받았듯 전례를 따르자는 논리였다. 그렇게 하면 태평성세에는 백성의 생활을 안정시킬 수 있었겠지만, 혼란한 시대에는 배가 물을 거슬러 올라가듯 나아가기는커녕 후퇴할 수도 있었다.

물론 강유에게도 잘못이 있었다. 그는 군사가의 입장에서 북벌을 단순하게 생각했다. 매년 위나라 정벌을 벌여 나중에는 촉한의 경제가 감당할 수 없는 지경에까지 이르렀다. 당시 촉한의 인구는 28만 호로, 약 94만 명에 불과했다. 그 중 병사와 관리가 14만 2천 명을 차지하고 있었다. 두 집이 한 명의 관병을 책임지고 있는 셈이었고 남자 3분의 1은 병사였다. 객관적으로 볼 때 북벌전은 국력을 심각하게 축내고 있었다. 제갈량은 군사적인 입장보다는 정치적인 시각에서 모든 문제를 고려했었다. 경제적인 문제에 관해서도 강유보다 더 잘 알고 있었다. 강유가 너무 큰 무리수를 두고 있었기 때문에 비의의 신임을 얻을 수 없었다.

연희延熙 19년(256), 장완과 비의가 모두 세상을 떠나고 강유는 대장군에 오르며 정식으로 촉한의 '3군 총사령관'이 되었다. 적국의 하급 군관 출신인 대장군은 그의 스승보다 군대 내에서 위신이 없었다. 강유는 대장군이 된 후 처음으로 군사들을 이끌고 출정을 나가며 진서대장군 호제胡濟와 상규上邽에서 집결하기로 했다. 그런데 호제가 약속을 어기고 오지 않는 바람에 강유의 군대만 오지인 단곡段谷까지 가게 되었다. 결국 위나라의 대장군 등애에게 대패해 군대는 뿔뿔이 흩어지고 수많은 병사가 목숨을 잃었다.

촉한의 조정 대신들은 약속을 어기고 오지 않은 호제를 질책하지 않고 오히려 강유에 대한 원망만 늘어놓았다. 어쩔 수 없이 강유는 스스로 관직을 강등해야 했다. 촉한 말기 장익張翼을 비롯한 대부분 장군들은 강유의 거듭되는 원정을 반대했다. 『삼국지』「장익전」에서는 '장익이 반대 의견을 제시하자 강유가 좋지 않게 생각했다. 그런데 강유가 종종 장익을 끌어들여 데리고 가니 장익도 부득이하게 따라갔다'고 한다. 지지를 얻지 못한 강유는 장익이 반대할까 봐 억지로 자기 곁에 붙들어 둔 것이다.

강유는 원래 제갈량보다 못한데 사람들의 지지와 협조까지 얻지 못했으니, 그가 처한 상황이 얼마나 힘들었을지 가히 짐작하고도 남는다. 특히 황제 유선이 강유를 신임하지 않았다는 사실이 가장 치명적이었다. 환관 황호黃皓는 걸핏하면 강유의 흉을 보며 야심가였던 우대장군右大將軍 염우閻宇와 그를 없앨 음모를 꾸몄다. 결국 강유는 화를 피해 답중沓中으로 가는 수밖에 없었다.

강유의 아홉 차례 중원 정벌은 제갈량의 육출기산보다 더 부득이한 선택으로 비극적이고 격정적인 색채를 띤다. 그런 이유 때문에 후세 사람들은 그를 제갈량의 후계자로 보았다. 사실 두 사람이 했던 노력은 본질적으로 똑같다. 단지 제갈량의 재능과 외부 조건이 강유보다 더 나았을 뿐이다.

『삼국지연의』에서는 강유가 죽은 뒤 패잔병들이 그의 배를 갈라보았는데 담膽, 쓸개이 계란만큼 컸다고 적고 있다. 물론 이것은 소설가들이 지어낸 허구이다. '강유가 죽은 뒤 배를 갈라보았더니 담이 됫박만큼 컸다'란 『세어』의 기록에서 비롯한 이야기로 사실인지는 모르겠지만 터무니없는 이야기에 가깝다. 어쨌든 강유가 확실히 대담하기로 유명했던 모양이다. 그는 과감하게 모험을 감행해 여러 차례 승리도 얻었지만 되돌릴 수 없는 실책을 남기기도 했다.

한중은 촉한의 대문과 같은 역할을 하는 곳으로 유비가 살아 있을 때 장수 위연을 보내 지키게 했다. 위연이 보루를 쌓아 바깥의 적을 막고 경비를 철저하게 한 덕분에 사천의 안전을 지킬 수 있었다. 그렇지만 강유는 그런 방식이 너무 소극적이기 때문에 적을 막을 수는 있어도 승리는 얻을 수 없다고 여겼다. 후일 그는 가능한 포위를 풀고 보루를 허문 뒤 군량을 감추고 수비군을 한성漢城, 악성樂城으로 퇴각해 적을 깊은 곳까지 유인했다. 강유는 적군이 천 리를 오느라 지친 데다 군량까지 구할 수 없기 때문에 기다리기만 하면 쉽게 적을 섬멸할 수 있다고 여겼다.

현재의 유격 전술과 비슷한 그 전술에는 두 가지 전제 조건이 있었다. 첫째, 촉한의 영토가 남북으로 최전선에서 후방까지 연결되어야 적을 깊숙한 곳까지 유인해 유격전과 기동전을 펼칠 수 있었다. 둘째, 유격전을 펼치는 한쪽은 반드시 충분한 기동성을 구비하고 자신의 급소를 드러내서는 안 되었다. 그렇지만 촉한의 정권은 유격전에 적합하지 않았다. 강유는 성도가 공격을 받으면 촉한의 군사 조직 전체가 마비된다는 점을 소홀히 했다.

현실은 잔인했다. 적을 깊숙이 유인한 결과, 적군이 끊임없이 밀고 들어왔다. 문제의 심각성을 인식한 강유는 물밀듯 쳐들어오는 적을 막기 위해 황급히 대군을 이동시키고 검각劍閣에서 위나라 장군 종회와 대치했다. 그러는 동안 위나라 장군 등애는 이미 음평陰平으로 들어와 성도를 장악하고 촉한의 황제 유선에게 투항을 강요하고 있었다.

조서 한 장이면 수십만 대군을 무장 해제시킬 수 있었다. 강유가 조서를 받고 투항할 때 어떤 심정이었는지 우리는 헤아려 볼 수 있다. 역사서에는 '장군과 병사들이 모두 노해서 칼을 뽑아 돌을 잘랐다'고 한다. 이제 칼이나 창은 '돌을 자르는 일' 말고 다른 쓸모가 없었던 것이다.

강유는 대담한 행동에 대한 비싼 대가를 치렀지만 패배를 인정하지 않고 계속해서 도박을 벌였다. 그는 마지막으로 다시 한 번 과감한 계획을 시도했다. 촉한을 점령했던 두 명의 통솔자 종회와 등애의 갈등을 이용해 서로 싸우도록 충동질했다. 강유는 그 틈에 점령군을 몰아내고 촉한을 부활시키려고 했다. 목적 달성을 위해 충직한 강유는 어쩔 수 없이 기회주의자로 변신했다. 그는 종회에게 잘 보이려고 최선을 다하며 그와 금란지교까지 맺었다. 그리고 몰래 유선에게 다음과 같은 밀서를 보냈다.

"폐하, 치욕을 며칠만 더 참으십시오. 신이 사직을 위험에서 구해 내고 재건할 겁니다. 곧 달과 해도 어둠을 걷고 광명을 찾을 것이옵니다."

강유는 종회의 야심을 이용해 등애를 모함하면서 북쪽에서 온 장수들을 죽이고 위나라 병사들을 매장시킨 뒤 위나라에서 독립하라고 계속 선동했다. 음모가 발각되자 아무것도 안 하고 죽음만을 기다릴 수 없었던 위나라 병사들은 반란을 일으켰다. 혼전이 벌이지는 가운데 강유와 종회 모두 목숨을 잃었다. 강유를 증오한 위나라 병사들은 그의 처자식까지 몰살해 버렸다. 대담했던 강유의 마지막 계획은 철저한 실패로 끝났다. 오강烏江 강변의 초패왕 항우가 그랬듯 그는 죽기 전 "이것이 하늘의 운명이란 말인가!" 하고 애통해 하는 수밖에 없었다.

진수는 『삼국지』에서 강유를 '조잡한 문무를 갖추고 공명에 뜻을 세우니 함부로 무력을 가지고 놀았다. 결단력은 있으나 주도면밀하지 못해 결국은 목숨을 잃었다'고 평가했다. 그러나 이것은 승패론에 치우친 평가이다. 이는 진수가 초주譙周의 제자였기 때문일 것이다. 초주는 학문에 뛰어났지만 천문 현상에 관한 황당무계한 말만 늘어놓으며 늘 투항만을 권했던 자이다. 유장에게는 유비에게 투항하라고 설득하고 나중에 유선에게는 위나라에 항복하라고 권했던 사람이 스승이니 자연히 강유를 좋게 볼 리가 없었다.

하지만 중국 민간에서는 강유에게 많은 동정을 보였다. 강유가 묻혀 있는 사천성 노산蘆山에서는 예부터 그에게 제사를 지내는 풍습이 있었다. 그곳에서 강유는 관우보다 더 추대를 받았다.

三國志 들여다보기

강유가 검각으로 와서 진영을 정비하고 요새를 지키자, 종회의 10만 대군이 조금도 움직일 수가 없었다. 그런데 뜻밖에도 유선이 그에게 장수와 군사들을 거느리고 종회에게 항복하라는 조서를 내렸다. 강유는 이 말을 듣고 원망스럽고 화가 나서 분통을 참다못해 칼을 뽑아 돌을 베었다. 그때 그가 자른 돌은 지금도 검각 협곡 안에 있으며, 사람들은 이 돌을 '감도석'이라 부른다.

강유

:: 주요 인물
채옹

:: 주변 인물
동탁, 조조, 채문희

:: 키워드
박학, 다재다능, 효의를 겸비

:: 주요 사건
희평석경, 동탁을 안고 통곡하다

:: 고사
채옹이 금琴을 구하다

:: 이야기 출처
『삼국지』「위서」동탁전, 『후한서』「채옹전」

채옹 : 반역자의 죽음을 눈물로 위로한 조문객

노신은 중국 민족의 나쁜 근성을 제시하며 분개했다.

"중국에는 지금껏 실패한 영웅이 거의 없고, 끈기 있게 반항한 적도 거의 없다. 혼자 악전고투한 무인도 거의 없을 뿐더러 반역자의 죽음을 눈물로 위로한 조문객도 거의 없다."

물론 '거의 없다'는 말은 '없다'는 말과는 다르다. 삼국시대의 채옹蔡邕은 반역자의 죽음을 눈물로 위로한 조문객이었다.

채옹은 진류군 사람으로 자는 백개伯喈이다. 일반 사람들 사이에서 채옹의 명성은 「호가 18박胡笳 18拍」[8]을 흐느끼며 부른 딸 채문희만 못할지 모른다. 그렇지만 학자들에게 있어 채옹은 명성이 자자한 경사經史 학자이자 문학가, 서예가, 음악가, 서적 소장가이다.

어릴 적부터 박학하고 다재다능했던 채옹은 태부太傅 호광胡廣을 스승으로 삼았다. 그는 관심 분야가 넓어 문장, 음양오행, 천문을 좋아했으며 음률에도 재능을 보였다. 후한 말 채옹은 '앞으로는 제자를 가르치고, 뒤로는 여악女樂을 두었던' 신진 유학자지만 그 명성은 마융馬融, 정현鄭玄만 못했다.

그는 일찍이 사도 교현橋玄의 초청으로 조정에 들어가 동관에서 경서를 정리 대조하고 잘못을 바로잡는 일을 했다. 그리고 직접 서책을 비석에 썼다. 그 비석은 태학 밖에 세워져 사회에 모범을 보인 '희평석경'(희평은 172~177년에 사용된 후한 영제의 연호이다)이다. 비석이 막 세워졌을 무렵, 매일 그것을 보러 오는 천여 개가 넘는 사람들의 수레로 거리와 골목이 가득 찼다고 한다. 옛 사람들이 얼마나 학문을 숭상했는지 잘 알 수 있다.

올곧은 성품을 지닌 채옹은 당시 환관들에게 눈엣가시 같은 존재였다. 그는 모함을 받아 옥에 갇히기도 하고 유배를 가기도 했다. 환관들은 채옹을 가만히 놔두지 않고 없애 버리기 위해 자객을 보냈다. 그런데 채옹을 죽이러 갔던 자객은 그의 고결한 성품에 감동을 받아 차마 손을 쓸 수 없었다. 환관들은 뇌물을 주고 관리들을 사주해 채옹을 모함하고자 했다. 그러나 관리들은 그에 대한 존경심이 생겨 도리어 그에게 음모를 알려 주었다.

결국 채옹은 환관들의 모해를 피해 남동쪽 오회吳會 일대까지 도망쳐 12년을 살았다. 그곳에 있을 때 그는 농가에서 나무를 태우는 소리를 듣고 좋은 오동나무를 발견하게 되었는데, 그것을 아궁이에서 꺼내 음악사상 유명한 '초미금焦尾琴'을 만들게 되었다.

후한 말 건안칠자의 일원인 왕찬 등 유명한 학자들은 모두 그의 학생이었다. 채옹은 나중에 좌중랑장左中郎將까지 관직에 올라 후세에 '채중랑'이라고 불렸다.

노신은 채옹을 사상이 상당히 개방적인 사람이라고 평가했다. 채옹이 쓴 「협초부協初賦」와 「검일부檢逸賦」 두 편은 참으로 낯간지러운 글이다. 첫째, '색은 연꽃과 같고 피부는 응고된 꿀 같다'고 했는데 참 향기롭고 먹음직스럽다. 둘째, '하늘과 땅 사이에 그에 맞는 짝이 없고, 천 년이 지나야 겨우 나타날 수 있다. 내 마음은 아름다움에 기쁘다……, 낮에는 정을 불러 천천히 사랑을 하고 밤에는 꿈에 기대어 영혼을 교류한다'고 했다. 제목의 '검일檢逸, 방종함을 단속하다'이라는 두 자가 아니었다면 호색가가 쓴 음란한 글로 오해했을 것이다.

『용성록龍城錄』에는 채옹이 술을 아주 좋아했다는 기록이 있다. 그는 이웃 사람들이 술과 음식이 있을 때마다 부르면 흔쾌히 찾아가 항상 한껏 마시고 돌아왔는데, 종종 흥건히 취해서 길가에 누워서 잤다고 한다. 그런 이유로 채옹에게는 '주룡酒龍'이라는 아호가 붙었다.

지금까지 전통적인 평론가들은 채옹을 곱게 보지 않았다.

중국 봉건 사회에서는 구습을 따르지 않거나 규칙을 잘 지키지 않으면 좋은 평가를 받을 수 없었다. 북송 때 민간에서는 채옹을 불충하고 불효한 사람으로 보았다.

초기 희곡 중에는 채옹과 관련된 것이 많다. 명나라 때 서위徐渭의 『남사서록南詞敍錄』 「송원구편宋元舊篇」 제1본은 바로 '조정녀趙貞女, 채이랑蔡二郞'인데, '옛날 채옹은 친지를 버리고 부인을 배신해 벼락 맞아 죽었다'라는 주가 달려 있다.(전남양錢南揚의 『원말비파기교주元末琵琶記校注』전언 중 발췌)

채옹을 희곡 「찰미안鍘美案」에 등장하는 주인공 '진세미陳世美'처럼 장원급제 후 조강지처를 버린 파렴치한으로 기록하고 있는데 그 내용은 다음과 같다.

채옹이 시험(후한시대에는 천거제를 실시했다. 즉 시험을 보는 것이 아니라 '효렴'으로 천거되어야 했다. 따라서 희곡 작가들이 아무렇게나 지어낸 말이라고 할 수 있다.)을 보러 상경했다가 부귀공명을 탐해 오랫동안 돌아오지 않았다. 채옹의 처 조오낭趙五娘은 혼자 집안 살림을 꾸려가며 살다가 시부모님이 모두 돌아가시자 천 리 밖 남편을 찾아간다. 그러나 채옹은 찾아온 부인을 모른 척하며 말로 밟아 버렸고 결국 벼락을 맞아 죽었다. 희곡 「도화선桃花扇」에서는 기녀 이향군李香君이 남경 도엽도桃葉渡에서 후방역侯方域을 송별할 때 「비파기」 중의 노래를 부르며 '뛰어난 학문도 품행의 부족함을 메울 수 없다' 하며 후 공자에게 채중랑을 배우지 말 것을 당부한다.

그렇다면 채옹의 행실이 정말 그렇게 좋지 않았을까? 『후한서』 「채옹전」의 기록에 따르면 '채옹은 성실하고 효성스러웠다'고 한다. 채옹의 어머니는 오랫동안 병마에 시달렸는데 그는 병상 옆에서 시중을 들다 종종 옷을 입은 채로 잠이 들곤 했다. 어머니가 돌아가신 후에도 채옹은 무덤 옆에 초가집을 짓고 효를 다했는데 행동 하나하나가 예에 어긋남이 없었다고 한다.

또한 채옹은 숙부와 사촌 동생과 한 집에서 같이 살았는데 서로 화목했고 삼대가 재산을 두고 다투지 않았다. 그래서 고향에서도 그의 의를 높이 샀다. 이처럼 채옹은 행실이 반듯한 사람이었는데 후세 사람들은 왜 그를 나쁘게 만들었던 것일까? 그 이유는 간단하다. 채옹을 동탁과 한패거리로 보았기 때문이다.

채옹은 동탁의 측근이 아니었는데도 거리에 동탁의 시체가 널려 있을 때 달려가 시체를 껴안고 통곡을 했다. 당시 동탁의 측근들은 이미 '실패할 낌새를 채고 모두 도망가' 뿔뿔이 흩어져 버렸는데도 말이다.

『삼국지연의』에서 왕윤이 '채옹을 옥에서 목매어 죽도록 명령했다'고 하는데 이것은 사실이 아니다. 『후한서』 「채옹전」의 기록에 따르면 채옹은 단죄하기도 전에 옥중에서 세상을 떠났다고 한다. 선비는 죽을지언정 치욕을 당하지는 않는다고 했으니 아마도 자살을 했을 것이다. 그렇지 않다면 왜

'왕윤이 후회하여 멈추고자 하였지만 이미 늦었다'고 했겠는가!

그런데 채옹은 왜 동탁을 안고 통곡을 했을까? 「채옹전」에서는 그가 후한 영제 시절 환관들에게 모함을 당해 곤형髡刑, 머리를 삭발하는 형벌을 당한 뒤 칼과 족쇄를 차고 가족들과 함께 삭방朔方, 군 치소가 지금의 내몽골 등구 북쪽에 있다으로 유배를 갔다고 한다.

동탁은 헌제를 옹립하고 조정을 장악한 뒤 채옹이 마음에 들어 억지로 관직에 나오게 했다. 사실 채옹 같은 성격의 지식인은 한적한 곳에 머물며 고서나 감상하고 세상과 어울리지 않았을 것이다. 더군다나 사악한 권력의 무리는 피하려고 했고 그러지 못할까 두려워했다.

그보다 전인 후환 환제 때, 권력을 쥐고 있던 환관인 중상시 서황徐璜은 채옹이 북과 금에 능하다는 소문을 듣고 황제에게 그를 수도로 불러들이자는 주청을 했다. 그리고 진류 태수를 보내 채옹에게 입궐하라고 독촉했다. 채옹은 어쩔 수 없이 길을 떠났지만 언사偃師라는 곳에서 병을 핑계로 다시 돌아갔다.

그러나 난폭했던 동탁은 그런 핑계를 용납할 자가 아니었다. 조정으로 들어가든지 죽든지 하나를 선택해야 했다. 헛되게 목숨을 버릴 수 없었던 채옹은 결국 상경했다. 동탁은 천하 사인들의 마음을 얻기 위해 명망 있는 채옹을 매우 공경하며 중임했다. 채옹은 '사흘 안에 세 곳을 돌아보았다'고 한다. 이 말은 하루만에 3급이나 승진해 좌중랑장까지 올랐고 고양향후高陽鄕侯에 봉해졌다는 것이다.

하지만 채옹은 동탁이 민심을 얻지 못한 사실을 알고 몇 번이나 산동으로 도망가려고 시도했지만 결국은 그러지 못했다.

채옹이 동탁을 위해 통곡을 한 것은 '자신을 알아준 은혜' 때문이었다. 글 읽는 자들의 가장 큰 약점은 쉽게 감정에 동한다는 것이다. 『후한서』의 기록에 따르면 '개인적인 감정상 잊을 수 없다'고 한다. 안타깝게도 채옹은 좋은 사람이었지만 선량한 자의 총애를 받지 못하고 동탁 같이 포악한 자를 '지기'로 만나게 되었다. 이런 비극이 어찌 채옹 한 사람에게만 일어났겠는가!

동탁의 시체가 거리에 뒹구는 상황에서도 그를 끌어안고 통곡을 하다니, 채옹이 더할 나위 없이 신의 있고 충직한 사람임을 볼 수 있는 대목이다. 역사상 사도 왕윤도 좋은 사람이었지만 채옹을 용서해 주지는 않았다.

다시 말해 좋은 사람이라고 항상 착한 것은 아니며 나쁜 사람이라도 항상 나쁜 것은 아니다. 역사적으로 동탁도 『삼국지연의』에 기록된 것처럼 증오스럽고 전혀 쓸모없는 자는 아니었다.

동탁이 정권을 처음으로 장악했을 때 환관 정치의 어두운 국면을 전환하고 진번陳蕃, 두무竇武의 억울함을 풀어 주었다. 그리고 채옹, 정태, 하옹 같은 청류파 인사들을 발탁했다. '한 가지 잘못으로 큰 덕을 가릴 수 없다'는 옛말처럼 백 가지 악으로 한 가지 덕을 가려서는 안 되지 않을까?

채옹은 옳고 그름을 몰랐던 것이 아니라 너무 잘 알고 있었다. 그는 시비가 분명한 사람이었다. 그렇기 때문에 사람들이 타도를 외쳤던 동탁에게 달려가 통곡했던 거였다.

어떻게 보면 채옹의 용기는 존경할 만하다. 사마천司馬遷이 이릉李陵 장군을 두둔하는 간언을 할 수 있던 것도 이런 용기가 있었기 때문이다. 사실 역사상 한나라 때에 시체를 부둥켜 안고 통곡하는 일은 자주 있었다. 전주田疇는 공손책의 칼에 맞아 목숨을 잃은 유우를 붙잡고 울었었고 조조에게 의탁한 뒤에는 원상을 잡고 통곡을 했었다. 원소의 옛 관리였던 왕수王修도 원담을 안고 통곡한 적 있었다. 당시에는 그런 일을 죄로 여기고 주살하는 법률이 없었지만 나중에는 '반역자를 붙잡고 통곡하는 자'는 중벌에 처하고 반역자와 똑같이 취급을 했다. 그렇기 때문에 반역자를 '조문하는 자'는 점점 줄어들게 되었고 후세 사람들에게 채옹은 이해할 수 없는 자가 된 것이다.

육방옹陸放翁, 육유陸遊은 채옹에 관한 다음과 같은 시를 지었다.

석양이 지고 옛 버들 늘어진 조가장趙家莊
북을 멘 눈먼 늙은이가 옛일을 노래한다.
죽은 뒤에 뭐라고 하던 누가 상관하리.
온 마을이 채중랑의 이야기를 듣는다.

채옹에게는 아들은 없었고 딸만 하나 있었는데, 이름이 채염蔡琰이었고 자는 문희文姬였다. 채문희는 중국 역사상 이름난 재주꾼으로 『후한서』에서는 '박학하고 재능과 언변이 뛰어나며 특히 음률이 절묘했다'고 한다. 미인박명인 탓인지 아니면 하늘이 영재를 질투했기 때문인지 채문희의 운명은 순탄하지 못했다. 채문희는 하동河東의 위중도衛仲道에게 시집을 갔지만 곧 과부 신세가 되었다. 게다가 위 씨 집안의 자식을 낳지 못한 까닭에 홀로 고향으로 돌아와야 했다.

흥평 연간, 천하가 혼란한 가운데 채문희는 흉노 기병에게 인질로 잡혀 남흉노 좌현왕左賢王에게 끌려간다. 채문희는 오랑캐 지역에서 12년이나 살며 아들 둘을 낳았다. 나중에 정권을 잡은 조조가 오랜 교분을 맺어 온 채옹이 후사가 없는 것을 애통해 하며 흉노에 사람을 보내 재물을 주고 채문희를 찾아왔다고 한다. 그리고 둔전도위屯田都尉 동사董祀에게 재가를 하게 해준다.

나중에 채문희는 초인적인 기억력으로 아버지 채옹이 생전에 소장했던 4천여 권의 책 중 4백여 편을 필사해 냈는데 문장에 실수가 없었다고 한다. 구천을 떠돌던 채옹도 이 사실을 알고 조금이나마 위안이 되었을 것이다. 누가 딸이 아들만 못하다고 했는가!

● 각주

8 「호가 18박」은 채염의 딸 채문희가 지었다고 전해진다. 흉노 좌현왕에게 잡혀가 20년 동안 흉노의 땅에 있다가 조조가 그녀를 구해 주게 되어 한나라로 돌아오게 되면서 자신이 낳은 두 명의 아들과 슬프게 헤어지는 내용 등 비참한 운명을 노래하고 있다.

들여다보기

채옹은 이웃집에서 장작을 태우는 소리를 듣고 있다가 갑자기 달려가서는 불이 활활 타오르는 아궁이에서 오동나무 하나를 꺼냈다. 그리고 나중에 그 나무로 금琴, 거문고을 만들었는데 음색이 세상 어디에 비할 수 없을 만큼 절묘했다고 한다. 채옹의 금은 세상의 진귀한 보물이라고 전해진다. 금의 끝부분이 그을렸기 때문에 '초미금'이라고 불렀다. 이것이 채옹이 금을 구한 이야기이다.

거문고를 타고 있는 채옹의 딸 채문희

:: 주요 인물
공융

:: 주변 인물
이응, 진위, 조조

:: 키워드
올곧고 자유롭다, 총명하고 언변에 능하다, 재능을 믿고 남을 업신여기다

:: 주요 사건
북해상으로 임명되다, 금주령에 저항하다, 이응을 만나다, 장검을 맘대로 놔주다

:: 고사
어릴 때 총명하다고 커서 꼭 크게 되는 것은 아니다, 공융이 배를 양보하다,
엎어진 둥지에는 성한 알이 없다

:: 이야기 출처
『삼국지』「위서」 공융전, 『후한서』「공융전」

孔融

공융 : 중국의 '돈키호테'

"아버지와 아들 사이에 무슨 혈육의 정이 있을까? 본질적으로 따져 보자면 단지 정욕이 발동해서 어쩌다가 아버지가 된 것이다. 아들과 어머니는 무슨 관계일까? 마치 가득 들어 있는 병과 같아서 병 속 물건을 다 쏟아 붓고 나면 모자 관계는 끝이다."

요즘 사람들이라도 이런 말을 들었다면 분명 깜짝 놀랄 것이다. 그런데 이것은 약 1800년 전 한말 삼국시대 인물이 한 말이다. 뜻밖에도 그는 '인륜과 도덕'을 가장 강조했던 공자의 20대손이었다. 아마도 그의 이름을 들어 보았을 것이다. 현대 중국에서 그의 이름은 동화책에 더 많이 등장한다.

중국의 부모들이 아이에게 양보의 미덕을 가르치기 위해

종종 공융孔融이 배를 양보한 일화를 인용한다. 네 살이었던 공융이 여섯 살짜리 형과 배를 나누어 먹을 때, 형에게 먼저 고르게 하고 자신은 제일 작을 것을 골랐다고 한다. 형이 공융에게 그 이유를 물었더니 이렇게 대답을 했다.

"내가 제일 어리니까 당연히 가장 작은 배를 먹어야지."

아마 상상도 못했겠지만 글 첫머리에 실린 말을 한 사람이 바로 배를 양보한 공융이다. 공융은 왜 교양 있고 예절 바른 귀여운 어린이에서 말을 가리지 않고 아무렇게나 내뱉는 사람으로 변하게 되었을까?

사실 어린 시절에도 제멋대로인 성격을 조금 엿볼 수 있다. 열 살 무렵 공융은 아버지를 따라 당대 명사인 이응을 만나러 수도에 갔다. 이응은 명망이 높은 자였기 때문에 웬만한 사람이 아니면 그를 만나기 어려웠다. 공융은 이응의 집에 도착해 기세등등하게 문지기에게 말했다.

"나는 이 대인 집안과 친하게 지내는 사이이니 어서 가서 알리게."

이응은 그를 만나기 전까지 아무리 생각해 봐도 언제 그런 친분을 맺었는지 떠오르지 않았다. 이응을 만난 공융은 이렇게 설명했다.

"대인의 성이 이 씨고 제 성이 공 씨입니다. 대인 조상 중에 이담李聃이란 분은 제 조상인 공자님과 우정을 나누었지요. 그러니 우리는 집안끼리 친한 사이가 아니겠습니까?"

이 말을 듣고 이응은 공융을 괄목상대刮目相對할 인물로 보았고, 그 자리에 있던 사람들도 절묘하다고 칭찬을 했다. 이날 늦게 온 태중대부太中大夫 진위陳煒는 사람들에게 그 이야기를 전해 듣고 탐탁지 않게 여기며 말했다.

"어렸을 때 똑똑하다고 커서 꼭 잘되는 것은 아니지요."

공융은 자신에게 찬물을 끼얹는 말을 듣고 바로 반박을 했다.

"만약 그 말이 사실이라면 대인은 어렸을 때 분명 총명했겠네요!"

이때부터 공융은 형에게 배를 양보하던 것과 상반된 모습을 보였다. 그는 위아래 신경 쓰지 않고 거침없는 언사를 했다. 그러나 웃어른인 이응은 그런 성격이 어떤 무서운 결과를 초래할지 알려 주지 않고, 오히려 그의 영민함과 지혜로움을 칭찬했다.

"빼어난 아이라 자라면 반드시 훌륭한 인재가 되겠구나."

이응은 후일 '당고의 옥'이 일어났을 때 환관들에게 모함을 당해 비명횡사했다. 이제 세상을 원만하게 살아가라고 공융에게 충고해 줄 사람은 없었다. 어린 공융의 지나친 솔직함은 평생 영향을 끼치고 심지어는 극단적인 성격까지 낳을 수 있었다.

이응의 칭찬은 등용문과도 같았기 때문에 공융의 이름은 순식간에 천하에 알려졌다. 얼마 뒤 공융은 또 세상 사람들을 놀라게 할 만한 기행을 벌였다.

공융 형의 친구이자 정치 파벌의 수장이었던 장검張儉은 환관에게 죄를 짓고 관아에 쫓기는 신세가 되었다. 장검이 몸을 숨기기 위해 공융의 집을 찾아왔는데, 마침 공융의 형은 나가고 없었다. 장검은 당시 열여섯 살이었던 공융을 어려서 미덥지 못하게 생각했다. 그러나 공융의 도움으로 성공적으로 도망을 칠 수 있었다. 나중에 이 일이 발각되어 공융 형제는 관아로 끌려가 옥에 갇혔다. 제멋대인 성격만큼 대담했던 공융은 공당公堂, 법정에서 모든 죄를 혼자 도맡으려고 했다.

"그 자는 제가 도망가게 해준 것이니 형님과는 무관한 일이옵니다."

이에 다급해진 공융의 형은 자신에게 죄가 있다고 우겼다.

"그 자는 저를 찾아온 것이니 모든 게 저로 인해 발생한 일이옵니다. 그러니 제 아우와는 무관합니다."

군현의 지방관은 두 형제에게 어떻게 죄를 물어야 할지 결정할 수 없어 중앙의 상관에게 보고했다. 결국 어린 자를 보호하고 형에게 죄를 물으라는 명이 하달되었다. 옥에서 나온 뒤 공융은 더 명성을 날리게 되었다.

대단한 출신(공자의 후예)에다 이름을 알린 공융이 관직에 오르는 일은 식은 죽 먹기였다. 그렇지만 공융이 관직에 오른 나이는 생각만큼 이르지 않았다. 스물넷(179년) 가량에 사도대장군부司徒大將軍府의 속관으로 있다가 나중에 북군중후北軍中

侯, 호분중랑장, 북해상 등 크고 작은 관직을 지냈다. 그는 일생 중 북해상으로 있었을 때 가장 순조로웠던 시기를 보냈는데 당시 서른여덟 살이었다. 그래서 후세 사람들은 그를 '공북해孔北海'라고 불렀다.

지방관이었던 공융은 큰 뜻을 이룰 거라는 자부심을 갖고, 다른 평범한 군 관리와 똑같은 하찮은 일이 아닌 큰일을 하고 싶어 했다. 중국의 '돈키호테' 공융은 자신의 이상을 품고 망가져 구제불능인 현실이란 풍차로 돌진했다. 그의 사고방식은 참으로 특이했다. 백성들이 도탄에 빠져 도움을 바라고 있는 상황에서, 공융이 관리로 임지에 부임해 가장 먼저 한 일은 농업 진흥이나 구휼책을 실시해 현지 백성을 위로하는 것이 아니었다. 그는 학교를 세우고 자신과 비슷한 유림과 현재들을 천거하고, 임지에서 객사한 외지 사인들의 장례를 치러 주느라 바빴다.

공융의 처사는 고상해 보이기는 했지만 현실에 맞지 않고 다소 황당하기까지 했다. 북해군에는 견자연甄子然이란 이름난 효자가 한 명 있었는데, 공융이 부임하기 전에 세상을 떠났다. 공융은 그의 죽음을 매우 안타까워하다 자신의 애도하는 마음을 담을 만한 기발한 생각을 해냈다. 그는 효자 견자연의 상을 현 관아 소속의 종묘에 세우도록 명하고 사시사철 제사를 지냈다. 공융이 현인을 중시하기는 했지만, 유별난 것을 좋아하는 성격 때문인지 그가 모은 인재들 대부분은 '경박한 인물'에 불과했다. 그는 법을 분명하게 밝히기 위해 하루에 오부五部의 독우督郵, 지방감찰관를 다 죽인 적도 있었다. 그렇지만 그것이 근본적인 해결책이 아니었기 때문에 간악한 무리와 탐관오리들은 여전히 마을을 어지럽히고 다녔다.

도처에서 전쟁이 일어나던 약육강식의 시대에 백성들을 편히 살게 하려면 자강하고 충분한 병사와 식량을 보유하는 일이 더 중요했다. 군대를 키우는 데에는 문외한이었던 공융은 성벽 보수 작업 정도밖에 할 수 없었다. 공융의 군대는 '수백도 되지 않았고 보유한 곡식도 만 곡이 되지 않았다'고 한다.

황건적이 변두리에서 침범해 오자 공융은 더 돈키호테처럼 행동했다. 그는 비틀거릴 정도로 술을 흥건히 마시고 취해서 부축을 받고 전투마에 올랐다. 그러고는 애국주의 노래를 부르며 닭 잡을 만한 힘도 없는 말라빠진 손으로 완전무장한 도적 무리에 대항했다. 그 결과는 당연히 패배였다. 공자의 후예 공융은 대책 없이 싸우다 실패를 맛보았다. 그의 병사들이 뿔뿔이 도망쳐 버려서 그도 결국 북해를 버리고 패주해야 했다.

북해를 잃은 공융은 서주로 갔다. 다행히 그의 높은 명성 덕분에 유비에게 서주 자사로 추천받을 수 있었다. 공융은 그곳을 새로운 근거지로 삼았다. 그렇지만 서주는 조조, 원소, 공손찬 등 거대 세력의 틈에 끼어 있었다. 예부터 전략가들이 탐내던 땅이었던 서주에서 공융은 자사로 지내기가 힘들었다. 결국 얼마 뒤 그는 근거지를 원소의 장자 원담에게 빼앗겼다.

적군이 성을 공격해 화살이 빗발치고 있었을 때도 공융은 '책상에 편안하게 앉아서 태연자약하게 책을 읽거나 토론을 했다'고 한다. 아무리 정의롭고 씩씩하게 군다 해도 형세를 되돌릴 수는 없었다. 결국 공융은 근거지와 사람들을 모두 잃고 혼자서 도망쳐야 했다. 그의 가솔들은 원담의 포로로 잡혔다. 그해가 건안 원년(196)으로 공융이 서주 자사를 맡은 지 6년 되던 해였다.

『후한서』에서는 공융이 '기개가 높고 난을 평정하고자 하는 뜻은 있었으나 재주가 보잘것없고 뜻만 커서 결국은 이루지 못했다'고 한다.

약육강식의 시대, 공융 같은 독서가는 지방에 발붙일 수가 없었다. 결국 그는 조정으로 돌아갔다. 분분한 의견이 오가는 조정으로 돌아온 공융은 물 만난 고기와 같았다. 당시 공융은 장작대장將作大匠이었다. 지금으로 말하자면 장작대장은 건설부장과 비슷한데 주로 황궁, 종묘 등 토목 건설을 전담 관리하는 직이었다. 그러나 공융은 건설 같은 일에는 관심이 없었고, 탐관오리처럼 갖은 방법으로 공사 과정에서 거액의 뇌물을 챙기는 것도 바라지 않았다. 그는 '조정 회의에서 늘 토론의 주도하면서' 의장으로 자신의 입지를 정립했다.

당시 조조가 한 헌제를 막 허창으로 데려와 옹립하자, 공융은 즉각적으로 구제도에 따라 '왕기王畿, 수도 부근의 땅를 정하고 사례교위 인솔 부대를 수도 천 리 이내에 봉해' 황권을 지킬 것을 요구했다. 공융은 공경 대신들을 이끌고 그런 내용이 담긴 글을 올렸다. 조조가 원했던 것은 천자를 볼모로 제후를 부리고자 한 것이지 '존왕양이'가 아니었다. 장번張璠의 『한기漢紀』에서는 공융의 의견을 '실정에 부합하지 않았다'라고 평가하고 있다.

무정하게도 공융의 정치사상은 지방에서나 조정에서나 거절을 당한다. 그런데도 자부심이 강했던 공융은 자기반성을 하지 않고 답답함을 불평을 늘어놓는 것으로 풀었다. 그는 점점 세상에 반하고 어긋나는 기발한 주장을 펼치며 극단적인 방향으로 나갔다. 공융의 자유로운 사고는 사람들 입을 떡 벌어지게 만들었다. 첫머리에 등장한 부모의 혈육의 정에 관한 논의도 이 무렵에 독설가로 유명한 친구 예형禰衡과 함께 늘어놓은 공론이다.

공융은 계속해서 주장을 굽히지 않고 현실에 대한 도발을 꾀했다. 그는 현실 속의 권력자 조조를 자신이 도발할 '풍차'로 정하고 거듭되는 실패로 쌓였던 원망을 그에게 쏟아 부었다. 그것은 상당히 대담한 행위였다. 당시의 조정은 사실상 조조의 조정이나 다름없었다. 그런데 감히 누가 그를 건드리겠는가! 그럼에도 불구하고 공융은 자신의 명성과 학식을 믿고 한사코 감정적으로 권위에 도전했다. 위험성이 클수록 그는 희열을 느꼈고 더 힘이 솟았다. 『삼국지』에서는 『한기』를 인용해 '공융의 모든 제안은 실정에 부합하지 않았다. 또한 천성적으로 솔직한 데다 평생 품은 뜻이 있어 스스럼없이 조조를 모욕했다'고 적고 있다.

태위 양표楊彪를 제거하기로 마음을 먹은 조조는 그와 친척 관계에 있는 원술이 대역무도하게 황제로 참칭했다는 구실로 양표를 연루시켜 없애려고 했다. 공융은 이 소식을 듣고 관복도 제대로 갖춰 입지 않고 조정에 나와 조조에게 이의를 제기했다.

"『서경』에서 '형제와 부자의 죄는 서로 미치지 않는다' 하였는데 왜 양표가 원술과 연루되어야 합니까?"

이에 조조는 대충 핑계를 댔다.

"그것이 나라의 뜻이라네."

공융은 즉시 추궁을 했다.

"나이 어린 주나라 성왕成王이 소공召公을 죽였다고 한다면, 소공과 함께 정치를 보좌하던 주공周公이 모르는 일이라고 할 수 있겠습니까?"

공융은 무고한 사람을 함부로 죽인다면 내일 당장 조정을 떠나겠다고 조조를 협박했다. 그는 조조의 체면을 생각해서 자신이 관직에 있는 것이라고 여겼다. 조조는 공융을 어떻게 할 도리가 없어 결국 양표를 놓아 주었다.

조조를 이긴 공융은 목을 더 꼿꼿하게 세우고 다니며 그를 거스르고 모욕하는 것을 영예이자 낙으로 삼았다. 조조의 군대가 원소의 근거지 업성을 격파한 뒤, 조조의 아들 조비가 원소의 며느리 견 씨를 소실로 들였다. 공융은 이 소식을 듣고 조조에게 풍자하는 편지를 보냈다.

"주나라 무왕이 은나라 주왕紂王을 토벌하고 달기妲己, 주왕의 비를 동생 주공周公에게 주었습니다."

처음에 조조는 공융이 자신을 조롱하는지 모르고 전고와 출처를 물었다.

공융은 이렇게 답했다.

"오늘의 일을 미루어 볼 때 당연히 그랬을 것으로 사려됩니다."

이 말을 들은 조조는 화가 나 치를 떨었다.

조조가 한 번은 술이 나라를 망칠 수 있다고 금주령을 내렸다. 그러자 공융이 또 반기를 들며 반대 의견을 내놓았다.

"하늘에는 주기酒旗라고 하는 별이 있고 땅에는 주천酒泉이 흐르는 마을이 있습니다. 요임금이 천 종鍾, 용량 단위을 마시지 않았으면 성인이 될 수 없었겠지요. 주왕과 걸왕桀王이 여색을 탐해 나라를 망하였으니 아녀자도 망국의 원인인 셈인데 왜 혼인은 금하지 않으십니까?"

사실 조조가 금주령을 반포한 것은 술을 싫어해서가 아니었다. '무엇으로 근심을 풀까? 오로지 술밖에 없구나'라는 「단가행」의 구절을 보면 알 수 있듯 그는 술을 싫어하지 않았다. 노신은 '조조는 큰일을 하는 사람으로 부득이하게 그렇게 했다'고 보았다. 소련에도 금주령이 몇 번 내려진 적이 있는

데, 당시의 최고 지도자들 모두 보드카 애호가들이었다고 한다. 대사와 상관없는 방관자의 입장에서 공융은 아무런 말이나 쉽게 할 수 있었다. 그렇다고 전혀 관계없는 것은 아니었다. 개인적으로 금주령에 큰 영향을 받기 때문에 공융은 나서서 반대해야 했다.

수도에서 공융은 술을 좋아하기로 유명했다. 그는 그보다 먼저 태어난 채옹과 함께 '주룡酒龍'이라고 불렸다. 동탁이 혼란을 일으킨 뒤 채옹은 왕윤에게 목숨을 잃었다. 그 뒤 공융은 채옹과 닮은 호분위사虎賁衛士 한 명을 데려와 흥이 날 때까지 술을 마셨다. 그를 불러 놓고 같이 앉아서 술을 마시면 옛 술친구가 앞에 있는 듯했다고 한다.

조조는 더 이상 공융을 봐줄 수가 없었다. 감찰을 맡고 있던 어사대부 치려郗慮는 조조의 의중을 알아차리고 구실을 찾아 공융을 파직시켰다. 그 후 집에 있으면서 공융은 기가 한풀 꺾였다. 그러나 그의 높은 명성을 듣고 여전히 많은 손님이 그를 찾아왔다. 공융은 빈객들과 술을 마시며 현 정치에 대해서 논하며 큰소리쳤다.

"손님들이 항상 가득하고 술잔에 술만 비지 않으면 나는 근심이 없다."

뜻밖에도 이 몇 마디가 공융의 목숨을 앗아가게 된다. 조조는 파직당한 공융이 그렇게 영향력을 발휘하며 편안하게 사는 꼴을 볼 수 없었다. 교활한 조조는 가느다랗게 실눈을 뜨고 그를 지켜보고 있었다.

1년이 지난 뒤 공융은 태중대부太中大夫로 임명되어 다시 조정에 나가게 되었다. 공융이 복직된 후 얼마나 '자신만만하게 웃으며' 조정에 나갔을지 가히 상상할 수 있다. 공융은 조조가 자신을 어떻게 할 수 없어 결국은 굴복하고 다시 불렀다고 여겼다. 글만 읽던 자가 자기 앞에 놓인 늪을 어떻게 알 수 있었겠는가!

건안 13년(208), 공융은 손권의 사자를 접견하는 자리에서 '비방하는 언사'를 해서 목이 날아갔다. 참수된 그의 시체는 백성들이 보도록 거리에 효시되었다. 공융은 죽기 전에야 자신이 내뱉은 말들이 현실을 도발하기에 무력하다는 사실을 깨달았다. 형장에서 공융은 「임종시臨終詩」를 남겼는데 그 도입부는 다음과 같다.

"말이 많으면 일을 그르치고, 그릇에 틈이 있으면 단단할 수 없다. 강은 개미굴로 인해 터지고, 산은 원숭이가 판 굴로 인해 무너진다."

공융에게 죄명을 씌운 자는 조조의 측근 치려였지만 나서서 그를 탄핵한 자는 삼국시대의 유명한 문인인 승상부의 군제주 노수路粹였다. 그의 탄핵서는 다음과 같다.

"소부少府 공융은 옛날 북해에 있을 때 왕실이 혼란한 것을 보고 무리를 모아 반역을 꾀하고자 했다. 공융은 '공자의 후예는 송나라 사람에게 죽음을 당했다. 천하를 다스리는 자가 어찌 묘금도卯金刀 유劉 씨인가?'라고 했다. 또한 손권의 사자 앞에서 조정을 비방했다."

정치적으로 볼 때 공융을 한나라 왕실에 불충하고 역심을 품은 야심가처럼 이야기하고 있다. 공융을 야심가라고 모함하는 것은 말이 되지 않는다는 사실은 조조도 잘 알고 있었다. 그는 아랫사람들이 뒷말을 할까 봐 나중에 특별 훈령을 내려 공융이 '하늘의 도리를 어기고 윤리를 어지럽힌 죄'를 졌다고 해명했다. 그리고 부모의 혈육의 정에 관한 글을 증거로 제시했다. 이단자를 제거해 앞으로 찬탈할 날을 준비하는 것이 분명하면서도 공자가 소정묘少正卯를 죽인 이야기를 다루듯 괜히 엄숙한 분위기를 잡았다.

공융이 부모의 혈육의 정에 관해 지나친 언사를 하기는 했지만 실제로는 효자였다. 『후한서』에는 '(공융이) 열세 살 때 아버지가 돌아가셨는데 지나치게 슬퍼한 나머지 부축을 받고서야 일어날 수 있었다. 마을 사람들은 그를 효자라고 했다'라는 기록이 있다. 공융은 아버지가 세상을 떠난 슬픔에 영정 앞에서 제대로 일어나지도 못했던 것이다. 그러나 공융은 결국 사형을 당할 수밖에 없었다.

중국의 '돈키호테'는 결국 그렇게 세상을 떠났다. 그의 시체가 시가지에 버려졌지만 감히 거두는 사람이 없었다. 옛 친구 지습脂習이 죽음을 무릅쓰고 그의 시신을 묻어 주었다가, 나중에 조조에게 잡혀가 거의 초주검이 되어 나왔다고 한다.

공융이 세상을 떠날 무렵 그의 두 아들은 겨우 여덟 살과 여섯 살이었는데, 모두 아버지와 닮은 점이 있었다. 한번은 공융이 낮잠을 자는 틈에 작은 아들이 침대 맡에 있는 술을 훔쳐 먹었다. 그것을 본 큰 아들은 동생을 나무랐다.

"술은 제사 때 쓰는 거야. 술을 먹었는데 절을 해야지."

"훔친 술인데 무슨 예를 갖출 필요가 있겠어!"

두 아들은 바둑을 두다가 아버지가 옥에 갇혔다는 소식을 들었다. 그런데도 당황해서 달려가지 않고 아무 일도 없는 듯 정좌하고 앉아 있었다고 한다. 주위 사람들은 아이들에게 외쳤다.

"어서 가보지 않고 뭐 하느냐?"

그러자 아이들이 대답했다.

"엎어진 둥지에 성한 알이 있겠습니까?"

참으로 무서운 아이들이었다. 결국 조조는 그들도 함께 없애 버렸다. 그렇게 중국의 '돈키호테'는 대가 끊기게 되었다.

이응의 자는 원례元禮다. 당시 태학생들이 그를 존경해 '이원례를 천하의 본보기'로 삼을 정도로 이응은 매우 위신이 높았다. 『세설신어』에서는 '제자가 된 선비와 그의 집에 드나든 자는 모두 등용문에 오른다고 여겼다'고 한다.

공융

세설신어

:: 주요 인물
예형

:: 주변 인물
유표, 황조, 공융, 조조

:: 키워드
자기 재능을 믿고 남을 깔보다, 불손하게 말을 하다

:: 주요 사건
조조를 욕하다, 황조를 욕하다

:: 고사
어양참과漁陽參撾

:: 이야기 출처
『삼국지』「위서」공융전, 『후한서』「예형전」, 「문사전文士傳」

禰衡

예형 : 앵무주에 묻힌 독설가

삼국시대처럼 혼란한 시기는 무인들의 세상이다. 가끔 문인은 무인의 존경을 받기도 했는데, 촉한의 제갈량, 동오의 장소, 조조 진영의 곽가가 그러했다. 그렇지만 그런 행복과 행운을 누린 문인은 소수에 불과했다. 스스로 뜻을 이룰 수 없음을 깨달은 문인들은 대담하게 자신의 글재주로 세상을 무시하다가 결국 당시 집권자였던 무인으로부터 노여움을 사기도 했다. 삼국시대에는 비극적인 문인들의 이야기가 종종 사람들 입에 올랐다. 남북조시대에 안지추顔之推는 그 일에서 교훈을 얻어 '예부터 문인은 자주 경솔함에 빠졌다'를 가훈으로 삼았다.

삼국시대 문인들 중 경솔함으로 인해 화를 당한 인물하면 단연 예형禰衡을 꼽을 수 있다. 예형은 평원군平原郡 반현般縣, 산동성 영진 사람으로, 젊은 나이에 재주가 출중했지만 평민 출신임에도 안하무인으로 굴었다. 그는 스물네 살 때 처음 서울 허창을 유람하게 되었는데 자신의 재능만 믿고 사람들을 우습게 여겼다. 예형은 거침없이 명사들에 대해 평가했고 자신보다 못한 사람과는 말도 섞지 않았다. 결국 수도 사람들에게 그는 증오의 대상이 되었다.

당시 풍습에 따르면 사람을 사귈 때 먼저 명자名刺, 지금의 명함과 유사를 내미는 게 예의였다. 예형도 수도에 와서 자신의 명자를 새겨 가지고 다녔는데 글자가 닳아서 없어질 때까지 사람들에게 보이지를 않았다. 자신이 명자를 내밀 만큼 사귀고 싶은 사람이 없었기 때문이었다. 당시 수도 허창은 유명 인사들이 운집한 곳이었다. 당대 인사들로는 사공연 진군, 사마랑司馬朗, 상서령 순욱, 탕구장군 조치장趙稚長 등이 있었다. 사람들이 진군, 사마랑과 사귀어 보라고 제안하자 예형은 다음과 같이 대답했다.

"내가 어찌 돼지를 죽이고 술을 파는 자와 함께 어울리겠소!"

예형은 조조, 순욱, 조치장이 당대 호걸이라는 소문을 듣고 거리낌 없이 평가를 내렸다.

"조조에 대해서는 잘 알지 못하겠고, 순욱은 쓸데없이 잘난 상판만 가지고 태어났지요. 조문을 가거나 병문안을 갈 데나 빌려 쓰면 좋겠소."

결국 순욱은 외모를 빼면 별 쓸모가 없다는 말이었다.

그는 조치장의 불룩 튀어나온 배를 보고 한마디를 했다.

"손님 접대할 때 주방이나 감시하라고 하면 되겠군요."

그 말은 조치장이 먹을 줄만 안다는 뜻이었다. 그밖에 순욱의 조카 순유는 '묘지기'로, 조조의 맹장 허저許褚는 소, 말이나 치는 목동으로, 장수 서황은 개돼지나 잡는 백정으로 쓰면 제격이며, 조홍은 돈만 밝히는 태수에 불구하다고 평가했다.(조홍은 매우 인색한 자였는데 역사적으로도 재물을 목숨처럼 여기기로 유명했다.) 그 외에 나머지 조조의 수하들은 다 식충이들이라고 욕을 했다. 예형의 방자함은 병적인 수준이었다.

예형은 소부 공융(자는 문거文擧)과 주부 양수(자는 덕수德修) 두 사람만을 존중했다. 그는 그들과 뜻이 잘 맞자 흥이 나서 '대아大兒 공문거, 소아小兒 양덕수를 제외한 나머지는 평범해 손꼽기에 부족하다'고 했다.(『후한서』「예형전」) 여기서 대아와 소아란 현대 중국어에서 뜻하는 '큰 아들', '작은 아들'이 아니다. 옛날 사람들은 대아, 소아란 단어를 '사나이', '사내대장부'와 비슷한 의미로 썼다.

소동파蘇東坡, 소식의 시 「서단원자소시, 이태백진書丹元子所示, 李太白眞」에 나온 '대아는 분양汾陽에서 군을 부리고, 소아는 천태산天台山에서 좌선하고 수행하네'란 구절이나 추용鄒容의 「혁명군」 제1장에 나온 '대아는 워싱턴, 소아는 나폴레옹'

이란 구절 모두 위와 같은 맥락이다. 예형이 가장 마음에 들어 했던 두 사람은 조조가 치를 떨며 없애려고 했던 자들이었다.

헌제 초평 연간, 공융은 상소를 올려 예형을 천거하며 '자질이 빼어나고 마음이 바른 탁월한 영재이다'라고 격찬했다. 예형은 공융이 '살아 있는 중니仲尼, 공자'라며, 공융은 예형이 '환생한 안회顔回'라며 서로 치켜세웠다. 조조는 '부활한 안회'가 어떤 자인지 보고 싶었다. 그러나 조조를 줄곧 하찮게 생각해 왔던 예형은 핑계를 대고 만나지 않고 불손한 언사를 일삼았다.

그래도 조조는 예형에게 예의를 갖추어 주었다. 그는 처음에 모욕을 주고자 하는 마음으로 예형에게 북을 치는 소직을 내리고, 8월 조정에서 열리는 연회에서 북을 치며 흥을 돋우도록 했다. 당시 북을 치는 관리들은 탈의실에서 새 옷으로 갈아입어야 한다는 규정이 있었는데 예형은 자신이 이해한 바에 따라 행했다. 그는 사람들이 지켜보는 가운데 일부러 꾸물거리며 옷을 갈아입었다. 오늘날로 말하자면 일종의 탈의쇼를 벌인 것이다. 예형은 일부러 벌거벗고 조조의 빈객들을 무안하게 만들었다. 심지어 그는 벌거벗은 채로 북을 두드렸다. 이 일화는 나중에 「북을 치며 조조를 욕하다〔擊鼓罵曹〕」란 유명한 경극을 낳았다. 현재 「어양참과漁陽參撾」라는 고악鼓樂이 전해 오는데 예형이 그날 만든 곡이라고 한다. 조조는 당연히 화가 났지만 겉으로는 미소를 띠면서 주변 사람들에게 말했다.

"예형을 놀려 주려고 했다가 오히려 제가 놀림을 당했소이다!"

예형은 그것으로 그치지 않았다. 날이 저물자 무명 옷 한 벌만 입고 신발을 질질 끌고 나와 조조의 진영 밖에 앉아서 지팡이로 땅을 치며 조조를 꾸짖고 욕을 퍼부었다. 그 일로 조조는 대노해서는 예형을 추천한 공융에게 따졌다.

"예형처럼 새파랗게 젊은 놈이 감히 무례하게 굴다니! 그 자를 죽이는 일은 참새 한 마리 죽이는 것만큼 쉽다. 허나 그 자가 헛된 명성이나마 가졌으니, 오늘 그를 죽인다면 천하의 사람들이 나를 도량 없는 속 좁은 자라고 여길 것이다."

조조는 현인을 해쳤다는 소리를 듣고 싶지 않았다. 그는 마구간에서 말 세 필을 빼내어 예형을 강제로 말에 태워 남양까지 압송한 뒤 형주목 유표에게 보내라는 명을 내렸다. 조조는 유표의 손을 빌려 그를 없애고자 했다.(장형의 『문사전』)

『전략典略』에 따르면 예형은 서울에서 사람들의 환심을 얻지 못했다고 여기고 스스로 행장을 꾸려 형주로 갔다고 한다. 그는 서울을 떠나기 전 극적인 일화를 남겼다. 예형은 또 한 번 뛰어난 언변을 과시해 사람들의 노여움을 샀다.

당시 사대부 사이에서는 서로 마중하고 송별하는 풍습이 유행했다. 예형이 형주로 간다는 소식을 들은 서울의 사대부들은 예의상 그가 지나가는 성 남쪽에 연회를 벌이고 그를 송별해야만 했다. 평소 예형에게 화를 당해 왔던 사람들은 그 기회에 복수를 하려고 했다. 사람들은 예형이 오면 일어나거나 인사하지 않기로 약속했다. 예형이 도착하자 사람들은 약속대로 꼼짝도 하지 않았다. 예형은 사람들의 자신을 비웃기 위해 일부러 그런 것임을 눈치 채고 재빨리 머리를 굴렸다. 그는 갑자기 대성통곡을 했다. 사람들은 그 상황에서 더 이상 모른 척할 수가 없어서 예형에게 우는 이유를 물었다. 그러자 예형은 이렇게 대답을 했다.

"움직이지 않는 시체 사이를 지나가는데 제가 어찌 슬프지 않겠습니까?"

그에게 농락당한 사대부들은 이를 갈며 그를 증오했다.

예형이 형주에 도착하자 형주목 유표는 조조의 속셈을 꿰뚫고 그에게 예를 갖추었다. 예형은 명사로 이름난 유표에게는 칭찬을 늘어놓았지만 곁에 있는 사람들은 백안시했다. 그래서 유표의 측근들은 유표와 예형 사이를 이간질하려고 했다.

예형은 유표가 점점 자신을 소원하게 대하자 강하 태수 황조에게 가서 비서(문서 관리직)가 되었다. 황조의 아들 황사黃射는 예형을 매우 마음에 들어 하며 손님이 올 때마다 소개를 해주었다. 그러나 예형은 늙고 우악스런 황조를 우습게 여기고 있었다. 한번은 황조가 병선兵船에서 연회를 열었는데, 예형이 무례한 언사를 하기에 큰 소리로 나무랐다. 그러자 제정신을 잃은 예형은 황조에게 욕설을 퍼부었다.

"망할 늙은이, 조용히 좀 해라! 소인배처럼 무슨 말이 그렇게 많아!"

이 말을 듣고 화가 난 황조는 스물여섯 살의 젊은이를 저세상으로 보내 버렸다. 당시 황조의 아들 황사도 병선에 있었다고 한다. 인재를 아끼던 황사는 아버지가 예형을 죽이려 한다는 소식을 듣고 말리려고 맨발로 갑판까지 뛰어나갔지만 때는 이미 늦었다. 예형의 머리는 바닥에서 뒹굴고 있었다. 『삼국지연의』에는 유표가 예형의 죽음 소식을 듣고 앵무주鸚鵡洲에 묻어 주도록 했다고 기록하고 있다.

예형이 목숨을 잃은 것은 불손한 언행 때문이었다. 그것이 죽을 만한 죄일까? 아무도 알 수 없다. 중국의 문인들은 수천 년의 역사 속에서 자신의 운명을 장악하고 있지 못했다. 그들은 능력도 없으면서 자신의 운명을 장악하고자 했다. 이런 문인들은 스스로 고결하다고 자족하며 재능을 믿고 세상을 멸시했기 때문에 사회에 적응하지 못했다. 그것이 그들의 약점이었다.

양수와 공융, 정의와 정익, 그리고 순욱, 허유, 누규婁圭, 최염은 예형만큼 방자하고 오만불손하게 굴지 않았는데도 죽음을 피할 수 없었다. 그들의 죄는 고작해야 '괘씸죄'에 불과했다. 당시 문인으로 살기란 힘든 일이었다.

장태염章太炎은 진시황이 분서갱유焚書坑儒를 실시하기는 했지만 법가들이 통치를 했기 때문에 법률에 의거해 형벌을 가했다며 고대 군주 중에서 법을 잘 지킨 셈이라고 평가했다. 진나라 때에는 '비방률'을 만들어 놓고 비방죄로 다스렸다. 나중에 비방률이 사라졌음에도 비방죄로 몰아 마음대로 처벌했다. 사회 법제가 얼마나 주요한지를 보여 주는 예이다. 법제가 없다면 노신의 말처럼 '노비가 되고 싶어도 그럴 수 없는' 지경에까지 이를 수 있다.

三國志 들여다보기

중국 고대 병법에 '삼십육계'라는 말이 나오는데 전쟁에서 쓰는 서른여섯 가지의 계책을 이르는 말이다. 제1계인 만천과해滿天過海, 하늘을 속이고 바다를 건너가다에서부터 시작하는데, 마지막 계책은 도망가는 것이다.

그 중에는 남의 칼을 빌려 사람을 죽이는 '차도살인借刀殺人'이란 것이 있다. 조조는 교묘하게도 황조의 칼을 빌려 자신에게 모욕을 준 눈엣가시 예형을 처리했다.

삼십육계 도해

:: 주요 인물

방통

:: 주변 인물

손권, 유비, 장비

:: 키워드

얼굴은 못생겼으나 재주가 많다

:: 주요 사건

서천 입성 계책을 바치다

:: 이야기 출처

『삼국지』「촉서」 방통전

龐統

방통 : 못생긴 봉황

옛날에는 관리를 뽑을 때 외모도 중요하게 보았다. 관리가 될 수 있을지 심사할 때 보통 신언서판身言書判 네 가지를 고려했다. 첫 번째 신은 얼굴과 체격을 말한다. 못생긴 사람이 관리가 될 경우 조정의 존엄을 해칠 수 있기 때문에 선별하는 일이 필요했다. 안타깝게도 재능 있는 사람들이 외모까지 다 겸비한 것은 아니었다. 당연히 외모 때문에 손해를 보는 사람도 있었다.

방통龐統은 삼국시대에 못생기기로 유명한 인물이었다. 못생긴 얼굴 때문에 역사서에 기록될 정도니, 그는 아마도 심각하게 보기 흉했을 것이다.

적벽대전 전, 방통은 조조에게 가서 연환계連環計를 전수했다. 전함 30척 또는 50척을 한 줄로 세운 뒤 앞뒤를 쇠사슬로 묶어 두라는 것이었는데, 결국은 주유가 불태우기 좋게 만든 셈이다. 원래 조조는 의심이 많은 사람이었지만 그때만은 귀신에라도 홀린 듯 방통이 제안한 계책이 굉장한 묘안이라고 생각했다. 그는 비책을 바친 방통을 총애해 직접 막사까지 나가 맞기도 하고 함께 부대를 살펴보기도 했다. 그리고 승리해 개선하는 날 천자에게 상주문을 올려 삼공의 반열에 오르게 해주겠다고 약속까지 했다.

후한 시기 삼공이란 대사도, 대사마, 대사공을 말하는데, 조조가 집권할 시기가 되면 유명무실한 관직으로 전락한다. 그렇다 해도 명목상으로는 조정에서 가장 높은 관직이었다. 그러니 조조는 굉장한 약속을 한 셈이었다. 한나라의 신하였던 방통은 명성이 좋지 않은 조조와 함께하고 싶지 않았다. 그는 아마도 자신의 재능이라면 어디를 가든 관직에 오를 수 있다고 자부했기 때문에 조조의 약속을 염두에 두지 않았을 것이다.

방통은 현실에서 뜻밖의 시련에 부딪혔다. 방통을 발굴한 사람은 동오의 총지휘관이었던 주유였다. 그는 방통을 대담하게 기용하며 잘 대해 주었는데 젊은 나이에 세상을 떠나고 말았다. 방통이 주유의 영구를 호송한 것을 보면 사적으로도 사이가 좋았을 것이다. 주유는 세상을 떠나면서 자신의 후계자로 노숙을 추천했다. 그렇지만 노숙은 겸손하게 자신보다 방통이 더 적합하다며 손권에게 방통을 추천했다.

방통은 분명 자신의 뛰어난 재능을 알고 속으로 자신이 좋은 후보라고 생각했을 것이다. 그는 기쁜 마음으로 손권을 만나러 갔다. 손권은 검은 얼굴에 짙은 눈썹, 들창코에 짧은 수염이 달린 방통의 괴이한 모습을 보고 불쾌하게 여겼다. 결국은 '공은 잠시 물러가 있어라. 쓸모가 있을 때 다시 부르겠다'는 말로 방통을 쫓아 버렸다.

노숙은 그 일을 미안하게 여기며 유비에게 방통을 추천했다. 그러나 유비도 못생긴 데다 윗사람 앞에서 불손하게 구는 방통이 싫었다. 그래서 그에게 뇌양현耒陽縣 현령이란 관직을 내렸다. 삼공의 지위를 주겠다고 한 조조의 약속에 비하면 정말 보잘것없는 직위였다. 기분이 상한 방통은 온종일 술만 마시며 정무를 소홀히 했다. 소심했던 문인들은 대개 이런 식으로 화풀이를 했다.

유비는 그 소식을 듣고 화를 내며 장비를 보내 감찰하도록 했다. 방통은 난폭한 장비가 도착하기 전에 자신의 재주를 발휘하는 수밖에 없었다. 그는 백여 일간 쌓여 온 공무를 단숨에 끝내 버렸다. 다시 생각해 보면 그런 방통의 행동은 위험할 수도 있었다. 군자를 존중하고 소인을 돌보지 않았던 장비였기에 망정이지, 만약 사대부들을 혐오했던 관우가 왔었다면 단칼에 목숨을 잃을 수도 있었다.

다행히 장비는 방통을 매우 존경하며 유비에게 돌아가 칭찬을 늘어놓았다. 제갈량(제갈량과 방통은 친척 관계가 있었다. 방통은 양양 명사 방덕공의 조카로, 방덕공의 아들 방산민이 제갈량의 매부였다)과 노숙도 방통이 보기 드문 뛰어난 인재라며 등용한다면 재능을 발휘할 것이라고 거듭 추천했다. 유비는 그제야 마음을 바꾸었다. 그렇게 해서 못생긴 인재 방통은 재능을 펼칠 기회를 얻게 되었다.

방통은 양양襄陽 사람으로 자는 사원士元이다. 얼굴이 못생겨서 어릴 때부터 사람들에게 환영받지 못했다. 『삼국지』에서는 방통이 '어릴 때 둔하고 아는 식자가 없었다'고 한다. 영천의 명사인 사마휘司馬徽만이 그의 재능을 알아보았다. 방통은 어렸을 적에 사마휘를 만난 적이 있었다. 사마휘가 오디를 따고 있을 때 방통이 나무 아래에 천진난만하게 앉아 있었다. 그렇게 만난 두 사람은 뜻이 잘 맞아 낮부터 어둠이 내릴 때까지 이야기를 나누었다. 사마휘는 어린 방통의 뛰어난 재능과 학식을 보고 매우 놀라며 '남주南州의 사인들 중 으뜸'이라고 했다. 곧 양양이 속한 남군에서 가장 뛰어난 인재라는 말이었다.

양양의 명사 방덕공은 '와룡'이라 불리던 제갈량을 함께 묶어 방통을 '봉추'라고 불렀다. 그리고 와룡과 봉추 중 한 사람의 보좌만 받아도 천하를 얻을 수 있을 거라고 말했다. 방통은 그렇게 조금씩 사람들에게 이름을 알리기는 했지만 유망한 장래를 보장받을 만큼 명성이 높지는 않았다. 사람들이 못생긴 봉추를 멀리했기 때문에 방통은 어쩔 수 없이 억울함을 감내하며 군사 말직인 공조로 관직 생활을 시작해야 했다. 적벽대전이 끝난 뒤 주유가 남군 태수로 부임하면서 방통은 그를 따르게 되었다. 그런데 주유가 일찍 죽는 바람에 방통은 앞서 말한 우여곡절을 겪게 된다.

유비는 방통이 인재라는 사실을 깨닫고는 진심을 다해 대해 주었다. 그와 이야기를 나누어 본 뒤에는 더욱 신임하게 되었다. 유비는 방통을 치중종사로 임명해 자신의 측근으로 만들고 제갈량 다음으로 대우를 해주었다. 그리고 얼마 뒤 제갈량과 함께 방통을 군사중랑장으로 임명했다. 제갈량은 형주에 머물렀고 방통은 유비와 함께 서천으로 향했다.

당시 유비가 서천으로 간 공식적 이유는 익주목 유장을 도와 익주를 지킨다는 것이었다. 당시 한중의 장로가 익주를 넘보고 있었기 때문에 유비의 군대가 서천까지 가게 되었다. 유장은 부릉涪陵까지 유비를 마중 나왔다. 방통은 유비에게 그 기회에 익주를 병탄할 것을 제안했다. 제갈량도 일찍이 '융중대'에서 그런 의견을 제시한 적이 있었다. 방통이 좀 더 직접적으로 표현했을 뿐이었다. 그는 부릉에서 벌어진 환영식에서 유장을 억류한다면 손에 피 한 방울 묻히지 않고 익주를 차지할 수 있다고 말했다. 그렇지만 유비는 남의 근거지에 도착하자마자 신의와 은혜를 저버릴 수 없다고 여겼다.

유장이 성도로 돌아간 뒤 약속대로 유비는 북쪽의 장로를 정벌해 주어야 했다. 당시 방통은 유비에게 '상책, 중책, 하책'을 바쳤다.

"몰래 정예병을 골라 밤낮으로 지름길을 달려 성도를 습격하는 겁니다. 유장은 유약하고 무예도 능하지 않은 데다 미리 방비까지 하지 않았을 테니, 갑자기 대군이 밀어닥친다면 일거에 무너지고 말 것입니다. 이것이 상책입니다. 양회楊懷와 고패高沛는 유장 수하의 명장으로 각자 강한 군대를 거느리고 요충지를 지키고 있지요. 듣자하니 그들은 몇 차례나 글을 올려 유장에게 장군을 형주로 돌려보내라고 했답니다. 우리는 먼저 그들에게 사람을 보내 형주에 변고가 있으니 속히 군대를 지원해 줄 것을 요청하고, 일부러 군대를 이끌고 돌아가는 모습을 보이는 겁니다. 그렇다면 양회와 고패는 분명 내심 기뻐하면서 예의상 몇몇 측근들만 데리고 전송을 나오겠지요. 바로 그때 두 사람을 억류하고 요충지를 탈취한 뒤 다시 성도로 진군하는 것이 중책입니다. 아군이 백제성까지 퇴각해 적군을 형주로 유인을 한 뒤 천천히 협의를 하는 것이 하책입니다."

유비는 결국 방통의 중책을 받아들였다. 계획대로 양회와 고패를 참수한 뒤 파죽지세로 성도에 입성했다. 부릉으로 돌아온 유비는 축하 잔치를 벌이고 술을 마시며 너무 기쁜 나머지 체면도 잊고 방통에게 말했다.

"오늘 연회는 정말로 즐겁구나!"

유비의 말을 듣고 방통은 이상야릇한 답변을 남겼다.

"남의 근거지를 공격하고 그리 즐거워하시다니, 그것은 인자의 도리가 아니지요."

당시 술에 취에 있던 유비는 속으로 생각했다.

'네 놈이 한사코 익주를 탈취하라고 꼬드겨 놓고 이제와 위선적인 군자의 모양을 하라니.'

유비는 상당히 불쾌했다.

"무왕武王도 주왕紂王을 토벌 뒤에 노래하며 춤을 추었지만, 무왕을 군자가 아니라고 질책하는 자가 있더냐? 네 말은 틀렸다. 어서 썩 꺼져라!"

방통은 뜻밖의 상황에 매우 당황하며 머뭇거리다 결국은 자리를 떴다. 유비는 잠시 후 정신을 차리고 방통에게 무례하게 굴었던 일을 후회하면서 사람을 시켜 방통을 불렀다. 방통은 원래 자리로 돌아와 감사하다는 인사도 하지 않고 아무 일 없었던 듯 먹고 마셨다. 유비가 방통에게 다가가 물었다.

"조금 전 언쟁에서 누가 잘못을 하였는가?"

방통은 담담하게 대답했다.

"주군도 신도 모두 잘못하였습니다."

유비는 크게 웃으며 처음처럼 연회를 즐겼다.

현대 심리학의 관점에서 방통의 처신을 분석해 보자. 방통은 남이 위험에 처한 틈을 타 유장처럼 유약하고 온순한 사람을 업신여기고 땅을 빼앗는 것은 부도덕이라는 사실을 잘 알고 있었다. 그러나 너무 오래 자신을 억누르고 있어서인지, 방통의 잠재의식 속에는 자신의 위치를 확립하기 위해 빨리 공을 세우고 싶은 마음이 크게 자리 잡고 있었다.

어찌됐든 봉추 선생 방통은 유비 진영에서 신참내기에 불과했다. 그리고 와룡 선생과는 차별적인 방식으로 위력을 과시하고 싶은 마음도 있었다. 그러다 결국 유비의 대군이 낙현洛縣을 포위했을 때, 서생에 불과했던 방통은 직접 군대를 이끌고 성을 공격하러 갔다가 난데없이 날아온 화살에 맞아 목숨을 잃게 된다. 그때 그의 나이 겨우 서른여섯이었다.

사실 방통이 위험을 무릅쓰고 성을 공격하러 나설 필요는 없었다. 그것은 무사들이 할 일이었다. 그렇지만 방통은 성공을 지나치게 갈망한 나머지, 평생 억눌러 왔던 포부를 펼치는 데 급급하다 화를 당한 것이다.

사실 방통은 '낙봉파落鳳坡'에서 전사하지 않았지만, 화살에 맞아 목숨을 잃은 것은 맞다. 방통은 못생긴 얼굴이 한 사람에게 어떤 영향을 끼치는지 보여 준 셈이다.

三國志 들여다보기

사마휘의 자는 덕조이다. 그에게는 사람을 꿰뚫어 보는 능력이 있어 '수경水鏡 선생'이라고 불렸다. 그는 제갈량, 방통 같은 인재를 유비에게 추천하기도 했다. 『세설신어』「언어」에 따르면 사마휘는 사람들이 묻는 질문에 언제나 '좋다[好]'고 대답해 '호호好好 선생'이라고 불렸다고 한다.

방통

방통의 묘

:: 주요 인물
저수

:: 주변 인물
원소, 조조

:: 키워드
지혜롭고 계책에 능하다, 주인을 잘못 만나 중용되지 못하다

:: 주요 사건
관도대전

:: 이야기 출처
『삼국지』「위서」 원소전

沮授

저수 : 주인을 잘못 만난 인재

저수沮授는 원소 수하의 책사로 감군장군, 분위장군까지 맡았었다. 저수는 안으로는 책사 역할을 하고 밖으로는 장수들을 감독하던 중요 인사였다.

손성孫盛은 『삼국지』를 평가하면서 책략가로서 저수는 한초의 장량張良, 진평陳平과 견줄 수 있다고 보았다. 그는 개인적인 재능 면에서도 조조 진영의 순욱, 곽가, 정욱과 같은 책사에 뒤지지 않았다. 혹자는 저수가 천하의 형국을 손바닥 보듯 잘 알고 있던 기재로 제갈량과 견줄 수 있다고 평하기도 했다. 저수는 원소에게 적지 않은 기책을 내놓았다.

이각과 곽사가 반란을 일으켰을 때 헌제는 화를 피해 하동까지 도망을 쳤다. 당시 저수는 원소에게 헌제를 업성으로 데려와 볼모로 잡고 불복하는 자들을 토벌할 것을 요구했다. 그러나 원소는 순우경 등이 반대를 하고 천자가 옆에 있으면 귀찮아질까 봐 그의 제안을 거절했다. 반면 조조는 동소가 똑같은 제안을 했을 때 바로 받아들였다. 나중에 원소는 독립 능력을 키워 준다는 명목으로 세 아들과 생질을 각 주에 나누어 파견했다. 이에 저수는 향후 집안싸움이 일어날 위험이 있음을 간파하고 '분명 화의 근원이 될 것'이라는 간언을 했다.(『삼국지』「원소전」) 안타깝게도 원소는 또 그의 말을 듣지 않았다.

관도대전 때 저수는 월등히 우세한 군사력, 물자, 지형 등을 이용한 장기전으로 조조의 군사력을 소모시킬 것을 주장했다. 그러나 원소는 기어코 절대적인 군사력으로 일전을 벌이기로 결정했다. 그리고 저수를 무력하다고 탓하며 감군직을 셋으로 나누어 병권의 3분의 2를 곽도와 순우경에게 주었다. 결국 원소는 본전도 건지지 못하고 전쟁에서 패배했다.

『삼국지』에 등장하는 최고의 비극적 인물은 바로 저수이다. 그의 성, '막을 저沮' 자부터 불길함을 암시하고 있었다.

저수는 원소의 무리를 와해시킨 관도대전을 처음부터 반대했었다. 그는 관도대전이 '적절치 못한 시기에 적절하지 못한 지역에서 일어난 부적절한 전쟁'이라고 여겼다. 원소는 그의 의견을 무시하고 기어코 병사들을 이끌고 조조와 결전을 벌였다. 전선에 나가기 전 저수는 '바람이 부는 역수易水 옆에서 진시황의 목숨을 뺏을 준비를 하는 형가荊軻'처럼 비장한 마음이 들었다. 그는 친척들을 모아놓고 자신의 재산을 전부 나누어 주었다. 이번에 가면 다시 돌아오지 못할 수도 있다는 예감 때문이다. 천하에는 안 되는 줄 알면서도 하게 되는 일도 있는 법이다! 저수는 원소의 대군을 따라 출발했다.

관도 전선에서 결전을 벌이기 전, 저수는 결정이 필요한 순간에 원소가 실패를 향해 한 발짝 다가가는 것을 막기 위해 제때 정확한 분석과 제안을 내놓았다. 하지만 원소는 그의 의견을 받아들이지 않고 멸망의 길로 가기를 고집했다. 저수는 황하를 바라보며 탄식하는 수밖에 없었다.

"유유히 흐르는 황하여, 난 이제 돌아올 수 없겠구나!"

관도대전에서 패한 원소는 8백 명의 기병만을 데리고 황급히 황하를 건너 도망쳤다. 저수가 나루터에 도착했을 때, 배는 이미 떠나고 없었다. 버려진 저수는 결국 조조군에 포로로 잡혔다. 유비가 여러 차례 전쟁에서 패하고 몇 번이나 처자식을 버리고 도망친 적은 있지만 제갈량을 버리고 떠난 적은 없었다. 그런 점에서 저수를 버리고 간 원소는 정말 비열한 놈이었다. 저수는 포로로 잡혀 가며 소리쳤다.

"나는 투항하지 않았다. 군사들에게 잡혀 갈 뿐이다!"(『헌제전獻帝傳』)

조조는 그의 재능이 아깝기도 하고 어느 정도 교분도 있어 그를 차마 해하지는 못하고 직접 풀어 주었다. 그리고 수하들 앞에서 저수를 칭찬했다.

"원소는 일을 도모할 줄 몰라 저수의 계책을 쓰지 않았다. 그렇지 않았다면 오늘날 우리가 승리를 얻을 수 있었겠는가!"

조조는 저수를 군에 머무르게 하며 언젠가는 이용하려고 했다. 하지만 저수는 군영에서 말을 훔쳐 원소에게 가려고 하다가 잡혔다. 결국 조조는 그를 죽이기로 하고 한탄을 했다.

"내가 좀 더 일찍 그를 얻었다면 천하에 근심이 없었을 텐데."

저수가 세상을 떠난 지 2년 뒤 원소도 곤경에 몰려 피를 토하고 죽었다. 이제 조조가 할 일은 원소의 자식들을 하나하나 처치하는 것뿐이었다.

처음 원소에게 의탁했을 때 저소는 분명 천고에 빛나는 업적을 세울 생각으로 부풀어 있었을 것이다. 그는 자신이 다른 사람의 손에 목숨을 잃을 거라고는 예상하지 못했다. 승패만 가지고 볼 때 저수는 실패자이다. 그렇지만 인격만으로 본다면 그는 최후의 승리자였다. 존엄성을 침해당할수록 사람은 인격적으로 강해지는 법이다. 인자仁者는 승패에 따라 변절하지 않으며 의자義者는 생사 때문에 마음을 바꾸지 않는다. 업적보다 인격을 더 중요하게 여겼던 것이 바로 옛날 사람들이었다.

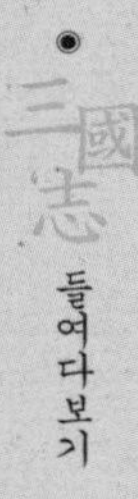

성공하는 지도자의 핵심 비결 중 하나는 사람을 알아보고 적재적소에 잘 이용하는 것이다. 조조와 유비, 그리고 손권은 그렇기 때문에 왕업을 이루었지만, 원소와 여포 등은 그렇게 하지 못해 몰락의 길을 걸었다.

조조 유비 손권

:: 주요 인물

서서

:: 주변 인물

유비, 제갈량, 조조

:: 키워드

호쾌하고 의협심이 있다, 성실하고 스스로를 지킬 줄 안다

:: 주요 사건

복수하다, 현재를 천거하다

:: 고사

서서가 조조 진영에 들어가다

:: 이야기 출처

『삼국지』「촉서」 제갈량전

徐庶

서서 : 삼국시대의 간디

서서徐庶란 자는 『삼국지연의』에서 갑작스럽게 등장한다. 그는 단복單福이라는 가명으로 신야성에서 유비에게 의탁을 했다가 나중에 조조의 진영에 가서는 아무 진언도 하지 않았기 때문에 그 후에는 등장하지 않는다. 기껏해야 적벽대전이 있기 전 연환계를 바친 방통을 잡고서 "조조 진영에 인재가 없다고 여기지 마라!" 하고 으르는 정도이다. 그 후에는 서서의 종적을 전혀 찾아볼 수 없다. 그러나 역사 속에서 서서는 소설처럼 갑자기 등장한 인물이 아니다.

우선 서서는 유비에게 의탁했을 때 '단복'이라는 가명을 쓰지 않았다. 『위략』에서는 '서서가 본래 이름이 복福이었고 본시 단가자單家子였으며 어릴 적 의협심이 있어 검을 부리기를 좋아했다'고 적고 있다. 사실 '단가자'란 말은 빈한한 집안의 자제를 뜻하는데 나관중은 성이 단 씨인 집안의 아들로 잘못 이해한 것이다. 서서의 어린 시절은 '없애야 할 삼해三害'라고 불렸던 주처周處와 비슷했다. 『삼국지』에서는 『위략』을 인용해 다음과 같은 이야기를 적고 있다.

후한 영제 중평 연간, 달빛도 없어 어두웠던 어느 날 밤, 서서는 김용金庸 붓끝의 협객처럼 다른 사람을 대신해 복수를 하러 길을 나섰다. 그는 얼굴에 백토를 바르고 머리는 산발해 흉악한 몰골로 변신했다. 복수에 성공했는지 실패했는지는 기록이 없기 때문에 함부로 추측할 수 없다. 우리의 '협객' 서서는 결국 관아의 수중에 떨어졌다. 관리가 이름을 물었지만 그는 입을 꽉 다물고 한마디도 하지 않았다. 악독한 관리는 그를 수레 기둥에 묶어 거리로 끌고 나갔다. 그리고 북을 쳐서 사람들을 모아 서서를 아는 사람이 있는지 찾아보고 확인되는 대로 그 자리에서 사지를 찢어 죽이려고 했다. 그러나 백성들은 서서의 무리가 두려워 그가 누군지 알려 주지 않았다. 서서의 무리는 그때를 기회로 삼아 서서를 구출해 냈다.

처음 생사의 위기를 경험한 서서는 문득 깊은 깨달음을 얻고 개과천선하기로 한다. 창, 칼 같은 흉악한 무기는 던져 버리고 글을 읽는 사람으로 변신한 것이다. 그러나 오늘날 비행청소년이 바른 길을 가려고 하면 이런저런 차별을 받는 것처럼, 서서도 개과천선하기가 쉽지 않았다. 그가 학문을 구하고

자 서원에 갔지만, 예전에 강도짓을 했다는 소문을 들은 서원의 학생들은 같이 어울리려고 하지 않았다. 서서는 자신의 행동으로 사람들의 마음을 바꾸기로 결심했다. 그는 매일 아침 제일 먼저 와서 빗자루를 들고 서원을 청소하고, 책도 읽고 강의도 열심히 들었다.

서서는 타고난 영특함으로 남보다 빨리 글의 도리를 깨우치며 학문에서 많은 진전을 이루었다. 일부 식견 있는 인사들은 기꺼이 그와 친구가 되었다. 같은 마을의 석도는 그의 가장 친한 친구였다. 초평 연간 중원에 군벌들 간의 혼전이 벌어지자 서서는 석도와 함께 남하해 형주에 머물게 되었다. 그곳에서 은거하고 있던 와룡 선생 제갈량을 만나게 된다. 서서와 석도, 제갈량은 서로를 알아주는 지기로 지냈다.

유비가 신야에 주둔했을 때, 서서는 그를 만나 '와룡'이라 불리던 제갈량을 천거했다. 유비는 즉시 제갈량을 데려올 것을 요구했지만, 서서는 '그 자를 만나되 굴복시키려고 하면 안 된다' 하면서 직접 찾아가 볼 것을 제안했다. 그래서 유비가 삼고초려를 하게 된다.

서서는 제갈량을 천거한 뒤 곧바로 조조의 진영으로 가지 않았다. 그는 한동안 유비의 밑에서 제갈량과 함께 일했다. 서서가 수도 허창으로 간 이유는 유비가 번성을 떠나 남쪽으로 향할 때 자신의 어머니가 조조에게 포로로 잡혔다는 사실을 들었기 때문이다. 서서는 자신의 심장을 가리키며 유비에게 말했다.

"원래 장군에게 이 마음을 바쳐 함께 왕업을 이루고자 했으나 지금 노모가 포로로 잡혀 있다고 하니 마음이 산란하여 그럴 수가 없습니다. 그러니 저를 떠나게 해주십시오!"

이 말을 마치고 서서는 조조의 진영으로 갔다. 『삼국지연의』에 나온 서서의 어머니가 조조를 욕한 이야기는 역사서에는 전하지 않는다. 아마 소설가들이 한나라 초기 왕릉王陵 어머니의 이야기를 참고해 옮긴 듯하다. 두 이야기는 판에 박은 듯 비슷하다. 『한서』 「왕릉전王陵傳」에 따르면 왕릉이 유방을 따르자 항우는 그의 어머니를 잡아 투항을 받고자 했다. 당시 왕릉의 어머니는 몰래 아들에게 사람을 보내 말을 전했다.

"한왕을 정성껏 섬기어라. 이 어미 때문에 마음을 바꾸면 안 된다."

그러고는 칼을 꺼내 자살했다. 서서의 어머니가 조조를 욕한 이야기는 왕릉의 이야기를 변형시킨 것 같다. 나관중은 '칼로 자살한 것'을 '목매어 자진한 것'으로 바꾸었을 뿐이다. 중국 고대 소설에서는 이런 식으로 이야기를 변형하는 수법을 많이 사용했다.

조조의 진영에서 서서는 우중랑장右中郎將, 어사중승御史中丞까지 올랐고, 그의 친구 석도는 군수, 전농교위까지 올랐다.

그러나 서서는 조조의 진영에서 절망에 빠져 반항을 했다. 그가 처한 위태로운 상황을 전부 받아들여야 한다는 것 자체가 절망이었다. 조조에게 협조하지 않아 목숨을 잃은 양수, 공융의 최후는 서서가 당면한 위험한 상황을 깨닫게 해주었다. 그러니 절망할 수밖에 없었다. 그것은 비인간적인 것에 대한 거부이기도 했다. 조조는 서서의 재능을 염두에 두고 그를 자신의 진영으로 유인한 것이다. 장수의 책사 가후, 원소의 책사 신비辛毗, 유표의 책사 괴월은 조조에게 의탁한 뒤 중용되었다.

만약 서서가 마음을 다해 조조에게 의탁했다면 그렇게 절망할 이유가 없었다. 서서는 전통적인 지식인으로 당시에 파격적이었던 조조와는 의기투합할 수 없었다. 그는 고개 숙이고 아첨을 하며 자신의 인격을 버리기도 싫었다. 다시 말해 서서의 절망은 존재의 의미를 당당히 밝힌 용기로도 볼 수 있다. 그것은 자신을 긍정하는 힘이기도 하며 '주인의 도덕'에 대항하는 '아랫사람의 도덕'이기도 했다. 따라서 서서는 비극적인 인물인 동시에 대단한 영웅이기도 한 것이다.

혹자는 서서를 시류에 흔들리는 약삭빠른 자로 보기도 한다. 그가 조조 진영에 갔을 무렵, 유비는 버티지 못할 정도로 매우 힘든 상황에 처해 있었기 때문이다. 그것은 서서를 잘 몰라서 생긴 오해이다. 시류에 흔들리다니, 언제 유비가 조조보다 강성한 적이 있었던가? 정말 그랬다면 처음부터 조조에게 의탁할 것이지 왜 먼저 유비를 찾아갔겠는가? 서서가 떠날 때 유비는 매우 아쉬워했다. 정말 약삭빠른 사람이라면,

사람 볼 줄 아는 유비가 왜 보내기 아쉬워했을까?

서서는 조조의 진영으로 간 뒤 아무것도 하지 않았다. 물론 『삼국지연의』에서처럼 방통의 연환계를 간파하고 그를 혼비백산하게 만들지도 않는다. 서서는 적벽대전 당시 그곳에 없었기 때문이다. 사료의 기록에 따르면 서서는 장패臧霸와 함께 장료를 도와 원술의 잔당인 진란을 토벌하는 일을 하고 있었다. 조조 진영에는 많은 장수가 있었지만, 적벽대전 당시 장료나 서황 등은 조조의 대군을 따라가지 않았다. 조조의 전선은 강동 한 곳에만 국한된 것이 아니었다. 각 장수들은 혼자서 한 곳씩 맡고 있었다. 『삼국지연의』에서는 조조 진영의 장수들이 조조를 따라 처참하게 도망을 가는 장면이 등장하는데, 그것은 조조를 우습게 만들기 위한 효과에 불과하다.

서서는 조조 진영에서 한마디도 하지 않았다. 그는 천성적인 성실함과 용기를 바탕으로 자신이 처한 상황 속에서 적극적으로 자신의 태도를 표명한 것이지 패배주의자는 아니었다. 명철보신明哲保身의 입장에서 보자면 양수나 공융처럼 함부로 입을 놀리는 것보다 서서처럼 한마디도 하지 않는 것이 더 나았다. 이런 면에서 서서는 전형적인 중국의 지식인으로 이후 많은 나약한 지식인들의 본보기가 되었다. 이렇게 생각해 본다면 문득 서서가 중국의 간디 같다는 생각이 들지 않는가?

三國志 들여다보기

고사성어 개과천선改過遷善에 담긴 옛 이야기는 개과천선이 얼마나 어려운 일인지 잘 보여 준다. 서진시대 주처周處가 바로 개과천선한 대표적 인물이다. 그는 젊을 때 포악하고 사나웠으며 사람들과 싸우기를 즐겼다. 주처는 산 속의 호랑이와 강의 교룡(악어)과 함께 '삼대 해악'이라고 불렸다. 사람들은 그를 없애기 위해 그가 호랑이와 교룡을 없애도록 부추겼다. 마침 지난날의 과오를 깨닫고 새사람이 되고 싶었던 주처는 온 힘을 다해 호랑이와 교룡을 없애고 돌아왔다. 그런데 사람들이 자신이 죽었는지 알고 기뻐하는 모습을 보고 개과천선이 얼마나 어려운지 깨달았다. 그 후 주처는 동오를 가서 10여 년 동안 학문에 힘써 후일 진나라의 대신이 되었다.

교룡을 잡는 주처

:: 주요 인물

유엽

:: 주변 인물

조비, 위나라 명제, 유훈, 조조

:: 키워드

뛰어난 지략, 거짓으로 영합하다

:: 주요 사건

조조에게 투항하다, 시종을 죽이다, 유훈에게 의탁하다

:: 이야기 출처

『삼국지』「위서」 유엽전

刘晔

유엽 : 기회주의자의 탄생

위나라 명제가 촉한을 토벌하고자 했을 때 조정 대신들은 모두 '불가하다'며 반대했다. 유엽劉曄은 궁에 들어와 황제에게는 '가능하다'고 아뢰고, 궁 밖에서 대신들과 상의할 때는 '불가하다'고 했다. 중령군 양기楊曁는 명제의 측근 신하로 촉한 정벌을 반대하며 여러 차례 직언을 올렸다. 그가 성가셨던 명제는 "자네 같은 서생이 어찌 군사를 알겠는가!" 하며 물리쳤다. 그러자 양기는 자기 의견의 타당성을 증명하기 위해 유엽을 끌어들였다.

"신의 말을 진정 취할 수 없으시다면, 선제의 책략가 유엽의 말을 들어보십시오. 그도 촉한을 토벌해서 안 된다고 말해왔습니다."

명제는 그 말을 듣고 놀랐다.

"유엽이 짐에게는 촉한을 토벌해도 된다고 했느니라."

양기는 바로 유엽을 불러 대질할 것을 요구했다. 명제가 유엽을 들게 해 물었지만, 그는 벙어리라도 된 듯 입을 꽉 다물고 아무 말도 없었다. 나중에 명제와 단둘이 남게 된 유엽은 황제를 나무랐다.

"한 나라를 치는 일은 큰일입니다. 신은 대계를 듣고서 꿈에서라도 누설할까 걱정했는데 폐하께서는 어찌 그것을 발설하신단 말입니까! 적국이 이미 이 사실을 알았을까 두렵사옵니다!"

유엽의 말을 듣고 나서 명제는 자신이 잘못을 한 줄 알고 황급히 사과를 했다. 이런 일이 여러 차례 반복되면서 유엽은 임기응변에 능한 이중인격자로 이름이 났다. 당시 황숙이었던 조식은 유엽의 기회주의적 태도를 매우 못마땅하게 여기며 '박쥐'라고 풍자했다. 한 번은 유엽을 매우 혐오했던 사람이 명제에게 달려가 고했다.

"유엽은 충신이 아니라 윗사람의 마음을 잘 헤아려 세태에 따라 영합하는 자에 불과하옵니다. 폐하께서 그와 이야기를 나눌 때 계속해서 뜻에 반하는 의견을 내놓고 물어보신다면 유엽이 본색을 드러낼 겁니다."

명제가 신하의 말대로 했더니 정말 그러했다. 그 후로 명제는 유엽을 멀리했다. 결국 유엽은 스스로 화를 이기지 못하고 발광하다 화병으로 저세상으로 떠났다.

『삼국지』에서는 『부자』를 인용해 유엽을 비판하고 있다.

"옛말에 이르기를 '교묘하게 속이느니 우둔하고 성실한 것이 낫다'고 하였는데 정말로 그렇다. 유엽은 현명한 지혜를 권모술수에 썼는데, 만약 그가 덕의에 머물고 충신을 행했다면 옛날의 현인이 어찌 비방하였겠는가? 혼자 자신의 재주와 지혜만 믿고 당대의 사인들과 서로 계책을 의논하지 않고, 안으로는 심사心事를 받들지 않고 밖으로는 속된 것에 얽매이더니 결국 천하에 안주하지 못하였는데 어찌 아쉽지 않을 수 있을까!"

그런데 유엽이 처음부터 기회주의였을까? 그렇지 않다. 유엽은 자가 자양子揚이며 회남 성덕成德 사람이다. 그는 한나라 광무제의 아들 부릉왕阜陵王 유연劉延의 후예로 진정한 한나라의 종친이었다. 당시 관상에 능했던 허소許劭가—조조에게 '치세의 능신, 난세의 간웅'이라고 했던 자—양주로 피난을 왔을 때 유엽을 보고 세상을 보좌할 인재라고 과찬한 적이 있다. 한나라 종친이었던 유엽은 한나라를 찬탈한 위나라를 보좌했다.

유엽은 어릴 적부터 남다른 담력과 식견을 보여 주었다. 그가 일곱 살 때 병에 걸린 어머니는 임종하기 전 형제들에게 유언을 남겼다.

"네 아버지 곁에 있는 시종은 사람을 모함하는 천성을 가진 자이다. 내가 죽은 뒤 그 자로 인해 우리 집안에 화가 미칠까 걱정되는구나. 너희들이 자라서 그 자를 없앤다면 죽어도 여한이 없을 것이다."

유엽은 항상 어머니의 말을 명심하고 있었다. 그가 열세 살이 되던 해에 자신보다 두 살이 많았던 형에게 말했다.

"어머니께서 돌아가실 때 당부하신 일을 할 시기가 되었어요."

그리고 즉시 방으로 들어가 그 시종을 죽인 뒤 곧장 어머니 묘소로 가서 알렸다고 한다. 유엽의 아버지는 그 사실을 듣고 매우 화를 내며 유엽을 잡아 오도록 했다. 유엽은 집으로 돌아와 머리를 조아리며 아버지에게 사죄를 했다.

"돌아가신 어머니의 명이라 받들지 않을 수가 없었습니다. 아버님께 여쭈어 보지 않고 마음대로 행동하였으니 벌을 내려 주십시오."

유엽의 아버지는 열세 살짜리 아이의 대범함에 놀라며 죄를 추궁하지 않았다고 한다.

그의 고향 회남은 양주에 속해 있었다. 양주에는 경박한 협객들과 교활한 폭도의 무리가 많았다. 그 중에 정보鄭寶라는 자는 체력이 남다른 데다 무장 세력까지 거느리고 있어서 그 지역 사람들이 매우 무서워했다. 무슨 이유 때문인지는 모르지만 정보는 그 지역 백성들로 하여금 장강을 건너서 오지吳地로 가게 했다. 정보는 집안도 좋고 명성까지 높았던 유엽을 강제로 앞장세우려고 했다.

당시 갓 스무 살이 넘은 유엽은 애를 태우며 걱정했지만 뾰족한 수를 찾을 수가 없었다. 그래서 계속 생각해 보겠다는 핑계를 대며 얼버무렸다. 그때 마침 조조가 양주를 순찰하기 위해 사자를 보내 왔다. 유엽은 조조의 사자를 만나 시국에 대해 논의를 한 끝에 조조에게 의탁하기로 결정했다.

그러나 정보도 틈을 주며 가만히 놔주지 않았다. 그는 술과 음식을 가지고 수백 명의 수하들과 함께 유엽의 집에 와서 어떻게 하기로 했는지 물었다. 유엽은 심부름하는 아이를 시켜 중문 밖에다 정보의 수하들에게 술판을 벌여 주도록 하고 자신은 정보와 안으로 들어가 술을 마셨다. 그리고 몰래 사람을 시켜 술을 마시는 동안 정보를 죽이라고 명령했다. 그렇지만 정보는 술을 좋아하지 않았다. 자객은 정보가 술에 취하지 않아 함부로 손을 쓸 수가 없었다. 결국 유엽은 과감하게 자신이 가지고 있던 칼로 정보의 목을 베어 버렸다. 그리고 그의 목을 들고 나가 사람들을 호령했다.

"나는 조공의 명을 받들어 이 자를 없앴다. 함부로 움직이는 자는 정보와 똑같은 죄로 간주한다!"

수백 명의 수하들은 놀라서 함부로 행동하지 못하고 군영으로 돌아갔다. 군영 내에는 수천 명의 정예병과 정보 수하의 장수들이 남아 있었다. 유엽은 그들이 반란을 일으킬까 봐 바로 정보의 말을 타고 부하 몇 명과 함께 정보의 군영으로 갔다. 그리고 장수들을 불러 이해득실을 설명했다. 결국 사람들은 복종하기로 결정하고 유엽을 주인으로 세웠다. 그렇지만 유엽은 군사를 거느린 군벌이 되고 싶지 않아서 부대를 이끌고 여강 태수 유훈에게 투항했다.

유훈은 당시 강회 일대에서 굉장한 세력을 형성하고 있어 강동을 통일하려고 했던 손책에게는 눈엣가시 같은 존재였다. 결국 손책은 매우 위험한 유인책을 썼다. 우선 매우 예의 바르게 편지를 써서 수많은 금은보화와 함께 보낸 뒤 유훈에게 상료上繚를 공격하라고 명했다. 유엽은 그 안에 숨은 간계를 간파하고 단호하게 저지했지만 유훈은 듣지 않았다. 결국 유훈은 자신의 근거지를 손책에게 바치는 꼴이 되었다.

손책에게 공격을 당해 갈 곳을 잃은 유엽은 유훈을 따라서 허창으로 돌아갔다. 조조는 유엽을 매우 마음에 들어 하며 사공창조연司空倉曹掾에 임명하고 군량과 마초를 관리하게 했다. 그리고 나중에는 조조의 비서장인 주부로 삼았다.

조조 밑에 있는 동안 유엽은 절대로 윗사람 뜻이나 헤아리며 눈치만 보던 사람이 아니었다. 실제로 그는 조조에게 좋은 아이디어를 많이 제공했다. 조조가 장로를 공격하기 위해 한중까지 갔다. 조조는 한중의 산세가 험한 데다 군량까지 부족해지자 철군하려고 했다. 유엽은 장로를 제압할 수 있다고 간언하며 조조에게 전력을 다해 공격할 것을 권했다. 결국 조조는 한중을 평정할 수 있었다.

그 후 유엽은 촉지를 점거하고 있는 유비를 공격할 것을 제안했다. 사마의도 조조에게 똑같은 제안을 했지만 조조는 '욕망에는 끝이 없다'라는 말로 웃어넘겼다. 그러나 유엽은 간언을 멈추지 않고 형세를 분석하며 유비가 아직 완전히 기반을 잡지 않은 틈에 촉을 공격할 것을 권했다. 그렇지만 조조는 받아들이지 않았다. 앉아서 좋은 기회를 놓치고 만 것이다. 후일 모택동은 『삼국지』를 읽고 전군의 고급 간부 회의에서 유엽의 책략을 추앙하며 유엽이 '대단한 책사'라고 칭찬했다.

유엽은 똑똑한 사람이었다. 사람과 상황을 판단하는 데 유난히 예리한 눈을 가지고 있었다. 이는 세상사에 대한 통찰력과 사회 경험에서 나온 것이다. 조조의 수하에는 위풍魏諷이라는 명사가 있었는데 당시 사회에서 명성이 자자했다. 재상 이하의 사람들은 그와 교분을 맺는 것을 매우 영광으로 여겼다. 위나라 문제 때 촉한의 장수 맹달이 투항해 왔다. 문제가 맹달을 매우 마음에 들어 하자 조정 대신들도 고대의 명장 악의에 견줄 만하다며 그를 칭찬했다. 그러나 유엽은 위풍과 맹달을 보고 후일 반드시 모반을 꾀할 거라고 단언했는데, 정말 그렇게 되었다.

동오가 형주를 습격해 촉한의 장수 관우를 죽이는 사건이 발생하자 문제는 대신들을 불러 앞으로 형세가 어떻게 될지 물었다. 대부분의 사람들은 촉한이 작은 나라라 관우의 죽음으로 인해 온 나라가 두려움에 떨며 병사를 일으켜 동오를 공격하지 못할 거라고 대답했다. 그러나 유엽만은 이의를 제기했다.

"촉국이 작고 약하기는 하나 유비는 위풍당당하게 강함을 보이고자 분명 군사를 일으켜 여력을 보이려고 할 겁니다."

촉한이 작고 약하기는 하나 그럴수록 유비는 약한 모습을 보이려고 하지 않을 것이라는 말이었다. 그렇지 않으면 단결력을 잃을 수도 있기 때문이다. 게다가 유비는 관우와 매우 특별한 사이였으니 국력을 다 쏟아서라도 동오에 복수를 할 거라고 유엽은 단언했다. 사실 유엽은 동오에 약간의 원한 같은 게 있었다. 그래서 그 기회에 촉한과 함께 동오를 협공하자고 제안했다. 그것은 굉장히 위협적인 제안이었다. 정말로 그렇게 한다면 동오가 위험에 처할 수 있었다. 동오가 멸망한다면 촉한 역시 홀로 위나라에 대항할 수 없었다. 안타깝게도 위나라 문제 조비는 그의 제안을 받아들이지 않았다. 유엽의 의견대로 했더라면 삼국정립의 국면은 더 일찍 막을 내렸을 것이다.

유엽의 책략이 모두 실현되지는 않았다. 그는 조 씨 후계자들의 도량이 뒤로 갈수록 점차 떨어진다는 사실을 깨닫는다. 조조는 다른 의견을 제시할 것을 격려하고 용납해 주었다. 그렇기 때문에 유엽은 과감하게 직언하며 소신껏 자신의 의견을 밝힐 수 있었다. 그러나 조조의 후예들은 선대와 같은 아량이 없었다. 유엽은 이 점을 잘 알고 있었다. 그가 후일 윗사람 뜻에 영합한 것은 황제들이 듣기 좋은 말만 좋아했던 탓도 있다. 윗사람이 좋아하는 것을 아랫사람들이 따르는 것이 이치니 그만 탓할 수 있겠는가?

유엽은 충신은 아니었지만 지혜로운 사람임은 틀림없었다. 물론 나중에 위나라 명제에게 자신의 실체를 들키게 되지만 그것도 다 너무 똑똑한 나머지 저지른 실수가 아니겠는가! 유엽은 명제에게 해명할 수도 없어 온종일 하염없이 세월을 보내며 침울해 하다 죽었다.

대담하고 뛰어난 식견을 가졌던 유엽은 조조가 죽은 후에 윗사람에게 영합하는 약삭빠른 자로 변했다. 『부자』에서는 '마음을 다해 윗사람을 섬기지 못했다'고 유엽을 비판했다. 윗사람 된 자가 마음을 다해 아랫사람을 섬기지 못하는데, 아랫사람이 어찌 마음을 다해 윗사람을 섬기겠는가? 역시 맹자孟子의 말이 맞다. 군주가 신하를 수족처럼 여기면 신하는 군주를 심복처럼 섬긴다. 군주가 신하를 지푸라기처럼 하찮게 여기면 신하도 군주를 원수처럼 여긴다.

조조의 수하에서는 팔팔하던 인재가 왜 조비와 조예의 밑에서는 명성을 날리지 못했을까? 나이가 들은 것도 이유라면 이유일 수는 있겠다. 사실 유엽처럼 변모한 사례는 역사 속에서 흔히 찾아볼 수 있는 일이다. 인재는 종종 때를 놓치면 그르치기가 쉽다. 삼국시대처럼 인재가 필요했던 시기도 예외는 아니었다. 그러나 역사에서는 인재를 그르친 주인은 비판하지 않고 항상 인재만을 탓한다. 이것이 불공평한 역사적 평가라 하겠다.

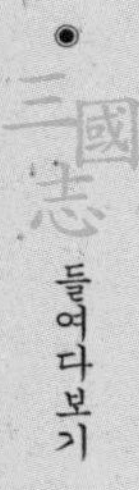

모택동은 삼국시대 인물 중 제갈량, 유비, 조조, 곽가를 높이 평가했다. 그리고 유엽에 대해서는 '굉장한 역할을 했던 대단한 군사 책략가'라고 평했다.

모택동

:: 주요 인물

양수

:: 주변 인물

조조, 조비, 조식

:: 키워드

머리가 영민하다

:: 주요 사건

계륵, 조식에게 계책을 바치다

:: 고사

절묘호사絶妙好辭, 계륵

:: 이야기 출처

『삼국지』「위서」 진사왕식전

楊修

양수 : 계륵의 가치

조조는 양수楊脩를 없앤 뒤 어느 날 양수의 아버지 양표를 만나게 되었다. 그는 수척하고 사람 꼴이 말이 아닌 모습을 보고 안부를 물었다.

"자네 어쩌다 이렇게 말랐는가?"

양표는 이렇게 답했다.

"일제日磾처럼 선견지명이 없어 자식을 애지중지하는 정을 품다니 부끄럽습니다."

양표가 말하는 일제는 한 무제 때의 대신 금일제金日磾를 말한다. 금일제에게는 아들이 둘 있었는데, 어릴 때 황제 옆에서 장난을 치며 놀 정도로 한 무제의 총애를 받았다. 그러나 두 아들은 자라서 신중하게 행동하지 않았다. 그들은 궁중에서 궁인들과 분별없이 음란한 짓을 벌이다 금일제에게 발각되었다. 그는 두 아들이 가문에 누를 끼칠까 걱정이 되어 자신의 손으로 두 아들을 죽였다. 그러니까 양표의 말뜻은 자신이 금일제처럼 모질지 못해 죽은 아들을 그리워한다는 것이었다.

조조는 그 말을 듣고 안색이 변했다. 속으로는 양표가 좀 불쌍한 생각도 들었다.

양수의 자는 덕조德祖로 홍농弘農 화음華陰, 지금의 섬서성 화음 사람이다. 그는 양진楊震의 현손이다. 양진은 뇌물을 거절하며 '하늘이 알고 땅이 알고 네가 알고 내가 안다'라는 말을 했던 역사상 유명한 청렴 관리로 한나라 태위를 지내기도 했다. 양수의 아버지 양표도 태위와 사공까지 지냈다. 『후한서』에서는 '양진에서 양표까지 사대가 태위를 지냈다'고 적고 있다.

양수의 집안은 한나라에 충성했다. 조조를 따랐던 것은 그가 헌제를 붙잡고 있었기 때문에 어쩔 수 없이 한 선택이었다. 조조도 영리한 사람이라 곽가나 정욱만큼 양수를 좋아하지 않았다. 양수는 원소의 생질이기도 했다. 양 씨와 원 씨 집안은 모두 권문세족으로 영향력을 가지고 있었다. 조조는 점차적으로 한나라를 위나라로 바꿀 생각이었기 때문에 권문세족들을 매우 골치 아프게 여기고 있었다.

양수는 어릴 적부터 영리하고 글 읽기를 좋아했다. 그는 어른이 된 후 관직에 올라 승상 주부, 즉 조조의 비서가 되었다.

조조와 양수에 관한 생동감 넘치는 이야기가 전한다. 한번은 조조가 공사 중인 동작대 궁전을 시찰하러 갔다가 문 앞에 멈추더니 사람을 시켜 필묵을 가져다 '활活' 자를 썼다. 사람들은 무슨 영문인지 깨닫지 못했지만 양수만은 바로 그 뜻을 알아차렸다.

"문門 안에 활 자가 있으니 '넓을 활闊' 자가 되지요. 승상께서 문이 너무 넓다고 하십니다."

이 일화는 양수가 윗사람의 마음을 잘 헤아린다고 하기보다 자신의 영리함을 과시하기를 좋아한다는 사실을 보여 준다. 한 번은 조조가 실타래처럼 생긴 사탕 한 상자를 선물로 받고서는 합위에 '일합소一合酥'라고 적은 뒤 한쪽에 놓고 일을 보러 나갔다. 양수는 바로 합을 열어 사람들과 사탕을 나누어 먹었다. 조조가 돌아와 사탕 상자에 대해 묻자 양수가 이렇게 대답했다.

"승상께서 '한 사람이 한 입씩(一人一口, 한자 일합一合을 분리하면 일인일구가 된다) 먹으라고 쓰지 않으셨습니까? 그래서 신들이 한 입씩 먹었지요."

조조는 사탕 한 상자 때문에 양수와 얼굴을 붉힐 수 없어 그냥 넘어갔다. 그렇지만 후일 조조가 용납할 수 없는 핑계거리가 생겼다. 건안 24년(219), 조조가 장로를 굴복시키고 한중을 탈취했다. 그는 한중을 거점으로 촉한의 유비를 토벌하려고 했지만 유비의 방어선을 돌파하지 못해 더 이상 진군할 수 없었다. 한중을 다 차지하려면 성 하나만 지켜서는 바라는 것을 얻기 힘들었다. 이에 조조가 머뭇거리며 결정하지 못하자 수하들도 어떻게 해야 할지 몰랐다. 결국 수하들은 조조에게 가르침을 청했지만 조조는 의미심장하게 '계륵鷄肋'이란 말만 남겼다. 양수는 군사들에게 이런 말을 유포했다.

"계륵은 먹자면 아무 맛이 없고 버리자니 아쉬운 것이다. 승상은 군대를 이끌고 철수하기로 결정하셨다."

조조의 장수 하후돈은 우직한 사람으로 양수의 말을 듣고 군사들에게 행장을 꾸리도록 명령했다. 조조는 하후돈의 부대가 진지에서 회군할 준비를 하는 광경을 보고 매우 놀라며 그 연유를 물었다. 그는 양수가 전한 명이라는 것을 알고 군법대로 사형을 집행했다.

사실 양수가 '계륵'의 의미를 꿰뚫고 전해 '헛소문을 퍼뜨려 병사들의 마음을 혼란하게 만들었다'는 죄는 핑계에 불과했다. 더 근본적인 원인은 양수가 조조 집안의 문제에 개입했기 때문이다. 그는 후계자 싸움 중 조식의 편에 서 있었다.

양수와 조식은 모두 이름난 수재로 서로 아껴 주고 잘 알아주는 사이였다. 조비의 문재도 뒤지지 않았지만 조식의 비범한 재능에는 미치지 못했다. 조비는 문보다는 칼과 창을 휘두르는 것을 좋아했다. 특히 검술에 정통해 무술 역사에서도 명성이 나 있다. 위진시대 고상한 문인들은 조비의 그런 점을 업신여겼다. 결국 양수도 자연히 조식과 친할 수밖에 없었다.

객관적으로 어떻게든 한나라 왕실을 보전하기 위해 양수는 조식이 조조의 후계자가 되기를 희망했다. 조식은 서책을 좋아하고 성정이 온화하고 순했기 때문에, 그가 아버지의 권세를 계승한다면 한나라의 황제를 폐하지 않고 위왕魏王에 만족하며 살 수 있었다. 황제에게 더 잘해 줄지도 모를 일이었다.

조비는 그와 달랐다. 그는 소유욕이 강하기로 소문나 있었다. 조비는 원 씨를 격파한 뒤 가장 먼저 원희袁熙의 부인 견 씨를 강탈했다. 또 재물을 모으기를 좋아했으나 매우 인색했던 숙부 조홍만 보면 혈안이 되어서 기어코 어떻게든 돈을 빌려 가려고 했다. 숙부가 돈을 빌려 주지 않자 조비는 원한을 품고 한사코 조홍의 결점을 찾아냈다. 모질고 독했던 조비가 후계자가 된다면 언젠가 한나라 황제를 폐하고 제위에 오를 것이 분명했다. 양수가 조식을 도운 것은 결국 이러한 정치적 고려가 있었기 때문이다.

조비와 조식의 싸움은 치열했다. 양수도 첨예한 대립의 한 가운데 서 있었다. 『세어』의 기록에 따르면 한번은 조비가 측근 오질吳質을 궁으로 불러 상의하려고 했는데, 사람들의 이목을 피하기 위해 그를 대광주리에 숨겨 수레에 싣고 입궁하게 했다. 양수는 이 사실을 듣고 즉시 조조에게 고했다. 조비는 그 소식을 듣고 겁이 나서 대책을 상의하려고 오질을 찾았다. 교활한 오질은 조비에게 다음 날도 대광주리를 실은 수레를 궁으로 들이도록 했다. 조조는 양수의 말이 사실인지 알아보기 위해 사람을 보내 수레를 멈추고 뒤져 보도록 했다. 그러나 비단, 명주와 같은 생활용품밖에 없었다. 그러자 조조는 오히려 양수가 조비를 모함한 것은 아닌지 의심을 했다.

양수는 조식에게 조조가 물을 만한 질문을 미리 알려 주었다. 그래서 조식은 빠르고 정확하게 대답할 수 있었고 조조의 마음을 살 수 있었다. 조식이 매번 바로 대답을 하는 게 미심쩍었던 조조는 몰래 조사를 했다. 조조는 양수가 농간을 부린 사실을 알고는 그를 더욱 미워하게 되었다.

한번은 조조가 미리 성문지기 관리에게 통행을 불허하라고 해놓고는 조비와 조식에게 성문을 지나 성 밖으로 나가라고 명을 내렸다. 그것은 두 아들의 반응을 살펴보기 위함이었다. 조비는 통행을 막자 착실하게 돌아왔다. 양수는 조식에게 문지기 관리가 막는다면 죽이고 성 밖으로 나가라고 일러 주었다. 위왕의 명으로 성을 나가는 것이기 때문에 명을 어기는 관리는 없애야 된다고 여겼다. 조식은 양수의 말대로 했다.

이것이 바로 역사서에 등장하는 '사마문으로 나간 이야기'이다. 지나치게 머리를 굴리면 오히려 일을 그르치는 법이다. 조조는 자식의 임기응변을 보려고 한 게 아니라 누가 더 관대하고 법도를 잘 지키는지 시험한 것이다. 결국 조식은 조조에게 크게 점수를 잃었고 양수도 그로 인해 벌을 받았다. 일설에 따르면 양수가 사마문 사건 때문에 목숨을 잃었다고도 한다.

시간이 지나면서 조조는 후계자에 대한 생각을 바꾸었다.

건안 15년(210) 12월 기해己亥일, 그는 자신을 제나라 환공과 진나라 문공에 비유하며 두 사람이 주나라 왕실을 보좌한 것처럼 한나라 왕실을 보좌하고자 했다. 이 당시의 조조는 후계자로 조식을 더 염두에 두고 있었다. 조식이 자신과 더 비슷한 생각을 품고 있었기 때문이다. 나중에 한나라를 대신하려고 하는 의지가 강해지면서 조조는 주나라 문왕이 되고자 했다. 즉 자신의 아들이 새 왕조를 열기를 희망했던 것이다. 따라서 여전히 전과 같은 뜻을 품었던 조식은 총애를 잃게 되었다. 조조가 자식들을 관찰해 본 결과, 조비만이 한나라를 대신할 의지와 능력을 가지고 있었다. 결국 조조는 조비를 훗날 '주나라 무왕' 감으로 정했다.

건안 22년(217), 조조는 정식으로 조비를 후계자로 세웠다. 조비를 후계자로 정한 이상 조조는 그를 위해 길을 평탄하게 닦아 주어야 했다. 조식, 조창, 조충 모두 제 자식이라 아끼는 마음이 있었지만 그들의 패거리는 제거해야 했다. 조충의 친한 친구 중에 주불의라는 신동이 있었다. 조조가 그 자를 없애려고 했는데 뜻밖에도 조비가 조충의 무리를 대신해 간언을 하며 말렸다. 이에 조조는 명백하게 자신의 뜻을 밝혔다.

"그 자는 네가 부릴 수 있는 사람이 아니다."

결국 조조는 자객을 보내 주불의의 목숨을 빼앗았다. 양수의 이야기도 비슷하다. 죄를 씌우려고 작정을 했는데 어찌 피할 수 있겠는가! 양수가 세상을 떠났을 때 그의 나이 마흔넷에 불과했다.

조조는 양수를 죽인 뒤 양표에게 서신을 보냈다.

"자네의 아들은 잘난 아버지의 권세를 믿고 매번 나와 뜻을 같이하지 않았네……. 그리하여 형벌을 내렸다네."

이어서 부자의 정을 생각하면 자신도 마음이 아프다면서 양표에게 비단과 가죽옷 두 벌, 은이 상감된 팔절도죽장八節桃竹杖, 지팡이 하나를 보내 위로했다. 조조의 부인 변 씨(기녀 출신이었지만 어진 덕행으로 좋은 평판을 얻었다)도 양수의 어머니 원 부인(원소의 누이)에게 편지를 보냈다.

"귀댁의 자제가 천하에 더할 나위 없는 글재주로 온 집안의 경모를 받았는데, 명공(조조)이 성격이 급하여 즉시 군법대로 처리하였습니다."

그리고 의복과 궁궐 내 비단, 좋은 수레 등을 보냈다. 원 부인은 아마 조조가 죽도록 미웠을 것이다. 형제와 조카, 그리고 아들까지 모조리 죽이고 비단과 수레를 보내 위로한들 무슨 소용이 있겠는가! 그렇지만 아무 말도 못하고 그저 그 은혜에 감사했을 것이다. 사람은 살면서 그럴 때가 있지 않은가! 그럴 수밖에 없는 것은 자신의 생사 여부가 상대방에게 달려 있기 때문이었다. 남의 땅에서 살고 있으니 머리를 숙일 수밖에 없었다.

『세설신어』「첩오捷悟, 깨달음이 빠르다」에는 다음과 같은 이야기가 실려 있다. 조조가 조아비曹娥碑를 지나가다 비문 뒤쪽에 '황견유부黃絹幼婦, 외손제구外孫齏臼'라는 여덟 자를 보고 그 뜻을 이해할 수 없어 양수에게 물었다. 양수는 이미 그 답을 알고 있었다. 조조는 생각을 하면서 걷다 30리를 간 뒤에야 그것의 뜻이 '절묘호사(絶妙好辭, 매우 뛰어난 문장이란 뜻. 황견黃絹은 색色이 있는 실糸이니 절絶 자가되고, 유부幼婦는 어린少 여자女이니 묘妙 자가 되며 외손外孫은 딸女의 아들子이므로 호好 자가, 제구는 부추나 마늘 따위를 절구에 찧다는 뜻인데 매운辛 것을 담아 사辭 자가 된다.)'라는 것을 깨닫고는 한탄을 했다.

"나의 재주가 자네에 미치지 못하는구나, 그 차가 30리나 되다니!"

하지만 이것은 역사적 사실이 아니라 꾸며 낸 이야기에 불과하다.

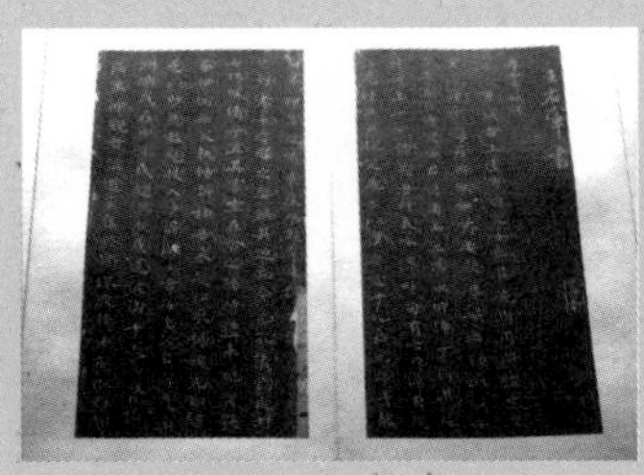

효녀 조아비의 비문

:: 주요 인물

장소

:: 주변 인물

도겸, 손책, 손권

:: 키워드

충직하고 올곧다, 멀리 내다볼 줄 안다

:: 주요 사건

손책이 동생을 부탁하다, 손권이 사과하다

:: 이야기 출처

『삼국지』「오서」 장소전

張昭

장소 : 올곧고 충직한 자

사람들은 동오의 장소에 대해 나이를 내세워 뻗대고 비겁하며 고지식하다는 이미지를 갖고 있다. 희곡이든 소설이든 장소張昭라는 인물을 그런 식으로 딱딱하게 묘사하고 있다. 사실 장소는 삼국시대에 가장 마음이 괴로웠던 인물일 것이다. 동오의 원로 장소는 곤혹스러웠던 사람으로 일생 동안 여러 차례 난처한 상황에 빠졌다.

장소는 자가 자포子布로 팽성彭城, 지금의 강소성 서주 사람이다. 그는 어릴 적부터 학문을 좋아하고 다양한 책을 두루 읽어 박학다식하기로 명성이 나 있었다. 또한 예서隸書 쓰는 솜씨도 뛰어났다. 그런데 명성을 얻자 난처한 상황이 뒤따랐다. 서주의 자사 도겸이 장소를 모재로 천거했으나 그는 사양했다. 도량이 넓지 않았던 도겸은 화를 내며 장소가 자신을 무시한다고 생각하고 장소를 잡아들였다. 다행히도 조욱趙昱이 힘을 다해 도와준 끝에 장소는 옥에서 나올 수 있었다.

후한 말기 천하가 혼란해지면서 중원에서는 군벌들 간의 혼전이 벌어졌다. 서주의 많은 사민들은 남방의 양주로 피난을 갔다. 장소도 피난 가는 사람들을 따라 장강을 건넜다.

후일 손책이 뜻을 세우고 남동쪽 개척에 나섰다. 소패왕 손책은 현인들에게 예를 다해 대하는 주인이었다. 그는 장소의 명성을 듣고 장소의 집으로 찾아와 아랫사람의 예절을 갖추고 장소의 어머니를 배알했다. 당시로서는 최고의 예우였다. 장소는 손책의 성의에 감동받아 장사(비서실장에 해당)가 되어주었다. 손책은 장소를 매우 중용하며 문무 대사를 그에게 맡겼다. 장소도 손책의 기대에 부응해 남동쪽 오지를 질서 있게 다스려 나갔다.

그러나 장소는 이러지도 저러지도 못할 난처한 운명을 타고 났는지 또 다시 곤란한 상황에 처했다. 북방의 몇몇 명사들이 장소에게 편지를 보내 손책이 강남에서 새롭게 기세를 날리고 있는 것이 다 그의 공로라고 칭찬했다. 장소는 편지를 감추고 사람들에게 보이고 싶지 않았지만, 그랬다가 편지에 말 못할 곤란한 사정이 있다고 오해를 받을까 걱정이 되었다. 그렇다고 사람들에게 공개하자니 실로 마땅치가 않았다. 손책의 체면을 생각하면 미안해서 이러지도 저러지도 못하고 불안해 했다. 다행히도 손책은 사리가 매우 밝은 사람이었다. 그는 그 사실을 알고는 화통하게 웃어 넘겼다.

"당시 관중이 제나라 재상으로 있었을 때 사람들은 그를 중부仲父라고 불렀지요. 제나라 환공은 그의 도움으로 패업을 이루었습니다. 지금 현량한 자를 얻어 그를 이용하는 것은 제 공로가 아니겠습니까?"

이렇게 해서 장소는 난처한 상황에서 벗어날 수 있었다. 장소는 손책 밑에서 물 만난 고기처럼 좋은 시절을 보냈다. 하지만 그런 세월도 오래 가지 않았다. 손책이 젊은 나이에 자객을 만나 절명한 것이다. 그는 임종 전 장소에게 동생 손권을 부탁했다. 장소는 강동 문무 대신들을 이끌고 손권이 그의 형의 직위를 계승하도록 요청하는 상소를 한나라 왕실에 올렸다. 그리고 직접 손권을 말에 태우고 강동의 군대를 순찰하며 민심을 얻도록 했다. 손권이 오랫동안 형을 잃은 슬픔에 빠져 있자 장소는 엄숙하게 타일렀다.

"지금 군웅들이 각축을 벌이고 잔인무도한 자들이 권력을 탐하며 각지를 호시탐탐 노리고 있는데 울고 있을 때입니까? 모든 예의격식을 다 차려 가족을 애도한다면 문을 열고 도적들을 맞는 것과 다름이 없습니다."

손권은 그제야 힘을 냈다.

당시 손권은 회계, 오군, 단양, 예장, 여릉 다섯 개 군을 장악하고 있었다. 깊숙한 오지는 아직 손 씨의 통치 범주 밖에 있었고, 강동에 거주하는 호족들도 여전히 진심으로 충심을 다하지 않았다. 장소, 주유는 마음을 다해 손권을 섬기며 형국을 안정시켜 나갔다.

장소는 손책의 유조를 받든 대신으로 근엄하게 생겨서 화를 내지 않아도 위엄이 있어 보였다. 그래서 강동의 사민들은 장소를 경이원지하며 '중부'라고 높여 불렀다. 장소는 손권에 대해 특별한 책임감을 느꼈다. 그는 조정에 나가서 엄숙한 표정을 짓고 옳지 않다고 생각하는 일에 대해서 장엄한 말투로 거리낌 없이 직언을 하는 바람에 종종 손권의 체면을 말이 아니게 만들었다.

손권은 사냥을 즐겼는데, 특히 말을 타고 호랑이를 잡는 것을 좋아했다. 가끔은 호랑이가 손권이 탄 말 앞까지 돌진해 오기도 했다. 손권은 그 상황에 전율을 느꼈지만, 장소는 그가 걱정되어 몇 번이나 정색을 하며 호랑이 사냥을 그만 둘 것을 간언했다. 그 후 호랑이 사냥용 수레를 특별 제작해 그 안에서 사냥을 했는데, 그렇게 하니 흥미를 느낄 수 없었다. 손권은 술도 좋아했다. 무창에 있을 때 손권은 낚시터 근처에서 신하들과 주연을 벌이고 곤드레만드레 취해 사람들을 시켜 신하들에게 물을 뿌리며 말했다.

"자, 취해서 낚시터 아래로 떨어질 때까지 실컷 마셔 보세."

장소는 정색을 하고 아무 말도 없이 혼자 빠져나와 수레로 돌아갔다. 손권은 사람을 시켜 장소를 불러오도록 했다. 장소는 돌아와 손권의 연회를 상나라 주왕의 '주지육림酒池肉林'에 비유했다. 결국 사람들은 불쾌한 마음으로 그 자리를 떠났다.

손책은 임종할 때 장소에게 '손권이 임무를 다하지 않는다면 자네가 알아서 하게'라는 말을 남겼다. 유비가 임종하며 제갈량에게 자식을 부탁할 때도 이런 비슷한 말을 했다. 물론 손권은 유선과 비교할 수 없는 한 시대의 영웅이다. 천자가 바뀌면 신하도 바뀐다는 말이 있다. 손권은 손책의 수하를 모두 제거하지는 않았지만 엄하게 훈계하는 장소가 싫었다.

그는 은연중에 장소에 대한 심사를 신하들에서 드러냈다. 『삼국지』의 기록에 따르면 손권은 사람들에게 종종 '내가 장공에게는 감히 함부로 말할 수가 없다'며 토로했다고 한다. 그 말은 손권이 뭐든지 다 말할 만큼 장소를 신임하지 않았다는 뜻이다. 한번은 손권이 노발대발 칼로 탁자를 치며 장소에게 화를 낸 적도 있었다.

"오국의 사인들은 입궁해서는 나에게 인사를 하고, 출궁해서는 그대에게 인사를 한다더군요. 내가 최고로 그대를 존경하고 최고의 예우로 대해 주는데 또 뭐를 어쩌라는 겁니까?"

손권이 길길이 날뛰어도 장소는 손책의 부탁을 받았기 때문에 타협하려 들지 않았다. 그리고 항상 손권이 가장 듣기 싫어하는 말을 꺼냈다.

"지난날 태후(오국의 태후)와 환왕桓王, 손책은 사후 장사 환왕으로 추존되었다께서 노신을 폐하께 부탁한 것이 아니라 폐하를 노신에게 부탁하셨습니다."

고금을 막론하고 어떤 지도자가 이런 말을 듣고 싶어 하겠는가! 그래서인지 재상을 임명할 때 모두가 분명 장소가 될 거라고 여겼지만 손권은 그를 선택하지 않았다. 장소는 동오에서 종종 난처한 상황에 처했다. 항상 근엄한 얼굴을 했던 장소는 강직한 성품 때문에 조금도 물러서려고 하지 않았다.

손권이 요동의 공손연과 손을 잡으려고 사람을 보내 그를 연왕燕王에 봉하고자 했다. 장소는 말렸지만 손권은 말을 듣지 않고 제멋대로 했다. 그 후 장소는 병을 핑계로 조정에 나가지 않았다. 손권은 오기가 발동해 장소 집의 대문을 흙으로 막아 버리도록 했다. 장소도 고집이 있어 안에서 흙으로 문을 봉해 버리라고 하고 끝까지 대항하겠다는 뜻을 표명했다.

손권이 보낸 사자는 결국 공손연의 손에 목숨을 잃고 말았다. 그 일로 장소의 충고가 옳았다는 게 증명되었다. 손권은 잘못을 인정하는 수밖에 없었다. 몇 번이나 사람을 보내 장소를 위로했지만 장소는 못 들은 척했다. 손권이 사과하기 위해 선물을 들고 직접 집까지 찾아가 문 밖에서 장소의 이름을 불렀지만, 성격이 있던 장소는 여전히 병을 핑계로 나오지 않았다.

손권은 방법을 바꿔 장소를 위협하려고 불까지 질렀지만, 장소는 문을 닫아 버리고 '태워 버리려면 태워라' 하는 태도를 취했다. 손권이 온갖 애를 썼지만 어쩔 수 없었다. 그는 불을 끄라고 시키고 장소의 집 대문 밖에서 한동안 우두커니 서 있었다. 그제야 장소는 아들의 부축을 받고 침대에서 일어나 손권을 뵈었다. 손권은 수레를 타고 장소와 같이 궁으로 돌아와 자신의 잘못을 인정했다.

손권이 제위에 오른 뒤 장소는 늙고 병들었다는 핑계로 관직에서 물러나기를 청했다. 손권은 장소에게 보오輔吳장군이라는 이름뿐인 직책을 내리고 누후婁侯에 봉하며 식읍食邑 만 호를 내렸다. 그 후 장소는 진회秦淮 강가 장간리長干里에 있는 집에 틀어박혀 저술과 학문에 전념했다. 그리고 『춘추좌씨전해春秋左氏傳解』, 『논어주論語注』를 집필했다.

장소는 동오 가화嘉禾 5년(236)에 여든한 살의 나이로 세상을 떠났다. 그는 임종 전 수의와 관을 소박하게 하고 장례 절차를 간소하게 할 것을 당부했다. 손권은 직접 소복을 입고 조문을 왔고 장소에게 문후文侯라는 시호를 내렸다.

장소는 후세 사람들에게 좋지 못한 인상을 남겼다. 장소에 대한 평가가 좋지 않은 이유는 그가 적벽대전 전에 조조 측에 투항할 것을 주장했기 때문이다. 손책은 임종 전 '내사는 장소에게 묻고, 외사는 주유에게 물어라'는 말을 남겼다. 전쟁이나 투항에 관한 문제는 분명 외사에 해당하는 것이었다. 그렇다고 수수방관할 수 없었던 장소는 화의를 주장했다.

손권은 그가 '사사로운 이익' 때문에 그런 주장을 한다고 여겼다. 후세 사람들도 장소가 나약하고 이기적이라고 보았다. 하지만 배송지는 '장소가 조조를 맞이하라고 권한 것은 어찌 가까운 이익 때문이겠는가? 만약 장소가 공적인 것에서 얻고자 한 이익이라면 천하를 하나로 만드는 것이다. 전쟁으로 인한 피해가 계속되는데 어찌 기어코 전국시대와 같은 폐해를 따르려 하는가!'라고 평가하고 있다.

사실 장소는 온 힘을 다해 손 씨 형제를 보좌해 강동을 안정시키려고 했다. 그렇다고 그가 손 씨의 정권이 오랫동안 강동에 할거하기를 바란 것은 아니었다. 배송지는 그의 뜻이 '위로는 한나라 왕실의 속국이 되고 아래로는 백성을 보호하는 것'이라고 보았다. 장소는 통일을 수호하는 자로 객관적으로 실력을 비교해 봤을 때, 강동의 손 씨에게 천하를 통일할 실력이 없다는 결론을 내렸다.

그는 넓은 지역을 통치하고 천자를 볼모로 제후를 부리던 조조가 분열 형국을 가장 빨리 끝낼 수 있을 거라고 보았다. 그래서 할거할 것을 주장하는 노숙의 의견에 반대하며 손권의 확장계획을 저지하려고 한 것이다. 장소가 지닌 미묘한 태도 때문에 동오의 땅에서 그는 난처한 상황에 처할 수밖에 없었다.

진수는 『삼국지』「장소전」에서 '충직하고 강직하며 사욕에 흔들리지 않았다'고 장소를 평가했다. 다시 말해 장소는 자신의 이익만을 챙기는 이기적인 사람이 아니었다. 그리고 장소는 '높아서 남들이 멀리했다'고 했다. 여기서 '높다'는 말은 장소가 노숙 등 다른 사람보다 더 장기적인 안목을 가지고 주장을 펼쳤다는 뜻이 아닐까?

三國志 들여다보기

관도대전이 벌어지기 전 조조 수하의 많은 사람이 원소의 진영과 연락을 취하고 있었지만, 조조는 전쟁에서 이긴 뒤에 그들의 죄를 묻지 않고 몰수한 편지를 모두 불태워 버렸다고 한다. 이는 정치가로서 조조의 도량과 모략을 보여 주는 일화이다. 손책도 장소를 그렇게 대했기 때문에 장소가 마음을 바쳐 동오를 위해 힘쓸 수 있었다.

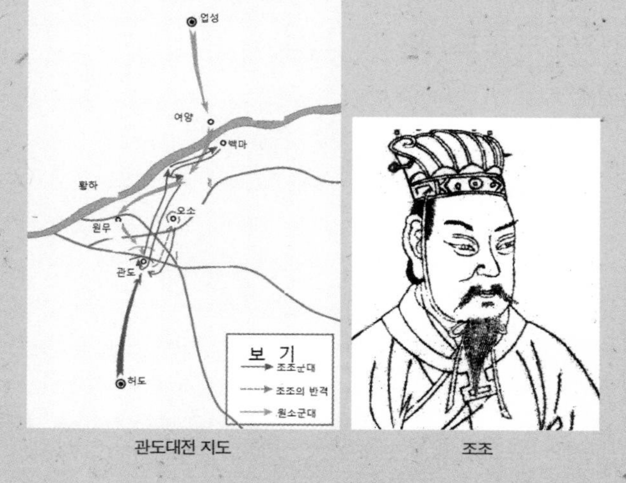

관도대전 지도

조조

:: 주요 인물
장간

:: 주변 인물
조조, 주유

:: 키워드
달변가

:: 주요 사건
주유를 설득하다

:: 이야기 출처
『삼국지』「오서」 주유전

蔣干

장간 : 달변가인 문인

전쟁 중에 문인이 할 수 있는 역할은 두 가지이다. 머리를 굴리든가 아니면 입을 놀리는 것이다. 머리를 굴리는 자들은 장막에서 전략을 세워 천 리 밖에서 승리를 얻도록 돕는다. 입을 놀리는 자들은 세 치의 혀로 적을 설득하고 와해시키는 데 힘쓴다. 문인의 힘은 머리와 입에 있다고 할 수 있겠다.

오늘날 입만 놀리는 사람은 무시를 당한다. 그러나 전쟁으로 혼란하던 시기, 창칼이 난무하는 적진까지 가서 입을 놀리는 일은 장난이 아니었다. 그것은 장막 안에서 털 부채나 흔들고 있는 사람보다 더 큰 위험이 따르는 일이었다. 일부 이름난 문인들 중, 주군들이 지낭智囊, 꾀주머니으로 삼고 상객으로 존중했던 문인들은 설득하는 일을 맡지 않았다.

입을 놀리는 일은 대부분 중용을 받지 못한 문인들이 담당했다. 남의 집에서 밥을 얻어먹는 빈객이라면 무슨 일이든 해야 했다. 그리고 설득에 성공해 그 기회에 주군의 신임을 얻고, '먹을 때 고기라도 얻어먹고 나갈 때는 수레를 타기'를 희망했다. 난세에 문인들의 신세는 정말로 가련하다고 하겠다.

혼란한 삼국시대에는 제갈량 같은 지식인뿐만 아니라 수많은 달변가들이 등장했다. 하지만 남을 설득하는 것은 결코 쉬운 일이 아니었고 대부분의 달변가들은 불행한 말로를 맞았다.

장간蔣幹은 삼국시대에 인지도가 매우 높은 달변가였다. 그가 '명성'을 얻은 것은 나관중의 『삼국지연의』 덕분이다. 그러나 장간은 소설 속에서 약간 해학적인 이미지로, 오늘날 희곡 무대에서는 어릿광대로 등장한다. 장간에 대한 이야기는 『강표전』에 최초로 나온다.

조조는 주유가 젊은 나이에 재능이 뛰어나다는 소문을 듣고 세객說客을 보내 마음을 움직이려고 했다. 조조는 몰래 양주로 내려가 구강의 장간을 보내 주유를 만나도록 했다. 장간은 풍채가 좋고 뛰어난 말솜씨로 정평이 나 있었다. 장강과 회하 사이에서 그를 대적할 자가 없었다. 조조의 부탁을 받은 장간은 무명옷에 갈건을 두르고 혼자서 주유를 찾아갔다. 주유는 그를 맞이하며 말했다.

"귀하는 고생스럽게도 멀리 산과 강을 건너, 조조를 대신하여 세객으로 오셨습니까?"

장간이 대답했다.

"제가 귀하의 주와 거리가 있는 먼 곳에서 훌륭한 공적을 듣고, 만나서 이야기를 나누며 교제도 하고 충고도 할 겸 일부러 왔는데, 귀하께서 세객을 운운하시니 너무하지 않습니까?"

주유가 대꾸를 했다.

"저는 기夔, 순시대의 악관, 광曠, 춘추시대 진나라의 악사에도 미치지 못하지만, 그저 현악기 소리를 듣고 음률을 감상하며 고아한 노래나 아는 사람입니다."

그리고 장간을 불러 술과 음식을 대접했다. 주유는 그를 보내면서 말했다.

"마침 저에게 밀사가 있어 나가 봐야 합니다. 일을 마치면 특별히 초대를 하지요."

사흘 뒤 주유는 장간을 불러 자신의 진영을 둘러보게 하고 창고의 군수품까지 보여 주었다. 그리고 다시 연회를 베풀어 시종의 의복과 진귀한 노리개 등을 보였다. 그러고는 장간에게 말했다.

"사내대장부가 세상에 태어나 지기를 주인으로 만나면 밖으로는 군신의 의를 지키고 안으로는 혈육의 은혜를 맺으며 언행을 계획하고 따르며 화복을 같이 공유해야 하지요. 만약 유명한 세객 소진蘇秦과 장의張儀가 다시 태어나고 역이기酈食

其가 살아난다 해도, 나는 그들의 등을 쓰다듬으며 몇 마디 말로 반박할 텐데 어찌 귀하처럼 어린 자가 내 마음을 돌릴 수 있겠습니까?"

결국 장간은 웃기만 할 뿐 아무 말도 할 수 없었다. 그는 돌아가 주유의 아량이 높아 말로는 이간할 수 없다고 고했다.

앞서 말했듯이 장간은 구강(안휘성 수현) 사람이고 주유는 여강 수성(안휘성 수현) 사람이다. 두 사람은 동창이거나 절친한 친구 사이가 아니었다. 그저 근접한 곳에 사는 '넓은 의미의 동향 사람'에 불과했다. 장간은 희곡에서는 옹졸한 이미지로 나오지만, 사실 풍채가 좋고 멋스러운 사람이었다. 그는 설득해서 되지 않으면 더 이상 군소리를 하지 않았다.

소설이나 희곡에서처럼 책을 훔치거나 괜한 재주를 피우다 일을 망치는 상스러운 짓은 하지 않았다. 실제 역사에는 책을 훔치도록 장간을 유인해 계략에 빠뜨리고, 그로 인해 조조가 수군 도독인 채모와 장윤을 오해해 죽이는 일 따위는 없었다. 채모는 조조의 어릴 적 친구였다. 조조는 형주를 얻은 뒤 남방의 호족인 채 씨의 지지가 필요했기 때문에 직접 채모의 집을 방문해 그의 아내까지 만나 가족처럼 친하게 지냈다. 형주에 막 진출해 안정적 기반이 없었던 조조가 쉽게 속임수에 빠져 양양 호족인 채 씨의 집안사람을 죽일 리 없었다.

장간은 주유를 만나고 돌아와 조조에게 사실대로 전했다. 조조는 장간이 임무를 완수하지 못했다고 질책하지는 않았다. 현재 허창 동쪽 외곽에는 장간의 묘 유적이 있는데, 이는 장간이 위나라에서 대우를 받으며 천수를 다하고 세상을 떠났다는 것을 보여 준다. 장간은 삼국시대 세객 중 운이 좋은 편이라고 할 수 있다.

세객이 역할을 잘할 경우에는 큰 공을 세울 수 있었지만 그렇지 못했을 경우에는 위험을 감수해야 했다. 장간처럼 실패하고도 온전한 몸으로 수도로 돌아오기란 어려운 일이었다. 동탁의 잔당 이각과 곽사가 반목하고 교전을 벌이던 혼란한 시기의 일이다. 이각이 강제로 황제를 빼앗자, 태위 양표, 대사농 주준朱儁은 60여 명의 관원을 모아 먼저 곽사의 진영으로 가서 설득하며 화의를 권했다. 그러나 곽사는 권고를 듣지 않고 세객으로 온 60여 명의 관원을 전부 구금했다. 다행히도 모두가 조정의 공경대신이라 인질로 삼을 뿐 해를 가하지는 못했다. 만약 일반 문인이 가서 말을 듣지 않는 막무가내인 무인을 만났다면, 단칼에 귀나 코가 잘려 나가든가, 운이 나쁘면 머리통이 날아갈 수도 있었다. 그러니 입을 놀려 설득하는 일이 쉽다고 할 수 있겠는가!

양심이 있는 세객의 경우는 더 골치가 아팠다. 성공적으로 설득을 했다 해도 후일 세객이 애당초 말했던 대로 약속이 지켜지지 않는 경우가 더러 있었다. 그럴 경우 양심의 가책을 느끼는 사람은 세객이었다. 약속을 지키지 않은 것은 세객이 아니지만 결국 자신이 남을 속인 것과 다름없다고 생각하며 정신적 고통을 당했다.

조상 형제가 위왕에게 제사를 지내러 고평릉에 갔을 때 사마의는 정변을 일으키고 수도를 점거했다. 그 당시 실권은 조상 형제가 장악하고 있었기 때문에 양측이 전쟁을 벌인다면 한 차례 전란이 일어날 수도 있었다. 그때 장제蔣濟는 사마의의 부탁을 받고 저항을 포기하면 조상 형제의 목숨과 안전을 보장하겠다고 낙수를 두고 맹세까지 하며 조상을 설득했다. 장제가 진심으로 설득하자 조상은 순진하게도 그의 말을 믿었다. 그러나 사마 씨는 교활한 자였다. 조정의 대권을 얻은 뒤 화근을 뿌리 뽑기 위해 조상을 주살하고 그의 패거리의 삼족을 멸했다. 남녀노소를 불문하고 고모, 자매 등 출가한 아녀자까지 모조리 없애 버렸다. 사마의의 진심을 간파한 장제는 세객으로 양심의 가책을 느끼다 마음의 병을 얻어 세상을 떠났다. 구천에서 장제는 분명 조상 형제를 만나 부끄러워했을 것이다.

후세 사람들은 세객을 우습게 보고 관용을 베풀지 않았다. 장간 같은 경우도 이유 없이 비방을 받았고 지금까지도 오명을 뒤집어쓰고 있다. 세객들은 전쟁과 분쟁을 중재하는 역할을 했다. 원시적인 역사적 시각에서 본다면, 그들은 말을 타고 창을 들고 전쟁터에서 결전을 벌이는 영웅들보다 더 수준 높은 가치관을 지녔다고 할 수 있다. 세객으로 있던 문인에 대한 배척은 한 민족의 불합리성을 보여 준다.

三國志 들여다보기

가장 유명한 세객으로는 전국시대 소진蘇秦과 장의張儀가 있다. 소진은 세 치 혀로 여섯 나라 재상에 올라 합종책을 실현했다. 장의는 능수능란한 언변으로 합종 연맹을 와해해 연횡책을 이루고 초나라의 한중 지역을 탈취했다.

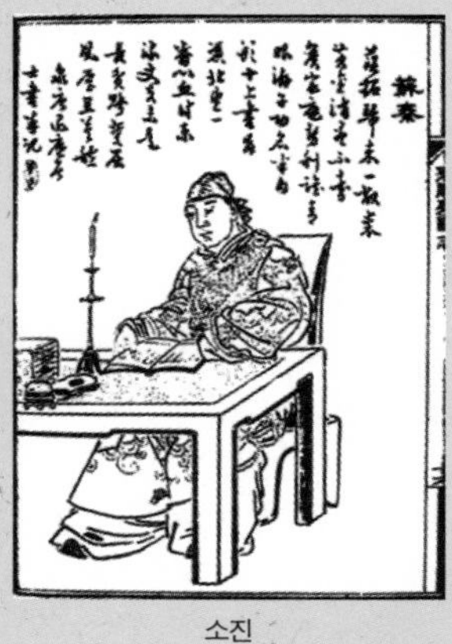

소진

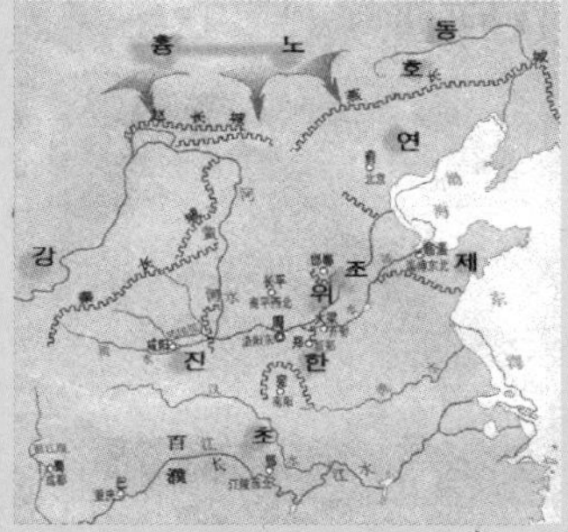

합종책과 연횡책이 각각 전개된 전국시대

:: 주요 인물

장료

:: 주변 인물

정원, 하진, 동탁, 여포, 조조

:: 키워드

남다른 담략, 냉정하고 침착하다

:: 주요 사건

합비 소요진 전투, 창희에게 투항을 권하다, 원소와 원상을 정벌하다

:: 고사

소요진을 제압하다

:: 이야기 출처

『삼국지』「위서」 장료전

張遼

장료 : 조조 진영의 최고 장수

조조를 만나기 전 장료張遼는 과묵한 사람이었다.

그는 본래 장 씨가 아니었다.

그의 조상은 고대 유명한 협객이었다.

협객은 항상 원수를 맺게 마련이고, 협객의 자손 또한 그랬다.

원수를 피하기 위해 그는 성을 장 씨로 바꾸었다.

옛날 희곡에서 조조 진영의 '8대 장수'란 말이 있었다. 여덟 명의 장수 모두 대단한 인재들로 용맹하고 전쟁에 능했으며 군사를 잘 통솔해 혼자서도 한몫을 충분히 해냈다. 그들은 평생 전쟁터에서 혁혁한 공을 세웠으며 제후와 장수로 봉해지면서 이름을 날렸다.

'8대 장수' 중 용병술, 공로, 명예를 따져 순위를 매겨 본다면 단연 1위는 안문雁門, 지금의 산서성 삭현 영무 좌운 일대의 장료라고 할 수 있다.

장료는 젊었을 때 북방 모 군의 군리郡吏였다. 그는 군리였으나 문서 관리와 작성이 아닌 무술에 남다른 재능을 보였다. 병주 자사 정원은 그런 장료가 마음에 들어 수하의 무장으로 받아들였다. 황건적의 난이 일어나자 정원은 그를 수도로 보내 황실을 보호하도록 했다. 수도에 도착했을 때 대장군 하진이 장료를 하북 지역으로 보내 병사를 모집하도록 했다. 장료가 천여 명의 병사를 모아서 수도로 돌아왔을 때는 이미 하진이 환관에게 주살된 뒤였다.

하진의 죽음으로 장료는 그의 부대와 함께 동탁의 지휘에 따르게 된다. 동탁이 패망한 뒤에는 여포를 따랐고 기병사령(기도위)에 올랐다. 나중에 여포가 동탁의 잔당 이각에게 격파당해 수도를 떠나야 했을 때, 장료도 그와 함께 서주로 도망쳤다. 여포는 장료를 노국魯國의 국상國相으로 임명했다. 그때 장료의 나이는 스물여덟에 불과했다.

당시 뿌리 없는 부평초 같았던 젊은이는 다사다난한 시기 역사의 파도 속에 휩쓸려 방황하고 있었다. 여포가 백문루에서 조조에게 잡혀 죽은 뒤에야 장료는 자신에게 맞는 둥지를 찾았다.

새도 좋은 나무를 골라 살 듯 신하도 좋은 주인을 골라서 섬긴다. 장료는 군대를 이끌고 조조에게 투항한 뒤 중랑장에 올랐다. 그 후부터 장료는 업적을 이룰 수 있었다.

조조의 북방 통일 전쟁에서 장료는 장수로서 재능을 십분 발휘해 원소와 원상 형제를 토벌했고, 흑산黑山의 황건족과 요동의 흉노를 격파하면서 수많은 전공을 세웠다. 그에 따라 관직도 비裨장군에서 중견中堅장군, 탕구장군까지 올랐고 도정후로 봉해지기까지 했다.

장료의 가장 큰 장점은 담략이 남다르고 침착하게 일처리를 한다는 것이었다. 그는 동해 지방의 포악한 토호 창희昌豨에게 투항을 권유하기 위해 혼자 그의 소굴로 들어갔다. 장료는 혼자서 창희가 점거하고 있는 삼공산三公山까지 가서 투항하라고 그를 설득했다. 그 일이 있은 뒤 조조는 걱정이 되어 대장수가 그런 모험까지 할 필요는 없다며 경솔한 행동이었다고 장료를 나무랐다. 그러자 장료는 조조가 기뻐할 만한 대답을 남겼다.

"주공의 위신이 있는데 창희가 감히 저를 해하겠습니까?"

그 후로 조조는 장료를 더욱 주목하게 되었다.

조조의 군대가 원상, 오환 지원군과 벌인 유성의 조우전에서 오환의 철기군은 놀랄 만한 위용을 보여 주었다. 특히 오환의 선우 답돈은 용맹하기로 이름이 나 있었다. 장료는 강력하게 출정을 주장하며 하늘을 찌를 듯한 포부를 밝혔다. 조조는 아예 전쟁을 지휘할 때 쓰는 부절과 영기令旗, 군령을 전할 때 쓰는 깃발를 장료에게 주고는 군대를 이끌고 가서 교전을 벌일 것을 명했다. 장료는 적군을 대파하고 선우 답돈을 참수했다.

그 후에 소군벌인 진란과 매성梅成이 지세가 험난한 천주산天柱山을 요새로 삼고 조조에게 항거했다. 장료는 장수들이 만류하는데도 교전을 벌였다. 그는 용기 있는 자가 이긴다는 호방한 마음을 품고 앞장서서 병사들을 이끌고 천주산을 공격해 진란과 매성을 참수했다.

조조는 남쪽의 형주를 정벌하기 위해 장료에게 군대를 이끌고 장사長社에 주둔할 것을 명했다. 그런데 출발 전 군대에서 모반을 꾀한 자가 어두운 틈을 타 군영 사방에 불을 지르는 바람에 전군이 혼란에 빠져 어수선해졌다. 오직 장료만이 침착함을 유지하며 부하들에게 명령했다.

"함부로 움직이지 말라. 이번 반란은 전군이 가담한 것이 아니라 분명 소수가 야기한 혼란에 불과하다."

그리고 반란에 가담하지 않은 병사들은 모두 병영에 정좌할 것을 명하고 호위병을 진영 중간에 배치해 세워 두었다. 그 다음 신속하게 폭동의 주모자를 잡아 사람들이 지켜보는 가운데 참수했다.

장료가 명성을 날린 전쟁으로는 합비 소요진 전투가 있다. 합비는 여주라고도 부르는데 오늘날 좋은 술을 생산하는 곳으로 유명하다. 합비의 지명에 대해 『수경주』에서는 '여름에 물이 갑자기 불어나면서 시수(지금의 남비하)가 비수(지금의 동비하)와 합쳐진다'고 하고 있다. 여름철만 되면 강물이 갑자기 불어나는데, 그때 장강의 물줄기인 시수의 수원이 거슬러 올라가 회하의 물줄기인 비수의 수원과 서로 합쳐진다는 뜻에서 합비라고 했다.

지리적으로 회남의 수상, 육상 요충지에 위치한 합비는 중원에서 남쪽의 장강으로 갈 수 있는 통로였다. 수로를 이용한다면 비수나 시수를 통해 소호巢湖로 내려가 소호에서 다시 유수濡須를 거쳐 장강으로 들어갈 수 있었다. 만일 저수滁水를 따라 내려가면 동쪽의 육합六合, 과보진瓜步鎭으로 갈 수 있었다. 어쨌든 합비는 반드시 거쳐 가야 할 지역이었다. 육로를 이용한다면 수현에서 합비를 지나 현산의 유명한 요충지 소관昭關을 거치면 장강 북쪽 연안의 군사 요충지로 바로 뚫고 들어갈 수 있었다. 따라서 합비는 예로부터 '회하의 오른쪽 요충지이자 강남의 순치脣齒'라고 불렸다.

합비성은 삼국시대 양주 자사였던 유복劉馥이 건축했다. 유복은 패국 출신으로 조조와 동향 사람이었다. 나관중의 『삼국지연의』에서 유복은 운수가 사나운 자이다. 적벽대전이 있기 전 조조가 장강 횡삭橫槊에 연회를 벌이고 시를 지었다. 유복은 조조의 문학 작품에 대한 평가를 할 때 쓸데없는 몇 마디를 덧붙였다가 조조의 창에 찔려 운명하게 된다.

하지만 이것은 사실 소설가가 꾸며 낸 이야기일 뿐 역사적 사실과는 다르다. 건안 5년(200) 조조는 유복을 양주 자사로 임명했다. 그는 말을 타고 합비로 와서 유민들을 모으고 둔전을 널리 시행했다. 그리고 성을 짓고 주둔하면서 합비를 지켰다. 합비는 동오와 가까운 거리에 있었기 때문에 유복은 목재와 돌을 높이 쌓고 짚으로 짠 수천만 장의 거적과 수천 곡斛의 생선 기름을 저장해 두고 전쟁에 대비했다. 그래서 당시 '무쇠 여주'라는 말도 있었다. 적벽대전이 시작되기 전, 양주 자사 유복이 병들어 죽자 조조는 장료를 보내 합비를 지킬 것을 명했다.

적벽대전 당시 조조는 전쟁에서 패했지만 합비만은 포기하지 않으려고 애썼다. 합비를 손에 쥐고 있으면 강남의 목구멍을 누르고 등을 치는 것과 다름없었기 때문에 권토중래할 가망성이 있었다. 이와 반대로 동오에서는 갖은 수를 써서라도 장애물을 제거하려고 했다. 동오가 합비를 얻으면 북쪽의 서주, 수현으로 진출해 조조와 중원을 두고 다툴 수 있었기 때문이다.

적벽대전 이후 합비 쟁탈전의 결과에 따라 전체적인 형국이 결정될 수 있었다. 손권이 파죽지세로 기세를 몰아갈 수 있을지는 합비를 손에 넣느냐 마느냐에 달려 있었다. 반면 조조의 입장에서는 전쟁에서 패하고 수습 불가능한 사태까지 가지 않으려면 반드시 합비를 지켜야 했다.

천하의 이목이 합비에 쏠렸고 모든 사람이 장료를 주목하고 있었다. 손권이 10만 대군을 이끌고 합비를 포위한 때는 건안 13년(208) 12월로 적벽대전이 있던 다음 달이었다. 참패를 당한 군대라면 쉽게 패배주의 정서에 휩싸여 전투력을 완전히 상실하게 마련이다. 때로는 전쟁에서 도미노처럼 와르르 무너지는 일도 있었다. 그러나 합비의 수비군은 예외였다. 전쟁의 기세를 만회할 수 있을지는 통솔하는 장수의 능력에 달렸다.

당시 합비를 통솔하던 장군은 바로 장료였다. 장료는 악진과 이전李典 두 장수와 함께 7천여 명의 이끌고 합비를 지키고 있었다.

조조는 북쪽으로 돌아가면서 그들에게 묘책을 남기며 '적이 도착하면 바로 실행하라'고 했다. 손권이 성을 압박해 오자 장료는 묘책을 열어 보았다. 그 안에는 손권이 도착하면 장료와 이전은 군사를 이끌고 나가서 싸우고 악진은 남아서 수비를 하라는 명이 적혀 있었다.

장수들은 통솔자의 지휘를 반신반의하며 장료가 교활한 술수를 부린다고 여겼다. 그 순간 장료는 명장의 위엄 있는 기세를 보여 주기 위해 장수들에게 말했다.

"만약 우리가 지원군이 올 때까지 나가서 싸우지 않고 지키고만 있으면, 7천 명의 군대가 10만 명의 군대를 언제까지 막을 수 있다고 생각하는가? 차라리 적이 온 지 얼마 안 돼 포위가 부실한 틈을 타 돌격전을 펼친다면, 순식간에 적의 사기도 꺾을 수 있고 성도 수비할 수 있을 것이다."

이전의 지지로 장료는 그날 밤 8백여 명의 결사대를 모집하고 소를 잡아 든든하게 배를 채운 뒤, 다음 날 적과 최후의 결사전을 벌일 것을 다짐했다.

다음 날 아침 장료는 갑옷을 걸치고 창을 들고 선두에 서서 '안문의 장료가 여기 있다'라고 외쳤다. 그는 빛나는 갑옷을 입고 망토를 휘날리며 마치 하늘에서 내려온 장수처럼 아무도 막을 수 없다는 세찬 기세를 과시했다.

동오의 군대는 포위된 성 안에서 결사대가 돌진해 올 거라고는 예상하지 못했다. 그들은 회오리바람처럼 기세등등한 장료의 풍채를 보고 두려움에 떨었다. 장료는 적의 보루를 향해 돌진해 동오 병사 수십 명과 적장 두 사람을 참수하고 손권이 있는 깃발 아래까지 들어갔다.

손권은 장료를 보고 너무 놀랐다. 동오의 장수들은 순간 당황해 손권을 엄호하며 높은 언덕으로 피했다. 긴 미늘창으로 손권을 호위만 할 뿐 감히 싸우러 나오지 못했다.

장료는 손권에게 소리를 치며 싸움을 걸어 왔지만, 손권은 그의 기세에 눌려서 함부로 움직일 수가 없었다. 손권은 장료가 데려온 군사가 많지 않다는 사실을 알고 나서야 포위 공격을 시작했다.

포위에 둘러싸인 장료는 굉장한 위력을 발휘해 사방으로 돌진하며 용감하게 앞으로 나아갔다. 그는 포위한 동오의 군사들 틈에서 돌파구를 만들어 곁에 수십 명의 부하들을 데리고 포위를 빠져나갔다.

장료가 용감하게 막 포위망을 뚫고 나온 순간, 뒤에서 적에게 둘러싸인 다른 병사들의 절망적인 외침소리가 들렸다.

"장군, 우리를 버리고 가시는 겁니까?"

이 말을 들은 장료는 생각할 틈도 없이 바로 움직였다. 장료의 혈관 속에는 협객의 피가 흐르고 있었다. 그 옛날 초패왕 항우처럼 장료는 기꺼이 다시 포위망으로 들어가 나머지 부하들을 구해서 함께 돌아왔다.

동오 군사들은 장료를 두려워 피하기만 할 뿐 대적하지 못했다. 장료의 무리가 흩어져 달아나도 아무도 감히 막지 못했다. 새벽부터 점심까지 전투를 벌인 동오 사람들은 기진맥진해 대오를 정비하기 위해 후퇴했다. 합비성에 있는 사람들은 가슴을 졸이며 그 광경을 지켜보다 그제야 마음의 근심을 내려놓았다. 장수들은 모두 장료를 존경해 마지않았다.

손권이 합비성을 포위하고 공격한 지 열흘 남짓 강력한 적수와 싸웠지만 결국은 성을 탈취하지 못하고 병사를 이끌고 돌아갔다. 장료는 가만히 있지 않고 병사를 이끌고 손권의 군사를 추격했다. 그는 소요진이란 곳에서 동오 군대를 매복해 두었다가 공격해 손권을 생포할 뻔했다. 이것이 바로 장료가 소요진을 제압한 사건이다. 소요진 전투로 강남 사람들은 두려움에 떨었고 장료의 이름을 들으면 아이들도 울음을 그칠 정도였다고 한다.

조조는 장료의 전공을 격찬하며 바로 정동 장군으로 임명했다. 몇 년 뒤 조조는 손권을 다시 공격하기 위해 합비에 왔다. 그는 특별히 장료가 고군분투했던 지역을 한 바퀴 둘러보고는 감탄했다고 한다.

합비 전투 이후 위나라에서는 장료를 동오를 상대하는 장군으로 삼았다. 손권이 국경을 침범할 때면 맨 먼저 장료를 출정시켰다. 장료는 매번 사명을 잊지 않고 손권이 북쪽으로는 한 발짝도 디딜 수 없게 만들었다.

조조가 세상을 떠난 뒤 장료는 조조의 아들 조비 밑에서도 혁혁한 공을 세웠다. 장료의 공을 생각해 그의 형과 아들에게도 열후의 지위가 내려졌다. 조비는 직접 장료의 어머니에게 가마를 보내 각지를 돌아보도록 했다. 장료의 어머니가 가는 곳마다 백성들은 길 양쪽에 서서 맞이했고 장병들은 절을 했다.

아들 덕분에 장료의 어머니가 귀한 대접을 받게 된 것이다. 예로부터 어떤 장수도 그런 대우를 받은 적이 없었다. 그런 장료의 어머니를 본 사람들도 큰 영광으로 여겼다.

조비가 헌왕을 폐하고 제위에 오르고 나서 장료를 진양후晉陽侯에 봉했다. 황초 2년(221) 장료는 주둔지에서 수도로 돌아와 위나라 문제 조비를 건시전建始殿에서 알현했다. 조비는 동오의 군대를 대파할 당시의 상황을 물으며 한참 동안 감탄했다.

"그대는 고대의 명장 소호召虎, 주나라 때의 대신에 필적할 만하구나."

또한 조비는 장료가 수도에서 머물 저택을 지으라는 명을 내리고 장료의 어머니를 위한 궁까지 마련했다. 장료가 합비에서 모집했던 결사대의 일원들은 황궁으로 들어와 황제의 최측근인 호분군虎賁軍에서 일했다.

장료가 말년에 받은 대우는 다른 장수들과는 비교도 안 된다. 그가 병에 걸리자 조비는 바로 대신 유엽을 불러 태의를 데리고 가서 병을 치료하도록 했다. 또한 호분군을 통해 장료의 소식을 전하도록 해서 황제가 언제든지 장료의 병세를 알 수 있게 했다. 장료가 완쾌하지 못하자 조비는 장료를 자신이 있는 곳까지 데려온 뒤 직접 어가를 타고 문병을 갔다. 조비는 장료의 손을 잡고 자신의 의복을 장료에게 내렸다. 그리고 궁정 관원에게 명해 매일 어선御膳, 황제가 먹는 음식을 장료에게 보내 몸보신을 시켜 주었다.

조비가 그렇게까지 장료를 신임한 데에는 그만한 이유가 있었다. 병세가 조금 호전될 무렵 동오와의 문제가 발생하자 장료는 병든 몸을 이끌고 주둔지까지 돌아갔다. 손권은 그 말을 듣고 두려워하며 수하들에게 경고했다.

"장료가 병들기는 했지만 여전히 상대가 되지 않을 터이니 모두 조심하도록 하여라."

그 해에 장료는 조휴 등 다른 장수들과 함께 동오의 장군

여범을 격파했다. 영웅 장료는 강도江都, 지금의 강소성 양주에서 병사했다. 조비는 장료의 죽음에 눈물을 흘리며 그에게 '강후剛侯'란 시호를 내렸다.

三國志 들여다보기

시호는 고대의 제왕, 제후, 경대부 또는 기타 지위가 있는 사람이 세상을 떠난 뒤 조정에서 일생의 사적과 인덕을 고려해 내리는 칭호였다. 시호에는 그 사람의 일생에 대한 평가가 함축되어 있다. 시호를 내리는 것은 서주西周시대 시작되어 춘추시대에는 이미 보편화되었다. 진나라를 제외한 역대 왕조는 시호 제도를 제정했다. 조비가 장료에게 내린 시호에서 그에 대한 신뢰와 의존도를 짐작할 수 있다.

안휘성 합비시 소요진 공원에 세워진 장료의 동상

:: 주요 인물

마초

:: 주변 인물

마등, 조조, 한수, 장로, 유비

:: 키워드

젊고 준수하다, 용맹하고 천하무적이다

:: 주요 사건

동관 전투, 장로에게 의탁하다, 유비에게 투항을 청하다

:: 이야기 출처

『삼국지』「촉서」 마초전

馬超

마초 : 천하가 혼란한 이상 죽을 수 없는 자

형주를 지키고 있던 촉한의 장군 관우는 유비가 성도를 취하며 맹호장 마초馬超라는 자의 투항을 받았다는 소식을 듣고 제갈량에게 편지를 써서 마초의 재능과 무예가 어떠한지 물었다. 제갈량은 이런 답장을 보냈다.

"마맹기馬孟起, 마초의 자는 문무를 겸비했고 남들보다 맹렬한 한 시대의 호걸입니다. 옛날로 말하자면 한나라 초의 경포黥布, 팽월彭越에 비교할 수 있겠고, 지금으로 말하자면 장비와 어깨를 나란히 할 수 있을 겁니다. 허나 미염공처럼 범인을 능가하는 절묘한 경지까지는 미치지 못합니다."

관우는 이 편지를 받고 매우 기뻐하며 빈객들과 친구들에게 읽어 주었다고 한다.

이 이야기는 『삼국지』「촉서」 관우전에 기록이 되어 있는데 자세히 살펴보면 재미있다. 대부분의 세인들은 관우가 자부심이 강해 마초와 우위를 겨루고자 했다고 여긴다. 사실 자세히 생각해 보면 그것은 관우가 촉한 강산의 안정과 군신 서열을 위해 제갈량과 함께 짜고 한 연기에 불과하다. 새로 투항해 온 마초에게 처음부터 본때를 보여 주기 위한 것이었다. 관우는 기세등등한 명문가 출신의 마초에게 촉한에도 그를 제압할 사람이 있다는 것을 알려 주기 위해서였다.

마초는 삼국시대 전기의 여포와 매우 비슷하다. 두 사람 다 젊고 준수한 데다 용맹하고 천하무적이었으며 소수 민족의 혈통을 가지고 있었다. 또한 변덕이 심해 제압하기 어렵고 마음을 놓을 수 없는 상대였다.

마초는 부풍扶風 무릉茂陵, 지금의 섬서성 홍평 사람인데 무릉은 한 무제의 능묘가 있기 때문에 붙은 지명이다. 마초는 한나라 명장인 복파伏波장군 마원馬援의 후예였다. 마초의 할머니가 강족羌族 사람이었다고 하니 마초는 강족의 혈통을 물려받은 셈이다.

마초는 열일곱 살 때부터 전쟁터에서 두각을 나타냈다. 그의 아버지 마등은 출신이 빈한했다. 원래 산에서 나무를 해다 팔아서 생계를 유지했는데 나중에 군대에 들어가 공을 세워 말직 군관이 되었다. 그 후 마등은 변장邊章, 한수 등과 함께 서북부 변경 지방에서 반란을 일으켜 집안을 일으켰다.

초안招安을 얻고 지방 군벌이 된 마등은 자주 중앙 정부를 귀찮게 했다. 마등은 군사를 이끌고 장안을 공격한 적도 있었다. 그때 열일곱 살이었던 마초는 군대에 있었다. 그러나 마등은 결국 패하고 서쪽의 양주까지 퇴각했다.

헌제 건안 연간, 관중을 지키고 있던 사례교위 종요는 마등과 한수에게 따로 편지를 보내 '화복禍福의 도리'를 늘어놓으며 진심으로 한나라 조정에 귀순하도록 설득했다. 편지를 읽고 마음이 움직인 마등은 왕실에 대한 충심을 보이기 위해 아들 마초에게 병사를 이끌고 곽원郭援, 고간 등을 정벌하는 전쟁에 참여하도록 했다.

조조는 조정을 장악한 뒤 지방 세력을 통제하기 위해 온갖 방법을 동원해 각지의 군벌들을 조정으로 불러들여 관직을 내렸다. 마등은 당시 같이 집안을 일으켰던 한수와 사이가 좋지 않았다. 조조는 그것을 기회로 삼아 마등을 수도 허창으로 불러 위위(명목상의 중앙 호위 부대 사령관)로 임명했다. 마등의 장자인 마초도 편장군, 도정후에 봉해졌지만 서량에 머물며 아버지의 군대를 이끌었다.

조조는 뜻대로 마 씨 부자를 통제할 수 없었다. 어린 마초는 아버지 마등보다 더 큰 야심을 가지고 있어 제어하기 어려웠다. 병권을 쥐게 된 마초는 한수, 양추楊秋, 이감李堪, 성의成宜 등 열 곳의 관중 군벌과 결탁해 십만 군사를 이끌고 동관潼關으로 들어와 조조와 천하를 다투려고 했다.

『삼국지연의』에서는 마초가 병사를 일으킨 이유가 아버지를 위한 복수라고 적고 있으나, 역사를 살펴보면 마초가 병사를 일으킨 것이 먼저이고 마등이 사건에 연루되어 주살된 것이 나중이다. 마초가 병사를 일으킬 당시 수도에 있는 아버지와 형제의 안위를 전혀 고려하지 않았기 때문에 후세에 박정하다는 평가를 받는 것이다.

동관 전투에서 마초는 위풍을 과시했다. 조조도 "마초가 여포에 뒤지지 않는 용장이다."라고 하며 그를 인정했다.

양측이 교전을 벌이기 전 조조는 한수, 마초와 단독으로 협상을 벌였다. 이 기회에 마초는 급습해 조조를 잡을 생각이었는데 조조 옆에서 맹장 허저가 마초를 노려보고 있어 경거망동할 수 없었다. 조조는 동관에서 정신없이 전투를 벌일 때 젊은 마초 때문에 골머리를 앓으며 한탄했다.

"마초가 죽지 않으면 내가 땅에 묻힐 수 없다."

결국 조조는 책사 가후의 계책으로 마초와 한수를 이간질해 서로 의심하게 만들었다. 그렇게 해서 관중의 장수들을 물리칠 수 있었다. 마초는 강, 저氐 등 소수 민족이 모여 사는 곳까지 퇴각했고 조조도 안정安定까지 추격했다. 그런데 그때 북방에 문제가 생기는 바람에 조조는 군사를 돌려 돌아야만 했다.

조조가 회군하던 날, 양주 사람 양부楊阜가 조조에게 이런 말을 남겼다.

"마초는 옛날 한나라 개국공신인 한신韓信, 영포英布의 용맹함을 지니고 있어 강, 호 등 소수 민족의 마음을 얻을 수 있을 겁니다. 지금 이곳을 단단히 방비하지 않는다면 농상隴上의 모든 장수들이 다시는 나라에 속하지 않으려 들 겁니다."

양부의 말이 맞았다. 조조의 대군이 철수하자 마초는 고향으로 돌아가 대열을 재정비하고 전쟁 준비를 했다. 마초가 강족 등 소수 민족의 인심을 얻고 목소리를 내자 사방에서 호응했다. 그렇게 그는 서쪽 이민족으로 편제한 군대로 농상의 군현을 점령하고 조조가 파견한 양주 자사 위강韋康도 죽이며 대단한 기세를 과시했다. 그는 스스로 정서征西장군, 병주목에 올라 양주의 군사를 맡아 보았다.

그러나 마초의 재기는 한순간에 불과했다. 양부를 비롯한 위강의 수하들이 합심해 마초에게 대항했다. 마초가 군대를 이끌고 양부를 공격했지만 성을 함락시키지는 못했다. 오히려 자신의 본거지를 위강의 수하인 양관梁寬에게 바쳐야 했다. 그들은 문을 닫고 마초가 성으로 돌아오지 못하게 했고 마초의 가족을 모조리 없애 버렸다. 돌아갈 곳을 잃고 진퇴양난에 빠진 마초는 한중의 장로에게 의탁할 수밖에 없었다.

장로는 '오두미교'로 집안을 일으킨 자로 정교政教가 합일한 정권을 세웠다. 교주 장로는 마초에게 알 수 없는 관직인 '도강제주都講祭酒'를 내렸다. 마초는 당연히 만족스러울 리가 없었고 오두미교에 가입할 뜻은 전혀 없었다. 장로가 마초를 구슬리기 위해 딸까지 내주려고 하자 수하는 나서서 말렸다.

"마초란 자는 자신의 친척도 아끼고 보살피지 않는 자인데 어찌 남을 좋아할 수 있겠습니까?"

결국 장로는 마초를 사위로 삼으려는 생각을 접었다.

그 후 유비가 익주의 유장을 공격하자 장로는 순망치한의 이치를 이유로 마초를 보내 유장을 돕도록 했다. 원래 마초는 유장과 연맹할 마음이 있었으나, 유장 수하의 치중종사 왕상王商이 반대를 했다.

"매우 용감하기는 하나 인자한 자가 아닌 까닭에 분명 의를 생각하지 않은 것이니 밀접한 관계를 맺어서는 안 될 것이옵니다."

과연 그랬다! 구원병으로 온 마초는 유비에게 투항 밀서를 보내고 그를 배반하고 유비의 진영으로 갔다. 그리고 유비를 도와 성도를 탈취했다.

한중의 장로는 이 소식을 듣고 마초를 매우 증오하며 직접 마초의 아들 마추馬秋의 목을 베었다.(『전략』) 마초는 또 다시 혈육의 정을 무시하고 가족을 위험에 빠뜨린 것이다.

마초는 외모가 뛰어난 데다 멋지게 차려입는 것을 좋아했다. 사자 투구에 수대獸帶를 두르고 은 갑옷에 백포白袍를 입었다고 한다. 유비도 그를 보고 감탄해 마지않았다고 한다.

"사람들이 눈부신 마초라고 하더니 과연 명불허전名不虛傳이군요!"

마초가 유비에게 투항했을 때 오만불손하게 굴었다고 하는

데,『산양공재기』에 관련 기록이 있다. 마초는 유비가 자신에게 잘해 주자 우쭐대면서 유비와 이야기를 할 때 그냥 이름만 불렀다. 관우는 그것을 보고 노해 유비에게 마초를 죽일 것을 청했다. 유비는 궁지에 몰려 투항한 마초를 해할 수 없다고 반대했다. 장비는 나름대로 방법이 있었다.

"그 자를 죽이지 않을 거라면 예절이 뭔지 가르쳐 줘야지요."

다음 날 회의가 있어 마초를 들게 했다. 관우와 장비는 칼을 차고 뒤에서 유비를 공손하게 모시며 눈을 부릅뜨고 마초를 쳐다보았다. 마초는 관우와 장비가 유비에게 존경의 예를 다하는 모습을 보고 놀라서 그 뒤로는 감히 유비의 이름을 부르지 못했다.

후일 유비는 한중왕에 올라 관우, 장비, 마초, 황충, 조운 다섯 명을 '오호상장五虎上將'으로 봉했다. 그 중 마초를 제외한 네 사람에게는 중임을 맡겼다. 그러나 마초에게는 하찮은 전쟁을 맡기거나 사람이 부족한 곳에 가서 수비하는 일을 시켰다.

사실 사람 볼 줄 알았던 유비는 마초가 반역을 할까 봐 걱정이 되어 그렇게 한 것이다. 마초는 촉한에서 영광스런 지위를 누렸다. 유비가 한중왕으로 자처하고 촉한 대신들이 헌제에게 분봉分封을 인정해 달라는 상소를 올릴 때, 첫 번째 서명자가 바로 평서장군 도정후 마초였다. 그 다음이 제갈량, 관우, 장비 순이었다. 유비는 제위에 오른 뒤 마초를 표기驃騎 정군으로 봉하고 자신의 아들 안평왕安平王 유리劉理를 마초의 딸과 맺어 주었다.

나중에 마초는 매우 조심스럽게 행동하며 시비를 피하고 예의바르게 처신한다. 진수는 『삼국지』에서 마초가 '궁지에 몰려서야 편안해졌다'고 평가하고 있다. 즉 막다른 상황에 처하자 오히려 평안을 찾은 것이다.

촉한에서 지략이 출중했던 팽양彭羕은 유비와 제갈량이 자신을 중용하지 않은데 불만을 품고 다른 사람이 아닌 마초를 찾아갔다. 마초도 자신과 같이 재능을 펼칠 기회를 얻지 못했으니 불평이 많을 거라고 여겼다. 팽양은 마초에게 안팎으로 힘을 모아 유비에게 반기를 들자고 제안하며, '노장이라서 그런지 서투르고 판단력을 잃었다'고 유비를 욕했다.

뜻밖에도 마초는 그의 말을 그대로 유비에게 고해바쳤다. 결국 팽양은 옥에 갇혀 목숨을 잃고 말았다. 『삼국지』에서는 마초가 당시 오래 타향살이를 하고 촉으로 와서 항상 두려움을 품고 있었기 때문에 그렇게 했다고 보고 있다. 마초는 남은 반평생 동안 자신의 처지를 똑똑히 알고 있었다. 그렇기 때문에 여포보다 괜찮은 최후를 맞이할 수 있었다.

마초는 마흔일곱의 나이에 울적해 하다 병으로 세상을 떠나며 유언을 남겼다. 그는 유비에게 마 씨 일족의 대부분이 조조에게 목숨을 잃고 사촌 동생인 마대馬岱만이 살아남았으니 그를 잘 보살펴 달라고 부탁했다.

三國志 들여다보기

대부분의 옛날 사람들은 이름과 자字를 가지고 있었는데 서로 의미상 관련이 있었다. 예를 들어 주유의 자는 공근公瑾이었고, 제갈근의 자는 자유子瑜였다. 주유의 '유瑜'와 제갈근의 '근瑾'은 모두 아름다운 옥이라는 뜻으로 군자의 덕을 비유한 것이다. 관우의 자는 운장雲長이었는데, 이름 '우羽'는 새를 가리키고 운장은 드넓은 하늘을 상징한다. 즉 새가 넓은 하늘에서 날개를 펴고 날아간다는 뜻이다. 이처럼 사람의 이름과 자에는 뜻과 바람이 깃들어 있다. 옛날 사람들은 호칭과 자칭으로 겸손함을 표시했다. 동년배나 연장자에게는 자를 칭해 겸손과 예의를 표했다. 윗사람이 아랫사람을 부를 때나 혐오하고 멸시하는 사람에게는 그냥 이름만 불렀다.

드넓은 하늘이란 뜻의 운장 관우

:: 주요 인물

여몽

:: 주변 인물

등당, 손권, 노숙, 관우

:: 키워드

남달리 용기가 있다, 어질고 너그럽다, 지략이 뛰어나다

:: 주요 사건

칼을 뽑아 군리를 죽이다, 확 달라진 군사 대열, 끊임없이 학문을 닦다, 유수오濡須塢를 만들다, 흰 옷을 입고 강을 건너다.

:: 고사

사별 사흘이면, 괄목상대, 동오 변두리의 아몽阿蒙

:: 이야기 출처

『삼국지』「오서」 여몽전

呂蒙

여몽 : 사별 사흘이면 괄목상대

여몽呂蒙은 출신이 빈한했다. 생계가 막막해 여남의 소년은 장강을 건너 강동에서 떠돌다 매형이었던 등당鄧當에게 의탁했다. 여몽은 당시 손책 수하의 장수로 있던 등당의 군영으로 들어갔다. 당시 여몽은 열대여섯 살로 군영에서 '아몽阿蒙'이라고 불렸다.

등당의 부대가 출정을 나가려 할 때 매형 등당은 여몽이 너무 어리고 삼대독자인 까닭에 따라오지 못하게 했다. 그러나 소년 여몽은 몰래 병사들 틈에 섞여 동행했다. 등당은 말을 타고 행군하는 도중 대오에서 연약한 사내아이를 발견했다. 자세히 보니 여몽이었다. 등당은 속으로 앓는 소리를 하며 여몽을 꾸짖었다. 하지만 되돌리기에는 이미 늦은 터라 말릴 수도 없었다. 하늘이 보호해 준 탓인지 몇 번의 전쟁을 치르는 동안 여몽은 무사했다. 등당은 전쟁터에서 돌아오자마자 장모에게 그 사실을 알렸다. 여몽의 어머니는 이야기를 듣고 아들에게 벌을 주려고 했다. 그러자 여몽은 바닥에 엎드려 어머니에게 애달프게 사정을 했다.

"가난하게 사는 일은 참기 어렵습니다. 전쟁에 나가 만약 공이라도 세운다면 부귀를 얻을 수 있을 겁니다. 어찌 범의 굴에 들어가지 않고 호랑이를 잡겠습니까? 제발 저를 보내주십시오."

어머니는 아들의 말을 듣고 슬펐다. 가난한 사람이 처지를 벗어나려면 어찌 별다른 수가 있겠는가? 그 후로 여몽의 어머니는 그가 고군분투하도록 내버려 두었다.

사람들은 여몽이 군대에서 가장 나이가 어리다는 이유로 우습게 여겼다. 등당 수하의 군리가 여몽을 깔보아 함부로 농담을 던지며 무시했다.

"네가 전쟁터에 나가는 것은 고기를 호랑이에게 갖다 바치는 것과 다름없다."

며칠 뒤 여몽을 만난 군리는 또 그 자리에서 모욕을 주었다. 군리는 눈앞에 있는 소년 여몽이 진짜 호랑이라는 사실을 깨닫지 못했다. 여몽은 화를 내며 칼을 뽑아 군리를 베어 버렸다.

군영이라고 해도 함부로 사람을 죽여서는 안 되었다. 결국 여몽은 도망을 쳤다. 그는 얼마간 도피를 다니다 대장부가 숨어서 지내는 것은 옳지 않다고 생각해 교위 원웅袁雄에게 자수를 했다. 원웅은 그를 손책에게 데리고 갔다. 터프한 성격의 소패왕 손책은 소년의 대담한 기백을 보고 매우 놀랍게 여겼다. 결국 여몽을 사면해 주고 자신의 친위 병사로 삼았다.

이로 인해 가난한 소년의 운명은 바뀌게 되었다. 몇 년 뒤 매형 등당이 세상을 떠나자 동오의 노신 장소가 그 자리에 여몽을 천거해 그는 별부사마別部司馬가 되었다. 동오의 하급 병사 아몽이 군대를 통솔하는 장군이 된 것이다.

여몽이 매우 득의양양해 있을 무렵, 동오의 정국은 혼란했다. 손책이 자객을 만나 세상을 떠나고 동생 손권이 그 자리를 계승하면서 새로운 정책을 내놓았다. 통솔자의 지위가 비천하거나 병력이 미약하고 대오가 정비되지 않은 군대를 정리해 직계부대로 병합한다는 정책이었다. 여몽은 자신의 부대가 최우선 정리 대상이라는 것을 깨닫고 곰곰이 고민한 끝에 좋은 방법을 생각해 냈다. 그는 몰래 돈을 빌려 부하를 위해 말끔한 군장을 마련했다. 그렇게 해서 손권이 군사 훈련을 시찰하러 왔을 때 확 달라진 최고의 군대처럼 보일 수 있었다. 손권은 매우 기뻐하며 그에게 병력을 증원해 주었다. 이때 손권은 여몽이라는 젊은이에 대해 강한 인상을 받았다.

사실 여몽이 처음부터 강동에서 사람들의 주목을 받은 것은 아니다. 그가 동오의 크고 작은 전투에 참가해 적벽대전 이후에는 이미 편장군에 올라 있었지만 사람들에게 강렬한 인상을 남기지는 못했다. 감녕, 황개, 태사자 등이 그보다 훨씬 위력을 떨쳤다. 군신 관계도 인연이 중요하다. 손권은 여몽에 대한 혜안을 가지고 매우 신임했다.

『강표전』에는 다음과 같은 일화가 있다. 여몽은 가난하고 힘든 환경에서 자랐기 때문에 어릴 때 글을 거의 읽지 못했다. 처음에는 상주문도 쓸 수 없어서 사람을 불러 내용을 받아 적게 했다. 손권은 여몽에게 책을 읽으라고 격려했지만, 그는 군사 정무가 바쁘다는 핑계로 계속 미루었다. 그래도 손권은 인내심을 가지고 여몽을 타일렀다.

"나는 자네가 책을 읽어 박사가 되라는 게 아니네. 여러 가지 책을 두루 섭렵하여 식견을 넓히고 고금의 일을 알라는 것뿐이네. 자네 일이 바쁘다고 하는데 나보다도 더 바쁜가? 나는 어릴 적부터 『시경』, 『상서』, 『예기』, 『좌전』, 『국어』 등을 읽었고, 통치한 이래에는 삼사三史와 제자백가들의 병서를 읽었는데 많은 이로움이 있었다고 생각하네."

손권은 직접 여몽을 위해 독서 목록까지 작성해 주었다. 우선은 『손자』, 『육도』, 『좌전』, 『국어』와 삼사를 읽도록 시켰다. 또한 광무제가 군사 일을 볼 때도 손에서 책을 놓지 않은 이야기를 들려주며 여몽을 격려했다. 그 후로 여몽은 글을 읽기 시작했다.

여몽은 충실하게 학문에 전념한 끝에 나중에는 일반 독서인들보다 더 많은 책을 읽게 되었다. 진나라 왕가王嘉의 『습유기拾遺記』에는 책을 읽는 여몽과 관련된 기담이 실려 있다. 여몽은 꿈속에서 『주역』을 통달했다고 한다.

그는 몹시 술에 취해 갑자기 경기를 일으키더니, 사람들에게 꿈에서 복희伏羲[9] 씨와 주나라 문왕, 주공周公 세 사람을 만나 『주역』의 정수를 물려받았다고 했다. 그래서 결국 '여몽이 잠결에 『주역』을 통달했다'는 소문이 났다. 지금 사람들이 보기에는 여몽이 꾸며 낸 말에 불과하지만 옛날에는 그 말이 아주 효험이 있었다.

중국의 성어 사전에는 '사별삼일士別三日, 괄목상대刮目相對'와 관련된 이야기 실려 있는데 그것은 여몽의 일화에서 비롯되었다. 노숙이 주유의 직위를 대신해 육구로 부임하러 가는 길에 여몽이 주둔한 곳을 지나가게 되었다. 문무를 겸비한 노숙은 무의식적으로 일개 무인인 여몽을 우습게 여기고 있었다. 그는 여몽과 이야기를 나누다 여몽의 식견이 날로 나아져 옛날과는 사뭇 달라진 사실을 발견하고는 감탄했다.

"나는 자네가 창칼만 휘두를 줄 안다고 여겼는데, 이제 보니 박학다식하네요. 더 이상 동오 변두리에 있던 아몽이 아니군요."

여몽은 노숙에게 말했다.

"시간이 지나면 사람도 변하게 마련이지요. 이것이 바로 사흘을 못 본 사이에 괄목상대하게 된다는 것입니다."

그는 노숙에게 형주의 관우에 대처하는 다섯 가지 계책을 내놓았다. 노숙은 계책을 듣고 자리에서 일어나 여몽의 등을 쓰다듬으며 칭찬했다.

"여몽 장군, 자네의 지략이 이 정도일 줄은 생각도 못했소."

그러고는 내실로 들어가 여몽의 어머니에게 인사를 드리고 막역지우를 맺었다.

여몽은 확실히 전략적인 안목이 뛰어났다. 이 점 때문에 손권이 그를 주유와 노숙을 잇는 후계자로 꼽은 것이다. 건안 17년(212) 손권이 수도를 이전했다. 말릉秣陵에 석성을 쌓고 지명을 건업建業, 지금의 남경이라고 바꾼 뒤 도성으로 삼았다. 그런데 새로운 도성이 조조의 동쪽 요충지인 합비의 위협을 받고 있어서, 손권은 몇 차례나 합비까지 친정을 나가 장애물을 없애려고 했다. 그러나 강력한 적수 장료를 만나 몇 차례나 아무런 공 없이 그냥 돌아와야 했다.

그러자 여몽은 손권에게 강북 지역에는 방어 시설이 없으니 유수오濡須塢, 성채를 만들자는 계책을 바쳤다. 유수는 오늘날 안휘성 무위현無爲縣 동쪽에 있다. 유수의 강물은 소호에서 기원해 장강으로 흘러들어 가는데, 장강으로 들어가는 입구를 유수구濡須口라고 불렀다. 여몽은 손권에게 유수의 양안에 토성을 만들 것을 제안했다. 그것이 나중에 동오의 제일 요충지인 유수오이다. 『원화군현지元和郡縣志』에는 다음과 같은 기록이 있다.

"처음 여몽이 유수를 지키고 있었는데, 조조가 온다는 소문을 듣고 강을 끼고 성채를 만들었다. 그 모양이 반달 모양이라 이름을 언월오偃月塢라고도 불렀다."

명말 청초의 역사학자 고조우顧祖禹는 『독사방여기요讀史方輿紀要』에서 여몽이 동오를 위해 세운 최대 공적으로 유수오의 건설을 꼽으며 다음과 같은 평가를 내렸다.

"왕 씨가 말하기를, 삼국이 정립하고 남북이 분열된 시기 회하淮河 양안은 종종 전쟁터가 되었다고 한다. 손권이 유수오를 세운 뒤 조조가 계책을 세워 전쟁을 벌였지만 쟁탈할 수 없었다. 왕 씨의 말을 보면 자명子明, 여몽의 자의 뛰어난 지략을 알 수가 있다. 오늘날 형주를 습격한 기막힌 기만술을 격찬하면서, 회하를 보호한 큰 공은 알지 못한다."

건안 18년(213) 정월, 조조가 유수를 공격하며 손권과 한 달가량 대치했다. 유수오라는 요새가 있었기 때문에 손권의 군대는 전투에서 주도권을 가질 수 있었다. 조조는 어쩔 수 없이 '아들을 낳으려면 손권 같아야 한다'는 탄식을 하며 군대를 돌려 철수했다. 남송시대 시인 신기질辛棄疾은 '어디서 중원을 바라볼 수 있을까? 북고루北固樓에 서니 시야에 아름다운 풍경이 가득하구나!'라고 하며 손권을 찬송했다. 그러나 그는 그 뒤에 숨겨진 영웅 여몽이 있을 거라고는 생각하지도 못했다.

여몽은 너그러운 품성을 지녔다. 그는 성공하거나 명성을 날릴 기회를 남에게 양보할 줄 알았고 동료가 불리한 상황에 빠졌을 때는 해를 가하지 않았다. 적벽대전 당시 익주목 유장은 군대를 보내 조조 군대의 남정에 참여했었다. 적벽대전이 조조의 참패로 끝나면서 익주의 장수 습숙襲肅은 손권에게 투항했다.

주유는 손권에게 상주문을 올려 습숙의 부대를 여몽의 군대로 병합할 것을 건의했지만, 여몽은 난처한 상황에 빠진 사람의 병사를 빼앗으려 하지 않았다. 그는 손권에게 습숙의 담략을 칭찬하며 동경하는 자가 멀리서 왔으니 도의상 그의 병권을 뺏을 수 없다고 말했다. 손권은 결국 여몽의 의견을 받아들였다. 그 후 손권은 여몽의 사람됨을 더욱 존경하게 되었다.

여몽의 주둔지는 성당成當, 송정宋定, 서고徐顧 세 장수의 주둔지와 인접해 있었다. 손권은 세 장수가 죽은 뒤 그들의 자제들이 유약해 부대를 제대로 이끌지 못하자 여몽의 수하로 병합하려고 했다. 여몽은 '세 사람이 모두 나라 일에 힘써 왔는데 자제가 아직 어리다고 폐한다면 선열들에게 미안할 것'이라며 한사코 사양을 했다. 그는 그 일로 세 번이나 상소를 올려 결국은 손권을 설득하는 데 성공했다. 그뿐 아니라 여몽은 세 장수의 자제들을 위해 좋은 스승을 선별해 그들을 보좌하도록 했다.

이처럼 여몽은 대외적으로 명성을 날리지는 않았지만 동오에서 찬송을 받았다. 주유와 노숙이 차례로 세상을 떠난 뒤, 여몽은 그들이 처리하지 못하고 남긴 중임이자 손권의 근심과제였던 형주 문제를 해결했다. 여몽은 자주 많은 병에 시달렸는데, 병을 치료한다는 핑계로 휴가를 냈다. 그리고 대신 자신의 자리에 육손을 앉혀 관우의 경계심을 늦추었다. 관우는 여몽의 계책에 걸려들어 형주의 수비병 대부분을 양양, 번성 전선으로 이동시켰다.

"여몽은 심양(지금의 강서성 구강)에 이르러 정예병을 배 안에 매복시킨 뒤, 흰 옷을 입어 상인 복색을 하고 밤낮으로 노를 저어서 관우가 있는 강변에 진을 치고 기다리고 있다가 적을 포박했다."

흰 옷을 입고 강을 건넌 이야기는 매우 기발하다. 습격만으로 관우를 완전히 이기기란 불가능했기 때문이다.

또한 여몽은 인심의 중요성도 깨닫고 있었다. 그는 형주를 얻은 뒤 곧 '3대 기율과 8항목의 주의 사항'을 선포했다.

"관우와 장병들의 가족만 잡고 모두를 위로하며, 군사들에게 명을 내려 민가에 침입하거나 약탈하지 않을 것을 약속한다."

여몽과 같은 여남 출신인 동오의 한 병사가 관리의 갑옷을 덮기 위해 민가에서 우립雨笠을 하나 탈취해 군령을 어기게 되었다. 여몽은 눈물을 흘리며 병사를 참수했다. 또한 아침저

녁으로 측근을 형주 주민들의 집에 보내 생활의 어려움을 물었고, 병에 걸린 자에게는 약을, 추위와 굶주림에 시달리는 자에게는 의복과 양식을 내렸다.

관우가 군사를 이끌고 형주로 돌아와 여몽을 향해 공격을 했을 때, 수하의 병사들은 형주에 있던 가족들에게 그 이야기를 들은 뒤 투지를 잃고 대오를 이탈해 집으로 돌아갔다고 한다. 관우의 군대는 결국 뿔뿔이 흩어져 맥성까지 패주했다.

손권은 형주를 탈취하자 기대 이상으로 기뻐하며 여몽의 공로를 후하게 표창했다. 그를 남군南郡 태수, 잔릉후孱陵侯로 봉하며 1억 전과 황금 5백 근을 상으로 내렸다. 여몽은 한사코 재물을 사양했으나 손권이 허락하지 않았다. 열대여섯 살에 군대로 들어온 여몽은 일개 군인에서 장수가 되기까지 많은 고생을 하면서 피로와 병에 시달렸다. 형주를 습격할 때 그는 병든 몸을 이끌고 가서 공을 세웠다. 결국 여몽은 정식으로 봉작을 받기도 전에 병으로 쓰러졌다.

여몽은 손권의 신임을 받았다. 손권은 공안에 있을 때 여몽을 자신의 내전에서 맞이하며 천금을 상으로 걸고 그의 병을 치료하기 위해 용한 의사를 모집했다. 또한 도사를 불러 별이 뜬 밤에 여몽을 살려 달라는 술법을 행하기도 했다. 손권은 환자를 귀찮게 하지 않도록 옆방에 구멍을 뚫고 여몽의 병세를 살펴보게 했다.

여몽의 병세가 호전되면서 음식을 조금 먹을 수 있게 되자 손권은 매우 기뻐하며 사면령을 내리고 대신들의 축하를 받았다. 반대로 병세가 점점 심해질 때면 손권은 울상을 하며 밤에도 잠을 이루지 못했다. 강동의 사걸四傑인 주유, 노숙, 여몽, 육손 중 손권이 가장 좋아하고 신임한 사람은 바로 여몽이었다. 손권은 주유와 육손에게는 시기하는 마음을 조금 가지고 있었다. 노숙은 형주를 빌려 주자는 주장을 해서 손권에게 미움을 샀다. 손권은 직접 군대에서 발탁한 여몽을 안심하고 기용했고 그가 많은 공로를 쌓자 흡족해 했다.

손권이 안타까워하며 온갖 방법을 다 써 보았지만 별 소용이 없었다. 병이 위독해진 여몽은 십여 일을 버티다가 결국 세상을 떠났다. 그의 나이 마흔둘에 불과했다. 여몽은 임종 전 손권이 내린 금은보화를 잘 두었다가 자신의 명이 다하는 날 돌려줄 것과 장례를 간소하게 치를 것을 부탁했다. 이 말을 듣고 손권은 매우 비통해 했다.

후세 사람들은 여몽에게 불공평한 평가를 내렸는데, 이는 대대로 관우를 숭배했기 때문이다. 여몽이 관우를 습격했으니 폄하하는 것은 당연했다. 『삼국지연의』에서는 여몽의 죽음을 요상하게 서술하고 있다.

하지만 진수의 『삼국지』에서는 '국사國士에 해당하는 그릇인데 어찌 무장에 불과하다고 하겠는가!'라며 여몽을 높이 평가했다. 민간에도 여몽에 대한 불공평함을 주장하는 자가 있었다. 원매袁枚의 『자불어子不語』에는 '여성呂城, 지금의 강소성 상주의 50리 안에는 관우의 묘가 없다. 전하는 바에 따르면 여성은 여몽이 지은 것으로 지금까지 여몽의 땅으로 삼고 있다'라는 기록이 있다. 관우를 숭배해 중원 각지에 관우의 사당이 세워졌을 때 전당錢塘, 오늘날 항주 등지에서는 예부터 여몽사呂蒙祠를 남겨 두었다고 한다.

● **각주**

9 복희는 중국 고대의 전설상의 제왕帝王 또는 신이다. 3황 5제 중 중 중국 최고의 제왕으로 친다. '복희'라는 이름은 『역경』「계사전」의 복희가 팔괘八卦를 처음 만들고 그물을 발명해 어획 · 수렵의 방법을 가르쳤다는 기록이 가장 오래된 것이다.

三國志 들여다보기

국사國士는 한 나라에서 재능이 가장 뛰어난 인물을 말한다. 북송의 황정견黃庭堅은 「서유방정書幽芳亭」에서 '사인의 재주와 덕이 일국에 떨치면 국사라고 일컫는다'고 했다.

북송의 시인 겸 서예가 황정견

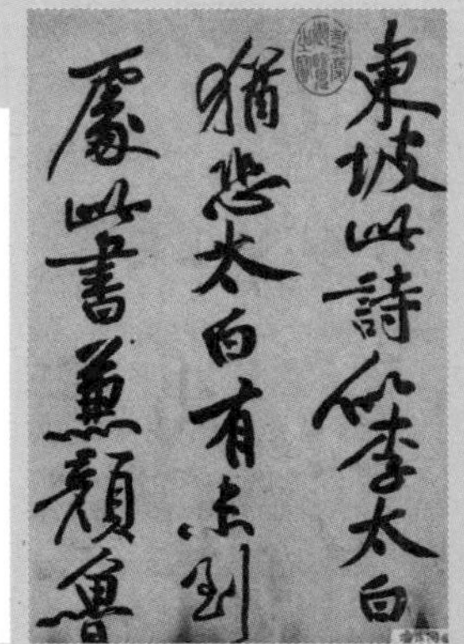

황정견의 작품

:: 주요 인물

감녕

:: 주변 인물

유표, 손권, 소비, 장소

:: 키워드

의협을 행하며 금기를 범하다, 호탕하고 유쾌하다, 영웅답다

:: 주요 사건

금범적錦帆賊을 만들다, 이릉을 포위하다, 유수에서 진영을 탈취하다, 요리사를 활로 쏘아 죽이다

:: 이야기 출처

『삼국지』「오서」 감녕전

감녕 : 삼국시대의 『수호전』 속 영웅

다음은 포송령蒲松齡의 『요재지이聊齋志異』 「청죽靑竹」 편에 실린 이야기이다.

"호남 사람 어용魚容이 과거에 낙방하고 집으로 돌아가는 길이었는데, 그만 여비가 떨어져 버렸다. 어용은 글 읽는 자라 부끄러워서 구걸도 하지 못하고 초죽음이 된 채 오왕묘吳王廟로 들어갔다. 정신이 몽롱한 가운데 누군가 그를 오왕에게 인도를 했다. 오왕은 그에게 검은색 옷을 주었다. 어용이 그것을 입자 까마귀로 변했다. 그는 다른 까마귀 떼를 따라 강에 떠 있는 배의 돛대 위에 앉았다. 그랬더니 배에 탄 사람들이 앞다투어 고기를 던져 주었다. 어용은 까마귀 무리와 함께 공중에서 고기를 받아먹었다. 오왕은 그에게 죽청이라는 암컷 까마귀까지 맺어 주었다.”

이 이야기에 나오는 오왕은 손권이 아니라 동오의 장수 감녕甘寧을 말한다.

삼국시대 영웅들은 후세 사람들에 의해 신격화되었는데, 그중 촉한의 관우와 동오의 감녕이 대표적이다. 남송 때 감녕은 ‘소의무혜견애영현왕昭毅武惠遣愛靈顯王’으로 봉해졌다. 그렇기 때문에 포송령이 그를 오왕이라고 청하고 있는 것이다. 송나라 때 무장 악비岳飛는 호북에 주둔했을 때 감녕의 사당을 수리해 주었는데, 그 후로 사람들은 대대로 사당을 손보았다.

그의 사당 앞에 있는 커다란 나무에는 까마귀가 서식하고 있었는데, 사람들은 그것을 감녕의 용사들이라고 여기고 ‘오왕신의 까마귀〔吳王神鴉〕’라고 불렀다. 신기질의 「영우락永遇樂-경구북고정회고京口北固亭懷古」에는 ‘불리사佛狸祠 앞, 까마귀 소리 북소리 가득한 곳’이라는 구절이 있다. 사람들은 감녕이 신성한 까마귀를 보내 배를 타는 사람들을 보호해 주며 신풍으로 항해를 순조롭게 돕는다고 믿고 제사를 드렸는데, 신기하게도 매우 영험했다고 한다. 물론 이것은 백성들이 잘되기를 바라는 마음이 깃든 미신에 불과하다.

관우와 마찬가지로 감녕이 신단에 모셔진 것은 송대의 일이다. 중국 역사상 각 왕조마다 특색이 있었다. 당나라 때는 이국적 분위기가 물씬 풍겼고, 명나라 때의 사회 풍조는 음란했으며 송나라 때의 황제는 신을 받들기를 좋아했다. 자신의 힘에 대한 자신감이 부족한 사람들은 신을 모시고 기대려는 경향이 있다. 송나라의 국력이 미약했기 때문에 당시의 황제들은 알게 모르게 자신감이 부족했고, 따라서 외부에서 신성한 힘을 빌려야 했다. 감녕이 신으로 봉해진 것은 힘을 상징하기 때문이다. 그것은 송나라 황제들이 잠재의식적으로 갈망하던 힘이었다.

감녕은 개성 있는 영웅이었고, 그의 생애는 한편의 전기와 같았다. 감녕의 이야기를 『수호전水滸傳』 속에 넣고 양산박梁山泊의 호걸들과 함께 비교해 보아도 전혀 손색이 없다. 감녕이 『수호전』에 나오는 영웅과 비슷하기 때문이다.

『삼국지』의 기록에 따르면 감녕은 자가 흥패興霸이고 파군 임강臨江 사람이라고 한다. 그의 어린 시절은 『수호전』에 나오는 사진史進, 목홍穆弘, 시은施恩 같은 협객들과 매우 비슷했다. 그는 힘이 매우 세고 의협을 행해 그의 주변에는 무모한 소년들이 모여들었다. 감녕은 그들의 우두머리였다. 오늘날로 말하자면 뒷골목 문제아들의 '형님'인 셈이었다. 감녕의 패거리는 평소에도 활과 같은 무기를 몸에 지니고 다녔다.

또한 그들은 화려한 옷차림에 깃털을 꽂고 방울까지 달고 다녔다. 그 당시로서는 파격적인 패션이었을 것이다. 그래서 백성들은 방울 소리만 듣고도 감녕이 왔다는 사실을 알았다. 감녕은 요란한 옷차림을 한 패거리를 끌고 다니며 허장성세虛張聲勢를 부렸다. 길을 다닐 때에는 거마를 타고 줄지어 다녔고, 강을 다닐 때는 배를 서로 이어서 타고 다녔다. 배를 정박할 때는 비단으로 배를 묶어 두었다가 출발할 때는 아낌없이 비단을 잘라 버리며 호화로움을 과시했다. 사람들은 그들을 극진하게 대접하고 함께 술을 마시며 친선을 도모했다. 만약 그렇게 하지 않을 경우 사람들은 재산과 재물을 강탈당했다.

감녕은 스무 살이 넘어서 깊은 깨달음을 얻고 개과천선하기로 결심했다. 오늘날 본분을 지키지 않는 소년들 중에도 간혹 똑똑한 아이가 있는 것처럼 감녕 역시 총명했다. 그는 형제들을 떠나보낸 다음 마음을 정숙하게 하고 글을 읽었다.

그렇게 해서 제자백가의 경서를 두루 섭렵하게 된 감녕은 촉군승蜀郡丞이라는 관직에 올랐다. 승은 오늘날 부시장과 비슷하다. 하지만 감녕은 가만있지 못하는 성격 때문에 착실하게 관직에 있을 수 없었다. 그는 촉군승이라는 관직을 버리고 장강으로 가서 도적이 되었다.

여기까지 보면 감녕의 행동은 수호전의 호걸들이나 송의 개국 황제 조광윤趙匡胤과도 비슷하다. 호족 출신이었던 조광윤은 젊었을 때 강호의 인사들과 왕래하기를 좋아했는데, 자주 의협심을 행하며 금기를 어기기도 했다. 그러니 송나라 때 감녕을 신으로 봉한 것도 이상한 일이 아니다.

감녕은 여전히 깃털을 꽂고 방울을 달고 다녔고, 그의 해적선은 사천의 특산품인 비단으로 돛과 휘장을 화려하게 장식해 상당히 눈길을 끌었다. 그래서 당시 사람들은 감녕의 배를 일컬어 비단 해적선이란 뜻의 '금범적錦帆賊'이라고 불렀다.

천하가 혼란했던 당시, 한나라는 천하를 잃고 곳곳에서 제후들이 들고 일어나 각축을 벌였다. 각지에서 영웅들이 중원을 두고 싸움을 벌이는 동안 감녕은 장강에서 해적질을 하며 나름대로 유쾌하게 지냈지만 성취감을 얻을 수는 없었다. 그래서 결국 감녕은 '주류 사회'로 들어가기로 마음을 먹는다.

감녕은 8백 명의 장정을 데리고 형주목 유표에게 의탁했다. 평생 감녕의 곁에는 그를 받드는 사람들이 따랐는데 이런 점에서 진한시대의 전횡田橫이나 항우를 떠올리게 한다. 『삼국지』에서는 '재물을 중요하게 여기지 않고 사인들을 존경해 많은 장정을 키울 수 있었다. 그를 따르는 장정들도 사력을 다해 기쁘게 싸웠다'고 감녕을 평가하고 있다. 그는 카리스마 있는 영웅이었던 것이다.

안타깝게도 유명무실했던 유표는 안목이 부족해 영웅을 알아보지 못하고 그를 등용하지 않았다. 감녕은 다시 하구의 황조에게 의탁했지만 역시 제대로 쓰이지 못한다. 손권이 황조를 토벌하는 전쟁을 벌였을 때 감녕은 과감히 황조를 배신하고 손권에게 투항했다.

강호의 사람들은 은혜와 원한을 분명히 했다. 손권은 황조와 불구대천지 원수였기 때문에 그와 같은 하늘에 있을 수 없었다. 그래서 손권은 황조 진영에 있는 사람들을 이를 갈며 증오했다. 그는 출정하기 전 황조와 그의 수하 소비蘇飛의 목을 넣기 위해 두 개의 합을 준비했다.

감녕에게 황조는 모르는 남과 같았지만, 소비는 달랐다. 소비는 자신을 매우 아껴 주었기 때문에 그냥 죽게 내버려 둘 수 없었다. 소비가 포로로 잡히자 감녕은 축하연회에서 손권에게 사정을 했다. 그는 자리에서 일어나 피가 흐를 때까지 머리를 바닥에 대고 절하며 부탁했다.

"제가 기꺼이 그를 대신하여 제 목을 상자에 넣겠습니다."

손권은 결국 소비를 사면해 주었고 그 일로 인해 감녕을 알게 되었다. 주유와 여몽 등 동오 장수들이 감녕을 천거하자 손권은 그를 자신의 옛 신하처럼 대해 주었다.

감녕의 원대한 식견은 그가 절대로 용감하기만 한 평범한 무인이 아니라는 점을 설명해 준다. 그는 전략에 있어서는 천재였다. 그가 한때 장강에서 도적질을 하며 세상을 멀리했지만, 중원의 형국에 대해서는 귀신처럼 훤히 알고 있었다. 그는 한나라 왕실이 이미 구제불능이며 조조 부자가 결국은 제위를 찬탈할 거라고 여겼다.

처음 동오에 왔을 때 감녕은 손권에게 먼저 황조와 유표를 치고 초관楚關을 점거해 서쪽으로 파촉을 넘보라는 계책을 바쳤다. 그렇게 한다면 장강의 천혜의 요새를 다 점거할 수 있었다. 당시 그 자리에 있던 동오의 원로대신 장소가 감녕에게 힐문했다.

"동오의 기반이 모두 강남에 있어 대군이 서쪽으로 향한다면 후방에 문제가 생길 것이네."

도적질을 했던 사람답게 감녕은 장소의 체면 따위는 생각지도 않고 바로 반박해 버렸다.

"나라에서 전한시대 소하와 같은 중임을 맡겼더니, 당신은 자리를 지키고 앉아 근심만 하며 혼란하게 만드는군요. 후방을 확실히 보장하지 못하고 병사와 식량도 충분히 확보할 수 없다니 당신은 그러고도 선인을 본받았다고 할 수 있습니까?"

파촉으로 진출하는 계략은 유비가 촉지로 가기 전부터 동오의 감녕, 주유, 노숙 등이 손권에게 제기한 적이 있었다. 당시 유비는 손권이 서진할 뜻을 가졌다는 말을 듣고 매우 초조해 했다. 그래서 유비는 익주의 유장이 자신의 친척 형제라는 핑계를 들어 손권이 유장을 건드린다면 머리를 풀어헤치고 산림에서 야인으로 살겠다며 위협했다고 한다. 손권은 당시 유비와 연맹을 맺고 여동생까지 시집을 보낸 터라 매부의 의견을 고려할 수밖에 없었다. 그밖에도 여러 원인이 있었고 손권의 결심도 그렇게 크지 않았기 때문에 감녕의 제안은 받아들여지지 못했다.

만약 감녕의 제안이 실현되었다면 유비는 발붙일 곳이 없었을 테고 삼국시대도 이국시대로 바뀌었을 것이다. 물론 역사에 만약이란 것은 있을 수 없지만 말이다.

동오의 장수들 중 감녕의 무예는 손에 꼽혔다. 손권도 '조맹덕(조조)에게 장료가 있다면 나에게는 흥패(감녕)가 있으니 서로 대적할 만하다'고 자부했다.

적벽대전이 끝난 뒤 동오의 군대는 승세를 타 추격을 펼쳤다. 감녕은 군대를 이끌고 이릉성을 탈취했다가 반격해 온 조인의 대군에게 성을 포위당했다. 당시 감녕의 수하는 수백 명뿐이었다. 새로 투항한 병사들까지 합친다 해도 고작 천여 명에 불과했다. 조인은 5, 6천의 군대를 보내 감녕을 포위했다. 적들은 이릉성 밖에 높은 누대를 설치하고 높은 곳에서 매일 비와 같은 화살 세례를 성안으로 퍼부었다. 이에 많은 병사가 두려워했지만 감녕만은 태연자약하게 웃고 있었다. 얼마 뒤 주유가 구원을 파견해 감녕은 포위에서 벗어날 수 있었다.

환성皖城을 공격할 때 감녕은 앞장서서 군대를 이끌고 손에는 쇠사슬을 들고 가장 먼저 성 꼭대기로 기어 올라가 환성의 수비장 주광朱光을 사로잡았다.

지금의 호북성 익양益陽에는 관우뢰關羽瀨라는 곳이 있다. 그곳은 관우가 동오를 공격할 때 건너려고 했던 십여 리 되는 얕은 여울이라고 한다. 당시 감녕은 수하에 3백 명의 병사밖에 없어서 노숙에게 증병을 부탁했다.

"저에게 병사 5백만 내어 주신다면 가서 관우를 상대하겠습니다. 그럼 관우가 감히 강을 건너지 못할 겁니다."

관우는 그 소식을 듣고 정말 강을 건널 수 없었다고 한다. 이처럼 감녕의 위세는 확실히 동오 제일이라고 할 수 있었다.

감녕과 그의 수하들은 삼국시대 전쟁터를 누비고 다닐 때

진시황을 죽이러 가는 형가와 같은 협객의 마음을 품고 있었다. 그의 이런 모습은 피비린내 나는 전쟁터에 전기적인 색채를 더했다.

유수 전투 당시 감녕은 최전선으로 나가라는 명을 받았다. 당시 감녕은 손권이 특별히 내린 음식과 술상을 백여 명의 수하들과 나눠 먹었다. 식사를 마친 뒤 감녕은 은잔에 술 두 잔을 따르더니 연거푸 마셔 버리고 '사내대장부는 한번 가서 임무를 마치지 않으면 돌아오지 않는다'는 각오를 보였다. 그리고 은잔을 부하 도독에게 넘겼다. 도독이 이번 전쟁에 목숨까지 걸어야 한다는 사실에 겁을 먹고 바닥에 엎드려 술을 받지 않자 감녕은 호통을 쳤다.

"네 지위가 나와 비교할 때 누가 더 높으냐? 나도 죽음을 두려워하지 않는데 어찌 네 혼자서만 죽음을 겁낸단 말이냐?"

도독은 감녕의 엄숙한 표정을 보고 황급히 사죄를 한 뒤 총명한 자는 죽음을 앞에 두고 고집부리지 않는다는 의지를 다지며 술을 단번에 들이켰다. 그리고 진영의 병사들도 순서대로 환송주를 마셨다. 그날 밤 이경이 되었을 때 그들은 방울을 떼어놓고 입에 하무를 물고는 공포의 회오리바람처럼 조조의 진영으로 돌진해 적병을 물리쳤다.

건안 20년(215) 동오는 합비 전투에서 조조의 명장 장료와 대결을 펼치게 되었다. 당시 질병이 돌고 있어 다른 부대는 이미 철수한 뒤였다. 천여 명의 호위군과 여몽, 장흠蔣欽, 능통凌統, 감녕만이 손권을 따라 소요진 북쪽으로 갔다. 장료는 그 사실을 눈치 채고 매복 공격을 해왔다. 매우 긴박한 상황에서 감녕은 활을 쏘며 적을 유인하고 능통과 후방을 엄호하면서 성난 목소리로 외쳤다.

"어찌 군중에서 연주 소리가 나지 않느냐!"

옛날에 전쟁을 할 때는 음악의 연주가 필요했다. 손권은 전쟁에서 의연함을 보였던 감녕의 태도를 칭찬하며 상을 내렸다.

감녕은 장수가 된 뒤에도 은혜와 원한을 분명히 한다는 유협의 본색을 버리지 못했다. 그가 황조의 군대에 있을 때 전쟁터에서 동오 장수 능통의 부친 능조凌操를 죽인 적이 있었다. 능통은 감녕에게 원한을 품고 있었지만 감녕은 다르게 생각했다.

"내가 전쟁터에서 자네 아버지를 죽인 일은 모략을 세워 암살한 것이 아니네. 다시 말해 당시에는 각자 다른 주인을 섬겼거늘 자네가 날 원망할 게 뭐가 있는가!"

감녕은 되도록 능통을 피해 다녔고 그렇게 할 수 없자 손권의 앞에서 능통과 창칼을 가지고 한판 대결을 펼쳤다. 두 사람은 사적인 원한이 있었지만 그 때문에 공적인 일을 망치지는 않았다. 이런 것이 옛날 사람들의 배포였다.

한번은 감녕 수하의 요리사가 잘못을 저지르고 다른 장수 여몽에게 도망을 쳤다. 여몽은 감녕이 요리사를 해할 것을 걱정해 그를 돌려보내지 않았다. 나중에 감녕은 선물을 준비해 여몽을 찾아가 아랫사람의 예의에 따라 여몽의 어머니를 뵈었다. 그러자 여몽은 요리사의 일은 지난 일이라고 생각하고 요리사를 감녕에게 돌려보냈다.

감녕은 여몽에게 요리사를 죽이지 않겠다고 약속을 해놓고서 돌아가는 길에 강가의 뽕나무에 묶어 놓고 직접 활을 쏴서 죽여 버렸다. 감녕은 잘못을 저지른 것은 별일이 아니지만 다른 사람에게 도망가 보호를 요청해 자신의 체면을 구겼다고 여겼다. 감녕은 요리사를 없애고 난 뒤 여몽이 분명 자신의 체면을 봐주지 않았다고 가만히 있지 않을 것을 알고 있었다. 그는 아무 일도 없었던 듯이 옷을 벗고 배 안에서 잠을 자며 여몽이 오기를 기다렸다.

이 모습은 『수호전』에서 낭리백도浪里白跳라 불렸던 장순張順이 심양 강변 배 안에서 흑선풍黑旋風 이규李逵를 기다렸던 장면처럼 생동감이 넘친다. 예상대로 여몽은 대노해 북을 치고 군대를 모아 감녕을 공격하려고 했다. 감녕은 북소리를 듣고도 일부러 잠자는 척을 하며 한참 동안 일어나지 않았다. 여몽의 어머니가 황급히 맨발로 달려 나와 싸움을 말리고서야 두 사람은 화해하고 처음처럼 사이좋게 지냈다. 그리고 하루 종일 주연을 벌였다.

『삼국지연의』에서 감녕은 유비가 동오를 공격한 이릉 전쟁에서 화살 하나로 촉한의 이민족 장수 사마가沙摩柯의 이마를 맞춘다. 결국 사마가는 화살이 꼽힌 채 큰 나무 아래 앉은 모습 그대로 죽게 된다. 이 일화는 『삼국지연의』에서 매우 신기하게 묘사되고 있는데, 나관중이 감녕을 꽤 좋아했다는 것을 알 수 있다. 그러나 사실 감녕은 이릉전쟁 전에 병사해 세상에 없었다.

감녕의 묘는 원래 남경에 있었는데 동오의 마지막 군주 손호가 풍수를 해친다는 이유로 그의 묘를 이장하다가 훼손되어 버렸다. 선대를 존중하지 않는 행위는 동오의 멸망을 예기하고 있었다.

감녕의 후예 중에는 명사가 많다. 증손자인 감탁甘卓은 서진시대의 대신으로 장창張昌의 기의와 진민陳敏의 반란을 평정했다고 『진서』에 전한다. 감녕의 후예는 대대로 남경에 거주했다. 청나라 초기 강남의 대협인 감봉지甘鳳池도 그의 자손이다.

『사기』「유협열전遊俠列傳」과 「자객열전刺客列傳」은 특별한 영웅들을 기록하고 있다. 그들은 대부분 은혜와 원한을 분명히 하고 의협심을 행하며 금기를 어긴 협객들과 영웅들이다. 그중에는 선진시대의 전제專諸와 형가, 한나라의 주가朱家와 곽해郭解 등이 있다. 삼국시대 이런 유형의 영웅으로 감녕, 태사자 등이 있다.

진시황을 암살하는 형가

:: 주요 인물

위연

:: 주변 인물

유비, 제갈량, 양의, 하평, 마대

:: 키워드

성품이 강직하고 용맹하다, 자긍심이 강하다

:: 주요 사건

한중을 지키다, 제갈량을 따라 북벌에 참여하다, 양의를 저지하다

:: 이야기 출처

『삼국지』「촉서」 위연전

魏延

위연 : 북벌 맹장의 유감스러운 인생

위연魏延은 강인한 사람이지만 다소 경솔한 면이 있어 가끔은 승상조차 안중에 없었다. 제갈량이 자신이 제안한 자오곡에서 출정하는 계책을 거절하자, 위연은 재능을 펼칠 기회를 얻지 못했다고 항상 투덜거렸다.

위연은 의양義陽 사람으로 유비가 촉에 입성했을 때 스스로 군대를 이끌고 의탁했기 때문에 유비의 신임이 두터웠다. 유비가 처음 촉에 들어왔을 때는 제갈량이 동행하지 않았다. 그러므로 『삼국지연의』에서 위연이 막 의탁했을 때 제갈량이 그의 뒤통수를 보고 '모반의 상'이라며 참수를 권한 이야기는 사실이 아니다.

유비는 위연을 직접 발탁했다. 그가 한중왕으로 칭하고 성도를 수도로 삼았을 때 사천의 입구인 한중을 수비할 장수가 필요했다. 대부분의 사람들이 그 자리에 장비가 임명될 거라고 여겼고 장비도 자신이 아니면 안 된다고 생각했다. 그러나 유비는 위연을 한중을 다스리는 진원鎭遠장군, 한중 태수로 임용했다. 당시 군사들은 모두 놀랐다. 유비는 특별히 대신들을 모아놓고 장군 임명식을 열어 주며 위연에게 물었다.

"오늘은 경에게 중임을 맡기는 자리인데 하고 싶은 말이 있는가?"

위연은 늠름하게 대답했다.

"만약 조조가 천하를 일으켜 온다면 대왕을 위해 막아 내겠습니다. 편장과 함께 십만 대군을 이끌고 대왕을 위해 그것을 집어삼키겠습니다."

참으로 듬직한 말이 아닌가! 위연은 정말로 시종일관 한중을 지켰다. 유비가 제위에 오른 뒤 그는 진북鎭北장군에 봉해졌다. 유선이 즉위해 처음 제후를 봉할 때 위연의 이름도 포함되어 있었다. 그는 도정후로 봉해졌는데 조운보다 먼저 제후에 올랐다.

건흥 5년(227)부터 제갈량이 한중에 머물며 한중을 기반으로 위나라를 치는 북벌 군대를 조직했는데, 위연은 항상 선두에 나섰다. 건흥 8년(230) 위연은 서쪽 강중羌中으로 진출해 위나라의 명장이자 옹주雍州 자사였던 곽회郭淮를 대파해 명성을 날렸다. 그는 전공으로 인해 전장군, 정서征西대장군으로 승진했고 남정후南鄭侯로 봉해졌다.

위연은 제갈량을 따라 매번 북벌에 참여했는데, 초한전楚漢戰 때의 한신처럼 홀로 군대 만 명을 이끌고 제갈량과 따로 진격을 해 동관까지 가기를 원했다. 그러나 제갈량은 동의하지 않았다. 건흥 6년(228), 제갈량은 감개에 젖어 진심을 담아 격앙된 말투로 「출사표」를 올린 후 처음으로 북벌군을 지휘했다. 이때 위연이 자오곡에서 장안을 습격하는 기책을 내놓았다.

장안 자오진에서 진령을 넘어 한중까지 갈 수 있었는데, 자오곡은 당시 한중과 관중을 연결하는 남북 골짜기 길이었다. 위연의 계획은 다음과 같았다. 위연이 5천 명분의 양식을 휴대하고 5천 명의 정예병과 함께 포중에서 출발해 진령을 따라 동쪽으로 향하다 자오곡으로 들어가 북쪽으로 틀면 열흘도 못 되어 장안에 도착할 수 있었다. 그러면 적은 미처 대비하지 못해 당황할 것이다. 이렇게 장안을 점령한 뒤 사곡에서 진격한 제갈량의 대군과 합류해 동관을 압박하는 것이었다.

조조의 주력 부대가 완성 일선에 주둔하고 있기 때문에 관중까지 지원군을 보내려면 스무 날이 넘게 걸린다는 사실을 고려해 위연이 이런 전술을 내놓은 것이다. 당시 장안을 지키고 있는 장수 하후무는 하우연의 아들이자 조조의 딸 청하 공주의 남편으로 유복하게 자라서 겁이 많고 지략도 없었다. 다시 말해 전쟁 경험도 없었고 당연히 전략을 짜본 적도 없었다. 하후무는 대군의 기세를 직접 본 적도 없는 데다 성격도 소심했다. 아무런 방비도 없는 상태에서 습격을 받는다면 장안을 버리고 도망갈 것이 분명했다. 만약 위연의 계책대로 한다면 일거에 함양 이서를 평정할 수 있었다.(『위략』)

제갈량은 위연의 계책이 위험성이 크다며 차라리 순조로운 길을 따라 농우隴右를 탈취하는 것이 더 확실하겠다고 보았다. 결국 위연의 계책은 사용되지 않았다. 나중에 제갈량의 북벌 전쟁은 가정을 잃는 바람에 한중으로 철수하는 것으로 끝을 맺었다. 당시 위연의 좌절감은 짐작할 수 있을 것이다. 그 후 그는 제갈량이 겁이 많다고 불평하면서 자신의 재능을 십분 발휘할 수 없는 것을 한탄했다. 위연의 불평불만이 제갈량의 귀에까지 들어갔는지 아닌지에 관한 기록은 없다. 그러나 촉한을 다스리는 데 사소한 것까지 살폈던 제갈량이 그 사실을 모를 리 없었을 것이다. 더구나 위연이 성격상 자신의 감정을 숨기는 사람도 아니었으니 말이다.

『삼국지』에서는 위연이 병사를 양성하는 데 능했고 남달리 용맹했으나 자긍심이 강하고 오만했다고 한다. 설령 제갈량의 앞이라 할지라도 자신의 불만을 감추지 않았을 것이다. 위연의 그런 성미를 촉한의 문무 대신들도 알고 있는 터라 되도록이면 그에게 양보를 했다. 그러나 승상부의 장사인 양의楊儀만은 호락호락하지 않았다. 위연과 양의 두 사람은 물과 불 같은 사이였다.

『삼국지연의』에는 양의에 관한 이력은 남아 있지 않다. 『삼국지』의 기록에 따르면 양의는 원래 위나라 형주 자사 부군傅群의 주부(비서와 비슷하다)였다고 한다. 주부 출신인 사람들은 청나라 때 지방관의 서기관이었던 소흥사야紹興師爺처럼 다소 무서운 면이 있었다.

적벽대전 이후 유표가 있던 형주를 위, 촉, 오 삼국이 나누어 가졌다. 위나라는 장수張繡가 주둔했었던 북쪽 지역 일부를 점거하고 완성(지금의 남양)을 치소로 삼았다. 촉한은 서쪽 네 개 군인 무릉, 장사, 영릉, 계양을 점거하고 관우에게 지키도록 했다. 동오는 형주 동쪽, 남쪽 지역을 차지하고 강릉(남군으로 오늘날 옛 형주성이 소재한 곳이다)을 치소로 삼았다.

관우가 양양을 공격했을 때 양의가 투항을 했는데, 관우는 그가 마음에 들어 유비에게 천거했다. 제갈량은 양의를 참군, 장사로 삼았다. 즉 양의가 승상부의 막료장이 된 것이다. 양의는 일처리가 꼼꼼하고 신속해 제갈량의 신임을 받았다.

외골수였던 위연은 양의와 충돌해 몇 번이나 칼을 뽑아든 적이 있었는데, 한번은 양의의 목에 칼을 겨누기도 했다. 제갈량이 살아 있을 때 '재능 있는 양의와 용맹한 위연을 매우 아꼈는데, 두 사람 사이가 안 좋아도 그 중 하나를 차마 버릴 수 없었다'고 한다. 제갈량은 유선이 유약해 자신이 세상을 떠난 뒤 뛰어난 문무 인재 두 사람을 잘 다스리지 못할까 봐 걱정했다. 그래서 두 사람 사이에서 균형을 유지했는지도 모른다. 위연과 양의의 불화에 대해서는 동오의 손권도 들어서 알고 있었다. 한번은 촉한의 사신 비의가 동오를 방문했을 때 손권은 두 사람을 언급하며 '제갈량이 조정에 없다면 분명 화가 될 것'이라고 말한 적이 있다.

위연과 양의의 사이가 나쁜 이유는 아무도 알 수 없다. 양의는 제갈량의 측근이었기 때문에 위연이 우위를 겉으로는 차지한 것처럼 보여도 실제로는 열세에 처해 있었다. 한번은 위연이 머리에 뿔이 나는 꿈을 꾸고는 조직趙直을 찾아가 해몽을 부탁했다. 조직은 위연에게 전쟁을 하지 않고 남의 군대를 굴복시키는 길몽이라고 거짓 해몽을 해주고는 딴 사람에게는 이렇게 말했다.

"뿔 각角 자는 칼 도刀 자 아래 쓸 용用으로 이루어진 한자로 머리에 칼을 썼으니 매우 불길한 흉몽이다."

조직의 말이 정말 들어맞았다. 제갈량이 세상을 떠나자 양의는 실세와 더 가까이 있었기 때문에 덕을 보았지만(이것은 중국 역대 관료 사회의 이치다), 위연은 한쪽 구석에 처박혀 숨을 죽이고 있어야만 했다. 양의는 제갈량의 죽음을 알리기 전 위연에게 불리한 상황을 만들었다. 위연을 철수하게 해서 후방을 엄호하게 했다. 그러자 위연은 더욱 화가 났다.

"어찌 한 사람의 죽음으로 천하의 일을 버리려 하는가?"

불손하게 들리지만 일리 있는 말이다. 승상부의 관리가 영구를 짊어지고 장사를 지내는 동안 자신은 대군을 이끌고 계속해서 북벌을 하겠다는 것이었다. 양의는 이러한 위연을 무시하고 전군을 철수하도록 했다. 위연은 대노해 통솔 부대를 이끌고 철수하는 최전선 군대를 강제로 막고 지나가는 길에 불을 지르며 양수의 대군을 저지하려고 했다.

양의와 위연 두 사람은 각자 유선에게 상소를 올려 서로 반역을 일으켰다고 질책했다. 하루 사이에 긴급 격문이 오고 가자 유선은 진실이 무엇인지 결론은 내릴 수 없어서 시중 동윤과 승상부 유부留府의 장사 장완을 불러 누구의 말이 더 믿을 만한지 물었다. 동윤과 장완은 모두 제갈량이 「출사표」에서 유선에게 적극 추천했던 인재로 당연히 양의의 편이었다. 두 사람은 이구동성으로 양의를 두둔하며 위연을 의심했다.

『삼국지연의』에서처럼 제갈량은 위연을 죽이라는 유지를 남기지도 않았고, 그의 죽음도 소설만큼 극적이지 않았다. 위연은 남곡구에 주둔하며 양의를 차단 공격할 준비를 하고 있었다. 양의는 장수 하평何平을 보내 선봉에서 위연과 대결하도록 했다. 하평은 이름 없는 장수로 위연의 상대가 되지 않았다. 하평은 전쟁터에 나가 위연이 제갈량을 배반했다고 질책했다. 그 말을 들은 위연의 부하들은 위연이 잘못했다고 여기고 그를 위해 목숨을 바치려 하지 않고 철수해 버렸다. 순식간에 부하를 잃은 장군 위연은 아들과 측근 몇 명만을 데리고 한중으로 도망쳤다. 양의는 마대를 보내 그를 참수했다.

위연은 양의에게 후방을 엄호하라는 명을 받았을 때 사마씨에게 투항할 수도 있었지만 그렇게 하지 않고 먼저 남쪽으로 향했다. 그리고 양의에게 패한 뒤에도 남쪽의 한중으로 도망가며 제갈량의 대업을 이어 북벌을 포기하지 않겠다고 큰소리쳤다. 그런데 어찌 그것이 '반역'이란 말인가? 진수의 『삼국지』에서는 '원래부터 위연은 북쪽의 위나라에 투항할 뜻이 없었고 남쪽으로 돌아가 양의 등을 제거하고자 했다'고 했다. 후세 원나라 때의 학경郝經 같은 사람은 양의가 '사적인 분노로 대장수를 죽였으니 그 죄가 위연보다 더하다'라고 평가했다.

사실 양의는 흉금이 넓지 못한 사람이었다. 그는 마대가 바친 위연의 수급을 발로 짓밟는 악랄한 모습을 보였다. 또한 위연의 지난날 공적도 고려하지 않고 위 씨 삼족을 멸했다. 청나라 때 문학평론가인 금성金聖은 『수호전』을 평가하며 '사람보다 원망스럽고 독한 것이 있을까' 하고 한탄했는데, 위연에 대한 양의의 행동을 보면 그 말이 맞는 듯하다.

양의는 위연을 죽인 뒤에 자신이 제갈량의 지위를 이을 거라고 여겼겠지만 우습게도 그 자리는 장완에게 돌아갔다. 양의는 자신의 처지를 원망했다.

"지난날 승상이 세상을 떠났을 때, 제가 만일 군사를 일으켜 위 씨에게 갔다면 제 처지가 어찌 이렇게까지 곤경하게 되었겠습니까?"

그 후 양의는 정말로 촉한을 배반하고 위나라로 가려고 했으나 결국 발각되어 파직당하고 귀양을 가서 자진했다.

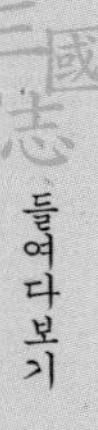

삼족三族은 세 개의 친족을 말하는데 여러 가지 설이 있어 일정하지 않으나 『예기禮記』에서는 부父, 자子, 손孫을, 『의례儀禮』에서는 부의 곤제昆弟 : 형제, 자신의 곤제, 자의 곤제를, 『사기史記』에서는 부모, 형제, 처자 또는 부의 족族, 모의 족, 처의 족을 가리킨다. 또한 특정한 세 가족을 가리키는 때도 있는데 『좌씨전左氏傳』에는 '예씨洩氏, 공자孔子, 자씨씨子氏氏의 삼족은 군명君命에 항거했다'는 기록이 있다. 고대 중국, 한국 등에서는 어떤 사람이 큰 죄를 범하면 '삼족멸문지화三族滅門之禍'라고 해서 혈연의 삼족을 형벌에 연좌緣坐시키기도 했다.

예기

사기

:: 주요 인물
태사자

:: 주변 인물
유비, 공융, 유요, 손책, 유반

:: 키워드
의협심 있는 영웅

:: 주요 사건
상주문을 전하다, 포위된 공융을 구해 주다, 손책을 만나다

:: 고사
대나무를 세우고 그림자를 보다

:: 이야기 출처
『삼국지』「오서」 태사자전

太史慈

태사자 : 의협심이 많은 장수

『사기』「자객열전」은 은원을 좇고 의협을 행하며 정의를 받든 걸출한 사나이에 대한 기록으로 중국 무협 소설의 효시라고 할 수 있다. 『삼국지』에는 그와 같은 기록이 따로 없지만, 기세가 웅장했던 삼국시대에 김용의 소설 속 협객 같은 인물이 몇몇 있었다. 태사자太史慈도 그 중의 하나이다.

태사자는 자가 자의子義로 동래東萊 황현黃縣 사람이다. 그는 어릴 적에는 배우기를 좋아했는데, 젊었을 때 군에서 주조사奏曹史를 맡기도 했다.

당시 주와 군의 관아 사이에 문제가 발생하면 시비를 가리기가 어려웠는데 그럴 경우 조정에 보고를 했다. 조정에서는 먼저 도착하는 보고를 믿었기 때문에 상주문을 먼저 보낸 측이 우위를 차지할 수 있었다.

한번은 어떤 일로 인해 주와 군 사이에 문제가 발생했다. 주에서는 이미 상소문을 발주한 상태였다. 군 태수는 뒤쳐질 것이 두려워 현상금을 걸고 빠른 사자를 구했다.

당시 스물한 살이던 태사자가 군의 대표 사자로 선발되었다. 임무를 맡게 된 태사자는 한시도 쉬지 않고 밤낮을 달린 끝에 수도 낙양에 있는 공거公車 문 앞까지 도착했다. 그런데 주에서 파견한 사자가 이미 접견을 요청하는 부탁을 하고 있었다. 태사자는 자신의 신분을 숨기고 주의 사자에게 다가가 말을 걸었다.

"대인을 뵙고 상소문을 전하려고 합니까?"

주의 사자는 그가 누구인지도 모르고 그렇다고 대답했다. 그러자 태사자가 다시 물었다.

"댁의 상소문은 어디에 있습니까?"

어수룩한 주의 사자는 사실대로 고했다.

"수레 안에 있지요."

태사자가 다시 물었다.

"도장과 서명 모두 틀림없지요? 한번 봅시다."

주의 사자는 그를 조정의 관리라고 생각하고 그의 말대로 상주문을 가지고 왔다. 그런데 갑자기 태사자가 가지고 있던 칼로 다짜고짜 상소문을 찢어 버리자, 사자는 매우 놀라 그를 잡고 소리쳤다.

“누가 상소문을 찢어 버렸다!”

태사자는 침착하게 주에서 온 사자를 구슬렸다.

“만약 당신이 나에게 함부로 상소문을 건네주지 않았다면 찢을 수 없었겠지요. 그러니 장관이 댁에게도 책임을 물을 것이요. 나 역시 마음대로 당신의 상주문을 찢어 버렸으니 돌아가 보았자 태수에게 일을 경솔하게 처리했다고 책망만 들을 거요. 우리 둘 다 윗사람에게 죄를 지은 셈이니 차라리 함께 도망갑시다.”

주의 사자는 태사자의 말에 일리가 있다고 여기고 당일 같이 수도를 떠났다. 그러나 태사자는 돌아가는 척하다가 다시 수도로 돌아와 군의 상소문을 전달했다. 이 일로 인해 태사자는 동래군에서 명성을 날리게 되었지만 주에는 죄를 지은 셈이라 어쩔 수 없이 화를 피해 요동으로 갔다.

당시 북해상 공융은 태사자의 이야기를 듣고 매우 탄복해 동래군에 있는 태사자의 어머니에게 몇 번이나 사람을 보내 선물을 주고 안부를 물으며 극진히 보살폈다. 후일 황건적의 난이 일어나 황건적의 우두머리 관해管亥가 도창都昌에서 공융을 포위하는 일이 있었다. 마침 태사자가 요동에서 고향으로 돌아오자 그의 어머니가 부탁을 했다.

“네가 떠난 뒤 공융 선생의 보살핌을 받아 왔다. 그런데 지금 도창에서 포위를 당했다니 네가 가서 공융 선생을 도와주려무나.”

효자인 태사자는 그 말을 듣고 어머니를 며칠 동안 모신 뒤에 혼자서 도창까지 갔다. 당시 황건적의 포위가 허술해 태사자는 밤에 성으로 들어가 공융을 만날 수 있었다. 태사자는 자신에게 군마를 내어 주면 적들의 포위를 풀어 보겠다고 요청했다.

그러나 공융은 그의 능력이 어떤지 알 수 없는 상태에서 경솔하게 허락할 수 없었다. 그 대신 성을 나가 평원상을 지내고 있던 유비에게 구원을 요청해 달라고 부탁했다. 태사자는 그러겠다고 대답하고는 다음 날부터 매일 기마병 둘을 데리고 성 밖으로 나갔다. 그는 기마병에게 과녁을 들게 한 뒤 활 연습을 하고 다시 성으로 돌아왔다.

황건적은 처음에는 매우 경계를 했지만 매일 똑같이 행동하는 태사자를 보고 점차 경계심을 늦추고 게으르게 누워서 꼼짝도 하지 않았다. 그러던 어느 날 태사자는 준마를 타고 잽싸게 포위를 뚫고 나갔다. 황건적들이 추격해 오자 그는 화살 하나를 꺼내 여러 사람을 맞추었다. 빗나가는 화살은 하나도 없었다. 황건적들은 태사자가 매일 활 연습을 하는 것을 보아 온 터라 감히 따라갈 수 없었다. 태사자는 평원현으로 가서 유비를 만났다.

"저는 동래군의 일개 백성으로 공융 선생과는 친척도 적도 아닙니다. 그저 명성이 있고 공경하던 분과 환난을 같이하고자 여기까지 오게 되었습니다. 선생께서 인의로 명성이 높으니 위급한 상황에 처한 사람을 구해 줄 거라고, 공융 선생이 저를 보내 구원을 요청했습니다."

유비는 뜻밖의 요구에 감동하면서 물었다.

"공융 선생께서 세상에 유비란 사람이 있다는 걸 알고 계시구나."

그러고는 즉시 태사자와 함께 3천 명의 정예병을 보내 공융을 돕도록 했다. 관해의 부대는 지원병이 도착한 것을 보고 포위를 풀고 철수했다.

공융은 태사자를 휘하에 두고 싶어 했지만, 구속받지 않고 자유로운 삶을 사는 태사자는 어머니의 은혜를 다 갚았고 천하도 혼란하니 떠나겠다고 했다.

양주 자사 유요는 태사자와 동향 출신으로 전부터 교분이 있었다. 요동에서 돌아온 뒤 태사자는 그를 만나볼 시간이 없었다. 태사자는 강을 건너 양주 자사가 있는 곡아로 향했다. 곡아로 간 일은 그의 운명을 바꾸어 놓았다. 「유협열전」에나 들어가야 할 인물이 정사의 공신 명단에 들게 된 것이다.

태사자가 곡아에서 유요와 회포를 푼 지 얼마 지나지 않았을 때, 소패왕 손책이 원술에게 병사를 빌려 맹렬한 기세로 강 건너 강동을 근거지로 탈취했다. 당시 유요에게 태사자를 대장군으로 삼고 양주 병사를 내주어 손책을 막으라고 제안한 사람도 있었다. 유요는 태사자와 오래전부터 아는 사이였지만 그의 무예와 재능을 대수롭지 않게 여겼다. 그가 보기에 태사자는 재빨리 달려가 소식이나 전하는 말직 관리에 불과했다. 그는 사람을 논평하던 허소와 같은 '금구'들에게 태사자를 기용했다가 웃음거리가 될까 봐 걱정이 되었다. 유요는 태사자에게 적의 상황을 정탐하는 일을 맡겼다.

한번은 태사자가 기병 하나와 함께 적군의 내막을 정탐하다 신정이란 곳에서 열세 명의 기병을 데리고 지형을 살피러 온 손책과 맞닥뜨리게 된다. 손책의 무리 중에는 한당, 황개, 송겸 등 유명한 장수들이 있었지만 태사자는 전혀 겁먹지 않고 혼자 나아가 싸웠다.

손책도 스스로 용맹하다고 자부하는 자라 태사자와 일대일 대결을 벌였다. 싸우는 과정에서 손책은 태사자의 말을 찌르고 미늘창까지 빼앗았다. 태사자는 손책의 투구를 가로챘다. 막상막하의 대결은 양측의 기병들이 속속 도착하자 각자 흩어져 진영으로 돌아갔다.

그러나 유요는 손책의 적수가 되지 못했다. 양주 군사는 결국 패해 근거지를 잃고 말았다. 태사자는 빈객이었기 때문에 그냥 가 버릴 수도 있었지만 위기에 빠진 친구를 그냥 두고 떠날 수 없었다. 그는 유요와 함께 예장(지금의 강서성 남창)까지 도망을 쳤다. 그리고 무호蕪湖에 있는 산속으로 들어가 스스로를 단양丹楊 태수로 칭했다.

당시 손책은 이미 선성宣城 동쪽 대부분을 평정하고 경현涇縣 서쪽의 여섯 개 현만 수복하지 못한 상태였다. 태사자는 경현으로 와 근거지를 세우고 토착 세력인 산월 부족의 추대를 받았다. 그러나 그곳은 근거지로 너무 협소했다. 손권이 직접 이끈 토벌군은 태사자에게는 중과부적衆寡不敵이었다. 결국 그는 손책에게 포로로 잡혔다.

손책 역시 영웅답게 태사자를 알아보고 매우 마음에 들어 했다. 그는 태사자의 포박을 직접 풀어 주면서 농담까지 던졌다.

"신정에서 있었던 조우전을 기억하는가? 당시 나를 포로로 잡았다면 어떻게 처리할 셈이었나?"

태사자는 포로의 몸이었지만 당당하게 대답했다.

"그거야 알 수 없지요."

손권은 크게 웃으며 태사자를 부축해 주었다.

"오늘의 일을 경과 함께하고 싶다."

이 말은 태사자와 함께 천하를 얻고 싶다는 뜻이다. 손책은 다정하게 태사자의 등을 두드리며 말했다.

"나는 경의 지기이니 뜻대로 되지 않았다고 근심하지 말게."

선비는 자신을 알아 주는 사람을 위해 죽는다고 했다. 이것은 중국의 협객이 지켜야 할 제일 원칙이었다. 태사자는 손책의 도량과 호탕한 성품에 감동을 받고 신복했다. 그는 남에게 의탁해 살아가면서 아무런 공도 세우지 않을 수 없었다.

손책을 따르기로 결심한 태사자는 직접 나서서 유요의 부대에게 투항을 권유하기로 결정했다. 당시 손책의 측근들은 태사자를 이대로 가게 내버려 둔다면 다시는 돌아오지 않을 거라며 반대했다. 그러나 손책은 태사자가 신의를 목숨처럼 여기는 사람이라는 것을 잘 알고 있었기 때문에 자신 있게 말했다.

"태사자가 나를 버리면 누구를 따를 수 있단 말인가?"

그리고 창문昌門 밖에서 주연을 열고 태사자를 송별했다. 떠나기 전 손책은 태사자의 손을 꼭 잡고 물었다.

"언제 돌아올 수 있겠나?"

"육십 일은 넘기지 않을 겁니다."

약속한 시간이 다가오자 태사자는 정말 유요의 패잔병 만여 명을 데리고 돌아왔다. 『삼국지』에서는 『오력吳歷』을 인용해 더 드라마틱하게 기록하고 있다. 태사자가 약속한 날까지 꼭 돌아오겠다고 다짐하고 떠난 뒤 손책은 원문에 대나무를 세워 놓고 그림자를 보았다. 그림자가 대나무와 중첩되었을 때 원문 밖에서 태사자가 사람들을 데리고 오는 말발굽 소리가 들려왔다.

태사자는 키가 칠 척이었고 멋진 수염을 달고 있었다. 삼국시대의 관우 외 또 한 명의 미염공이었다. 원숭이처럼 긴 팔을 가진 태사자는 활쏘기에 능했는데, 쏘았다 하면 백발백중이었다고 한다.

그가 손책을 따라 마현麻縣과 보현保縣의 도적떼를 토벌하러 갔을 때, 적의 우두머리가 견고한 성벽만 믿고 완강히 저항했다. 우두머리는 성 기둥을 붙잡고 아래를 향해 욕을 하며 기세등등하게 굴었다. 그때 태사자는 활을 쏴서 기둥을 잡고 있던 손을 맞혀 꼼짝 못하게 만들었다. 그 광경을 지켜본 아군과 적군 모두 그에게 박수갈채를 보냈다.

손책이 강동을 통일한 뒤 태사자를 보내 용맹하기로 이름난 형주목 유표의 조카 유반劉磐을 대적하게 했다. 유반은 여러 차례 강동의 땅을 침범했다. 그래서 손책은 연해의 해혼海昏, 건창建昌 등 여섯 개 현을 합쳐 건창 도위부都尉府를 세우고, 태사자를 건창 도위로 보내 장수들과 함께 유반에게 대항하도록 명했다. 유반은 태사자를 두려워하며 감히 나쁜 마음을 먹지 못했다. 손책이 세상을 떠난 뒤 형의 자리에 오른 동생 손권은 남방의 일을 태사자에게 위임했다.

한번은 조조가 태사자의 명성을 듣고 편지를 한 통 써서 작은 상자에 넣어 태사자에게 보낸 적이 있다. 태사자가 상자를 열었을 때 그 안에는 아무것도 쓰여 있지 않은 편지와 약재 당귀當歸만 들어 있었다. 그것은 당연히 북방으로 돌아와야 한다는 뜻이었다.

건안 11년(206) 마흔한 살의 태사자는 부임지에서 세상을 떠났다. 임종 전 그는 아쉬워하며 탄식을 했다.

"사내대장부로 세상에 태어나 칠 척 검을 뽑아들고 천자의 계단을 올라 천자의 공신이 되어야 하거늘. 아직 원대한 포부를 실현하지도 못했는데 어찌 죽을 수 있단 말인가!"

손권은 그의 죽음을 매우 애석해 했다.

三國志 들여다보기

옛날 사람들은 발음이 같은 물건으로 상대방에게 자신의 뜻을 암시했다. 그때 약재를 사용하기도 했다. 옛날에는 '약명시藥名詩'란 시가 있었는데, 약재 이름을 시에 집어넣어 뜻과 마음을 표현한 시를 일컫는다. 청나라의 문인이자 학자였던 공자진龔自珍은 약재 원지遠志에 빗댄 애국시를 한 수 지었다.

> 북쪽 변방에서 군사가 몸에 밸 때까지 글 쓰며 기다리는데,
> 원지遠志, 원대한 뜻 또는 약초 원지는 정말 작은 풀과 같구나.
> 쓸데없이 건아의 몸에 달린 손만 원망해 보지만,
> 푸른 등불에 내린 눈이 산동山東을 막고 있구나.

공자진

공자진의 고택

:: 주요 인물

우금

:: 주변 인물

조조, 관우, 조비

:: 키워드

대장군 감이다, 군사를 잘 다스린다, 위엄이 있다

:: 주요 사건

완성 전투, 관도대전, 양양, 번성 전투에서 투항하다

:: 이야기 출처

『삼국지』「위서」 우금전

우금 : 어쩔 수 없이 투항한 장수

위나라의 문제 조비는 중국 역사상 가장 사람을 농락하기 좋아하고 냉혹했던 황제일 것이다. 『삼국지』에는 그가 했던 못된 장난이 다수 적혀 있다.

건안칠자 중 한 사람인 왕찬이 세상을 떠났을 때의 일화이다. 조비는 사람들과 함께 장례식에 가서 이런 말을 했다.

"왕찬이 생전에 당나귀 울음소리를 듣는 것을 좋아했으니 모두 그 소리를 흉내 내며 고인을 보냅시다."

조비의 대신들은 군자의 명령을 거역할 수 없어 목을 가다듬고 짐승 소리를 흉내 내는 '성대모사 쇼'를 벌였다. 조비는 진지하게 옆에 앉아 신하들을 감독했다.

조조 수하의 장수 왕충은 지난날 배고픔 때문에 인육을 먹었던 적이 있었다. 조비는 그 사실을 알고 출타했을 때 무덤에서 파낸 해골을 말에 묶어 놓고 왕충에게 타도록 해서 그를 웃음거리로 만들었다.

남정장군 하후상夏侯尙, 하후연의 조카은 예쁜 첩을 총애해 정략적으로 맺어진 정실 조 씨를 푸대접했다. 조비가 그 사실을 알고 사람을 보내 애첩을 죽이도록 했다. 하우상은 애첩의 죽음에 슬퍼하다 정신을 잃고 병에 걸렸다. 또한 조비는 돈을 밝히고 인색하기로 유명했던 숙부 조홍을 찾아가 기어코 돈을 빌리기도 했다.

조비가 한 일 중 우금于禁에게 한 짓이 최고로 가혹했다. 촉한의 장수 관우가 양양, 번성을 공격했을 때 일곱 개의 부대는 물에 휩쓸려 가버렸다. 그리고 조조 수하의 장군 방덕은 살해당하고 우금은 패잔해 포로로 잡혀 어쩔 수 없이 투항을 하게 된다. 그 소식을 들은 조조는 탄식했다.

"아! 내가 우금과 삼십 년 교분을 맺어 왔는데 위험에 직면하여 방덕만 못한 처사를 할 줄이야!"

우금의 투항은 말년의 조조에게는 심리적으로 큰 타격을 주었다. 조조는 줄곧 '내가 천하 사람들을 저버릴 수는 있으나 천하의 사람들이 나를 저버릴 수는 없다'고 말해 왔는데, 우금만은 예외로 남게 되었다. 그 자리에 있었던 조비는 어떻게 하면 우금에게 진 빚을 받아 낼 수 있을지 절치부심했다.

나중에 정말로 그 빚을 받을 기회가 찾아왔다. 동오의 손권이 관우를 습격해 죽인 뒤 위나라와 교분을 맺고 양면 공격을 피하기 위해 우금을 위나라로 환송했다. 당시 조조는 이미 세상을 떠나고 조비가 제위에 올라 있었다. 조비는 아주 느긋한 모습으로 옛날 장수 순림보荀林父, 맹명시孟明視 역시 포로가 된 적이 있었다며 우금을 위로했다. 그는 포로였던 것이 큰 문제될 것이 없다며 우금을 안원安遠, 봉호가 다소 풍자적인 느낌이 있다 장군으로 봉하며 업성으로 가서 조조의 능에 참배하도록 했다.

우금은 조카뻘이 되는 새로운 황제가 자신을 진정으로 용서한다고 여기며 미안한 마음과 감동을 느꼈다. 그는 두 줄기 눈물을 흘리며 업성으로 향했다. 조비는 미리 사람을 시켜 조조의 고릉高陵 능묘에 벽화를 그리도록 했다. 엄숙하게 앉아 있는 관우 앞에서 방덕은 분노하며 굴복하지 않았지만 우금은 바닥에 엎드려 목숨을 애걸하는 그림이었다. 우금은 벽화를 보고 수치스러움을 느끼며 괴로워하다 결국 병으로 세상을 떠났다. 우금이 죽은 뒤 조비는 그에게 '여후厲侯, 갈다 여'란 부정적인 시호까지 내렸다.

『삼국지연의』를 읽은 대다수의 사람들은 우금을 우습게 볼 것이다. 사실 우금은 능력 있는 사람이었다. 그는 군대를 엄격하게 정비하고 잘 다스릴 줄 알았다. 그래서 조조는 진군할 때마다 우금을 선봉에 세우고 퇴각할 때는 후방을 맡길 정도로 상당히 신임했다. 우금은 가히 삼국시대의 명장이라고 말할 수 있었다.

우금은 자가 문칙文則으로 산동 태산 거평巨平 사람이다. 그는 원래 십팔로十八路 제후 중 하나인 포신鮑信의 부하였다. 조조가 연주를 공격했을 때 우금은 왕랑王朗을 통해 조조의 밑으로 들어왔다. 왕랑은 원래 가진 재주는 없는데 유명했던 인사로 사람을 평가하기를 즐겼다. 그는 우금이 대장군감이라며 조조에게 천거했다.

우금은 금세 대장군다운 풍모를 보여 주었다. 인재를 갈망하던 조조도 무척 그를 매우 흡족해 했다. 완성 전투 당시 조조가 장수에게 대패하자 병사들은 사분오열하고 패주했다. 당시 평로平虜교위를 맡고 있던 우금만이 수백 명의 부하를 데리고 싸우면서 퇴각했다. 사상자가 있기는 했지만 그가 이끄는 부대는 끝까지 흩어지지 않았다. 적의 공세가 약해지면서 우금은 대오를 정비하고 북을 울리며 돌아왔다.

그런데 행진하는 가운데 십여 명의 부상당한 사병들이 발가벗고 걷기에 가서 그 연유를 물었더니 하후돈 수하의 청주병에게 약탈을 당했다고 대답했다. 우금은 그 사실을 알고 화를 내며 바로 청주병을 포위하고 그들의 죄상을 열거했다. 청주병은 죄를 면하기 위해 조조에게 가서 우금이 반역을 했다고 고하며 선수를 쳤다.

하지만 우금은 무음舞陰까지 퇴각한 뒤에도 즉시 조조에게 가서 해명을 하지 않고, 먼저 막사를 치고 진지를 구축해 혹시 모를 추격병들에 대한 대비를 확실히 했다. 모든 준비를 마친 우금은 그제야 조조에게 가서 사건의 전말을 설명했다. 조조는 우금에게 자초지종을 들은 뒤 그를 높이 평가했다.

"옛날의 명장들도 그리했을 것이다!"

조조는 우금의 공로를 높이 사 익수정후益壽亭侯로 봉했다.

원소와 벌인 관도대전에서 우금은 선봉을 자처했다. 조조는 그의 호방한 기백에 감동해 2천 명의 보병을 이끌고 최전선인 연진 요새를 지키며 원소에게 항거할 것을 명령했다. 당시 조조는 서주에서 원소를 위해 싸우고 있는 유비 때문에, 부득이하게 대군을 이끌고 관도 전선에서 유비가 있는 동쪽으로 회군한 상황이었다. 원소는 그 틈을 타 연진에 공세를 퍼부었던 것이다. 우금이 2천여 군사로 연진을 단단히 수비하는 바람에 원소 대군은 감히 침범할 수 없었다.

나중에 우금은 장수 악진과 함께 5천 명의 보병으로 별동대를 만들어 사방에서 출격했다. 별동대는 원소의 부대를 습격하고 원소 진영의 군량을 불태워 원소의 골칫거리였다. 결전이 벌어지기 직전까지 우세했던 원소는 높은 사다리를 세우고 조조 군영을 향해 화살을 쏘았다. 그 때문에 많은 사상자가 발생하자 조조의 병사들은 두려움에 떨었다. 진영 내에서도 방패로 막고 땅바닥으로 기어 다녀야 하는 처참한 지경에까지 이르렀다.

그 후 조조 진영에서는 그에 대응할 좋은 방도를 생각해 냈다. 토산土山을 구축해 대항하는 것이다. 그때 우금은 토산을 감독 수비하라는 명을 받고 몇 차례나 고군분투했다. 그 결과 조조의 군은 주도권을 장악할 수 있었고 다시 자유롭게 걸어 다닐 권리를 찾았다. 원소를 격파한 뒤 우금은 그 공을 인정받아 편장군에 올랐고 나중에 호위장군으로 승격되었다. 조조는 우금을 매우 총애하며 특별히 신임했다.

양양, 번성 전투가 있기 전, 우금은 군대에서 위엄 있기로 정평이 나 있었다. 청주병을 벌해 준 사건 이후 우금은 군대에서 엄격하게 군법을 집행하는 사람으로 나서게 되었다. 그런 까닭에 조조 진영 내 사람들은 그를 두려워했고, 『삼국지』에서는 그가 '그다지 군사들의 마음을 얻지 못했다'고 적고 있다.

조조의 오랜 맞수였던 창희가 투항했다가 다시 반란을 일으키자 조조는 대군을 이끌고 토벌에 나섰다. 그때 창희는 자신과 교분이 있는 우금을 떠올리고 우금 진영에 투항해 왔다. 장수들은 우금이 투항한 창희를 처벌하기 위해 조조에게 보낼 것이라고 생각했다. 그러나 그럴 생각이 없었던 우금은 정색을 하며 꾸짖었다.

"자네들은 주공의 법령을 모르는가? 포위당한 뒤 다시 투항한 자는 사면해 줄 수 없다! 창희가 나의 오랜 벗이기는 하나 어찌 지난 정 때문에 절개를 저버리겠는가!"

이렇게 말하고는 우금은 창희에게 사형을 집행했다. 물론 눈물을 흘리는 것도 잊지 않았다. 조조는 이 소식을 듣고 감탄했다.

"창희가 나에게 투항하지 않고 우금을 찾아갔다 그 꼴을 당했으니, 그것도 다 그의 운명이구나!"

그 후로 조조는 엄격하게 법을 집행한 우금을 더욱 신임했다. 후일 조조는 장수 주령朱靈에게 원한을 품고 그의 부대를 병탄하기로 마음먹고 누구를 보내 대군을 이끌지 고심했다. 조조가 가장 먼저 떠올린 것은 위엄 있기로 이름난 우금이었다. 우금은 명을 받들고 수십 명의 기병만을 데리고 바로 주령의 군영으로 가서 명을 하달하고 군권을 빼앗았다. 주령과 그의 부대는 위엄 있는 우금의 모습에 겁을 먹고는 경거망동하지 않고 얌전히 우금의 부하가 되었다.

그의 운명의 전환점이 되는 해는 건안 24년(219)이다. 그 해 촉한의 장수 관우가 북쪽을 침범해 양야, 번성을 공격해 왔다. 조조는 양양, 번성을 지키던 장수 조인이 혼자 버티지 못할 것을 염려해 특별히 좌장군 우금을 조인의 지원군으로 보냈다.

우금은 그곳에서 자신의 천적을 만났다. 우금과 관우는 분명 서로를 알고 있었을 것이다. 관우는 조조의 진영에 있을 때 안량과 문축을 없애고 백마성에서 포위를 뚫을 수 있도록 도와준 적이 있었다. 우금도 관우의 능력을 잘 알고 있었다. 그러나 자신이 그렇게 사나운 자와 교전을 벌일 줄은 예상하지 못했다.

천지도 우금의 편이 아니었다. 가을인데도 폭우가 쏟아져 한수의 강물이 불어나 평지까지 물로 가득 찼다. 우금이 이끌던 일곱 개의 부대는 관우와 교전을 벌이지도 못하고 용왕님에게 재물로 바쳐졌다. 북방의 장수들은 물에 익숙하지 못했고 적벽대전에서 큰 참패를 맛본 뒤에는 더욱 물을 두려워하게 되었다.

우금은 장수들과 잔병들을 데리고 높은 곳에 올라 강물을 바라보며 더 이상 갈 곳이 없음을 한탄했다. 이때 관우는 큰 배를 타고 별안간 나타나 공격을 해왔다. 순간 우금은 수십 년간 쌓아온 위엄을 물과 함께 씻어 버린 듯 자신도 모르게 무릎을 꿇고 말았다.

위엄으로 이름을 날린 장수가 위험한 순간에 어쩔 수 없이 고귀한 무릎을 꿇다니, 당시 우금은 뭐라 말할 수 없는 괴로움을 느꼈을 것이다. 그때 우금도 문득 창희를 떠올렸을지 모른다.

우금처럼 뛰어난 장수의 비참한 말로를 생각하면 애처로운 마음이 든다. 우연히 펼쳐든 『좌전』에 실린 효산崤山 전투 이야기를 보면 더욱 감회가 남다르다.

노나라 이공釐公 32년(기원전 628), 진나라 목공穆公은 건숙蹇叔의 만류에도 불구하고 장수 맹명시孟明視, 서걸술西乞術, 백을병白乙丙을 보내 몰래 군대를 움직여 정鄭나라를 습격할 것을 명했다. 그러나 도중에 만난 정나라 소장수의 말을 듣고 기밀이 누설되었다고 생각해, 진나라의 속지를 공격하기로 바꾸었다.

당시 진晉나라는 문공의 상 중이였지만 그 소식을 듣고 효산(지금의 하남성 서쪽)에서 진秦나라를 수비 공격했다. 결국 효산 전투는 진秦나라의 대패로 끝났고, 맹명시, 서걸술, 백을병 세 사람은 진晉나라의 포로가 되었다. 나중에 세 장수가 진秦나라로 돌아왔는데, 그때 목공은 자신의 전략이 잘못되어 실패했다고 인정하며 위로했다.

"과인의 죄이지 자네들이 무슨 죄가 있겠는가!"

목공은 세 장수를 용서하고 다시 장수로 등용했다. 나중에 진秦나라는 점차 강성해져 서쪽 변방 지역을 제패하며 제후들 위에 군림했다. 맹명시 등은 나중에 진晉나라와의 전쟁에서 승리해 치욕을 씻었다.

전 세계에서 중국만큼 절개를 중시하는 민족은 없다. 중국 민족은 많은 굴욕과 치욕을 당하고 다시는 절대로 지지 않겠다고 다짐하면서 절개를 중시하게 되었는지 모른다. 춘추전국시대는 중국 역사상 초창기였기 때문에 지는 것에 대한 두려움이 크지 않았고 초연한 시선으로 절개 문제를 바라보았다.

따라서 다른 사람의 인질이 되었다 다시 돌아온 사람에게도 관용을 베풀고 중용한 일도 많았다. 진秦나라의 맹명시, 노나라의 조말曹沫, 송나라의 화원華元, 진晉나라의 지앵知罃과 순림보 모두 남의 포로가 되었다 풀려나 나중에 치욕을 씻은 대표적 인물들이다.

『좌전』에는 진晉나라 숙향叔向에 관한 이야기도 있다. 숙향이 감옥에 들어갔을 때 어떤 사람이 그의 지혜롭지 못함을 꾸짖자 이렇게 반박했다.

"그래도 죽는 것보다는 낫지 않느냐? 『시詩』에 이르기를 한가하고 유유자적하니, 이렇게 여유롭게 세월을 보내라고 했다. 알겠느냐?"

곧 아주 부득이한 경우가 아니면 함부로 죽음을 말해서는 안 된다는 말이다. 여기서 춘추시대 사람들의 생사관을 엿볼 수 있다.

물론 삶과 죽음의 선택하는 데도 원칙이 있기는 하지만, 지혜롭게 어쩔 수 없는 상황도 인정해야 했다. 그래야 자신을 존중할 수 있고 생명을 존중할 수 있으며 모든 것을 시작할 수 있다.

이것은 서양인들의 사고와도 부합한다. 제네바 협약에 따르면 전쟁 중 최후의 순간 승리할 가망이 없고 오직 죽음뿐이라고 생각될 때 백기를 들고 투항하면, 교전을 벌이던 상대방은 인도주의적 관점에서 포로로 대할 것을 보장한다. 또 절대로 적의 포로를 차별하지 않을 것을 약속했다.

그러나 후세 중국인들은 점차 심각해지고 점차 고압적으로 변했다. 어쩔 수 없는 상황은 관용의 범주 밖으로 밀려났다. 큰일을 위해 치욕을 참은 사람들이 용서를 받지 못했을 때의 그 쓰라린 심정을 경박하고 허세를 부리는 자들은 이해할 수 없었다.

이릉이 흉노에게 억지로 투항했을 때 사마천만이 그를 두둔하는 몇 마디를 했다. 정의를 위해 입을 열었던 사마천은 그 대가로 궁형宮刑을 당했다. 춘추시대 같은 시기는 더 이상 돌아오지 않았다.

그래서인지 그 후 사람들은 사느니 차라리 죽는 것을 택했다. 옛날 진秦나라 장수 백기白起가 장평長平 전투에서 40만 조趙나라 투항병들을 생매장해 죽였을 때, 투항병들은 절개를 잃은 것을 수치로 여겼을까? 아니면 잔인하고 야만적이었던 백기의 행위가 더 수치스러울까?

지금까지도 중국 전통극 무대에 오르는 「이릉비李陵碑」에서, 양노楊老의 자식은 머리를 찧고 죽는 순간 분명 고통스러웠을 것이다. 똑같이 우금이 무기를 버리는 순간 역시 괴로웠을 터이다. 그 순간만 생각해도 그의 마음은 아팠을 것이다. 그렇기 때문에 용서하고 동정해야 한다.

이것은 간신이나 반역자, 매국노 같은 사람의 명예를 회복해 주어야 한다는 말이 절대로 아니다. 문제에 따라 따로 분석해 봐야 하듯 사람에 따라 구체적 상황을 잘 살펴봐야 한다. 한 사람을 진정 이해하려면 그가 나쁜 자라고 해도 우선은 나쁘다는 선입견을 버리고, 정치 · 사회적 입장에서, 더 나아가 인류학적 관점에서 접근한다면 올바른 평가를 내릴 수 있을 것이다.

三國志 들여다보기

순림보는 춘추시대 진晉나라의 정경正卿이었다. 그는 진나라 경공景公 3년(기원전 597) 중군中軍 원수에 임명되었는데, 장수들이 단결하지 않아 초楚나라 군대에 패했다. 후일 그가 삼군을 이끌고 적적赤狄의 노씨潞氏, 춘추시대 나라 명으로 고성은 지금의 산서성 노성 북동쪽에 있다를 물리치자 경공은 상으로 그에게 '적신狄臣 천 호'를 내렸다.

순림보

순림보 전기

:: 주요 인물

황충

:: 주변 인물

유표, 유종, 유비

:: 키워드

노익장을 과시하다, 삼군에서 가장 용맹하다

:: 주요 사건

정군산 전투

:: 이야기 출처

『삼국지』「촉서」 황충전

黄忠

황충 : 노장은 죽지 않는다

'노익장'이라는 말은 황충黃忠을 형용하는 대표적 대명사일 정도로 황충은 나이 때문에 유명했다. 도대체 황충의 나이가 얼마나 많았던 것일까? 『삼국지』에서는 분명하게 기록하고 있지 않지만 관우, 장비, 조운, 마초보다는 나이가 더 많았을 거라고 예상할 수 있다.

황충은 남양 사람으로, 당시 남양은 형주에 속해 있었다. 그는 일찌감치 형주목 유표의 수하로 있었다. 유비, 관우, 장비 세 사람이 이름을 날리기 전 혼란했던 시기, 황충은 형주에서 중랑장을 맡고 용맹하기로 유명했던 유표의 조카 유반과 함께 장사 유현攸縣을 지켰다. 그것은 그가 일찍 관직에 나왔고 유비, 관우, 장비보다 나이도 많았다는 사실을 보여 준다.

나중에 유비가 한중왕에 올라 관우를 전장군으로, 황충을 후장군으로 임명했다. 당시 유비는 비시費詩를 보내 형주에 있는 관우에게 관직 인수를 전하도록 했다. 관우는 황충이 후장군에 봉해졌다는 말을 듣고 화를 냈다.

"사내대장부가 노병과 같은 서열에 있을 수 없다."

그러면서 인수를 받지 않으려고 했다. 비시가 대의를 밝히고서야 관우는 받아들였다. 관우가 말하는 '노병'이란 바로 황충을 가리킨다. 이로 미루어 볼 때 그의 나이가 관우보다 더 많음을 알 수 있다. 관우가 형주에 주둔하고 있을 때 이미 쉰에 가까웠으니까, 당시 황충은 예순이나 일흔 정도 되었을 것이다.

황충은 유표의 진영에서 유비 밑으로 가기까지 우여곡절이 많았다. 유표가 세상을 떠난 뒤 유종이 아버지의 지위를 계승했다. 그 후 유종은 남정에 나선 조조에게 투항했는데, 그때 황충도 같이 조조의 수하로 들어가게 되었다. 그는 비장군으로 임명되어 장사 태수 한현韓玄의 지휘 통솔을 받았다. 유비가 적벽대전 이후 무릉, 장사, 영릉, 계양 네 개 군을 탈취했을 때, 장사 태수 한현은 성문을 열고 투항했다. 당시 『삼국지연의』에서처럼 위연에 의해 전부 살해되지도 않았고 장사 전투에서 황충과 관우가 서로 맞붙어 싸우지도 않았다. 그렇게 해서 황충은 유비의 밑으로 들어가게 된 것이다.

유비가 서천을 평정하는 과정에서 황충은 위세를 과시했다. 역사서에 따르면 그가 '항상 먼저 적진에 돌진했는데, 용감함과 의연함이 삼군 중 으뜸이었다'고 한다. 유비가 익주를 얻은 뒤 그는 공을 인정받아 토로討虜장군에 올랐다.

건안 24년(219) 조조와 유비가 서천의 문에 해당하는 한중을 두고 정군산에서 전쟁을 펼칠 때, 황충은 조조 군대에서 가장 강한 전투력을 자랑했던 하후연의 부대와 맞닥뜨리게 된다. 황충은 '선두에 서서 진격하면서 사병들을 격려하며 이끌었다'고 한다. 양군은 격렬한 전쟁을 벌여, '군대의 징과 북소리가 천지를 흔들고 환호성이 골짜기를 진동하는 가운데 전쟁에서 하후연을 참수했다'고 전한다. 정군산 전투에서 황충은 전쟁사상 가장 빛나는 장을 장식했다. 그 후 조조의 세력은 군사적으로 매우 중요했던 요충지 한중에서 쫓겨났다.

유비는 한중왕이 된 후 전쟁에서 큰 공을 세운 황충에게 관우, 장비, 마초와 같은 작위를 내렸다. 당시 제갈량은 유비에게 다시 생각해 보라는 충고를 했다.

"황충의 명성은 관우, 마초 등과 비교할 수 없습니다. 마초와 장비는 근처 성도에서 황충이 공을 세우는 모습을 보았기 때문에 이해할 수 있을 겁니다. 그러나 관우는 멀리 형주에 있으니 이 소식을 들으면 아마 불쾌해 할 겁니다."

그렇지만 유비는 '나 역시 그것을 잘 알고 있다'고 하면서 황충을 후장군으로 임명했다. 이처럼 황충은 유비의 신임을 받았다.

황충은 확실히 늙기는 늙었는지 후장군으로 봉해진 이듬해에 병사했다. 사후 그에게는 '강후剛侯'란 시호가 내려졌다. 황충은 관우, 유비보다 먼저 죽었다. 따라서 『삼국지연의』에 나온 것처럼 동오 정벌 전쟁에서 죽을 수 없었다. 황중의 아들이 요절하는 바람에 그에게는 후사도 없었다.

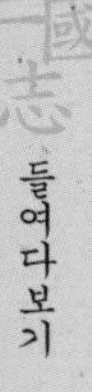

들여다보기

'노익장'이란 말은 『후한서』 「마원전馬援傳」 속 명장 마원이 했던 말이다.
"대장부라면 뜻을 위해 궁지에 몰려서 더욱 굳세져야 하고, 늙어서도 더욱 힘을 내야 한다."
똑같은 마음이 조조의 「관창해觀滄海」란 시에서 드러난다.

> 늙은 준마는 마구간에 엎드려 있지만 뜻은 천 리 밖에 있다.
> 열사는 말년이 되어도 웅대한 뜻을 버리지 않는다.

마원

황충

:: 주요 인물

마속

:: 주변 인물

제갈량

:: 키워드

사실과 달리 말이 과장되다

:: 주요 사건

가정을 지키지 못하다

:: 고사

가정을 잃다, 마준을 참수하다

:: 이야기 출처

『삼국지』「촉서」 마량전

马谡

마속 : 탁상공론의 대표주자

마속馬謖은 제갈량과 개인적으로 사이가 좋았다. 그는 양양 의성 사람으로, 마속의 다섯 형제는 모두 재능을 겸비해 명성을 날렸다.

그의 형 마량은 눈썹의 일부가 하얗다 해서 사람들에게 '백미白眉 마량'이라고 불렸다. 마량은 제갈량과 의형제를 맺었으니, 마속과 제갈량은 집안끼리 교분을 맺은 셈이었다. 마량은 유비를 따라 관우의 복수를 위한 전쟁이었던 동오 정벌에 참여했다가 이릉 전투에서 목숨을 잃었다. 당시 그의 나이 겨우 서른여섯이었다. 마량의 죽음을 매우 슬퍼했던 제갈량은 그의 동생 마속에게 많은 정을 쏟으며 그를 더 살뜰히 보살펴 주었다.

마속은 형주 종사의 신분으로 유비를 따라 촉에 들어온 후에 차례로 면죽綿竹과 성도에서 현령을 지냈고 월수越巂에서는 태수의 자리에 올랐다. 열사의 가족이었던 그는 남다른 재능을 가지고 있었는데, 특히 군사에 대해 논하는 것을 좋아했다. 제갈량은 그의 심도 있는 논의를 듣고 그를 매우 신임했다. 그러나 유비는 임종할 때 제갈량에게 이런 당부의 말을 남겼다.

"마속의 말은 사실과 부합하지 않으니 크게 쓸 바가 못 된다."

이러한 유비의 당부에도 불구하고 제갈량은 마속을 참군參軍으로 임명해 군사 일을 돕게 했다. 그는 마속과 만날 때마다 토론을 벌였는데, 토론은 종종 대낮부터 밤까지 이어지곤 했다. 승상에 올라 공사다망한 가운데도 그와 밤새 토론했다는 것을 보면 제갈량이 마속을 정말 총애했다는 사실을 알 수 있다.

마속과 관련된 사료는 사실 백여 자에 불과하다. 『삼국지』에서는 마속전을 따로 빼지 않고 형 마량전의 후반부에 부수적으로 소개하고 있다. 그렇지만 마속은 민간에서 매우 명성이 높았다. 그는 '탁상공론卓上空論' 하면 떠오르는 대표주자라고 할 수 있었다. 마속처럼 탁상공론으로 유명했던 인물로는 전국시대의 조괄趙括이 있다. 마속의 입장에서 이런 민간의 평가는 사실 조금 억울하다고 할 수 있다.

역사 속 두 인물의 상황을 동일선상에 놓고 볼 수는 없다. 역사서에서는 조괄의 아버지도 말로는 아들을 이길 수 없었다고만 하고 있을 뿐, 조괄이 무슨 탁상공론을 했는지에 대한 구체적인 기록이 없다. 분명 별것 아니었을 것이다. 그렇지 않다면 사관들이 빼먹었을 리가 없다. 마속에 관해서는 사가들이 기록하고 있다. 건흥 3년(225) 제갈량이 남쪽 소수 민족을 정벌하러 떠나자 마속은 말을 끌고 수십 리까지 전송을 나갔다. 제갈량이 어떻게 하면 이길지에 대한 계책을 묻자 마속은 이렇게 답했다.

"용병의 이치로 말하자면 마음을 공격하는 것이 상책이고 성을 치는 것이 하책이며, 심리전을 하는 것이 상책이요 무기로 전쟁을 하는 것이 하책이지요. 공이 마음을 굴복시키기를 바랄 뿐입니다."

솔직히 '마음을 공격하는 것이 상책'이란 마속의 주장은 상당히 괜찮은 견해였다. 제갈량은 그의 의견을 받아들여 남쪽 소수 민족의 우두머리 맹획을 잡은 뒤 다시 놓아주어 남방 사람들의 인심을 얻었다. 그리하여 제갈량이 살아 있는 동안에 남쪽의 소수 민족들은 반란을 일으키지 않았다. 제갈량의 남쪽 정벌에 마속은 동행하지는 않았어도 큰 공을 세운 셈이다. 이처럼 마속은 군사에 대해 아무것도 모르면서 큰소리만 친 것은 아니었다.

건흥 6년(228), 제갈량은 격앙되어 후주後主 유선에게 「출사표」를 바친 뒤 대군을 이끌고 처음으로 북벌을 하기 위해 기산으로 출발했다. 당시 촉한의 군대에는 위연, 오일吳壹 등 노장들이 있었기 때문에, 모두가 그들이 선봉을 맡을 거라고 생각했다. 그러나 제갈량은 사람들의 예상과는 달리 과감하게 마속을 선봉대에 세웠다.

그렇지만 마속은 운이 안 좋아도 너무 안 좋았다. 하필 격전을 벌이기로 유명한 조조의 장수 좌장군 장합과 대결을 벌이게 된 것이다. 마속은 '사지에 몰아넣으면 살 마음이 생긴다'는 병법 어록을 명심하고 있었다. 그는 진영을 수원과 멀리 떨어진 가정산으로 옮기고 적군이 산을 포위한다면, 병사들이 살겠다는 투지에 불타서 물밀듯이 돌격해 용감하게 적과 싸울 것이라고 생각했다.

그러나 이런 예상은 그의 이상에 불과했다. 적에게 겹겹이 포위되고 수원까지 단절되어 사지에 몰리기는 했지만, 병사들이 살겠다는 투지에 불타기는커녕 절망에 휩싸여 한 차례도 돌격하지 못했다. 결국 마속은 가정을 잃고 혼자서 한중으로 돌아왔다.

마속은 병서를 완벽하게 외우고 있었지만 실전에 적용하지 못했기 때문에 실패했다. 그 밖에도 실패한 원인은 많았다. 중국에는 「실공참失空斬」이란 유명한 경극이 있는데, 가정을 잃다, 제갈량이 잔병으로 사마의를 물리치다, 마속을 참하다 세 부분으로 구성되어 있다. 극중 제갈량은 성 꼭대기에서 사마의에게 이런 말을 한다.

“마속이 무능하고 지혜롭지 않아 그런 것이 아니라 장수들과의 불화로 당신에게 세 개의 성을 내준 것이오.”

이것은 맞는 말이다. 지금까지 가정 전쟁을 평가할 때 총통솔한 장군인 마속은 비판을 받았고, 마속의 의견과 다르게 행동했던 부장군 왕평王平은 호평을 받아 왔다. 물론 이는 성패론에 입각해 내린 평가이다. 만약 가정 전투에서 마속이 승리를 했다면, 명을 듣지 않고 독자적으로 무리를 이끈 부장수 왕평을 어떻게 평가했을까? 아무도 이에 대해서는 생각해 보지 않았을 것이다.

마속이 패배한 데는 물론 전술상의 문제도 있었다. 그렇지만 왕평이 자기 부대를 빼내서 대오를 분열시킨 것이 아무런 영향도 주지 않았다고는 말할 수 없다. 병법에서 병력이 갑절이면 적을 공격하고, 열 배이면 적을 포위하라고 했다. 그것은 적을 포위하려면 열 배의 병력이 필요하다는 말이다. 만일 왕평과 마속의 군대가 분열하지 않고 한곳에서 힘을 합쳤더라면, 장합이 산을 포위할 때 몇 배의 병력이 더 필요했을 것이다. 그러나 전쟁에서 패한 마속은 이런 자기 변론을 할 수 없었다.

왕평은 가정 전투에서 전군을 데리고 돌아와 제갈량에게 상을 받았다. 다시 말해 마속이 위기 상황에 처해 있을 때 왕평은 전력을 동원해 돕지 않았다는 뜻이다. 그렇지 않으면 어떻게 전군을 이끌고 돌아올 수 있었겠는가! 그렇다면 제갈량이 상벌을 잘못 내렸다는 말인가? 그렇지는 않다. 대다수의 경우에 우리는 승패만을 가지고 논할 수밖에 없다. 결국 제갈량은 눈물을 훔치며 마속을 참수해야 했다.

마속의 말로에 대해는 책마다 기록이 조금씩 다르다. 「마량전」 후반부에 부기되어 있는 마속전에서는 '옥에 갇혀 세상을 떠나자 제갈량이 눈물을 보였다……. 그의 나이 서른아홉이었다'고 하고 있다. 마속이 옥중에서 병사한 것이다. 「제갈량전」에서는 '마속을 죽이고 백성들에게 알렸다'라고 적고 있는데, 마속을 참수해 백성들에게 보였다는 말로 해석할 수 있다. 「향랑전向朗傳」에서는 '마속은 평소 사이좋았던 향랑에게 도망을 갔다. 제갈량은 향랑이 마속의 사정을 알면서도 보고하지 않은 것을 증오해 파직시켜 성도로 돌아오게 했다.'고 한다.

다시 말해 마속은 형벌이 무서워 도망쳤다는 것이다. 논리적으로 정리해 보자면 마속은 전쟁터에서 돌아온 뒤 일이 커진 것을 알고 제갈량에게 감히 돌아갈 수가 없어 향랑이 있는 곳으로 도망쳤다는 말이다. 나중에는 결국 체포되어 법에 따라 심판을 받았거나 도망갈 수 없다는 것을 깨닫고 자수했을 것이다. 제갈량은 군법에 따라 마속에게 사형을 내렸지만, 그는 집행하기 전 옥중에서 세상을 떠나 버렸다. 제갈량은 마속의 죽음을 매우 안타까워하며 눈물을 보였다.

마속이 형을 집행하기 전 옥중에서 제갈량에게 편지 한 통을 남겼다.

"승상은 저를 자신의 아들처럼 대해 주셨고 저 또한 승상을 아버지처럼 존경했습니다. 옛날 순임금이 치수에 무능하였던 곤鯤을 주살하였지만 곤의 아들인 우를 등용하였듯, 제 아들도 잘 보살펴 주길 바랍니다. 그렇다면 평생 맺은 교분이 헛되지 않을 테고, 제가 죽은 뒤 황천길에서도 후회가 없을 겁니다."

촉한 말기 대신인 장완이 성도에서 한중으로 달려와 마속을 대신해 제갈량에게 통사정을 했다. 그러나 제갈량은 단호했다.

"손무가 천하의 적들을 이길 수 있었던 것은 법에 밝았기 때문이다. 지금 사방에서 분쟁을 벌이고 무기를 들고 있는데 만약 폐한 법을 되돌린다면 어찌 적을 토벌할 수 있겠는가? 참수는 합당한 처사이다."

「양양기襄陽記」의 기록에 따르면 당시 '십만 백성들이 그의 죽음에 눈물을 흘렸다'고 하니 눈물을 보인 것은 제갈량 한 사람만은 아니었다. 진晉나라 때 습착치는 제갈량이 한 차례 전쟁으로 인해 지혜로운 책사를 참수했는데 현명한 처사가 아니었으며 더욱이 촉한처럼 인재가 부족한 나라에서 더욱 그렇다고 평가하고 있다.

옛날부터 많은 사람이 마속에 대한 동정을 표했다. 그것은 역사상이나 현실에서 마속이 적어도 인재였음을 말해 준다. 그는 오로지 비판만 받아야 할 대상만은 아니었다.

三國志 들여다보기

마속이 죽음을 앞두고 제갈량에게 보낸 편지의 원문이다.

“명공明公은 마속을 자식처럼 대해 주었고 마속은 명공을 부친처럼 여겼습니다. 곤을 죽였지만 우를 세운 뜻을 깊이 헤아려 준다면 평생 맺은 교분을 저버리지 않은 셈이니 마속은 죽어서 황천길에 원한이 없을 겁니다.”

이때 제갈량이 울면서 마속의 목을 베었다 해서 ‘읍참마속泣斬馬謖’이라는 고사성어가 유래했다.

‘읍참마속’

마속

:: 주요 인물

종회

:: 주변 인물

조비, 사마사, 사마소, 혜강, 완적, 등애, 강유

:: 키워드

총명하고 의젓하다, 속이 좋다, 가혹하다

:: 주요 사건

혜강을 음해하다, 촉을 멸하다, 등애를 음해하다

:: 고사

혜강이 쇠를 두드리다

:: 이야기 출처

『삼국지』「위서」 종회전

종회 : 화려한 공자의 다른 이면

삼국시대를 거론하면 사람들마다 주유가 도량이 좁다고 하는데, 이것은 주유의 명성을 폄하해 버린 나관중의 '비방' 때문이다. 실제 역사 속에서 주유는 포용력 있는 사람이었다. 『삼국지』에서 정말로 속 좁았던 자는 주유가 아니라 바로 종회鍾會였다.

자가 사계士季인 종회는 영천潁川 장사長社 사람으로 위나라 태부 종요의 아들이다. 그는 어릴 적부터 '영민하고 조숙했다'고 한다. '사람의 눈동자를 보고 사람을 알아본다'고 자부했던 중호군 장제蔣濟는 다섯 살이 된 종회를 만난 적이 있다. 그는 종회의 두 눈을 보며 "비상한 아이다!" 하며 크게 놀랐다고 한다.

종회는 일곱 살 때 형 종육鍾毓과 함께 아버지를 따라 위 문제 조비를 알현한 적이 있다. 일반 대신들도 위엄과 권세를 자랑하는 황제를 만나면 매우 긴장하는데, 하물며 처음 황제를 만난 아이들은 어떠했겠는가! 당시 여덟 살이던 형 종육이 긴장해서 비가 오듯 땀을 흘리자 조비가 이상하게 여겨 물었다.

"경은 어찌하여 땀을 흘리는가?"

어수룩했던 종육은 사실대로 답했다.

"너무 무서워서 땀이 물처럼 흐릅니다."

조비는 그 대답을 듣고 크게 웃으며 종회에게도 물었다.

"경은 어찌하여 땀이 나지 않는가?"

영리했던 종회는 이렇게 대답했다.

"너무 무섭고 떨려서 땀조차 나지 않습니다."

여기서 종회의 총명함과 조숙함을 볼 수 있다. 어른이 된 종회는 무예와 재능 모든 면에서 정통했고 박학다식해서 당시 사람들에게 '전한 초의 장량'이라고 불렸다.

종회는 위나라의 대신이었는데, 당시 위나라 정권은 이미 사마의의 두 아들 사마사, 사마소 수중에 있었다. 한번은 사마사가 중서령 우송虞松에게 상주문을 쓰도록 시켰다. 사마사는 우송이 올린 상주문을 보고 흡족해 하지 않고 다시 쓰도록 했다. 우송은 서가에서 골똘히 생각했지만 몰골이 초췌해지도록 제대로 쓸 수가 없었다.

종회는 우송이 근심하는 모습을 보고 정황을 물은 뒤 우송이 쓴 상주문에서 다섯 글자만 고쳐 주었다. 우송이 그 상주문을 바치자 사마사는 매우 마음에 들어 했다. 사마사는 우송의 필적이 아니라는 것을 눈치 채고 누가 쓴 것인지 추궁했다. 정직했던 우송은 종회라고 사실대로 고했다. 그 말을 듣고 난 사마사는 종회를 만나 보기로 했다.

종회는 사마사가 자신을 만나고 싶어 한다는 소식을 듣고 미리 우송에게 사마사에 대해 상세히 물었다. 그런 다음 열흘 동안 문을 닫고 방문을 사절하며 심혈을 기울여 문답을 준비한 뒤에 사마사를 찾아갔다. 그러한 열흘 간의 준비는 헛되지 않았다. 종회는 새벽녘에 사마사를 만나 북이 두 번 울릴 때서야 나왔다. 두 사람이 온종일 이야기를 나눈 것이다. 종회가 돌아간 뒤 사마사는 매우 흥분해 손뼉을 치며 감탄했다.

"그 자는 진정 왕을 보좌할 재목이다!"

그렇게 종회는 권력자 뒤에 줄서게 되었다. 그 후로 종회는 사마 씨 집안에 굽실거리며 기꺼이 앞잡이로 나섰다. 사마사가 죽고 사마소가 대권을 잡자 종회는 사마소의 심복이 되었다. 그는 사마 씨를 위해 이단자를 제거하는 등 여러 모로 최선을 다해 힘을 보탰다. 조정에서는 종회를 구경九卿에 속하는 태복으로 임명했지만, 그는 기꺼이 그 직을 거절하고 중랑의 신분으로 사마소 밑에서 군부를 관리하는 '집사' 역할을 했다.

삼국시대 '장량'이라 불렸던 종회는 정말 속이 좁은 사람이었다. 혼자서 천하를 독주하며 남을 포용하지 않고 인재를 보면 질투심에 불타 해를 가했다. 수많은 영재가 그의 손에 희생되었다.

죽림칠현 중 가장 박학다식했던 혜강은 종회의 사람됨을 경시했다. 그래서 종회가 자신을 만나러 왔을 때 전혀 신경 쓰지 않고 향수向秀와 쇠를 두들기는 데 몰두했다. 종회는 그 일에 앙심을 품고 '효의 도를 비방하고 명교名教를 해쳤다'는 죄명을 들어 사마소에게 혜강을 없애도록 충동질했다.

또 종회는 자주 완적阮籍의 집에 가서 천하의 대사를 토론하곤 했는데, 그것은 이것저것 물으며 그의 말에서 꼬투리를 잡아 죄를 묻기 위해서였다. 그러나 완적은 종회의 사람됨을 잘 알고 항상 술만 마시며 아무것도 모르는 술주정뱅이처럼 행동해 화를 면할 수 있었다.

많은 인재뿐만 아니라 위나라 왕까지도 그의 한마디에 목숨을 잃었다. 사마 씨가 정변을 일으킨 뒤 위나라 명제 조예를 이은 황제 조방을 폐위시키고 고귀高貴 향공鄕公 조모曹髦를 후계자로 삼으려고 했다. 향공이란 작호로 『삼국지』「문제기」에 따르면 '처음 제도에 따르면 왕으로 봉한 자의 서자는 향공으로, 왕위를 이은 왕인 사왕嗣王의 서자는 정후亭侯라 한다'란 기록이 있다.

조모는 본래 동해왕 조림曹霖, 문제 조비의 다섯 번째 아들, 명제 조예의 동생의 서자로 조숙하고 글 읽기를 좋아했다. 그는 어리석은 자는 아니었다. 조모는 조정의 부름을 받았을 때 자신의 처지를 잘 알고 황제의 전에 머물려고 하지도 않고, 백관의 방문을 받지도 않았으며, 황제의 가마를 타지 않고 걸어서 태후를 알현했다.

제위에 오른 뒤에도 조모는 간소한 어용 마차를 타고 진귀한 어용 노리개를 만드는 것을 금지했으며 직접 태학에 나가 경서를 논했다. 조모는 어린 나이에도 불구하고 매우 황제다운 풍모를 지니고 있었다. 사마사는 조정에 나오며 측근 종회에게 물었다.

"황제는 어떤 사람 같던가?"

종회는 사마사가 한 질문의 의도를 알고 곧바로 대답했다.

"문에 있어서는 진사왕(조식)과 같고 무에 있어서는 태조(조조)와 같지요."

사마사는 그 말을 듣고 놀랐다. 쓸모없는 조방을 폐하고 문무를 겸비한 조모를 세웠으니 사마 씨가 어찌 천하를 얻는단 말인가!

종회의 말은 조모를 사지에 몰아넣는 화근이 되었다. 이 일화는 『위씨춘추』 등 야사에 기록되어 있다. 정사인 『삼국지』에서는 '혜강 등이 주살되었는데 모두 종회가 모의한 것이다'라고 적고 있다. 죽림칠현이 미친 척하며 세상을 도피한 것은 아마도 종회 같은 인물 때문이었으리라.

종회는 부귀한 공자의 외모에다 박학다식하고 멋스럽고 호방했기 때문에 사람들은 그의 악랄한 마음을 눈치 채지 못했다. 그의 명성은 여전히 쟁쟁했다.

조상이 주살된 이후 위나라의 대신 하후패는 황실 친척인 조 씨, 하후 씨를 압박하던 사마 씨를 피해 촉한으로 도망했다고 한다. 촉한의 대신들이 조나라의 인재에 대해 묻자 하후패는 이렇게 답한다.

"종회라는 자가 있는데 아직 어리지만 종국에는 동오와 촉한의 우환이 될 것입니다."

15년 후 종회는 정말로 촉한을 멸했다.

사마소는 촉한을 멸망시키려고 했지만, 조정 대신들 중 지지하는 사람이 거의 없었다. 오로지 종회만이 적극적인 찬성 의사를 밝혔다. 사마소는 종회를 진서 장군으로 삼고 부절을 주며 정서 장군 등애와 함께 관중 장수들과 군대를 이끌고 촉한을 토벌하라고 명했다. 그러나 종회가 이끌던 십여 만의 대군은 검각劍閣에서 막혀서 아무런 공도 세우지 못했다.

한편 등애는 만 명의 기습 군대를 이끌고 음평도陰平道에서 7백여 리의 허허벌판을 지나 바로 성도로 진격했다. 그리고 촉한 황제 유선에게 투항을 받아 내어 촉한을 멸했다. 당시 사람들에게 '장자방(장량)'이라고 불리던 종회가 어찌 목동 출신에 제대로 말도 못하는 말더듬이 등애에게 위세를 빼앗길 수 있겠는가!

사악한 마음속에 독기가 오른 종회는 가장 비열하지만 효과가 큰 권모술수를 생각해 냈다. 그것은 등애 부자가 모반을 일으켰다고 무고하는 것이었다.

종회가 재능 있는 사람인 것은 확실하지만 그는 그런 재능을 남을 해하는 데 썼다. 종회의 아버지 종요는 삼국시대에 유명한 서예가였다. 종회도 서예 솜씨가 뛰어났는데, 남의 필체를 모방하는 데도 능해 남의 필적을 따라 진짜처럼 조작할 수 있었다.

종회는 등애를 모함하기 위해 사람을 보내 검각에 잠복했다가 등애가 올리는 상소를 중간에서 가로채도록 시켰다. 그리고 음해하는 내용이 담긴 모사본을 등애의 이름으로 수도로 보내 사마소가 등애가 다른 뜻을 품었다고 의심하도록 만들었다.(『세어』) 결국 등애는 모함에 빠졌다. 그는 죽기 전 종회를 증오하면서 분노에 떨며 외쳤다.

"저 등애는 충신인데 이렇게까지 할 수가 있습니까?"

등애 부자를 없앤 뒤, 종회는 촉한 땅에서 군대를 이끄는 최고 통솔자가 되었다. 그러나 정복한 수천 리의 강산을 어떻게 얌전하게 주인에게 바칠 수 있었겠는가? 종회는 자신이 세상에서 높은 명성을 날리자 더 이상 남의 밑에서 일하고 싶지 않았다. 게다가 정복한 촉한의 맹장과 정예군이 그의 수중에 있었다. 들끓는 야심이 종회의 음험한 가슴속에서 요동치기 시작했다.

애당초 어쩔 수 없이 투항했던 촉한의 장수 강유는 종회의 마음을 꿰뚫어보고 동란을 이용해 나라를 되찾으려고 했다. 그래서 종회가 모반을 하도록 적극적으로 부추겼다. 종회는 드디어 주인을 배반하고 독립하기로 결심했다.

종회는 다음과 같은 계획을 세웠다. 강유가 이끄는 촉한 병사를 사곡으로 나가는 선봉대로 세우고 자신은 대군과 그 뒤를 따라가서 단번에 장안을 공격한다. 그 후 기병은 육로로 보병은 배를 타고 물길을 따라갈 낙양까지 갈 작정이었다. 위수에서 황하를 통해 맹진孟津까지 닷새 안에 도착하면 기병과 회합한 후 낙양까지 진격할 수 있고, 그럼 천하는 그의 수중에 떨어질 거라고 예상했다.

그러나 사마소는 종회가 역심을 품었다는 사실을 진작부터 알고 있었다. 사마소는 종회가 등애를 제압할 수 없을 거라는 핑계로 장수 가충에게 보병 만 명을 이끌고 사곡으로 가도록 명했다. 그리고 자신은 10만 대군을 이끌고 장안에 주둔하며 종회에게 그 사실을 편지로 알렸다. 종회는 편지를 받고 대경실색했다.

"상국(사마소)도 등애를 해치우는 일쯤은 혼자 해결할 수 있다는 사실을 알 텐데, 지금 대군을 몰고 왔다니 분명 나의 이상 조짐을 눈치 챘나보다."

그렇지만 화살이 이미 시위에서 벗어난 후라 종회는 멈출 수가 없었다. 종회는 똑똑한 머리로 계산을 해보았다. 만약 뜻대로 일이 된다면 천하를 얻을 수 있을 테고, 그렇지 않다면 촉한을 돌려주고 실패자로 낙인찍히는 수밖에 없었다.

당시 종회가 이끌던 위나라 장수들은 군대를 이끌고 고향으로 개선하고 싶었다. 그렇기 때문에 고국을 배반하고 종회를 따라 촉에 할거할 마음이 없었다. 종회는 사리사욕에 눈이 멀어 강유의 제안대로 서천으로 들어온 장수들을 모조리 죽일 음모를 꾸몄다. 용맹한 장수들도 손 놓고 가만히 당하지만은 않았다. 병사들은 군사 정변을 일으켰고 결국 종회는 병란 속에서 목숨을 잃었다. 그의 나이 겨우 마흔이었다. 그렇게 죽은 것도 인과응보라고 하겠다.

『삼국지연의』에서는 종회에 대한 별다른 인상을 받을 수 없다. 단지 '두 명의 인사가 공을 두고 싸웠다'고만 적고 있을 뿐 종회의 평소 사람됨 같은 것은 기록하지 않고 있다. 사실 종회 같은 인간상은 중국 문인들 중에서 흔히 찾아볼 수 있는 부류다. 문인끼리 서로 경시하고 재능 있는 자를 경멸하는 것은 중국 지식인 사회에 대대로 이어지는 최악의 관습이었다. 서로 멸시하고 질투해 해하려고 했기 때문에 중국 역사상 지식인들은 막강한 계층을 형성할 수 없었다.

『삼국지』「종회전」의 기록에 따르면 '종회가 죽은 뒤 그의 집에서 저작 원고 20편이 나왔는데 그 책의 제목이 『도론道論』이었다. 그러나 그 내용은 법률과 법가에 관한 것이었다.'

고 한다. 겉으로는 학식 있고 의젓해 보였던 종회의 속마음은 악랄했다. 벼슬길에 오른 대부분의 지식인들은 이런 모습을 보였다.

三國志 들여다보기

'죽림칠현'은 위진시대의 혜강, 완적, 산도山濤, 향수向秀, 완함阮咸, 왕융王戎, 유령劉伶을 가리킨다. 그 중 유령과 완적은 술을 좋아하고 자유분방했다. 두 사람은 「주덕송酒德頌」을 지어 '오로지 술에게만 힘을 쏟았는데 어찌 나머지 것을 알겠는가!'라고 읊기도 했다. 민간에는 좋은 술이 유령을 취해 쓰러뜨렸다는 전설도 전해진다.

'죽림칠현'을 풍자한 그림

:: 주요 인물

완적

:: 주변 인물

사마소, 왕창, 종회, 혜강

:: 키워드

화려한 문재, 자유로운 마음, 답답해 미친 척하다, 입으로 인물의 옳고 그름을 논하지 않다

:: 주요 사건

사마의를 대신해 상소를 올리다

:: 고사

더 이상 갈 길이 없어 눈물 흘리다, 청안백안青眼白眼

:: 이야기 출처

『삼국지』「위서」 완적전

阮籍

완적 : 고뇌의 상징

"홀로 수레를 몰고 목적도 없이 광야를 내달리지만 가야 할 길이 없자 수레를 멈추고 한바탕 울고서 다시 되돌아왔다."

더 이상 갈 길이 없어 눈물을 흘린다는 고사는 완적阮籍 인생의 번민을 잘 보여 주고 있다. 빠르게 변화하는 혼란한 시절, 시국이 어수선한 암담한 시대에 자유로운 마음은 비틀리고 가슴에는 한이 맺혀 더 이상 어찌할 수 없는 극한 상태에 이르렀다.

그 외에 더 유명한 이야기가 있다. 완적은 술 항아리를 지고 괭이를 든 병사 하나를 데리고 다니며 길을 가는 동안 실컷 마셨다. 그리고 병사에게는 '죽으면 나를 묻어 달라'고 지시해 두었다. 완적은 술항아리 속에서만 해탈을 찾을 수 있었던 것이다.

위진시대 죽림칠현 중 완적이 가장 구속받지 않고 자유로워 보이지만, 사실 그의 내면은 말할 수 없는 고뇌로 가득했다. 그는 산도, 왕융처럼 남에게 몸을 맡기고 섬길 수도 없었으며 혜강처럼 목을 내놓을 용기도 없었다. 완적은 혼자서 고달픈 인생을 천천히 음미할 뿐이었다.

칙칙한 고성에서 '죽느냐 사느냐 그것이 문제로다'라고 외쳤던 햄릿은 훨씬 오래전 머나먼 중국 땅에 수없이 비슷한 고통을 경험한 사람이 있었다는 사실을 몰랐을 것이다.

완적은 자가 사종嗣宗으로, 진류 위씨尉氏, 지금의 하남성 위씨 사람이었다. 그의 아버지 완우阮瑀는 조조의 속관으로 유명한 건안칠자 중 한 사람이다.

완적의 번뇌는 아버지에게서 물려받은 듯하다. 혼란한 삼국시대에 정치의 어두운 면을 깨달은 완우는 벼슬길에 나갈 뜻을 버리고 산속에 숨어 살았다. 그러자 조조는 사람을 보내 불을 질러 은거하던 그를 산속에서 나오게 만들었다. 결국 그는 중간에 끼어 사양할 수가 없었다. 완우는 조조의 진영에서 공덕을 칭송하는 어용 문인이었다. 그런 일은 산속에서 자유롭게 살고자 했던 그의 성격과 도무지 맞지가 않았다. 결국 완적이 세 살이 되던 해 완우는 우울해하다 자유로운 천성을 아들에게 남긴 채 세상을 떠났다.

완적은 건안 15년(210)에 태어났다. 아버지가 세상을 떠난 뒤 완적은 어머니에게 의지하며 자라 어머니에 대한 정이 깊었다.

『진서』에서 재미있는 이야기가 실려 있다. 한번은 대장군 사마소가 집에서 연회를 열고 있었는데, 누군가 그에게 불효자식이 친어머니를 죽인 사건을 고했다. 완적은 그 이야기를 듣고 자신도 모르게 입을 열었다.

"이런! 아버지는 죽일 수 있겠지만 어머니를 죽이다니!"

이 말을 듣고 그 자리에 있던 사람들이 자신을 질책하자, 완적은 물러서지 않고 변론했다.

"금수는 어머니는 알지만 아버지를 모르니 아버지를 죽이는 것은 금수 같은 행동이지요. 헌데 어머니를 죽인다면 금수만도 못한 자와 같습니다."

완적은 어릴 적부터 온화한 어머니의 사랑 속에서 자라 성품이 부드럽고 약했다. 그는 평생 가슴에서 용솟음치는 자유와 굴복하고 타협하는 자신의 나약함 사이에서 갈팡질팡했다.

어릴 적 완적은 외부의 압박을 받지 않고 천성적으로 자유분방하게 자랐다. 그는 『영회詠懷』에 실린 시에서 '어린 시절에는 경박하고 악기에 맞춰 노래하기를 좋아했다', '어릴 적 도검을 찌르는 법을 배웠고 절묘한 솜씨가 곡성후曲城侯를 능가했다'라고 했다. 완적의 어린 시절은 즐거웠다. 완적은 그 옛날 글을 읽던 사람들과 마찬가지로 원대한 꿈을 품고 업적을 세우기를 갈망했다. 한번은 사람들과 같이 돌아다니다가 광무廣武에 도착해 초한전楚漢戰이 벌어졌던 전쟁터를 바라보고는 탄식하며 유명한 말을 읊었다.

"한 시대에 영재가 없으면 풋내기가 이름을 날린다."

초한전이 벌어지던 시대에는 영웅을 배출했다. 하지만 완적은 그런 영웅들은 안중에도 없었다. 그러니 어린 나이에 얼마나 넓은 뜻을 품고 있었단 말인가! 사서에 따르면 완적은 '본시 세상을 구하고자 하는 뜻이 있었다'고 하니 정말 그러했을 것이다.

완적이 아무 근거도 없이 그냥 큰소리만 친 것은 아니다. 『삼국지』에 완적이 '재기와 문재가 상당히 뛰어났다'고 하는 기록이 있는 것으로 보아 실제로 세상을 구할 만한 능력을 갖고 있었을 것이다.

완적은 어릴 때 소문산蘇門山으로 유람을 갔다가 은사隱士와 고금에 대해 이야기를 나눈 적이 있었다. 그 은사는 완적의 말을 듣고 숙연해졌고 그에 대한 존경심까지 생겨났다. 두 사람은 하늘을 쳐다보고 한숨을 쉬며 서로에게 경의를 표했다. 산에 은거하던 고매한 은둔자까지도 탄복했다면 완적이 진짜로 재능과 학식을 겸비했음이 분명하다.

완적이 자신의 원대한 뜻을 언제부터 버렸는지는 알 수 없다. 아버지의 유전자를 물려받은 탓일 수도 있고 혼탁한 세상사에 실망했기 때문일 수도 있고, 어쩌면 둘 다일 수도 있다. 어쨌든 완적은 자신의 뜻을 펼치고 싶은 욕망을 점차 잃었던 것은 사실이다. 그 후 그는 황당무계하고 남들과 다른 행동을 하기 시작했다.

연주 자사 왕창王昶은 완적의 명성을 듣고 특별히 그를 초대했다. 하지만 완적은 왕창을 만나 벙어리라도 된 듯 한마디도 하지 않았다. 흉금이 넓었던 왕창은 화를 내기는커녕 도리어 칭찬을 했다.

"이 자의 재능은 아마 헤아릴 수 없을 만큼 심오해, 나 같은 사람은 이해하기 어려울 것 같구나."

그리고 예의를 갖추어 완적을 돌려보냈다. 앞서 말했다시피 위진시대에는 인물을 평가하는 풍조가 성행했다. 그래서 많은 사람이 당대 고관이나 조정과 재야의 명사들에게 한마디의 칭찬이나 호평을 받기를 꿈꾸었다. 일반 사인들은 그런 자들의 부름을 받기라도 하면 하루 종일 공리공론으로 자신의 재능과 식견을 과시했다. 완적은 그런 부류가 되고 싶지는 않았던 것이다.

연주 자사 왕창 앞에서 한마디도 하지 않았던 완적은 연주의 동평東平에 머무르기로 했다. 동평은 외지고 잡초로 무성한 들판으로 경작을 해도 제때 결실을 맺을 수 없는 곳이었다. 완적은 자연환경도 좋지 않고 풍속과 인문 환경도 열악한 곳에 오랫동안 머무르면서 조정에 나가지 않고 초야에 은거할 뜻을 보였다. 이때 완적은 겨우 이십대 초반이었다.

바로 이 시기에 완적은 혜강, 산도, 향수 등 여섯 사람과 친구를 맺게 된다. 그는 친구들과 마음껏 술도 마시고 이야기를 나누고 시와 음률을 즐기며 유유자적한 나날을 보냈다. 세인들은 그들을 일컬어 '죽림칠현'이라고 불렀다.

그는 자유로운 삶을 십여 년간 누렸다. 정시正始 3년(242), 태위 장제가 초야에 묻혀 지내던 완적을 불러 자신의 막료幕僚로 삼았다.

당시 서른세 살이었던 완적은 처음에는 나가지 않으려고 했지만 나중에 '서른이면 뜻을 세운다'는 선인의 말이 떠올랐는지 마지못해 나갔다. 그러나 그는 오래 관직에 머물지 못하고 병을 이유로 사직을 청했다. 나중에 완적은 상서랑과 대장군 조식의 참군參軍에 올랐으나 금방 병을 이유로 초야로 돌아왔다. 역사서에는 완적이 무슨 병을 앓았다든지 몸이 특별히 허약했다든지 하는 기록이 없다. 아마도 꾀병에 불과한 듯하다.

완적은 꾀병으로 인해 재난을 면할 수 있었다. 당시 조상과 사마 씨가 치열한 권력 쟁탈전을 벌이고 있었는데, 결국 조상과 그의 수하들은 지위와 명예를 잃고 사마 씨에게 살해되고 말았다. 완적은 정치 투쟁의 소용돌이에 휩쓸리지 않았기 때문에 목숨을 부지할 수 있었다. 원래부터 벼슬길에 호감을 갖고 있지 않았던 완적은 이런 사건으로 인해 더욱 두려움을 느꼈다.

사마 씨 일가는 조정의 권력을 장악한 이후 피비린내 나는 잔인한 본모습을 드러내며 참혹한 일을 저질렀다. 그리고 한편으로 천하태평을 가장하고 자신들의 넓은 도량을 과시하기 위해 천하의 명사들을 억지로 불러다 자신들을 위해 일하도록 했다.

이런 상황에서 병을 이유로 초야로 돌아가려면 대단한 담력이 필요했다. 정말 그렇게 했다가는 정치적 이단아로 낙인찍혀 목숨을 잃는 화를 초래할 수도 있었다. 성정이 유약했던 완적은 이런 용기가 없었다. 그는 호랑이에게 붙잡혀 있는 작은 새끼 토끼처럼 벌벌 떨며 살얼음을 걷는 듯한 무서운 공포감과 비애를 느꼈을 것이다.

완적은 『영회』 서른세 번째 시에서 이런 심경을 가장 절실하게 드러내고 있다.

> 낮이 가고 밤이 오고, 밤이 가고 또 다시 아침이 온다.
>
> 얼굴빛을 평소처럼 바꾸니, 마음이 저절로 사라진다.
>
> 가슴속에는 끓는 불을 품으니, 변화를 불러오는구나.
>
> 인간만사 변화는 끝이 없는데, 내 지략은 모자라니 대응할 수 없도다.
>
> 오직 잠시 사이에, 혼기가 바람 따라 날아갈까 걱정되는구나.
>
> 평생 살얼음을 걸으니, 누가 내 애타는 마음을 알까!

그러나 완적은 나약한 토끼가 아니었다. 기회만 있으면 자신의 개성을 드러냈다. 그런 기회는 오로지 술항아리만이 가져다줄 수 있었다. 술을 마신 뒤 정신 나간 척하는 것은 그가 화를 피하는 방법이었다.

사마소는 완적을 끌어들이기 위해 사돈을 맺고 싶어 했다. 그는 후일 진나라 무제가 되는 자신의 아들인 사마염을 완적의 딸과 혼인시키려고 했다. 완적은 정략적인 혼사를 직접적으로 거절할 수가 없었다. 부귀영화를 바라지 않았던 완적은 온종일 술에 취해 60일이 넘게 정신을 혼미한 지경으로 만들어 중매쟁이가 와서 입도 열지 못하게 했다. 결국 사마소는 혼사를 포기해야 했다. 완적은 장인이 될 운명이, 딸은 황후가 될 운명이 아니었다.

완적은 술기운을 빌려 오만방자하고 황당무계한 짓을 벌이기도 했다. 어머니가 돌아가신 뒤에 밤새 관을 지키지 않고 사람들과 바둑을 두고 술을 마시고 고기를 먹었다고 한다. 그리고 한참 뒤에야 큰소리를 치며 입에서 선혈을 흘렸다. 또 그의 이웃집에는 술을 팔고 있는 아름다운 아녀자가 있었는데, 완적은 자주 가서 마음껏 마시고 취해서는 그 여인의 붉은 치마폭 아래로 고꾸라졌다고 한다.

또 한 번은 완적이 수도 보병 진영에 좋은 술 3백 석이 있다는 소식을 듣고 급하게 보병 교위로 임명해 달라는 청을 했다. 이유는 3백 석의 술을 다 마셔 버리기 위해서였다. 완적의 기행은 『세설신어』에 십여 개가 기록되어 있다.

완적은 정신 나간 척하기는 했어도 나름대로 정치적 수완을 가지고 있었다. 『삼국지』에서는 완적이 '입으로 사람의 과실을 논하지 않았다'고 했다. 인물의 좋고 나쁨을 말하는 경우가 거의 드물었다는 것이다.

한 번은 종회가 여러 차례 완적을 찾아와서 위선을 떨면서 정사에 대해 물었다. 꼬투리를 잡아서 완적에게 죄를 씌우는 게 그의 목적이었다. 그러나 완적이 '일부러 다른 데로 말을 돌리든가' 아니면 '온 세상 우주 만물에 대해 아무렇게나 장황하게 말을 늘어놓아' 종회는 꼬투리를 잡을 수가 없었다. 사마소는 이런 완적을 '천하에서 제일 신중한 자'라고 탄복했다고 한다.

완적이 사람에 대한 호감 여부를 표현하는 방법은 매우 독특했다. 그것은 바로 청안과 백안이었다. 그의 큰 눈은 민첩하게 움직였는데, 눈을 가늘게 뜨면 청안靑眼, 따스한 눈길이 되었고 흰자위만 드러내면 백안白眼, 흘기는 눈길이 되었다. 혜강의 형 혜희嵇喜가 완적을 만나러 갔다가 백안시를 받았다. 혜강은 그 이야기를 듣고 흥미를 느껴 그를 찾아갔는데, 완적은 그에게 청안을 보였다고 한다. 그렇게 해서 두 사람은 매우 좋은 친구가 되었다.

역사상에는 완적이 말로 인물의 좋고 나쁨, 시비에 대해 논하지 않았다고 하지만 글은 남겼다. 문인의 신분으로 글을 쓰지 않는다면 문인이라고 할 수 없었다. 문인에게 있어 글을 쓰는 일은 굉장한 작업으로 진심을 담아야 했다. 완적도 예외는 아니었다. 그는 「대인선생전大人先生傳」이란 유명한 문장에서 법도를 너무나 잘 지키고 예법을 따르는 사인을 '바짓가랑이 속의 이'라고 풍자했다.

이것은 조정의 '예법을 따르는 사인', 예를 들면 사례교위 하증何曾 같은 사람들에게는 큰 죄를 짓는 일이었다. 하증은 완적이 어머니의 상을 지키지 않고 마음대로 예의를 저버렸다고 고발하며 치죄하고자 했다.

그러나 사마소는 완적이 자신에게 고개를 숙이고 자기 밑에서 관직을 맡았기 때문에 '커다란 지조'는 지킨 것이라고 여겼다. 그 나머지의 것은 사소한 문제에 불과했다. 사마소는 괜히 참견하는 하증이 귀찮기도 하고, 완적을 지식인으로 대우해 주기 위해 이렇게 얼버무렸다.

"완 선생은 몸이 약하니까 자네가 나를 봐서라도 좀 참아주면 안 되겠나?"

그래서 결국 하증은 참고 넘어가야 했다. 그 대신 완적도 큰 치욕을 참아야 했다. 사마소는 회남 지역의 반역을 평정한 뒤 천하제일을 공을 세웠으니 진왕晉王에 오르고 황제에게 최고 예우에 해당하는 '구석九錫'[10]을 하사받으려고 했다.

봉건시대에 이런 거동은 매우 상징적인 의미를 갖고 있는데, 종종 왕조를 바꾸겠다는 의지를 암시했다. 열녀문을 하사받고 싶어 안달난 매춘부처럼 사마소는 스스로 그런 말을 꺼낼 수 없어 대신들을 시켜 황제에게 상소를 올리도록 했다. 그런데 대신들 중 문재가 가장 뛰어난 사람은 완적이었던 것이다.

사공 정충鄭沖이 사람을 보내 완적에게 대신 상소문을 써 줄 것을 부탁했으나, 완적은 언제나 술에 취한 상태였다. 정충이 사람을 보내 글을 가지러 오는 날에도 그는 술에 취한 채 책상에 엎드려 자고 있었다. 완적이 보기에는 취한 듯해도 이번에는 빠져나갈 수 없다는 사실을 너무도 잘 알았다. 그의 행동에 따라 사마의에 대한 불충과 충이 가려졌다. 이렇게 중요한 순간에 술 취한 척하고 그냥 넘어가는 것을 사마소가 어찌 용납하겠는가!

하지만 상주문을 쓰자니 자신의 명예와 절개가 더럽혀지고, 안 쓰자니 혜강의 뒤를 따라 저세상으로 갈 것이 분명했다. 여러 차례 약한 모습을 보였던 햄릿처럼 완적도 또 한 번 나약한 성품에 지고 만다. 그는 자신의 글을 기다리는 사람 앞에서 술기운을 빌려 붓을 휘둘렀다. 그가 올린 상주문을 본 사대부들은 '신필神筆'이라고 격찬했다. 사람들이 글을 잘 썼다고 칭찬할수록 완적의 마음은 더 고통스럽기만 했다. 결국 완적은 그 아픔을 견딜 수가 없었다. 그가 올린 상주문은 그의 마지막 작품으로 남았다.

완적은 평생 비애와 고뇌로 짠 누에고치를 뚫고 나가지 못했다. 263년 추운 겨울 밤, 완적은 쉰넷의 나이로 이 세상의 고해에서 벗어났다. 육신을 뚫고 나간 그의 혼은 혜강이 죽기 전 연주했던 「광릉산廣陵山」이란 곡조와 함께 나비가 되어 가장 존경하던 장자의 품으로 갔다. 차가운 바람 속에서도 나비는 자유롭게 날았다.

● **각주**

---

10 구석은 중국에서, 천자天子가 공로가 큰 제후와 대신에게 하사하던 아홉 가지 물품으로 거마車馬, 의복, 악칙樂則, 주호朱戶, 납폐納陛, 호분虎賁, 궁시弓矢, 부월鈇鉞, 울창주鬱鬯酒이다.

건안칠자建安七子는 후한 말 건안 연간의 문학가였던 공융, 진림, 왕찬, 서간徐幹, 완우, 응창應瑒, 유정劉楨 7인을 말한다. 조비는 『전론』「논문」에서 일곱 명을 동시에 거론하며 칭찬했다. 그들은 모두 업중에 머물렀기 때문에 '업중칠자'라고도 불렸다.

건안칠자도

:: 주요 인물
혜강

:: 주변 인물
사마소, 손등, 종회, 여안, 여손

:: 키워드
재주가 넘치다, 풍채가 속세를 초월하다

:: 주요 사건
산도와 절교하다

:: 고사
혜강이 쇠를 두드리다, 광릉산

:: 이야기 출처
『삼국지』「위서」 혜강전

혜강 : 「광릉산」을 마지막으로 남기다

처량한 거문고 소리가 동시東市 형장에서 메아리친다. 연주를 끝내면서 혜강嵇康이 마지막으로 차분하게 거문고의 현을 뜯자 아름다운 파장이 허공에 머물렀다. 그는 고개를 들어 서서히 지는 서쪽의 해를 바라보고는 태연한 얼굴로 탄식했다.

"옛날 원효니袁孝尼가 나에게 「광릉산」을 배우고자 했을 때에 고집을 부리며 전해 주지 않았는데. 「광릉산」이 오늘 이렇게 세상에서 사라지겠구나!"

한번은 혜강이 낙서洛西를 주유하다 날이 저물어 화양정華陽亭에서 밤을 보내며 금을 타게 되었다. 그런데 갑자기 스스로 고인古人, 옛 사람이라고 칭하는 사람이 나타나 혜강과 음률에 대해 이야기를 나누었다. 이야기를 하다 흥이 난 고인은 혜강의 금을 빌려 아름다운 가락의 곡조를 연주하고는, 「광릉산」이란 곡이라고 알려 주었다. 고인은 「광릉산」을 혜강에게 전해 주며 다른 사람에게는 절대로 전수하지 않을 것을 다짐받았다.

형을 집행하기 전 혜강은 지그시 눈만 감고 아무 말도 하지 않았다. 아름답고도 슬픈 예술가는 이렇게 처량하게 사라지고 말았다. 때는 위나라 원제元帝 경원景元 4년(263)이었다. 구름이 끼어 햇빛도 들지 않는 쓸쓸한 가을날이었다.

위진시대의 죽림칠현은 남달리 호쾌하고 자유분방하며 통달을 동경하고 수절을 경멸하는 사람들이었다. 그 중 혜강은 가장 명사다운 풍모를 지니고 강직하기로 유명했다.

혜강(224-263)은 초군譙郡 질현銍縣, 지금의 안휘성 숙주 남서쪽 사람으로, 자는 숙야叔夜이다. 우예虞預의 『진서』에 따르면 혜강의 조상은 원래 해奚 씨였고 회계 상우上虞, 지금의 소흥 상우 사람이었다고 한다. 원수를 피해 온 집안이 모두 질현으로 이주하면서, 회계의 '계稽' 자에서 일부를 따고, 산에 살았다고 '뫼산山' 자를 붙여서 '혜嵇'라는 성을 만들었다. 전기적 색채가 짙은 이 이야기는 후한 때의 불안한 사회상을 보여 주고 있다. 혜강은 절세의 기인이 된 이유도 그의 조상으로부터 불안한 유전자를 이어받아서가 아닐까?

혜강은 유학자 집안 출신으로 그의 아버지 혜소嵇昭는 독군량督軍粮 치서시어사治書侍御史를 지냈고 형 혜희는 후일 진나라 때에 양주 자사에까지 오른다. 혜강은 어릴 적 아버지를 여의고 가난한 유년 시절을 보냈다. 대대로 유학 사상이 깊은 집안에서 태어났지만 혜강은 유학에 별로 관심을 갖지 않았다. 그는 오히려 구애됨 없이 자유로운 노장 사상을 좋아해, '남달리 호쾌하고 마음 내키는 대로 하며 명성에 구애받지 않는' 성격을 드러냈다. 또한 시서와 음률, 문장수사, 서예, 회화 등 다방면에서 비범한 재능을 보였다.

역사서에서는 혜강이 '문장에 능했고 글귀가 웅장하고 아름다웠다'고 전한다. 그의 초서체는 후세 당나라 사람들에게 '절묘한 작품'으로 평가받았다. 그는 명사들에게 학문을 배우지 않고, 타고난 천재성으로 스스로 넓은 학식을 익혔다. 혜강은 후일 위나라 종실과 통혼 관계를 맺게 된다. 그는 스무 살 무렵, 위나라 패목왕沛穆王 조림曹林의 아들인 조위曹緯의 딸을 부인으로 맞아 중산대부中散大夫에까지 올랐다. 그래서 후세 사람들은 그를 '혜중산嵇中散'이라고 불렀다.

조용하고 욕심이 없는 성품을 지녔던 혜강은 처갓집의 배경을 이용해 부와 권세, 명리를 추구하지 않았다. 그는 하내에 있는 산양현山陽縣에 머물며 산도, 완적, 향수, 완함, 왕융, 유령 등 명사들과 교분을 맺고 사이좋게 지냈다. 그들은 죽림에 모여서 의연하게 노닌다고 해서 '죽림칠현'이라고 불렸다. 일곱 명 중 혜강은 세 번째로 연장자였는데, 산도보다는 열여덟 살이, 완적보다는 열세 살이 적었다. 혜강은 완적과 마찬가지로 명성을 날렸다. 『세설신어』의 기록에는 다음과 같은 기록이 있다.

"혜강은 키가 칠 척 팔 촌에 풍채가 상당히 뛰어났다. 그를 본 자는 '몸가짐이 소탈하고 속되지 않고 거리낌 없으며, 훤칠하고 말끔하고 빼어나다', 또는 '소나무 사이에 잔잔하게 부는 바람소리처럼 높고 멀지만 온화하다'고 감탄했다. 산도가 말하기를 혜강의 사람됨은 높은 곳에 홀로 서 있는 소나무와 같고, 그의 취한 모습은 높고 커서 마치 곧 무너질 듯한 옥산玉山 같다고 했다."

다시 말해 그는 비범한 풍채에 넘치는 예술적 재능과 기품, 남들이 감탄하고 부러워할 만한 재능을 겸비하고 있었던 것이다.

철학가로서 혜강은 시국의 위험을 통찰하고 때때로 대비하며, 오랫동안 만나 온 사람에게도 좀처럼 얼굴에 희로애락을 드러내지 않았다. 죽림에서 유유자적한 것도 권력을 두고 다투는 조 씨와 사마 씨의 정치적 소용돌이에서 벗어나기 위함이었다. 뜻대로 되지 않을 때는 천림泉林의 풍경 속에서 탁주를 한 잔 걸치고 거문고를 한 곡 타는 것으로 위로받을 수 있었다. 당시 혜강의 머릿속은 장자의 자유로운 정신으로 가득 차 있었다.

그러나 조상 무리가 제거되고 사마 씨가 권력을 잡고 피비린내 나는 사건이 이어지면서 죽림칠현의 유유자적한 삶은 지속될 수 없었다. 죽림칠현 중 완적과 산도는 소유遡遊를 마치고 차례로 벼슬길에 나갔다. 오로지 혜강만이 고집스럽게 자기 식대로 행동했다.

혜강의 사상과 행동은 속세와 맞지 않았는데, 그 점은「여산거원절교서與山巨源絶交書」에서 잘 드러나 있다. 여기서 '산거원'은 죽림칠현 중 나이가 가장 많은 산도를 가리킨다. 거원은 산도의 자이다. 위나라 원제 경원 2년(261), 산도는 이부吏部 선조랑選曹郎에서 대장군 사마소의 산기상시散騎常侍로 승진하면서 자신의 자리에 혜강을 천거했다. 산도는 좋은 의도를 가지고 한 일이지만, 혜강은 산도 같은 오랜 벗이 자신을 이해하지 못하고 피비린내가 나는 소굴로 끌어들이려고 한다고 생각했다.

결국 혜강은 참지 못하고 비분강개하며 이상한 문장을 지어 산도와 절교를 선언했다. 그는 그 글에서 관리가 될 수 없는 아홉 가지 이유를 열거했는데, 지금 읽어 보아도 상당히 재미있다.

첫째, 늦잠자기를 좋아해 하급 관리가 부른다 해도 상대할 수 없다.

둘째, 초야에서 금을 타고 거닐며 시를 읊고, 초야에서 새를 잡고 낚시하는 일을 좋아하는데 하인이 곁에서 따라다닌다면 거치적거릴 것이다.

셋째, 관복을 입고 읍을 하려면 간지러워 참을 수 없다. 당시 명사들 사이에는 약을 복용하는 것이 유행했다. 노신이 「위진시대 풍모와 문장, 약 그리고 술의 관계〔魏晉風度及文章與藥及酒之關係〕」란 글에서 말했듯이, 혜강도 '약을 복용하는 부류'였는데 그는 '오석산五石散'이란 약을 좋아했다.

이 약은 오늘날의 마약과 비슷한 것으로 먹고 난 뒤에는 약 기운이 퍼지면서 온 몸에 열이 나거나 차가워져 몸에 쉽게 이가 자란다. 옛날 사람들은 이를 잡기 편리하게 폭이 넓은 옷을 입었다. 이를 잡으면서 이야기를 나누는 것은 위진시대에 매우 고상한 일이었다. 혜강은 관복을 몸에 두르고 단정하게 공당公堂에 앉아 관리에게 읍을 하려면 이 때문에 간지러워 참을 수가 없다고 밝힌 것이다.

넷째, 줄곧 글쓰기를 싫어했는데 관부에는 문서가 책상 가득 산더미처럼 쌓여 있어 머리가 아프고 교제도 할 수 없으니, 공적으로나 사적으로나 좋지 않다.

다섯째, 사람을 조문하는 일이 싫다. 속세에서는 이 일을 매우 중요하게 여기는데 지난날 나는 이미 그로 인해 많은 사람들에게 죄를 지었다. 만약 나에게 뜻을 굽히고 따르라고 해도 나는 따를 수가 없다.

여섯째, 속인과 함께 어울리는 것이 싫고 자신을 바꿔가며 사람들을 상대하는 일은 더더욱 하고 싶지 않다.

일곱째, 성격이 급하고 모든 일이 귀찮은데 관부의 일은 번다해 심신을 피로하게 하고 상하게 하니 도저히 참을 수가 없다.

여덟째, 종종 탕, 주나라 무왕, 주공, 공자 같은 성인들을 경멸하는 말을 거침없이 내뱉으니 세속의 예교로부터 용납받지 못할 것이다.

아홉째, 성격이 강직해 나쁜 일과 사람을 원수처럼 증오하며 부당한 일에 침묵할 수 없다. 또한 숨김없이 직언하고 말할 때 요점이 없으니 절대로 관리가 될 수가 없다.

전체적으로 장난스럽고 속 시원하게 꾸짖고 있는 이 글은 혜강의 거침없는 성정을 확실하게 보여 주고 있다.

혜강은 평생 '명성과 도덕관념을 뛰어넘어 자연을 따랐으며 탕, 주나라 무왕을 반대하고 주공, 공자를 경시했다'고 한다.

그는 점차 전횡을 일삼는 사마 씨에게 비협조적인 태도를 고수했기 때문에, 결국 위나라 정권을 찬탈하려고 하는 사마 씨를 매우 노하게 만들었다. 게다가 그는 위나라 종실의 사위이기도 했다.

사마소는 혜강의 「여산거원절교서」 중 '탕, 주 무왕은 옳지 않고 주공과 공자를 경멸한다'라는 구절을 읽고 성을 내며 증오스러워 이를 갈았다. 어느 날 혜강이 산에서 탈속한 고수 손등孫登을 만났는데, 당시 손등은 그를 바라보며 한숨만 쉬고 한마디도 하지 않았다. 혜강은 손등을 사부로 삼고 싶어 했으나 거절을 당했다. 손등은 떠나기 전에 다음과 같은 말을 남겼다.

"자네의 성격이 강직하고 재주도 뛰어나니 어찌 해를 면할 수 있겠는가!"

불행하게도 그의 말은 혜강의 미래를 제대로 맞혔다. 그의 뛰어난 재능과 고고한 성품이 결국 비극적인 말로를 초래한 것이다. 혜강이 해를 당하게 된 결정적인 원인은 사마 씨 무리에서 잘 나갔던 귀공자 종회에게 죄를 지었기 때문이라고 한다.

혜강은 산양현에 한거하며 할 일이 없을 때에는 무성한 버드나무 아래서 쇠를 두드리며 뜻과 마음을 버려두고 성정을 닦고는 했다. 그의 고아한 인품과 굳은 절개를 존경하던 친구 여안呂安은 그가 그리울 때마다 천 리를 마다하지 않고 찾아왔다.

죽림칠현 중 한 명인 향수도 혜강과 함께 나무 아래서 철을 두드리는 일을 낙으로 삼았다. 점차 철을 두드리는 것으로 이름이 나면서 사마소에게 총애를 받던 귀공자 종회는 그를 경모해 혜강을 찾아갔다. 종회는 부귀와 권세를 과시하기라도 하듯 화려한 옷을 입고 벌떼 같은 수행원들과 함께 준마를 타고 왔다. 혜강은 종회가 따르던 사마 씨의 사람됨을 경멸했고 종회처럼 위세를 부리는 자들도 좋아하지 않았다. 종회가 도착했을 때 혜강은 그를 본체만체하며 다리를 쭉 뻗고 앉아 철을 두드리느라 인사도 하지 않았다. 종회는 반나절을 서 있다가 난처해 하며 결국은 그냥 돌아갔다. 그가 떠나려고 하자 혜강은 그를 자극하는 질문을 던졌다.

"무슨 소문을 듣고 왔다 무엇을 보고 갑니까?"

종회도 재주가 특별한 자라 냉담하게 대답했다.

"들은 바가 있어서 왔다가 볼 만한 걸 보고 갑니다."

두 사람 사이에 흐르는 냉기류는 혜강의 목숨을 앗아갈 화를 예고하고 있었다. 결국 혜강은 친구 여안의 가정 문제로 인해 모함을 받고 목숨까지 잃었다.

여안과 그의 형 여손呂巽은 혜강의 친한 친구였다. 여손은 아우의 아름다운 아내를 탐내 술을 먹이고 그 틈에 제수씨를 욕보이는 비열한 수를 썼다. 여 씨 형제들과 교분을 맺고 있던 혜강이 중간에서 중재를 해서 잠시나마 가정 풍파를 잠재울 수 있었다.

그런데 얼마 뒤 여손이 약속을 어기고 여안이 어머니를 학대하고 자신을 비방했다고 무고해 일을 시끄럽게 만들었다. 결국 그 일은 조정에까지 알려지게 되었다.

여손은 종회의 사람이었기 때문에 억울한 누명을 씌워 여안을 먼 곳으로 유배를 보낼 수 있었다. 여안은 이에 승복하지 못하고 상소를 올렸는데, 그 과정에서 혜강까지 언급하게 되었다. 혜강은 정의를 위해 직언을 해서 여안의 일을 사실대로 밝히려고 나섰다가, 오히려 사건에 연루되어 옥에 갇히고 말았다.

혜강에 대한 원한을 품고 있던 종회는 사마소에게 음흉한 말투로 말했다.

"혜강은 한 마리 웅크리고 있는 용으로 그를 살려 두어서는 안 될 겁니다."

그들은 '순박한 풍속'을 해친다는 명목으로 혜강을 낙양 동시에서 참수했다.

혜강이 사지에 몰리자 3천 명의 태학생들이 연명 상소를 올려 사면을 청했지만 사마소는 끝내 허락하지 않았다.

거문고를 잘 탔던 혜강은 어떤 기이한 사람으로부터 「광릉산」이란 곡을 전수받았다고 자부했다. 그리고 그 곡은 세상에서 혜강만이 연주할 수 있었다. 형을 집행하기 전 그는 서쪽으로 지는 해를 바라보며 미련이라도 남은 듯 자신의 그림자를 돌아보았다. 혜강은 마지막으로 거문고를 탈 수 있게 해줄 것을 부탁하고 여유 있게 「광릉산」을 연주하면서 탄식했다.

"아쉽게도 「광릉산」이 이렇게 사라지는구나!"

혜강이 형을 집행하기 전 「광릉산」을 연주한 이야기는 매우 유명하기 때문에 세상 사람들은 그 곡조에 대해 알고 있다. 그러나 혜강이 옥중에서 「가계家誡」라는 유서를 남겨 아들에게 가르침을 주었다는 사실을 아는 사람은 많지 않다.

「가계」에서 혜강은 아들에게 어떤 사람이 되어야 하는지를 자세히 일러 주고 있다.

"관리를 경이원지敬而遠之해야 하고 너무 친밀하게 굴면 안 된다. 혼자서 관리의 집에 가서는 안 될 것이다. 그러면 관리가 분명 너에게 뭔가를 물을 것이고 네가 말을 했다가는 쉽게 대인 관계를 그르칠 수 있다. 만약 사람들과 같이 관리의 집을 방문했다면 혼자서 뒤처져 있지 말아라. 관리는 네가 자신을 무시한다고 여길 것이다. 세상의 모든 일에는 분명히 시비가 존재한다. 그러나 작은 시비는 시비가 되기에 족하지 못하다. 그러니 의론이 될 만한 말은 말하지 말고 조용히 기다리는 것이 좋다. 굳이 남들이 너의 생각을 묻는다면 아직 잘 모르겠다고 답하면 된다. 시비와 논쟁을 멀리 해라. 만약 부득의한 경우에는 술에 취해 정신이 흐려진 듯해라. 술을 마실 때는 사람과 경쟁하지 말고, 술자리가 시끄러워진다면 조속히 자리를 떠나라. 왜냐하면 그렇게 벌어진 싸움은 나쁜 조짐이 될 수도 있기 때문이다. 술자리에서 사람들에게 술을 강요하지 말고 누군가 너에게 술을 권한다면 사양하되 그 사람의 체면을 깎지는 마라. 살짝 취할 때까지만 마시고 만신창이가 될 정도로 마시지는 마라. 자신을 해하여서는 안 된다……."

원만한 세상살이를 권하는 이러한 훈계는 혜강 자신의 일생과 많은 차이를 보인다는 점에서 흥미롭다. 그래서 누군가 위조한 글 같은 의심마저 든다.

마지막으로 남긴 글에는 혜강의 진정한 뜻과 깊은 마음씀씀이가 담겨 있다. 「가계」라는 유서는 아들을 가르치는 글이라기보다는, 사람들의 원만한 처세술을 잘 알고 있지만 자신은 그렇게 하기 싫다는 마음을 밝힌 자기 고백서에 더 가깝다. 갈고 닦은 수양과 성격으로 한 사람이 완성되는데, 그 중 행동을 결정하는 것은 성격이다. 따라서 강직한 사람들은 영원히 원만함을 배울 수 없다. 혜강은 끝까지 참을 수가 없었다. 이런 면에서 '글은 그 사람과 똑같은 것은 아니다'라고 말할 수도 있다.

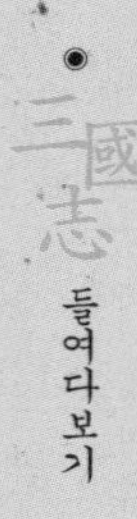

김용의 무협 소설 중에 『소오강호笑傲江湖』라는 책이 있는데, 소설 주인공이 연주하는 「소오강호」라는 곡조는 혜강의 「광릉산」에서 비롯한 것이다. 이는 작가가 혜강의 「광릉산」을 추종하고 있음을 보여 주고 있다.

혜강

소오강호

:: 주요 인물
손부인

:: 주변 인물
유비, 손권, 조운, 법정

:: 키워드
싸움을 잘하고 용맹하다

:: 주요 사건
유비에게 시집가다, 강동으로 돌아오다

:: 이야기 출처
『삼국지』「촉서」 조운전, 『삼국지』「촉서」 법정전, 『삼국지』「촉서」 선주전

孫夫人

손부인 : 사서에서 가려진 삼국시대의 재녀

옛날 삼국지를 소재로 한 경극 중에 「감로사甘露寺」는 진용이 가장 호화스럽고 「군웅회」보다도 더 다채로웠다. 그것은 등장인물만 봐도 알 수 있다. 교현 교국로喬國老 역은 마련량馬連良, 손권 역은 유연정劉硯亭, 조운 역은 양소루楊小樓, 장비 역은 후희단侯喜端이 맡았는데 그야말로 걸출한 인물이 한자리에 모였다고 할 수 있다.

게다가 손부인孫夫人 손상향孫尙香 역할은 매란방梅蘭芳이 맡았었다. 매란방이 맡았던 이 경극은 당대 최고였다. 분장한 모습이 온화하면서 점잖고 부귀한 티가 나는 게 다른 사람과는 비교가 되지 않았다. 현대 유명한 희극 평론가인 황상黃裳은 삼국지의 경극에 대해 다음과 같은 평을 했다.

"민간에서는 대부분 『삼국지연의』 소설을 따르고 경극을 가장 좋아한다. 경극 역시 소설을 따른 것이다."

따라서 손부인의 명성은 「감로사」 등과 같은 연극을 통해 가가호호에 알려지게 되었다. '부인을 잃고 병사까지 잃게 됐다'는 고사는 인구에 널리 회자되는 이야기가 되었다. 오늘날 진강鎭江 일대에는 감로사 등의 유적이 남아 있어 옛일을 회상하게 해준다. 지금도 산꼭대기의 다경루多景樓는 손상향이 몸치장을 하던 곳이고, 능운정陵雲亭, 제강정이라고도 한다은 손상향이 유비에게 제사를 지내다 강물에 뛰어들어 자진한 곳이라는 등의 이야기가 전해 내려온다.

학자들의 고증에 따르면 감로사는 손권의 손자인 동오의 마지막 황제 손호 감로甘露 원년에야 지어졌다고 한다. 일설에는 당나라 보력寶歷 2년(826) 이덕유李德裕가 처음 감로사를 지었다고도 한다. 따라서 경극에서처럼 감로사에서 유비가 혼인을 하는 일은 불가능하다. 손상향이라는 이름도 소설가들이 지어 준 것이다.

정사에서는 다른 사람들의 전기 속에서 손부인의 흔적을 어렴풋이 찾아볼 수 있다. 진수의 『삼국지』 「촉서」에는 손부인전이 따로 없는데, '소실'로서의 자격까지 잃은 거나 마찬가지다. 『삼국지』 「선주전」에는 다음과 같은 기록이 있다. 적벽대전이 끝나고 유비는 계양, 장사 등 네 개 군을 점거하고 형주목으로 천거되어 공안현을 행정 중심으로 삼고 세력을 확장해 나갔다.

손권은 '그를 두려워하며 여동생을 들여보내 우호를 돈독하게 했다. 유비도 경구에서 손권을 만나 은혜를 더 굳게 다졌다'고 한다. 그때가 건안 14년(209)이었다. 손권의 여동생의 이름이 무엇인지는 밝히지 않았다. 옛날에는 아녀자가 자신의 이름을 쓰는 경우가 드물고 출가 전에는 모모 소저小姐, 아가씨로, 출가 후에는 모모 부인이라고 불렸기 때문일 것이다. 역사상 전해 내려오는 여성의 이름은 많지 않다.

진수는 손부인의 이름에 대해 별로 신경 쓰지 않았다. 청나라 전의길의 『삼국회요』에도 손부인의 본명이 기록되어 있지 않다. 다행인지 후일 진이동(陳邇冬, 1913~1990)이 고증을 남겼다. 손부인의 본명은 손인孫仁으로 네 명의 오빠 손책, 손권, 손익, 손광처럼 외자였다고 하니, 한 가지 문제는 해결한 셈이다.

소설이나 연극을 본 사람들은 알겠지만 유비와 손부인의 혼인은 사랑으로 맺어진 것이 아니라 정략 결혼이었다. '유비를 존경하고 한나라를 옹호하는' 사상의 영향을 받은 소설에서 손부인은 대의를 잘 알고 부군 유비에게 충성을 다한 모습으로 그려진다. 그러나 산재하는 정사의 기록을 살펴보면 전혀 그렇지 않다는 사실을 발견할 수 있다. 손부인과 유비 사이에는 아름답고 온정이 넘치는 연민의 감정은 존재하지 않는다. 두 사람은 함께 있었지만 서로 다른 생각을 품고 있었다. 이런 이유로 진수는 『삼국지』에서 손부인을 유비의 비빈전에 넣지 않았다.

손권의 여동생은 '화장을 즐기지 않고 무장을 좋아했던' 여걸이었을 것이다. 유비는 손부인을 보고 두려워해 심지어는 신혼방에도 감히 들어가지 못했다고 한다. 두 사람 사이도 좋지 않았다. 호북 공안성 서쪽에는 손부인의 성이 있었다고 전해진다.

『서화지西和志』의 기록에 따르면 '잔릉孱陵의 동쪽에서 5리 떨어진 곳에는 촉한 유비의 손부인을 위해 지은 성이 있다. 부인과 유비는 서로 의심해 성을 따로 짓고 살았다.'고 한다. 그래서인지 유비의 후손 중에는 손 씨인 생질이나 생질녀가 없다. 『삼국지』「법정전」에도 관련 기록이 있다. 처음 손권이 누이를 유비와 맺어 주었는데, 그의 누이는 싸움에 재주가 있고 용맹해 마치 형제와 같았다. 손부인이 거느린 백여 명의 시녀가 모두 칼을 차고 지키고 서 있었다. 유비는 매번 방에 들어갈 때마다 마음이 서늘해짐을 느꼈다. 따라서 청나라 때 시인 왕사정은 '칼의 빛은 눈과 같고 신방은 가을이구나, 세상에 이런 근심 가진 남편이 있으랴'라는 시를 읊었다.

『화양국지華陽國志』에서는 나중에 '법정이 유비에게 손부인을 돌려보낼 것을 제안했다'고 한다. 법정이 유비에게 이혼하고 손부인을 손권에게 돌려보내라고 권유한 것이다. 후세 사람들은 유비와 손부인이 서로 사랑하고 사이가 돈독했다고 전한다. 그래서 주유가 계책을 세워 손권에게 사이좋은 부부를 억지로 떼어 놓도록 권한다. 나중에 유비가 동오 토벌 전쟁에서 세상을 떠나자 손부인은 너무 슬퍼서 살겠다는 의지를 잃고 종일 망부석에서 서서 강을 내려다보다가 결국은 투신해 남편의 뒤를 따라갔다고 한다. 그러나 이는 모두 황당무계한 말에 불과하다.

손부인은 시종일관 '친정' 편이었기 때문에 촉한의 대신들은 부인을 경계했다. 『삼국지』「법정전」에는 제갈량의 말이 기록되어 있다.

"주공主公은 공안에 계시며, 북으로는 강력한 조조를 두려워하고 동으로는 압박해 오는 손권을 꺼리며 가까이에 있는 손부인이 지척에서 변고를 일으킬까 두려워하십니다. 이렇게 진퇴하기 곤란할 때에는 법정이 주공을 돕는 날개가 되어 자유로이 비상해 다시 제약을 받지 않게 해줄 것입니다."

유비가 군대를 이끌고 익주로 가면서 조운을 유영留營사마로 삼고 형주에 머물게 했다. 유비의 손부인은 손권의 누이라는 신분을 믿고 사치를 일삼으며 교만하게 굴었다. 동오에서 온 병사들은 법을 지키지 않고 맘대로 행동했다. 유비는 조운에게 반드시 이런 사태를 바로잡을 것을 명하며 내사를 맡겼다. 손권은 유비가 서쪽으로 갔다는 소식을 듣고 동생에게 배를 보냈다. 손부인이 유선을 데리고 동오로 돌아가고자 했으나 조운과 장비가 병사를 이끌고 강을 막아 유선을 되찾을 수 있었다.(『삼국지』「조운전」)

이 일화는 후일 「절강탈두截江奪斗」라는 경극을 탄생시켰다. 손부인은 자신의 자식이 아닌 아두, 곧 유선을 왜 강동으로 데리고 가려고 했을까? 분명 동오를 위한 인질로 삼을 생각이었을 것이다. 그러나 손부인은 인질을 손에 넣지도 못하고 친정으로 돌아간 뒤 영원히 유비와 만나지 못했다. 손부인이 동오로 돌아간 뒤 유비는 성도에서 오일의 여동생과 유모劉瑁의 과부를 아내로 맞았다.

유비는 평생 부인을 여러 차례 버렸다. 긴박한 전쟁 속에서 유비는 자신의 목숨을 부지하기 위해 부인을 버리고 도망쳤다. 그가 버리고 갔던 부인은 한 사람이 아니었다. 오죽하면 그가 일찍이 아내는 옷과 같다고 밝혔겠는가. 그러나 손부인만이 먼저 유비를 버리고 갔다. 역사상 화친을 위해 시집가야 했던 한나라의 소군昭君, 당나라의 문성文成 공주와 비교한다면, 손부인은 눈물보다는 생동감 있는 모습을 보여 주었다고 하겠다. 삼국시대의 여자 인재를 꼽으라면 단연 손부인이 으뜸이다.

지금까지 살펴보니 손부인이 유비에게 충성하지 않았다는 결론이 난다. 그러나 그녀가 대의에 밝았는지에 대해서는 알 수가 없다. 동오의 입장에서 본다면 손부인은 지혜롭고 용기 있는 애국자가 아닐까?

三國志 들여다보기

유비가 도망치면서 한 행동은 유방과 매우 비슷하다. 한 고조 유방은 자신이 더 빨리 도망치기 위해 아들딸을 세 번이나 수레에서 밀어 버렸다. 다행히도 마부 하우영이 세 번이나 구해 주어 후일 혜제惠帝와 노원魯元 공주가 될 수 있었다.

전한 혜제

노원 공주

:: 주요 인물
조상

:: 주변 인물
조예, 사마의, 정밀, 환범

:: 키워드
황실의 자제, 무능하다

:: 주요 사건
고평릉의 참변

:: 고사
둔한 말이 마구간의 콩을 그리워하다

:: 이야기 출처
『삼국지』「위서」 조상전

조상 : 말여물통 안의 첫 번째 풀 더미

조상曹爽은 어렸을 때부터 동궁의 태자와 사이가 좋았다. 위나라 조 씨 종친이었던 조상은 태자 조예와 항렬로 따지자면 사촌형제 사이었다. 조상의 아버지 조진曹眞은 조조의 친척 형제의 아들로 자는 자단子丹이었다. 『삼국지』의 기록에 따르면 조조가 병사를 일으켰을 때 조진의 아버지도 용병들을 모아 그에게 호응할 준비를 하다 주군의 지방 무장 세력에게 살해당했다고 한다.

『삼국지』에서는 『위략』을 인용해 다른 기록도 남기고 있다. 조진의 본래 성은 진秦 씨라고 한다. 조진의 백부 진백남秦伯南은 조조와 개인적으로 사이가 좋았다. 군벌이 혼전을 벌이던 시기 조조는 원술에게 쫓겨 진 씨 집안까지 도망을 쳤다. 원술의 부하가 와서 조조를 어디에 숨겼냐고 추궁하자 진백남은 외쳤다.

"내가 바로 조조다."

이 말을 믿은 원술의 부하는 진백남을 죽이고 가버렸다. 조조는 자신의 목숨을 구해 준 은혜에 매우 감격해 진진秦眞의 성을 조 씨로 바꾸어 주었다. 맞는 기록인지는 모르겠지만 그 다음 이야기는 사실에 가깝다. 조조는 조진을 어릴 적부터 데려다 기르며 자식처럼 여겼다. 그는 후일 위나라 문제가 되는 조비와 함께 자랐다.

조진은 용맹하고 사냥을 좋아했다. 한번은 사냥을 나갔다가 사나운 호랑이에게 쫓기게 되었는데 조진이 화살을 쏘아 쓰러뜨렸다고 한다. 이에 조조는 그의 용맹함을 칭찬하며 금위군인 호표기虎豹騎를 통솔하게 했다. 조비가 황제로 칭한 뒤 조진은 더 큰 신임을 받았다. 그는 군권을 장악하고 서쪽 전선에서 촉한과의 전투를 지휘했다.

조비가 임종할 때 조진은 원로대신 진군, 사마의와 함께 정치를 보좌하라는 명을 받았다. 촉한의 제갈량과 격전을 벌이며 수차례 그의 북벌을 막았다고 하니 조진은 역사상 예사롭지 않은 인물임이 분명하다. 조진은 전쟁이 있을 때 사병들과 동고동락하며 공훈을 세운 사람들에게 자신의 가산을 털어 상으로 내렸다. 이런 점 때문에 인심을 얻을 수 있었고, 부하들은 그를 위해 최선을 다했다. 조진 수하의 책사이자 이름난 지낭智囊 환범桓范은 '조진은 훌륭한 사람이다'라고 칭찬했다.

아버지 조진의 모든 업적은 자연히 조상을 뒷받침해 주는 자본이 되었다. 조진이 병으로 세상을 떠나자 위나라 명제 조예는 망설임 없이 한때 같이 자란 사촌 형제에게 군사 대권을 물려주었다.

그러나 훌륭한 장수의 집안에서 꼭 빼어난 자식만 나오는 것은 아니다. 나중에 환범은 조상을 일컬어 '송아지'라고 했다. 좋게 말하자면 소 새끼이고 더 솔직하게 말하자면 쓸모없는 인재로 짐승 같은 놈이라는 뜻이다.

부귀한 집안에서 자란 조상은 그의 아버지처럼 젊었을 때 사방에서 전쟁을 벌인 경험이 없었다. 그는 그저 먹고 마시고 놀고 고상한 향락이나 누릴 뿐 재능이라고 눈곱만치도 없었다. 단번에 높은 벼슬자리에 오른 터라 정치적인 경험도 가지고 있지 않았다.

위나라 명제 조예가 임종할 당시 조 씨 종실은 명성 있는 연왕燕王 조우曹宇가 정치를 보좌하는 쪽으로 기울어져 있었지만, 조예는 어릴 적 친구를 더 신임했다. 결국 임종할 때 조상과 용의주도한 사마의에게 자식을 도와 정치를 보위해 줄 것을 부탁했다. 조상은 가장 먼저 대장군에 봉해졌고 절월을 받고 전체 군사를 감독하도록 했고 상서사尙書事로 임용되었다. 그가 군사와 정치를 장악한 셈이었다.

황제는 조상에게 특별히 칼을 차고 대전에 들고 입궐해 평소대로 걸으며(격식에 따르면 잰걸음으로 걸어야 한다) 황제를 알현하고 인사를 올릴 때 관직과 이름을 붙일 필요 없도록 허락했다. 동탁과 조조와 똑같은 특권을 누린 것이다.

처음에 조상은 사마의가 나이가 많고 후덕하다고 여겼다. 또 세 명의 황제를 모신 원로이기도 하고 자신의 아버지 조진과 함께 일한 점을 감안해 그를 아버지처럼 대하며 존경했고 매사에 독단으로 행하지 않았다.

그러나 곧 그의 곁에도 하안何晏, 정밀丁謐, 등양登颺, 이승李勝, 필궤畢軌 등 '정시正始, 위나라의 연호 명사'들이 몰려들었는데, 모두가 귀족의 자제로 조야에서 매우 명성이 있었다. 위나라 명제 때에는 이러한 이들이 겉만 화려하고 실속은 없다고 여겨 등용하지 않았다. 하지만 조상은 이들과 매우 긴밀하게 교제를 했고, 집권한 뒤에는 이들을 높은 관직에 배치했다. 주위에 이런 인사들이 몰리면서 조상이 사마의와 사이좋게 정치를 보좌하던 시절은 막을 내렸다.

정밀은 먼저 조상에게 소제少帝, 제왕 조방에게 상주문을 올려 사마의를 대장군과 같이 병권을 장악하고 있던 태위에서 실권은 없고 이름뿐인 태부로 올리자는 제안을 했다. 그것은 조상이 병권을 독점하기 위해서였다. 그 다음에는 조상의 동생 조희曹羲를 중령군으로 조훈曹訓을 무위장군으로 삼고 금군을 장악했으며, 나머지 형제들은 열후에 봉하고 궁궐에 출입하도록 했다. 조상의 집안은 한동안 권력과 부귀를 누리며 위나라를 조상 집안 천하로 만들었다. 한편 당시 사마의는 집안에 뻣뻣한 시체처럼 누워 아무것도 모르는 척했다.

송아지는 그냥 송아지에 불과했다. 조상의 형제는 곧 부잣집 자제의 무능한 본성을 드러냈다. 자신의 권위를 세우기 위해 조상은 등양의 제안을 받아들여 병사 6, 7만을 이끌고 촉한 토벌 준비를 했다. 그러나 결국은 길이 험난하고 군수품 보급로도 확보하지 않은 데다, 도중에 소, 말 등이 다 죽어 버려 일반 병사들이 길에서 대성통곡하는 지경까지 이르자 촉한 토벌은 흐지부지 중지되었다. 조상은 자신의 욕구를 만족시키기 위해 공전公田을 강점하고 관아의 재물을 탈취했으며 궁중의 재물을 남용했다. 또한 위나라 명제가 남긴 예닐곱 명의 비빈과 궁녀들을 가로챘다.

사마의는 병을 핑계로 집안에 누워 있으면서도 조상이 벌인 천인공노할 짓을 다 지켜보고 있었다. 일전에 조조는 사마의가 끝도 없는 욕망과 큰 야심을 품은 자라는 것을 알아보았다. 또한 그가 몸은 움직이지 않은 채 고개만 돌려 뒤를 볼 수 있는 늑대와 같은 '낭고상狼顧相'이란 소문도 있었다. 조조는 그런 사마의가 안심되지 않아 아들 조비에게 충고했다.

"사마의는 신하가 될 자가 아니다. 반드시 우리 집안일에 간여할 자이다."

조조는 조비가 사마의와 친하게 지냈기 때문에 그를 없앨 수 없었다. 조조가 한번은 말 세 마리가 여물통에서 풀을 뜯

어먹는 꿈을 꾸고는 매우 불쾌해 했다고 한다. 그는 꿈 속 세 필의 말〔馬〕이 사마의 부자일 것이라고 단정 지을 수 없었다. 조상은 말에게 먹힐 여물통〔槽〕 속의 첫 번째 풀 더미가 될 운명이었다.

사마의가 배은망덕한 자라는 사실을 조상의 무리는 아무도 알지 못했다. 이승이 형주 자사로 임명되어 수도를 떠나는 날 작별 인사를 핑계로 사마의의 상황을 살펴보러 가게 되었다. 교활한 사마의는 전혀 회복될 가망이 없는 망령든 늙은이처럼 연기해 이승을 감쪽같이 속였다. 그 후 조상은 그에 대한 경계를 점차 늦추었다.

그러나 결국 조상의 집안에 멸문지화를 몰고 오고 조 씨의 위나라에 큰 화가 될 만한 사건이 일어났다. 정시 10년(249) 정월, 조상 형제는 아무런 방비도 없이 소제 조방을 데리고 병력을 총출동시켜 수도를 떠나 조나라 명제의 능인 고평릉으로 제사를 지내러 갔다. 그리고 그 김에 산수를 즐기며 노닐었다.

전부터 몰래 칼날을 갈아 왔던 사마의는 조상 형제가 수도를 떠났다는 소식을 듣고 즉시 정신을 차리고 몇 년간 누워 있던 병상에서 벌떡 일어났다. 사마의는 우선 병사를 일으켜 무기고를 점령했고 궁으로 들어가 황태후를 손에 넣었다. 또한 조서를 내려 조상 형제에게 병권을 내놓을 것을 명했다. 조진 수하의 노장이자 지낭이었던 환범은 정변이 일어났다는 소식을 듣고 죽음을 무릅쓰고 고평릉까지 급히 달려갔다. 그리고 조상 형제에게 황제를 데리고 근처 주군으로 가 군사들을 모은 후 명분을 내세워 수도로 돌격해 정변을 평정할 것을 제안했다.

간보干寶의 『진기晉紀』에 따르면 사마의가 환범이 관문을 지나 수도를 나갔다는 사실을 알고 매우 근심했다고 한다. 사마의 수하의 책사 장제는 '둔한 말이 외양간 풀을 그리워한다'는 비유로 그를 안심시켰다.

"환범이 지혜로운 것은 사실이지만, 조상 형제는 아둔한 말과 같아 그의 지략을 받아들이지 않을 수도 있사옵니다."

풍파를 겪어 본 적 없었던 조상 형제는 과연 장제의 말대로 큰일을 당하고도 넋을 잃은 채 우두커니 서 있기만 한 어리석은 자들이었다. 그들은 병권을 내놓고 편안하게 부잣집 도련님으로 향락을 즐기며 살기로 결정했다. 이에 환범은 화가 나 욕을 퍼부었다.

"조진처럼 훌륭한 사람이 너희 같은 소 새끼들을 낳다니! 오늘 이런 녀석들 때문에 멸문을 당할 줄이야."

물론 사마의가 조상 형제를 바로 없애지는 않았다. 그런 하룻강아지들을 언제 죽이는가는 큰 문제가 되지 않았다. 사마의는 조상 형제를 사면해 줄 것처럼 시치미를 떼며 그들이 제후의 신분으로 저택으로 돌아오는 것을 허락했다. 그 후 얼마 지나지 않아 사마의는 조상 형제가 선제의 비빈과 궁녀를 사사로이 취한 일을 문제 삼아 잡아들이고 조상의 주변 사람들까지도 투옥해 죄를 물었다. 그 결과 조상 형제와 하안, 등양 등 정시正始 명사들에게 삼족을 멸하는 판결이 내려졌고 환범도 멸문지화를 면하지 못했다.

고평릉 사건 이후 위나라의 정권은 사실상 사마 씨 부자의 수중에 떨어졌다. 조조의 자손들은 제위를 사마의의 손자 사마염에게 양위할 때까지 후한의 헌제와 같은 처지에 놓였다. 그것은 천지만물이 돌고 도는 이치이고, 인과응보인 셈이다. 만약 조조가 지하에서 그 사실을 알았다면 불초한 자손 조상을 보고 얼마나 치를 떨며 분노했을까?

조상은 흔히 볼 수 있는 집안을 망친 자식에 불과했다. 단지 그가 망해 먹은 집안이 좀 클 뿐이다.

三國志 들여다보기

『삼국지』 주에서는 『위말전魏末傳』을 인용해 이승이 사마의를 병문안 가는 이야기를 싣고 있다. 사마의는 여종 둘이 돌보고 있었는데, 혼자서는 옷도 잘 집지 못하는 척했다. 그는 손으로 입을 가리키며 목이 마르다는 뜻을 표시했다. 시종이 미음을 가져오면 일부러 다 흘리면서 먹어 사마의의 가슴팍은 죽으로 흥건했다. 또한 숨이 차서 헛소리를 지껄이는 연기도 했다. 이렇게 사마의는 최고의 연기 솜씨로 이승을 완전히 속일 수 있었다. 이승은 그를 보고난 뒤 불쌍해 눈물까지 흘렸다고 한다.

사마의

사마의 동상

:: 주요 인물

견후

:: 주변 인물

원희, 조비, 조예

:: 키워드

아름답고 마음씨가 착하다, 식견이 높다

:: 주요 사건

조비에게 자결을 명받다

:: 이야기 출처

『삼국지』「위서」 문소견황후전

견후 : 아름다운 '낙수의 여신'

삼국시대에 등장하는 여성은 많지 않지만 하나같이 감명을 주고 기억에 남는다. 특히 견후甄后는 동정심을 불러일으킨다.

견후의 조상인 견한甄邯은 후한의 대장군으로 대대로 고관대신을 배출한 하북 지역의 토호였다. 견후는 상채령上蔡令 견일甄逸의 딸이다. 견후는 아홉 살 때 글을 접하게 되면서 커서는 재능과 학식을 겸비한 현명한 여성으로 이름나게 되었다. 견후가 열 살 정도 되었을 무렵, 천하는 혼란한데 기근까지 겹쳐 백성들이 금은보화를 주고 견 씨 집안의 양식을 사갔다. 당시 어린 견후는 어머니에게 이런 말을 했다.

"지금처럼 세상이 혼란한 시기에 보물을 많이 가진다면 화를 초래할 겁니다. 그러니 양식을 내어 이웃들을 구제하고 널리 은혜를 베푸세요."

가족들은 견후의 말에 동의해 그렇게 했다. 이처럼 견후는 마음이 따뜻하고 식견을 가진 여성이었다. 『위략』에는 견후가 열네 살 때 둘째 오라버니가 세상을 떠나자 매우 상심했다고 한다. 당시 견후는 올케를 매우 공경하고 흔쾌히 일을 대신해 주기도 했다. 견후의 어머니가 며느리를 매우 엄격하게 대하자 견후는 '올케를 마땅히 딸처럼 아껴야 한다'고 거듭 권했다. 어머니는 결국 딸의 마음씨에 감동을 받아 견후와 며느리를 함께 지내도록 했는데, 두 사람 사이가 아주 좋았다.

건안 연간 원소는 하북 지역을 점거하고 있었는데 둘째 원희를 견후와 맺어 주었다. 견 씨와 원희의 사이가 어땠는지는 알 수가 없다. 조조가 원소를 격파하고 업성으로 진격했을 때 조비가 견 씨를 빼앗아 아내로 삼게 된다. 당시 조비는 열여덟 살로 견 씨보다 다섯 살이 적었다. 『세설신어』의 기록에 따르면 원래는 조조가 견 씨를 첩으로 들이려고 했다고 한다. 조조는 업성을 격파하고 재빨리 견 씨를 부를 것을 명했다. 그러자 측근에 있던 자가 오관중랑(조비)이 이미 데리러 갔다고 하자 조조는 이렇게 말했다.

"지금 적을 격파한 것은 바로 견 씨를 위함이었는데."

이 말 속에는 잽싸게 사랑을 쟁취해 간 아들에 대한 불만이 섞여 있다. 조 씨 부자는 모두 이 뛰어난 미인을 탐냈다. 당나라 이선李善이 주를 단 『소명문선昭明文選』에서는 견후보다 열한 살이나 어린 조식까지 끌어들이고 있다. 조식이 지은 「낙신부洛神賦」가 원래 「감견부感甄賦」인데, 이는 조식이 형수를 줄곧 몰래 사모했음을 보여 준다는 것이다.

견씨가 죽은 뒤 조비는 입궐한 조식을 희롱하기 위해 견후의 베개를 내렸는데, 조식은 그것을 받고 꿈속에서 낙수의 신이 된 견후와 만난 뒤 사모하는 시를 지었다고 한다. 이의산李義山은 이 이야기를 듣고 '몰래 비妃가 위왕에게 베개를 남겼구나'라는 시를 남겼다. 후일 견후의 아들 조예가 위나라 명제로 즉위한 뒤, 조식은 비밀이 세어 나갈 것을 두려워해 「감견부」를 「낙신부」로 고쳤다고 한다. 현대 희곡가들은 이런 이야기를 좋아해 억지로 끌어다 붙여서 진짜처럼 만들고 있다.

공교롭게도 조 씨 집안 남자들은 견 씨 집안 여자들과 인연이 있었다. 신동이었던 조조의 아들 조충이 세상을 떠나자 조조는 세상을 떠난 견일의 여식과 '영혼결혼식'을 열어 합장했다고 『삼국지』 「등애왕전鄧哀王傳」에 기록되어 있다.

견후는 분명 아름다웠을 것이다. 건안칠자 중의 한 사람인 유정이 견후를 넋을 놓고 보다가 조조에게 '불경죄'로 숫돌을 가는 벌을 받고 하마터면 모가지가 날아갈 뻔했다고 하니 말이다. 후일 포송령은 『요재지이』에서 견후와 유정이 내생에 환생하는 이야기를 지어내었다. 유정이 천년 후 낙양 서생 유중감劉仲堪으로 환생해 속세로 내려온 견후와 밀회를 했다는 내용이다. 그리고 그는 작품 끝 부분에 이런 평을 남겼다.

"이사 씨異史氏가 말하길 원 씨에서 시작해 조 씨로 끝을 냈는데 후일 공간(유정)에게까지 주의를 끄니 선인으로서 그래서는 안 될 것이다. 차분히 생각해 보면 간사하고 제위를 찬탈한 자가 정절 있는 여자를 맞을 필요가 있었겠는가!"

포송령의 견후에 대한 평가는 남성 중심적 입장에서 한 말이므로 타당성이 없다. 삼국시대처럼 혼란한 시기에는 아름다운 얼굴도 죄가 되었다. 연약한 여자의 몸으로 자신의 운명을 결정할 수 없었던 견후에 대해 후세에 이학理學을 배운 자들이 자신들의 기준으로 함부로 판단하는 것은 웃긴 일이다.

조비는 처음에는 견 씨를 애지중지했지만 날이 갈수록 싫증이 났다. 황제가 된 후 육궁六宮에 비빈들이 넘쳐났기 때문이다. 조비는 총애를 하던 곽郭 황후를 세우고 견 씨를 한쪽에 버려두었다. 견 씨가 원망하는 말 몇 마디를 하자 모진 황제는 자진을 명했다. 게다가 죽은 뒤에는 견후의 시체를 '머리카락으로 얼굴을 가리고 겨로 입을 막았다'고 한다.

다행인지 견 씨가 낳은 아들 조예가 후일 조나라 명제로 즉위했다. 조나라 명제 때 장인들이 종묘를 짓다가 옥새 하나를 발굴했는데, 거기에는 '천자가 어머니를 그리워하네'라고 적혀 있었다. 명제는 장인들이 조정에 바친 옥새를 보고 정색을 했다. 후일 꿈속에서 여러 번 친모를 만나면서 명제의 어머니에 대한 그리움이 커져 갔다. 그래서 명제는 견씨에게 문소文昭 황후란 시호를 내렸다고 한다.

三國志 들여다보기

조식은 「낙신부」에서 낙수의 여신을 다음과 같이 묘사하고 있다.

"낙신의 모습을 말하자면, 날아가는 모습은 놀라서 비상하는 기러기 같고 완곡함이 승천하는 용과 같으며, 가을 국화처럼 싱싱하게 빛나고 봄의 소나무처럼 무성하다. 뜬 구름도 해를 가리고 한들거리는 모습은 바람 속을 맴도는 눈송이와 같다. 멀리서 보면 하얗고 맑아 태양이 떠오를 무렵의 아침노을과 같고, 가까이서 보자면 빛나는 모습이 맑은 물결 위로 솟아오른 연꽃과도 같다. 몸집도 적당하고 키도 아주 합당하다. 어깨는 깎은 듯하고 허리는 흰 비단을 두른 듯하다. 늘어진 목과 수려한 목덜미는 하얗게 드러난다……. 신묘한 빛이 나타났다 사라졌다, 갑자기 흐려졌다 밝아졌다 하는 듯하고, 우뚝 솟은 가냘픈 몸은 학이 서 있듯 날아갈 듯하면서도 날아가지 않는다."

그 아름다운 모습이 감동적이고 오매불망 그리워할 만하다.

낙수의 여신

:: 주요 인물

전주

:: 주변 인물

공손찬, 유우, 원소, 원상, 조조, 하후돈

:: 키워드

정직, 어질고 후덕하다

:: 주요 사건

서무산에 은거하다, 조조 군의 지도자가 되다

:: 고사

울며 원소의 제사를 지내다

:: 이야기 출처

『삼국지』「위서」 전주전

전주 : 최초의 이상주의자

1535년 7월 6일 영국의 한 법관은 토마스 모어를 런던탑에 있는 단두대로 밀어 넣었다. 토마스 모어가 침착하게 두건으로 눈을 가리는 순간 죽음의 신이 아닌 20년 전 꿈에 그렸던 달 모양의 섬이 나타났다. 탄압도 사유재산도 없는 그곳에서는 모든 사람이 한 가족처럼 행복하게 살아가고 있었다.

그가 그리던 꿈의 섬은 바로 유토피아라고 한다. 사실 그것은 인류가 수천 년 동안 꿈꾸어 온 아주 오래된 꿈이었다.

20세기 초 일본 귀족 출신의 자연주의 작가 무샤노코지 사네아쓰武者小路實篤는 신촌 사상을 제기했다. 현실의 불합리한 사회제도에 불만을 품고 사회를 벗어나고자 하는 생각에서, 착취도 없고 모든 사람이 평등하며 행복하고 서로 돕고 사랑하는 이상적인 새로운 세상을 건설하려고 했다. 이것도 일종의 유토피아와 같았다. 무샤노코지 사네아쓰는 '신촌 운동'을 벌였다.

신촌 운동은 사실 피터 크로포트킨Peter Kropotkin의 상호부조주의, 톨스토이의 범노동주의, 북미의 공독주의工讀主義와 비슷한 맥락의 이상사회주의였다. 당시 사회 개혁에 관심을 가졌던 중국의 지식인들은 신촌 운동에 관심을 보였다. 주작인周作人은 신촌 북경 지부를 만들고 직접 운동을 주도했다. 또한 이대조李大釗, 진독수陳獨秀, 구추백瞿秋白 등은 미국인들이 만든 공동체를 소개하면서 북경에 공독 상조를 설립했다. 모택동은 호남성에서 관련 운동을 시도했다. 모택동는 채화삼蔡和森, 장곤제張昆弟 등과 공독 동지회를 설립했다.

20세기 초 유토피아적 운동들은 사실 모두 외국을 모방한 것이다. 그러나 중국의 역사서를 살펴보면 옛날에도 그와 유사한 사례가 있다.

『삼국지』「위서」 전주전에는 전주田疇가 벌인 유토피아적 신촌 운동이 기록되어 있다. 전주는 유주 우북평군右北平郡 무종현無終縣, 지금의 하북성 북동쪽 사람으로 독서를 좋아하고 검술에도 능했다. 그는 스물두 살에 유주목 유우의 사자로 수도 장안으로 가서, 동탁에게 잡혀서 강제로 수도로 이송된 천자를 위로하며 충심을 보이기도 했다. 그가 수도에서 돌아왔을 때 유우는 군벌 공손찬에게 이미 살해되어 이 세상에 없었다.

전주는 공손찬의 박해에도 불구하고 유우의 묘로 달려가

통곡하며 제사를 지냈다. 공손찬은 뭇사람들의 비난이 두렵기도 하고 그의 충의를 높이 사 전주를 놓아 주었다. 그 후 전주는 종친과 자신을 따르는 사람들 수백 명을 이끌고 서무산徐無山으로 가서 '깊고 험한 곳에서 평평하고 널찍한 땅을 찾아 정착한 뒤 직접 농사를 짓고 부모를 봉양했다'고 한다.

나중에 백성들이 귀순해 와 몇 년 만에 5천여 호로 증가했다. 전주는 백성들과 약속을 하고 살상, 도적질, 분쟁과 관련된 법 20여 조항을 제정했다. 또한 혼인 예법을 제정하고 학교를 일으켜 강의를 했다. 당시 산 밖에서는 군웅들이 할거해 싸우고 있었지만 서무산 안은 태평한 무릉도원 같았다.

당시 오환, 선비 등 북쪽 소수 민족들은 대표를 파견해 경험을 배워 갔고 사자를 통해 공물을 보내기도 했다. 원소, 원상 부자가 몇 번이나 사람을 보내 장군의 인수를 받을 것을 요구했지만 전주는 끝까지 산을 나가지 않았다. 나중에 조조가 오환을 정벌하자 전주도 결국에는 조조의 진영으로 투항했다. 그리고 조조군의 안내자가 되어 군대를 이끌고 서무산으로 올라가 노룡새盧龍塞에서 출격해 유성을 습격하는 일을 도왔다. 조조의 군대는 그렇게 오환을 대파할 수 있었다. 물론 그가 이끌던 '유토피아 운동'도 막을 내렸다.

『삼국지』는 관에서 만든 정사로 진나라의 대신 진수가 위나라를 대신해 세워진 진나라를 위해 지었기 때문에 조조의 위나라를 정통으로 받들고 조조의 편을 들고 있다. 따라서 전주가 원소에게 가지 않았고 조조에게 의탁한 것을 볼 때 사람을 알아보는 안목이 있었다고 평했다. 전주가 조조에게 투항한 것은 역사서에 말한 것처럼 자원이 아니라 조조의 압박 때문일지도 모른다. 아니면 '유토피아 운동'을 더 이상 유지할 수 없던 것도 이유가 될 수 있다.

요동 공손연이 원소의 아들 원상을 참수해 그의 수급을 조조에게 보내 왔을 때 전주는 유우 때와 똑같이 행동한다. '삼군 중 그를 위해 우는 자는 참수한다'는 조조의 엄명을 무릅쓰고 전주는 원상의 수급이 놓인 곳으로 달려가 제를 올렸다. 그는 원상이 자신을 알아주며 몇 번이나 산을 나와 관직에 오르라고 한 은혜가 고맙기 때문이라고 밝혔다.

조조가 전주에게 상을 내리려고 할 때 그는 상서를 올려 거절하고 죽음으로 결의를 표했다. 조조는 전주와 사이가 좋았던 하후돈을 보내 설득했지만 전주는 이런 말만 남겼다.

"의를 저버리고 도망친 사람에 불과한 내가 은혜를 입어 목숨을 부지할 수 있던 것은 운이 좋아서이다. 그런데 어찌 노룡새를 팔아 상과 녹봉으로 바꾸겠는가!"

결국 '유토피아 운동'을 벌였던 전주는 다시는 조조를 위시한 권력자와 협력하지 않는다. 그는 마흔여섯 살의 나이로 토마스 모어를 만나러 떠났다. 아니, 시대를 따져 본다면 후일 토마스 모어가 그를 만나러 갔다고 하는 것이 맞겠다.

三國志 들여다보기

위나라 무제 조비는 즉위한 뒤 전주를 매우 신임했다. 조비는 전주를 덕과 의가 높은 자라고 여기며 그의 종손들에게 상을 내리고 관내후關內侯의 작위를 잇도록 해서 전주에게 계속 제사를 지낼 수 있게 해주었다.

전주가 꿈꾸던 무릉도원

:: 주요 인물

등지

:: 주변 인물

방희, 유비, 손권

:: 키워드

뛰어난 외교가

:: 주요 사건

동오와의 관계 회복을 위해 사신으로 나서다

:: 이야기 출처

『삼국지』「촉서」 등지전

등지 : 뛰어난 외교관

천하가 분열한 시대에는 포섭하고 이간하며 합종연횡책을 펼치는 외교 인재들이 등장한다. 삼국시대에도 나라 간 관계를 조정하는 다채로운 이야기가 전해 내려온다. 그중 촉한의 등지鄧芝는 큰 활약을 한 인물이다.

등지는 자가 백묘伯苗로 의양 신야 사람이다. 그는 후한 개국 공신 등우鄧禹의 후손이었다. 후한 말기 중원의 전란을 피해 그는 서천 촉의 땅으로 갔다. 그곳에서 그를 알아주는 자가 없어 줄곧 이름을 떨치지는 못했다. 등지는 익주 종사 장유張裕가 관상을 잘 보기로 유명하다는 말을 듣고 관상을 보기 위해 그를 찾아갔다. 장유는 그를 보고서 이렇게 말했다.

"당신은 일흔이 넘은 후에야 대장군에 오를 수 있고 제후로 봉해질 겁니다."

먼 미래는 밝았지만 어쨌든 젊은 시절은 별 볼일 없다는 뜻이었다. 등지는 그것을 운명으로 받아들였다. 그는 파서巴西 태수 방희龐羲가 현인을 구한다는 소식을 듣고 그에게 의탁했다. 유비가 촉에 들어왔을 때 등지는 비현의 저각독邸閣督이란 관직을 맡고 있었다. 다시 말해 비현의 현성에서 식량 창고를 관리하는 말직 관리에 불과했다. 한번은 유비가 성을 나와 비현에 오게 되었는데 등지와 이야기를 나누어 보고는 매우 놀랐다. 등지가 드디어 자신을 알아주는 인물을 만난 것이다.

후일 동오와 촉한 사이에 전쟁이 발생했다. 유비는 효정에서 패하고 백제성까지 철수했다. 그리고 분을 이기지 못하고 얼마 뒤 저세상으로 떠났다. 등지는 오촉의 사이가 나빠진 것을 알고 제갈량에게 달려가 자신의 의견을 밝혔다.

"지금 황제가 아직 어리고 막 제위에 올랐으니 반드시 동오에 사신을 보내야 합니다. 동오와 지난 원한을 버리고 다시 화목하게 지내며 강대한 위나라에 함께 맞서야 할 것입니다."

제갈량은 오래전부터 그럴 마음을 가지고 있었다. 그래서 등지는 두 나라의 관계를 회복시키기 위해 동오로 떠났다. 그러나 당시 양국 간에 적대적인 상황이 완전히 해소된 것은 아니었다. 손권은 등지의 기세를 누르기 위해 장소의 의견을 받아들여 병력을 배치하고 대전 앞에 끓는 기름을 준비하고 기다렸다. 그 상황에서도 등지는 아무런 동요도 없이 당당하게 행동했다. 측근이 손권이 있는 발 앞까지 안내했을 때 등지는 길게 읍만 할 뿐 절은 하지 않았다. 손권은 이에 매우 화를 내며 발을 걷으라고 명하고 절을 하지 않은 연유를 물었다. 등지는 아주 씩씩하게 대답했다.

"상국의 사자는 소국의 주인에게 절하지 않는 법이지요."

손권은 더욱 노했다.

"자네는 역생酈生, 역이기을 본받아 그 잘난 세 치 혀를 놀려 나를 설득할 셈인가?"

등지는 그 말을 듣고 크게 웃으며 경멸하는 투로 말했다.

"동오에는 현자들이 많다고 들었는데 일개 유생을 두려워할지는 몰랐습니다."

"너 같은 필부를 두려워할 이유가 무엇이냐?"

"제가 두렵지 않다면 어찌 설득당할 것을 걱정하십니까?"

손권은 더욱 화가 났다.

"자네는 제갈량이 보낸 세객이 맞는가? 아니면 동오와 촉한의 관계를 이간질해 양국 관계를 끊으려고 온 것이냐?"

"서촉의 일개 유생에 불과한 제가 동오의 이해관계를 위해서 왔거늘, 병사를 세우고 기름 솥을 준비하고 기다리다니 이건 무슨 속셈입니까?"

손권은 등지의 말을 듣고 부끄러워하며 병사들을 물렸다. 그리고 등지에게 허심탄회하게 가르침을 청했다. 등지는 손권에게 누구와 연맹을 맺기를 원하는지 물었다.

"물론 촉한과 잘 지내기를 바라네. 허나 촉의 주군이 어리고 식견도 짧으니 유종의 미를 거두지 못할까 걱정되는군."

등지는 그제야 손권에게 예리한 분석을 해주었다.

"대왕은 이름난 영웅호걸이시고 제갈량 역시 뛰어난 인재입니다. 촉한은 산천이 험난하고 동오는 세 개의 강이 단단히 버티고 있습니다. 양국이 연합을 해 서로 밀접한 이해관계를 맺는다면 크게는 천하를 통일할 수 있고 작게는 삼국을 정립할 수 있을 겁니다. 오늘 대왕이 만약 위나라에 굽혀 신하로 칭한다면, 위나라는 반드시 대왕이 입조해 알현하고 태자를 시중하기를 바라겠지요. 만일 따르지 않는다면, 즉시 병사를 일으켜 공격을 해올 것이고 그 기회에 촉한도 탈취하려고 할 겁니다. 그렇다면 강동의 대지는 다시는 대왕의 것이 아니겠지요. 저의 말이 틀렸다면 대왕의 앞에서 죽어 세객으로서 이름을 다하겠습니다."

등지는 말을 마치고는 옷을 걷어 올리고는 기름 솥으로 다가갔다. 손권은 황급히 사람을 시켜 등지를 말렸다. 그리고 다시 교섭을 벌여 동오가 위나라와 절교하고 촉한과 화의를 맺겠다는 협의를 얻어 냈다. 손권은 장온을 사자로 임명해 등지와 함께 촉한으로 가서 답례할 것을 명했다.

장온은 촉에서 순조롭게 사명을 완수했다. 우호를 표시하기 위해 제갈량은 다시 한 번 등지를 촉한에 파견했다. 이미 면식이 있는 등지와 손권은 화기애애한 분위기에서 우호를 다졌다. 손권은 기쁜 나머지 밝은 미래에 대한 동경을 밝혔다.

"양국이 연합해 위나라를 멸한다면 그때는 천하가 태평하겠구나. 두 주인이 나누어 다스린다면 어찌 기쁘지 않겠는가!"

등지는 손권의 허례적인 언사에 맞장구를 치지 않고 뜻밖에 솔직한 대답을 했다.

"하늘에 두 개의 태양이 있을 수 없듯 백성의 주인도 둘일 수는 없지요. 위나라를 멸한 후에 천명이 어디로 향할지는 알 수 없습니다. 허나 확실한 것은 두 나라가 오랫동안 공존할 수 없다는 겁니다. 그때는 각자 덕을 쌓고 나라를 잘 다스리는 자가 천하를 통일할 수 있겠지요."

가끔은 설득 상대의 생각이 설득하는 자와 차이가 있어 서로 대립하는 경우도 있다. 이럴 때 맹렬한 기세로 솔직하고 공평타탕한 말을 한다면 호랑이굴로 돌진해 호랑이를 잡을 수도 있었다. 『전국책』에 나올 법한 이런 방법은 종종 외교에서 쓰인다. 손권은 등지의 무례함을 묻지 않고 오히려 그의 솔직함과 진실함에 탄복했다.

나중에 손권은 제갈량에게 보내는 서신에서 등지에 대한 칭찬을 덧붙였다.

"양국의 화합을 이끌어 낼 자는 등지밖에 없소이다."

등지 같은 사람들의 노력으로 오촉 연맹은 촉한이 멸망하는 263년까지 계속된다. 40년이 넘는 시간 동안 동오의 서쪽에서는 전쟁이 없었고 촉한의 동쪽도 평안했다. 백성들은 전쟁을 근심하지 않았고 장강 유역은 예전처럼 회복되어 생산력이 증대되었다.

제갈량이 세상을 떠난 뒤 등지는 전군사, 전장군에 임명되었고 연주 자사와 양무정후陽武亭侯에 올랐다. 얼마 뒤에는 동오와 인접한 강주江州 지역을 지키게 되었다. 손권은 등지를 잊지 않고 위문하려 여러 번 사람을 보냈다. 두 사람은 선물을 주고받으며 우호적인 관계를 나누었다. 연희延熹 6년(243) 등지는 거기장군으로 승급했다. 대장군까지는 아니었지만 장유의 예언이 맞은 셈이었다.

거기장군으로 8년을 머문 뒤 연로해진 등지는 천수를 다하고 저세상으로 떠났다. 그의 죽음과 관련해 『화양국지華陽國志』에는 매우 기이한 이야기가 남아 있다. 등지가 반란을 평정하기 위해 군사를 이끌고 부릉으로 가는 도중에 산에서 뛰어다니는 원숭이 떼를 보게 되었다. 활쏘기를 좋아했던 등지는 활과 화살을 가져오도록 해 원숭이를 쏘았다. 어미 원숭이 한 마리가 어린 원숭이와 나무에 앉아 있었는데, 등지는 어미 원숭이를 맞혔다. 어린 원숭이는 사람과 흡사한 표정을 지으며 어미 몸에서 화살을 뺀 뒤 나뭇잎을 집어 피가 흐르는 상처를 감싸주었다. 등지는 그 광경을 보고 놀라 활을 길가의 강물에 던져 버리고 탄식했다.

"이런! 내가 자연의 규칙을 어겼으니 곧 죽겠구나!"

정말로 얼마 뒤 등지는 세상을 떠났다.

三國志

들여다보기

『화양국지』는 동진시대 상거常璩가 저술한 책으로 상고시대부터 동진 목제穆帝 영화永和 3년(347)년까지 파, 촉의 역사를 기록했다. 이 책은 촉한의 이야기와 촉에 있던 진나라의 역사에 대해 비교적 자세하게 기술하고 있어 중국 남서쪽 소수민족 연구에 귀중한 자료가 되고 있다.

巴志
晉 常璩著 武林黃嘉惠閱
昔在唐堯洪水滔天鯀功無成聖禹嗣興導江疏河
百川蠲脩封殖天下因古九圍以置九州仰稟參伐
俯壤華陽黑水江漢爲梁州厥土青黎厥田惟下上
厥賦惟下中厥貢璆鐵銀鏤砮磬熊羆狐狸織皮於
是四與既宅九州逌同六府孔脩庶土交正底眘財
賦成貢中國蕃時雍之化東被西漸矣歷夏殷周九
州牧伯率職周文爲伯西有九國及武王克商并徐

화양국지

:: 주요 인물
간옹

:: 주변 인물
유비, 유장

:: 키워드
기지와 유머가 있다

:: 주요 사건
유장에게 유비를 맞을 것을 권하다, 유비에게 간언하다

:: 이야기 출처
『삼국지』「촉서」 간옹전

簡雍

간옹 : 촉한의 동방삭

간옹簡雍은 본래 성이 경耿 씨였는데 유주 사람들이 '경'을 '간'이라고 발음해 음을 따라 성이 변했다. 간옹은 미축, 손건과 함께 유비와 가장 먼저 대업을 일으킨 인물로 촉한 정권의 원로대신이라고 할 수 있다. 간옹은 미축, 손건만큼 중요한 인물은 아니다. 『삼국지연의』에서도 별로 등장하지 않고 『삼국지』의 「허미손간이진전許麋孫簡伊秦傳」에서도 짧은 기록으로만 그치고 있다.

간옹은 미축, 손건보다도 더 먼저 유비를 따랐을 것이다. 그는 유비와 동향인 탁군 사람이다. 『삼국지』에서는 간옹이 '어릴 적부터 유비와 구면이었고 그를 따라다니며 맴돌았다'고 한다. 유비는 어린 시절 짚신을 엮어서 팔았는데 간옹도 그의 무리에 끼었다고 하니 가문이 그렇게 혁혁하지는 않은 듯하다.

유비가 형주에 도착한 뒤에 간옹은 미축, 손건과 함께 종사중랑이 되어 세객의 일이나 심부름하는 일을 맡았다. 유비가 유장의 요청으로 서천에 갔을 때 간옹도 동행했다. 간옹은 유장과 매우 의기투합하고 이야기도 잘 통했다. 나중에 유장과 유비가 등을 돌리고 칼을 겨누었을 때, 간옹은 명을 받고 유장을 찾아가 투항하라고 설득한다. 결국 유장은 성도의 성문을 활짝 열고 간옹과 같은 수레를 타고 나와 정복자 유비를 맞았다. 이렇게 간옹은 유비를 위해 큰 공을 세웠다. 이것은 사료에서 유일하게 찾아볼 수 있는 간옹의 공적으로 이 일로 인해 그는 소덕昭德 장군에 올랐다.

간옹의 성격은 오만하고 자유분방했다. 유비와 한 자리에 있을 때도 그는 의복을 단정히 하지 않았고 다리를 팔자로 벌린 채 쭉 뻗고 비스듬히 앉아 있었다. 제갈량 밑의 관원들과 만날 때는 혼자서 평상 하나를 독차지하고서는 앉았다 누웠다 하고 싶은 대로 했다.

촉한의 간옹은 동방삭과 비슷한 인물이란 인상을 준다. 『삼국지』에는 다음과 같은 이야기가 간옹에 대한 기록의 절반을 차지하고 있는데 길지는 않지만 매우 재미가 있다.

유비가 서천에서 제위에 오른 뒤 가뭄을 만났는데 비가 오기를 바라는 뜻에서 민간에서 술을 빚는 일을 금했다. 술을 빚는 일은 양식과 물을 낭비하는 것이기 때문이었다. 명이 하달되자 하급 관리들은 극단으로 치달았다.(이런 풍조는 옛날부터 종종 있었다.) 관리들은 백성들의 집에서 전에 사용했던 술 빚는 도구가 나오면 술을 빚은 것과 같은 죄로 처벌했다. 일부 사악한 관리는 그 틈에 공을 세워 상을 받고 싶은 마음에 아랫사람들을 갈취하고 강탈했다. 간옹은 유비에게 그 일을 직접적으로 간언하지 않았다. 하루는 유비와 함께 유람을 나갔다 사내 하나와 아녀자 하나가 나란히 걸어오는 것을 보고 말했다.

"저 두 사람이 간통을 하려고 하니 어서 저들을 잡으라 하십시오."

유비는 그의 말을 듣고 이상하게 여겼다.

"그 사실을 자네가 어떻게 알았나?"

간옹은 절묘한 대답을 했다.

"두 사람이 몸에 생식기를 달고 있지 않습니까! 술을 빚는 도구를 가진 자를 술을 빚은 자와 똑같이 여기는 것과 같은 도리지요."

유비는 그의 말을 듣고 대소하며 자신의 정책이 지나쳤다는 것을 깨닫고는 술을 빚는 도구를 가진 자들을 놓아주었다.

우리는 이 짧은 글속에서 간옹이 기지 있고 유머 감각이 풍부한 사람이라는 사실을 볼 수 있다. 중국 역사상 이렇게 익살맞고 재미있는 인물이 몇 명 있다. 전한시대 동방삭, 전국시대 제나라의 학자 순우곤淳于髡, 춘추시대 초나라의 예인 우맹優孟, 진秦나라의 광대 우전優旃 등이 그러하다.

대신이 된 자들은 사서오경을 많이 읽은 탓인지 하나같이 엄숙하고 활기가 부족했다. 군주에게 간언을 올릴 때도 정색을 하고 생선뼈마냥 곧고 빳빳하게 굴었다. 사람들은 당연히 목에 걸린 가시 같은 그들의 말을 싫어했는데 군주 역시 그러했을 것이다. 따라서 예부터 많은 충신들이 간언을 올리다 죽었고 이로 인해 군주들은 신하를 죽인 폭군이라는 오명을 남겼다. 간옹처럼 좀 더 유머가 있었다면 중국 역사상 황제의 명성이 더 나아졌을지 모른다. 남회근南懷瑾 선생은 이 일화를 듣고 감탄했다.

"기세에 순응하고 굽히면 완전히 보전할 수 있다고 했는데, 좀 더 에둘러 말한다면 더 좋았을 것을. 신하 혹은 주인을 섬기는 자, 특히 고위 관리라면 이런 도리를 잘 써먹을 줄 알아야 한다."

간옹 같은 성격의 사람이었다면 평생 거론할 만한 일화들이 많았을 텐데 『삼국지』에서는 백여 자 정도로 그의 일생을 기록하고 있다. 이것은 역사의 불공평한 점이다. 역사에서는 눈부신 인물만 주목하고 잠깐 스치고 지나가는 유성 같은 사람은 돌아보지 않는다. 유성이 어떤 면에서 보면 남보다 더 빛나지 않을까? 사람마다 눈에 띄는 일면을 가지고 있을지 모르니 주변 사람들을 잘 살펴야 하지 않을까?

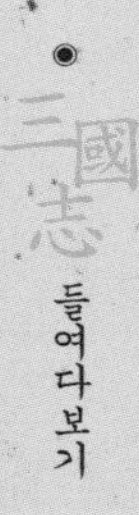

동방삭은 전한시대의 '익살맞은' 문인으로, 기지 있고 유머 있는 말로 황제에게 간언해 황제의 위엄에 도전했던 유명한 신하다. 자세한 기록은 『한서』 「동방삭전」에 있다.

동방삭

복숭아를 훔치는 동방삭

:: 주요 인물
관녕

:: 주변 인물
화흠, 공손도, 공손공

:: 키워드
성품이 고결하고 정신이 깨끗하고 순수하다

:: 주요 사건
요동의 풍속을 바꾸다, 중원으로 돌아오다

:: 고사
관녕이 자리를 가르다

:: 이야기 출처
『삼국지』「위서」 관녕전

관녕 : 눈과 같이 엄격하고 맑은 절개

난세에는 온 세상이 받드는 인물이 등장한다. 삼국시대처럼 혼란한 시기에는 성품이 고결하고 정신이 맑고 순수한 일부 군자들은 혼탁한 세상에 물들지 않고 절개를 지켰다. 이런 부류의 사람들은 대단한 공을 세우지는 않았지만 마찬가지로 그 시대의 주목을 받았다.

남송 시기 문천상文天祥의 「정기가正氣歌」에는 '요동모遼東帽는 절개가 맑고 엄격해 얼음, 눈과 같았네'라는 구절이 있는데, 이것은 삼국시대의 관녕管寧을 칭찬한 말이다.

관녕은 춘추시대 제나라 제상 관중의 후예라고 한다. 그는 북해 주허朱虛, 지금의 산동성 임구 남동쪽 사람이다. 관녕은 열여섯 살에 아버지를 잃고 외롭고 가난하게 자랐지만 노력을 게을

리하지 않았다. '관녕이 자리를 가르다'는 이야기는 중국인들이 익히 알고 있는 고사이다.

삼국시대 북해군과 이웃한 평원현에서는 관녕, 병원邴原, 화흠 세 사람이 유명했는데, 당시 사람들은 그들을 일컬어 한 마리의 용이라고 했다. 관녕, 병원, 화흠은 각각 용의 머리, 몸통, 꼬리로 나뉘어 불렸다. 세 사람은 일찍부터 함께 공부를 하며 교분을 맺었다. 용의 머리와 꼬리가 다르듯 그들은 젊은 시절에 다른 모습을 보였다.

한번은 관녕이 화흠과 함께 밭에서 김을 매다가 땅에서 금덩이를 발견했다. 관녕은 못 본 척하고 계속해서 호미를 들고 일했다. 금덩이가 자신의 재물이 아니기 때문에 꼼짝도 하지 않은 것이다. 그에 반해 화흠을 달랐다. 화흠은 금을 주워서 살펴보더니 관녕이 조금도 동요하지 않는 모습을 보고 자신도 무안해 다시 버렸다.

또 한 번은 두 사람이 같은 자리에 앉아 책을 읽고 있었는데 갑자기 밖에서 소란한 소리가 들려왔다. 알고 보니 고관대작의 수레가 문 앞을 지나가고 있었다. 관녕은 마음을 가다듬고 못 들은 척하며 글을 읽었지만, 화흠은 가만히 앉아 있을 수가 없어서 고개를 내밀고 나가서 쳐다보았다.

이 두 가지 일을 통해 관녕은 화흠이 자신과 같은 길을 걸을 수 없다고 판단하고 칼을 꺼내 책상을 잘라 화흠과 따로 앉으며 말했다.

"우리는 뜻한 바가 같은 친구가 아니라네."

후일 천하가 더욱 혼란해지자 관녕은 요동의 공손도公孫度가 잘 다스린다는 소문을 듣고 바다를 건너 요동으로 가서 정착했다. 공손도는 관녕 같은 명사의 도움을 받으려고 객사가 비었을 때 관녕을 찾아갔다. 그러나 그는 관리가 되기를 사절하며 벼슬길에 오르려 하지 않았다. 관녕은 산골짜기에 거처를 정하고 예악禮樂으로 자신을 따르는 사람들의 모범이 되어 교화시켰다.

황보밀皇甫謐의 『고사전高士傳』에는 관녕과 관련된 몇 가지 일화가 적혀 있다. 관녕이 살던 마을은 남녀가 뒤섞여 살고 있었다. 마을 사람들은 몇 개의 우물을 공동 사용했는데 종종 물을 긷는 문제로 인한 다툼이 발생하곤 했다. 관녕은 그로 인해 근심을 하다가 몰래 물통과 비슷하게 생긴 물 받는 용기를 사서 슬그머니 우물가에 가져다 놓았다. 그 후로 물을 긷는 일로 다투거나 하는 문제는 발생하지 않았다. 마을 사람들은 관녕이 자신들을 위해 좋은 일을 했다는 사실을 알고 예전의 행동을 깊이 뉘우치며 그 후로는 겸손하고 예의를 차리는 사람들로 변했다고 한다.

한번은 이웃집의 소가 관녕의 밭을 짓밟아 놓았다. 관녕은 소를 그늘진 곳으로 끌고 가 먹을 것을 주고 다시 소 주인에게 돌려주었다. 소 주인은 중죄라도 진 것처럼 매우 부끄러워했다. 관녕의 영향을 받아 작은 산골짜기 마을은 순박하고 인심 좋은 마을로 변했다. 그 소문을 듣고 난을 피해 마을로 오는 사람들이 점점 많아져서 '열흘에 성읍이 되었다'고 한다. 그곳은 난세의 무릉도원과도 같았다.

관녕은 요동에 있을 때 자주 검은 모자(문천상의 시에 나오는 '요동모'를 말한다)를 쓰고 베저고리와 바지에 하얀 홑겹 베옷을 입고 지팡이를 들고 다녔다. 그는 그런 모습으로 요동에서 37년을 살았다.

위 문제 황초 4년(223)에 공개적으로 인재를 모집했는데, 관녕에게도 수도로 가서 관직에 오를 것을 요구했다. 당시 그의 친구 화흠은 이미 사도라는 고위직을 맡아 조비의 신임을 받는 대신이 되어 있었다. 조정에서 구현령을 내리자 관녕이 자신보다 뛰어난 것을 잘 아는 화흠은 몇 번이나 그를 천거했다. 또한 일부러 병을 이유로 관직에서 물러나 자리를 비우고 관녕을 기다리기도 했다.

요동의 2대 치자인 공손강公孫康이 세상을 떠나자 적자를 세우지 않고 유약한 성격의 동생 공손공公孫恭이 자리를 물려받았다. 공손강의 아들 공손연은 재주가 출중하고 야심도 많은 자였다.

관녕은 언젠가 요동에서 큰 일이 벌어질 것을 예감하고 가솔들을 데리고 바다를 건너 산동으로 돌아가려고 했다. 출발할 때 공손공은 직접 남쪽 교외까지 나와 배웅하며 의복과 재물을 주었다.

그러나 관녕은 요동에 온 뒤 두 공손 부자에게 받았던 선물들을 그대로 보관하고 있었다가 요동을 떠날 때 원래 주인에게 전부 돌려주며 사양했다. 산동으로 오는 도중 바다에서 풍랑을 만나 다른 배들은 모두 가라앉았는데, 관녕이 탄 배만은 무사했다. 황보밀은 그것이 '선행을 쌓은 응보이다'라고 평가했다.

관녕이 중원으로 돌아오자 조정에서는 그에게 태중대부란 관직을 내렸지만 그는 한사코 사양했다. 그는 청빈하고 담박한 삶을 택했다. 고관의 후한 녹봉도 그의 절개를 꺾을 수는 없었다. 위 문제 황초 연간부터 명제 청룡 연간까지 조정에서는 벼슬길에 나오기를 수없이 청했지만 그는 끝끝내 뜻을 굽히지 않았다. 그리고 여든넷의 나이에 고향에서 세상을 떠났다.

중국 고대 지식인들의 처세 원칙은 '뜻을 이루어 부귀해지면 천하를 구하고, 가난해 뜻을 이루지 못하면 자신의 수신을 꾀하는 것'이었다. 관녕은 평생 관직에 나가지 않고 높은 지위를 바라지는 않았지만 그렇다고 개인의 수행만을 꾀하지도 않았다. 그의 삶의 방식은 일반적인 은둔과는 달랐다.

관녕은 사회를 변화시킬 권력을 쥐고 있지는 않았지만, 자신의 도덕적인 행동과 인품, 예악으로 교화하는 일을 사명으로 삼고 사회에 영향을 주었다.

오늘날로 말하면 관녕은 정신문명 건설에 힘쓴 거장이라고

할 수 있다. 역사상 관녕은 수준 높은 사명감과 실천 의식을
가진 사람이라고 할 수 있다.

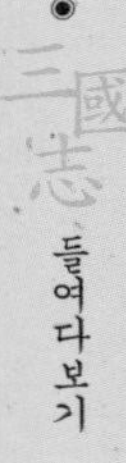

'부귀해지면 천하를 구하고, 가난해 뜻을 이루지 못하면 개인의 수신을 꾀한다'는 말은 『맹자』 「진심상盡心上」에 나오는 말이다. 원문을 다음과 같다.

"옛날 사람들은 뜻을 이루면 은혜가 백성에게까지 미쳤고, 뜻을 이루지 못하면 수신해 세상에 보였다. 가난해 뜻을 이루지 못하면 자신의 덕을 쌓고, 뜻을 이루면 천하의 백성에게 은혜를 베푼다."

맹자

학창시절 나는 그 유명하다는 『삼국지』를 읽기로 작정하고 책을 펼쳐들었다가 열 장도 채 넘기지 못하고 던져 버리고 말았다. 그 이유는 책이 재미없어서가 아니라 등장 인물이 마음에 들지 않았기 때문이다. 그 후 한참 동안 『삼국지』를 거들떠보지도 않다가 대학에 들어가 관심을 갖게 되었다. 그 계기가 된 인물은 유비나 조조가 아닌 여포였다.

우리나라 사람들이 중국 역사 중 가장 관심을 갖는 시대는 위, 촉, 오 삼국시대가 아닌가 싶다. 그 시대가 주목받는 이유는 바로 매력적인 '인물들' 때문이다. 혼란한 시기에 등장한 다양한 인간 군상은 현재에도 충분히 있을 법한 사람들의 모습이다. 이 책은 당시 인물들을 소설 속 정형화된 모습이 아닌 정사正史를 바탕으로 객관적이고 사실적으로 기술하고 있다.

역사 관련 서적을 접할 때마다 나는 항상 생각한다. 만약 내가 그 시절에 태어났다면 어떤 선택을 하고 어떤 모습으로 살아갈까? 아니면 어떤 인물처럼 살아가고 싶은가? 그리고 지금의 나는 어떤 사람처럼 살아가고 있는가? 사람들이 지난 역사를 되돌아보는 이유는 지식 습득이라는 측면도 있겠지만 과거에 살았던 인물들의 삶에 자신을 투영하고 되돌아보는 의미도 있을 것이다.

나에게 역사가 주는 즐거움은 과거를 살았던 '사람들'과의 만남이다. 이 책을 번역하면서 만난 삼국시대 인물들과의 만남은 설레고 신나는 일이었다. 이미 알고 있었던 인물들에 대해 다시 보게 되었고, '모르는 사람들'도 많이 만났다. 그리고 다시 한 번 어떤 인생을 살 것인가라는 자기반성도 해보는 계기가 되었다.

수 천 년, 수 백 년, 그리고 단 1분 전도 지난 역사가 된다. 그런데 삼국시대 인물들은 죽은 지 2천 년이 되어가지만 그들은 역사서라는 기록을 통해 아직도 살아 있다. 그들이 죽어서도 살아 있는 이유는 아마도 그들의 다양한 인생 때문일 것이다. 거창하게 역사에 남는 인생은 아니더라도 한두 명에게라도 기억되는 삶을 산다는 게 쉽지 않은 현실이다. 그런 생각이 미치면 역사 속 인물들이 새삼 대단하다는 생각이 든다.

이 책을 통해 많은 사람들이 과거의 사람들과의 만남을 통해 유익한 시간을 가지기를 바란다. 번역에 도움을 준 모 대학의 역사학도 김 양에게 고마움을 전한다. 마지막으로 역사 속 인물들 못지않은 삶을 살다 가신 아버지께 감사드린다.

이미영